Eric Hobsbawm
Wieviel Geschichte braucht die Zukunft

Eric Hobsbawm

Wieviel Geschichte braucht die Zukunft

Aus dem Englischen
von Udo Rennert

Büchergilde Gutenberg

Titel der Originalausgabe:
On History
Weidenfeld & Nicolson, London 1997
© 1997 by Eric Hobsbawm

Lizenzausgabe für die Büchergilde Gutenberg,
Frankfurt am Main und Wien,
mit freundlicher Genehmigung des
Carl Hanser Verlags München Wien

Alle Rechte an der deutschen Ausgabe vorbehalten:
© 1998 Carl Hanser Verlag München Wien
Satz: Fotosatz Reinhard Amann, Aichstetten
Druck und Bindung: Kösel, Kempten
Printed in Germany
ISBN 3 7632 4835 8

Inhalt

Vorwort

Auch philosophisch wenig interessierte Historiker können allgemeines Nachdenken über ihr Fach kaum vermeiden. Wenn sie dazu in der Lage sind, werden sie freilich nicht gerade ermutigt, ihre Fähigkeit in die Tat umzusetzen, denn die Nachfrage nach Vorträgen und Beiträgen zu Symposien, die mit zunehmendem Alter eines Historikers ebenfalls zunehmen dürfte, läßt sich leichter durch allgemeine Ausführungen befriedigen als durch konkrete Forschung. Sei es, wie es sei: das gegenwärtige Interesse gilt eher konzeptionellen und methodologischen Fragen der Geschichtswissenschaft. Theoretiker aller Art umkreisen die friedlichen Herden der Historiker, während diese die üppigen Weiden ihrer Primärquellen abgrasen oder die Publikationen von Kollegen wiederkäuen. Manchmal sehen sich freilich selbst die Friedfertigsten unter ihnen gezwungen, sich ihren Angreifern entgegenzustellen. Nicht daß Historiker, der Autor eingeschlossen, den Kampf scheuen, zumindest nicht, wenn es um die Arbeiten von Kollegen geht. Einige der spektakulärsten akademischen Kontroversen sind auf ihren Schlachtfeldern ausgetragen worden. So ist es kein Zufall, daß jemand, der seit fünfzig Jahren in dieser Branche tätig ist, im Lauf der Zeit auch einige Reflexionen über sein Fach zu Papier gebracht hat. Sie sind in diesem Buch versammelt.

So verkürzt und unsystematisch manche von ihnen sein mögen – den meisten merkt man die Grenzen dessen an, was sich eben in fünfzig Minuten sagen läßt –, sie stellen immerhin den Versuch dar, auf Probleme einzugehen, die alle miteinander zusammenhängen. Sie gehören drei Kategorien an, die sich überschneiden. Zum ersten befasse ich mich mit dem Gebrauch und Mißbrauch von Geschichte in Gesellschaft und Politik und mit der Erkenntnis und, wie ich hoffe, der Umgestaltung der Welt. Genauer gesagt erörtere ich den Wert der Geschichte für andere Disziplinen, vor allem in den Sozialwissenschaften. Insofern machen diese Aufsätze, wenn man so will, Reklame für mein Fach. Zweitens handeln sie von dem, was zwischen Historikern und anderen Forschern über die Vergangenheit verhandelt wird. Sie enthalten Überblicke und kritische Einschätzungen unterschiedlicher geschichtswissenschaftlicher Trends und Moden und Interventionen in Debatten, beispielsweise über die Postmoderne und die Kliometrie. Und drittens geht es in ihnen um meine eigene Form von Geschichte, das heißt um die zentralen Probleme, denen sich alle ernsthaften Historiker zuwenden sollten, um die historische Interpretation, die sich für mich dabei als besonders nützlich erwiesen hat, und außerdem um die Art und Weise, wie die Geschichte, die ich geschrieben habe, die Signatur eines Mannes meines Alters, meiner Herkunft, meiner Überzeugungen und meiner Lebenserfahrung trägt. Die Leser werden wahrscheinlich feststellen, daß jeder Aufsatz auf diese oder jene Weise für alle diese Aspekte relevant ist.

Meine Ansichten zu allen diesen Angelegenheiten müßten aus den Texten klar hervorgehen. Trotzdem möchte ich zu zwei Themen in diesem Buch noch ein oder zwei klarstellende Worte sagen.

Erstens über »das Aussprechen der Wahrheit über Geschichte«, um den Titel eines Buchs von Freunden und Kollegen des Autors zu paraphrasieren.[1] Ich bin ein entschiedener Verfechter der Ansicht, daß der Gegenstand historischer Forschung real ist. Der Ausgangspunkt eines jeden Historikers – von dem er sich während seiner Arbeit beliebig weit entfernen mag – muß die fundamentale und für ihn absolut zentrale Unterscheidung sein zwischen überprüfbaren Fakten und Fiktion, zwischen historischen Behauptungen, die auf Quellenmaterial beruhen und sich beweisen lassen, und Behauptungen, bei denen das nicht der Fall ist.

Es ist in den letzten Jahrzehnten Mode geworden, nicht zuletzt bei Leuten, die sich der Linken zurechnen, zu bestreiten, daß es einen Zugang zu einer objektiven Realität gebe, weil das, was wir als »Tatsachen« bezeichnen, nur als eine Funktion bereits vorgegebener Kategorien und Probleme, die in diesen Kategorien formuliert wurden, existiere. Die Vergangenheit, die wir untersuchen, sei nichts als eine gedankliche Konstruktion. Eine solche Konstruktion sei im Prinzip ebenso triftig wie jede andere, gleichgültig, ob sie durch Logik und überprüfbare Belege gestützt wird oder nicht. Solange sie Teil eines emotional stark besetzten Systems von Überzeugungen und Glaubensvorstellungen ist, gibt es so gut wie keine prinzipielle Möglichkeit zu entscheiden, ob der biblische Schöpfungsbericht einen geringeren Wahrheitsgehalt hat als eine Darstellung, wie die Naturwissenschaften sie von der Entstehung der Welt gegeben haben: Sie sind lediglich artverschieden. Wer daran auch nur die geringsten Zweifel anmeldet, erliegt einem »Positivismus«, und kein Begriff ist mit einer ähnlich pauschalen Disqualifizierung verbunden wie dieser, ausgenommen der des »Empirismus«.

Kurz gesagt ich bin überzeugt, daß es ohne eine Unterscheidung zwischen Dingen, die so sind, und solchen, die nicht so sind, keine Geschichte geben kann. Rom hat in den Punischen Kriegen Karthago zerstört und nicht umgekehrt. Wie wir die von uns gewählte Stichprobe aus nachprüfbaren Daten (zu denen nicht nur Ereignisse, sondern auch Meinungen über die Ereignisse gehören können) erheben und interpretieren, ist eine andere Frage.

Tatsächlich haben die wenigsten dieser Relativisten den Mut, voll zu ihren Überzeugungen zu stehen, spätestens dann nicht, wenn es darum geht, solche Fragen zu entscheiden wie die, ob es den Holocaust unter Hitler gegeben hat oder nicht. Dennoch wird ein Relativismus jedenfalls in der Geschichte sowenig bestehen können wie vor einem Gericht. Ob der Angeklagte in einem Mordprozeß für schuldig oder nicht schuldig befunden wird, hängt von der Würdigung altmodisch positivistischer Beweise ab, sofern derartige Beweise vorliegen. Jeder unschuldige Leser, der sich auf der Anklagebank wiederfindet, tut gut daran, sich auf diesen Grundsatz zu berufen. Es sind die Anwälte der Schuldigen, die auf postmoderne Verteidigungslinien zurückfallen.

Zum zweiten ein paar Worte zur marxistischen Geschichtsauffassung, der ich verpflichtet bin. Obwohl es ungenau ist, streite ich dieses Etikett nicht ab. Ohne Marx hätte ich kein besonderes Interesse an Geschichte entwickelt, die in der Form, wie sie mir in den ersten Jahren nach 1930 auf einem konservativen deutschen und danach auf einem Londoner Gymnasium von einem bewundernswerten liberalen Geschichtslehrer beigebracht wurde, für mich nichts Reizvolles an sich hatte. Ich hätte höchstwahrscheinlich nicht den Beruf eines Hochschullehrers für Geschichte gewählt. Marx und die Interessenschwerpunkte von jungen marxistischen Linken haben bei mir Forschungsthemen angeregt und die Art und Weise beeinflußt, wie ich darüber geschrieben habe. Obwohl ich der Meinung war, große Teile der Marxschen Geschichtsauffassung gehörten ausgemustert, habe ich nie aufgehört, meine hohe, wenn auch nicht unkritische Achtung einem Mann zu bezeigen, für den die Japaner das Wort *sensei* haben, einem geistigen Meister, bei dem man in einer Schuld steht, die nicht abgetragen werden kann. Wie sich die Dinge entwickelt haben, halte ich auch heute noch (mit gewissen Einschränkungen, die in diesem Buch zur Sprache kommen) die »materialistische Geschichtsauffassung« von Marx für den bei weitem besten Wegweiser zur Geschichte, so wie ihn der große Gelehrte Ibn Chaldun schon im 14. Jahrhundert beschrieben hat:

»Wisse, daß der wahre Sinn der Geschichte Kunde vom menschlichen Zusammenschluß ist, – welcher die Kultur der Welt darstellt, und von den Zuständen, die dem Wesen dieser Kultur anhaften … von den verschiedenen Arten der Überlegenheit der Menschen übereinander, und dem Königtum und den Staaten und ihren Rängen, die aus (dieser Überlegenheit) entstehen; von dem Erwerb und Lebensunterhalt, Wissenschaften und Künsten, denen sich die Menschen in ihren Tätigkeiten und Anstrengungen widmen, und was sonst noch in dieser Kultur natürlicherweise an Zuständen eintreten kann.«[2]

Dieses Verständnis ist zweifellos die beste Anleitung für Historiker wie mich, die sich hauptsächlich mit der Entstehung des modernen Kapitalismus und den Veränderungen der Welt seit dem Ausgang des europäischen Mittelalters beschäftigt haben.

Aber was ist eigentlich ein »marxistischer« im Unterschied zu einem nichtmarxistischen Historiker? Ideologen auf beiden Seiten der säkularen Religionskriege, die wir während eines Großteils dieses Jahrhunderts durchleben mußten, haben versucht, klare Trennlinien und Gegensätze herauszuarbeiten. Auf der einen Seite brachten es die staatlichen Stellen in der ehemaligen Sowjetunion nicht über sich, auch nur ein einziges meiner Bücher ins Russische übersetzen zu lassen, obwohl ihr Autor als Mitglied einer Kommunistischen Partei und als Herausgeber der englischen Ausgabe der Gesammelten Werke von Marx und Engels bekannt war. Nach den Maßstäben ihrer Orthodoxie waren sie keine »Marxisten«. Auf der anderen Seite hat sich in jüngster Zeit kein »angesehener« französischer Verleger bereit gefunden, mein Buch *Zeitalter der Extreme* auf französisch herauszubringen, vermutlich deshalb, weil es für Pariser Leser oder noch wahrscheinlicher für die voraussichtlichen Kritiker einer französischen Ausgabe ideologisch zu schockierend sein würde. Doch wie meine Aufsätze zu zeigen versuchen, war die Geschichte der Disziplin, die sich mit der Vergangenheit beschäftigt, seit dem Ende des 19. Jahrhunderts bis mindestens zu der Zeit, als sich in den siebziger Jahren ein Schleier der Verschwommenheit über die historiographische Landschaft senkte, durch Annäherung und nicht durch Abgrenzung gekennzeichnet. Die Parallelen zwischen der Schule der *Annales* in Frankreich und den marxistischen Historikern in England sind immer wieder bemerkt worden. Jede Seite sah die andere bei der Arbeit an einem ähnlichen historischen Projekt, wenn auch mit einer je eigenen geistigen Ahnenreihe und obwohl die politischen Orientierungen ihrer prominentesten Vertreter keineswegs dieselben waren. Interpretationen, die man früher ausschließlich als marxistisch oder gar »vulgärmarxistisch« (s. u., S. 191 f.) eingestuft hat, haben in erstaunlichem Maße Eingang in die konventionelle Geschichtsschreibung gefunden. Noch vor einem halben Jahrhundert hätte zumindest in England wohl nur ein marxistischer Historiker behauptet, die Entstehung der theologischen Vorstellung von einem Fegefeuer im europäischen Mittelalter lasse sich am besten mit der Verschiebung der wirtschaftlichen Basis der Kirche erklären, die bisher von den Spenden einer kleinen Anzahl reicher und mächtiger Adligen gelebt hatte und nunmehr bemüht war, sich ein breiteres finanzielles Fundament zu schaffen. Aber wer wollte den namhaften Oxford-Mediävisten Sir Richard Southern oder Jacques Le Goff, dessen Buch er in den achtziger Jahren vor diesem interpretatorischen Hintergrund rezensiert hat, als ideologischen oder gar politischen Anhänger oder Sympathisanten von Marx bezeichnen?

Ich glaube, diese Annäherung ist ein begrüßenswerter Beleg für eine der Thesen dieser Essays. Daß nämlich die Geschichtsforschung an einem kohärenten intellektuellen Projekt arbeitet und in ihrem Bemühen um ein Verständnis dafür, wie die Welt so geworden ist wie sie heute ist, Fortschritte gemacht hat. Natürlich möchte ich damit keineswegs behaupten, man könne oder sollte keinen Unterschied zwischen einer marxistischen und einer nichtmarxistischen Geschichtsschreibung machen, so wenig verbindlich und unklar auch der Inhalt der beiden Begriffe sein mag. Historiker in der Tradition von Marx – und dazu gehören nicht alle, die sich selbst als Marxisten verstehen – haben zu diesem kollektiven Bemühen Wesentliches beizutragen. Aber sie sind nicht die einzigen. Und ihre Arbeit sollte sowenig wie die aller anderen nach den politischen Etiketten beurteilt werden, die sie sich selbst oder die andere ihnen ans Revers heften.

Die hier versammelten Aufsätze wurden zu verschiedenen Zeiten im Lauf der letzten dreißig Jahre geschrieben, hauptsächlich als Vorträge und Beiträge zu Konferenzen und Symposien, einige als Buchbesprechungen oder als Beiträge zu diesen eigenartigen akademischen Friedhöfen, den Festschriften oder Sammlungen von Studien, die einem wissenschaftlichen Kollegen bei einem Anlaß überreicht werden, der sich für eine Feier oder Würdigung anbietet. Das Publikum, für das ich geschrieben habe, reichte von gemischten akademischen Zuhörern, hauptsächlich an Universitäten, bis zu spezialisierten Gruppen wissenschaftlicher Historiker oder Ökonomen. Die Kapitel 3, 5, 7, 8, 17 und 19 werden hier erstmals veröffentlicht; zu Angaben über die Erstveröffentlichung der übrigen Kapitel verweise ich die Leser auf die Druckvermerke, die den einzelnen Kapiteln vorangestellt wurden und in denen gegebenenfalls der Anlaß für den Aufsatz angeführt ist. Ich danke allen dort genannten Verlagen und Zeitschriften, zum Teil auch für die Erlaubnis zur Wiederveröffentlichung.

E. J. Hobsbawm
London 1997

1. Kapitel

Außerhalb und innerhalb der Geschichte

Es ist eine Ehre, wenn man gebeten wird, dieses akademische Jahr der Mitteleuropäischen Universität zu eröffnen. Zugleich ist es für mich mit eigenartigen Empfindungen verbunden, da ich zwar gebürtiger Engländer und britischer Staatsbürger in zweiter Generation, aber außerdem auch Mitteleuropäer bin. Als Jude bin ich sogar einer der typischen Angehörigen der mitteleuropäischen Diaspora. Mein Großvater kam von Warschau nach London. Meine Mutter stammte aus Wien, woher auch meine Frau kommt, obwohl diese heute besser Italienisch als Deutsch spricht. Die Mutter meiner Frau sprach als kleines Mädchen noch Ungarisch, und ihre Eltern hatten während ihres Lebens in der alten Donaumonarchie eine Zeitlang einen Laden in der Herzegowina. Meine Frau und ich sind einmal nach Mostar gefahren, um ihn aufzusuchen, in den Tagen, als in diesem unglücklichen Teil des Balkans noch Frieden herrschte. Ich selbst stand damals mit ungarischen Historikern in Verbindung. Ich komme also zu Ihnen als ein Außenseiter, der gleichzeitig auf eine versteckte Art ein Insider ist.

Es gibt drei Dinge, die ich Ihnen sagen möchte.

Das erste betrifft Mittel- und Osteuropa. Wenn Sie von dorther kommen, und ich nehme einmal an, daß dies für fast alle von Ihnen zutrifft, dann sind Sie Bürger von Ländern, deren Status in doppelter Hinsicht unsicher ist. Ich behaupte nicht, daß unter dieser Unsicherheit ausschließlich die Mittel- und Osteuropäer zu leiden haben. Wahrscheinlich ist sie heute weiter verbreitet denn je. Nichtsdestoweniger ist Ihr Horizont ganz besonders verdüstert. Während meiner eigenen Lebenszeit wurde jedes Land in Ihrem Teil Europas vom Krieg heimgesucht, erobert, besetzt, befreit und erneut besetzt. Bei jedem Staat in

Vortrag zur Eröffnung des akademischen Jahres 1993/94 an der Mitteleuropäischen Universität in Budapest. Seine Adressaten waren Studenten, die in der Hauptsache aus den ehemaligen kommunistischen Ländern Osteuropas und der früheren UdSSR kamen. Anschließend veröffentlicht unter dem Titel »The New Threat to History« in der *New York Review of Books*, 16. Dezember 1993, S. 62 ff., sowie als Übersetzungen in mehreren anderen Ländern.

13

dieser Region zeigen seine Grenzen heute einen anderen Verlauf als zum Zeitpunkt meiner Geburt. Nur sechs von den dreiundzwanzig Staaten, die heute die Landkarte zwischen Triest und dem Ural füllen, gab es bereits in meinem Geburtsjahr 1917 oder hätte es gegeben, wenn sie nicht von einer Armee besetzt gewesen wären: Rußland, Rumänien, Bulgarien, Albanien, Griechenland und die Türkei, denn weder das Nachkriegsösterreich noch das Nachkriegsungarn war mit dem Zisleithanien und Ungarn der Habsburger vergleichbar. Nach dem Ersten Weltkrieg entstanden etliche weitere Staaten, und nach 1989 kamen noch einmal einige hinzu. Unter ihnen finden sich mehrere Länder, die noch nie in der Geschichte eine Eigenstaatlichkeit im modernen Sinne des Wortes besessen hatten oder allenfalls für ein, zwei Jahre oder Jahrzehnte, um sie dann wieder zu verlieren, auch wenn einige von ihnen sie inzwischen wiedergewonnen haben: die drei kleinen Baltenrepubliken, Weißrußland, die Ukraine, die Slowakei, Moldawien, Slowenien, Kroatien und Makedonien, um nur die westlichsten von ihnen zu nennen. Einige von ihnen wurden zu meinen Lebzeiten geboren und gingen wieder unter, wie Jugoslawien und die Tschechoslowakei. Für die älteren Einwohner mancher mitteleuropäischen Großstadt ist es ganz normal, daß ihnen nacheinander die Pässe von drei verschiedenen Staaten ausgehändigt wurden. Ein Altersgenosse von mir aus Lemberg (heute Lwow/Lwiw) oder Czernowitz (heute Tschernowzy) hat in vier verschiedenen Staaten gelebt, ohne die Besatzungsregimes zu Kriegszeiten mitzuzählen; jemand aus Munkács (heute Mukatschewo) brachte es vielleicht auf fünf verschiedene Staaten, wenn wir die kurzlebige Autonomie von Podkarpatska Rus im Jahr 1938 hinzurechnen. In zivilisierteren Zeiten wie im Jahr 1919 hatte er vielleicht die Wahl zwischen mehreren Staatsbürgerschaften, doch seit dem Zweiten Weltkrieg war die Wahrscheinlichkeit größer, daß er aus dem neuen Staat gewaltsam vertrieben oder gewaltsam in ihn eingegliedert wurde. Wohin gehört ein Mittel- und Osteuropäer? Die Frage hat sich bei vielen von ihnen ganz real gestellt und ist bis heute aktuell. In manchen Ländern ist es eine Frage auf Leben und Tod, in fast allen hat sie Auswirkungen auf Rechtsstatus und Lebenschancen, und in manchen Fällen determiniert sie diese sogar.

Es gibt jedoch noch eine weitere und allgemeinere Unsicherheit. Der größte Teil von Mittel- und Osteuropa gehört jenem Teil der Welt an, für deren wirtschaftliche und kulturelle Lage Diplomaten und Fachleute der Vereinten Nationen seit 1945 nach höflichen Umschreibungen gesucht haben: Es handelt sich um die »unterentwickelten« Staaten oder »Entwicklungsländer«, die, mit anderen Worten, relativ oder absolut arm und rückständig sind. In mancher Hinsicht gibt es keine scharfe Trennungslinie zwischen den beiden Europas, sondern eher ein Gefälle nach zwei Seiten hin, nach Osten und nach Westen, von einem Bergrücken aus, den wir als den Hauptgebirgszug oder -kamm der europäischen wirtschaftlichen und kulturellen Dynamik bezeichnen können und der von Norditalien über die Alpen bis Nordfrankreich und die Niederlande verlief und sich jenseits des Kanals in England fortsetzte. Diese Linie läßt sich entlang der mittelalterlichen Handelswege und anhand der Verteilung gotischer Bauwerke ebenso aufspüren wie in den Zahlen für das Bruttoinlandsprodukt der einzelnen EG-Länder. Tatsächlich bildet diese Region bis heute das Rückgrat der Europäischen Gemeinschaft. Soweit es jedoch eine historische Linie gab, die das »fortschrittliche« vom »rückständigen« Europa getrennt hat, so verlief diese ungefähr mitten durch das Habsburgerreich. Ich weiß, daß manche Menschen in diesem Punkt empfindlich sind. Ljubljana (früher Laibach) oder Budapest sind beide davon überzeugt, dem Zentrum der Zivilisation ein ganzes Stück näher zu liegen als etwa Skopje oder Belgrad, und die gegenwärtige Regierung in Prag möchte nicht einmal, daß ihr Land als »mitteleuropäisch« bezeichnet wird, weil sie offenbar befürchtet, sich durch den Kontakt mit dem Osten zu infizieren. Sie besteht darauf, ausschließlich dem Westen zuzugehören. Mir geht es jedoch darum, daß kein Land und keine Region in Mittel- und Osteuropa sich selbst als eine solche Mitte verstanden hat. Alle haben sich nach etwas anderem umgesehen, das ihnen als Vorbild dafür dienen könnte, was wirklich fortschrittlich und modern ist, vermutlich selbst die gebildeten bürgerlichen Schichten in Wien, Budapest und Prag. Sie blickten nach Paris und London, so wie die Intellektuellen Belgrads und Ruses in Bulgarien nach Wien blickten – obwohl das Territorium der gegenwärtigen Tschechischen Republik und Teile des heutigen Österreichs nach den meisten anerkannten Standards zum fortschrittlichen industriellen Teil Europas gehörten und Wien, Budapest und Prag in kultureller Hinsicht keinen Anlaß hatten, sich irgendeinem anderen Land gegenüber unterlegen zu fühlen.

Die Geschichte der rückständigen Länder im 19. und 20. Jahrhundert ist zumeist die Geschichte der Anstrengung, den Anschluß an die fortgeschrittenere Welt zu finden, indem man sie imitierte. Die Japaner des 19. Jahrhunderts nahmen sich Europa zum Vorbild, die Westeuropäer nach dem Zweiten Weltkrieg imitierten die Wirtschaft der Vereinigten Staaten. Die Geschichte Mittel- und Osteuropas im 20. Jahrhundert handelt grob gesprochen von dem angestrengten Versuch, den Rückstand aufzuholen, indem man sich der Reihe nach immer neue Vorbilder suchte und jedesmal scheiterte. Nach 1918, als die meisten Nachfolgestaaten neu waren, galten westliche Demokratie und Wirtschaftsliberalismus als nachahmenswert. Der amerikanische Präsident Wilson – trägt der Hauptbahnhof von Prag inzwischen wieder seinen Namen? – war der Schutzpatron der Region, allerdings nicht für die Bolschewiki, die ihren eigenen Weg gingen. (Tatsächlich hatten auch sie ihre ausländischen Vorbilder: Walther Rathenau und Henry Ford.) Das ging nicht gut. Das Vorbild erlebte in den zwanziger und dreißiger Jahren seinen wirtschaftlichen und politischen Zusammenbruch. Die Große Depression brach schließlich der multinationalen Demokratie selbst in der Tschechoslowakei das Genick. Danach versuchten es einige dieser Länder oder liebäugelten für kurze Zeit mit dem faschistischen Modell, das in den dreißiger Jahren ein einziger wirtschaftlicher und politischer Erfolg zu sein schien. (Wir vergessen leicht, daß das nationalsozialistische »Dritte Reich« bei der Überwindung der Wirtschaftskrise bemerkenswert erfolgreich war.) Doch der Integration in ein »großdeutsches« Wirtschaftssystem war ebenfalls kein dauerhafter Erfolg beschieden. Deutschland wurde besiegt.

Nach 1945 übernahmen die meisten dieser Länder freiwillig oder gezwungenermaßen das bolschewistische Vorbild, im wesentlichen ein Modell zur Modernisierung rückständiger Agrarwirtschaften durch eine geplante industrielle Revolution. Deshalb war es zu keiner Zeit von Relevanz für die ehemalige Tschechoslowakei und die frühere DDR, wohl aber für den größten Teil der Region einschließlich der Sowjetunion. Ich brauche nichts über die wirtschaftlichen Unzulänglichkeiten und Fehler des Systems zu erzählen, die schließlich seinen Zusammenbruch herbeiführten, geschweige denn über die unerträglichen, immer unerträglicher werdenden politischen Systeme, die es Mittel- und Osteuropa aufzwang. Noch weniger muß ich an die unglaublichen Leiden erinnern, die es vor allem unter dem grausamen Regime Stalins den Völkern der ehemaligen Sowjetunion aufzwang. Und dennoch muß ich sagen, obgleich diese Feststellung vielen von Ihnen nicht gefallen wird, daß das bolschewistische Modell bis zu einem gewissen Punkt besser funktionierte als alles andere seit dem Zusammenbruch der Monarchien 1918. Für die einfachen Bürger der rückständigeren Länder in der Region – sagen wir die Slowakei und ein Großteil der Balkanhalbinsel – war es vermutlich die beste Periode in ihrer Geschichte. Das System brach zusammen, weil es wirtschaftlich zunehmend verkrustete und keine Änderungen mehr zuließ und weil es sich vor allem als ganz unfähig erwies, Innovationen hervorzubringen oder wirtschaftlich nutzbar zu machen, ganz abgesehen davon, daß es jede geistige Originalität erstickte. Außerdem wurde es unmöglich, den einheimischen Bevölkerungen die Tatsache zu verbergen, daß andere Länder einen wesentlich größeren materiellen Fortschritt erzielt hatten als die sozialistischen Staaten. Wenn man eine andere Formulierung vorzieht, so könnte man auch sagen: Das System brach zusammen, weil die einfachen Bürger ihm gleichgültig oder ablehnend gegenüberstanden und weil die Regime selbst nicht mehr daran glaubten, was sie zu tun vorgaben. Trotzdem, wie immer man es betrachtet, in den Jahren 1989-1991 ging das System auf höchst spektakuläre Weise zugrunde.

Und jetzt? Es gibt noch ein Modell, dem alle Welt nacheifern möchte, eine parlamentarische Demokratie in der Politik und einen Manchester-Kapitalismus in der Wirtschaft. In der gegenwärtigen Form ist es eigentlich nicht die Übernahme eines Modells, sondern in der Hauptsache eine ablehnende Reaktion auf das, was vorher da war. Möglicherweise wird sich dieser Prozeß mit der Zeit etwas beruhigen und läßt sich dann etwas besser steuern – wenn man ihm die Zeit dazu läßt. Doch selbst wenn die Dinge sich in diese Richtung entwickeln sollten, so spricht angesichts der Geschichte seit 1918 dennoch wenig dafür, daß es dieser Region, möglicherweise mit unbedeutenden Ausnahmen, gelingen wird, dem Klub der »wirklich« fortschrittlichen und modernen Länder beizutreten. Die Versuche, die Wirtschaftspolitik Präsident Reagans und Mrs. Thatchers nachzuahmen, verliefen selbst in Ländern enttäuschend, die nicht durch Bürgerkriege, Chaos oder Anarchie verwüstet waren. Ich sollte noch hinzufügen, daß die Versuche, dieses Modell zu verwirklichen, selbst in den Ländern ihrer Protagonisten nicht gerade glänzende Erfolge gezeitigt haben, wenn mir ein britisches Understatement gestattet ist.

Alles in allem werden also die Menschen in Mittel- und Osteuropa weiterhin in Ländern leben, die in ihrer Vergangenheit enttäuscht wurden, wahrscheinlich zum größten Teil von ihrer Gegenwart enttäuscht sind und deren Zukunft für sie im ungewissen liegt. Das ist eine sehr gefährliche Lage. Die Menschen werden Sündenböcke suchen, denen sie die Schuld an den Fehlschlägen und der Unsicherheit geben können. Die Bewegungen und Ideologien, die aus dieser Stimmung am ehesten ihren Nutzen ziehen werden, sind zumindest in dieser Generation nicht diejenigen, die eine Rückkehr zu einer Spielart der Verhältnisse vor 1989 wollen. Es werden wahrscheinlich eher Bewegungen sein, die sich von fremdenfeindlichem Nationalismus und von Intoleranz leiten lassen. Das einfachste ist immer, Ausländern die Schuld zu geben.

Das führt mich zu meinem zweiten und hauptsächlichen Punkt, der viel enger mit der Arbeit in einer Universität oder zumindest mit jenem Teil zusammenhängt, der mich als Historiker und Hochschullehrer betrifft. Denn die Geschichte ist der Rohstoff für nationalistische oder völkische oder fundamentalistische Ideologien, so wie Mohnpflanzen den Rohstoff für die Heroinsucht enthalten. Die Vergangenheit ist ein wesentliches Element, wenn nicht *das* wesentliche Element überhaupt in diesen Ideologien. Wenn es keine passende Vergangenheit gibt, läßt sie sich stets erfinden. Tatsächlich gibt es in der Natur der Dinge für gewöhnlich keine von vornherein passende Vergangenheit, weil das Phänomen, das mit diesen Ideologien gerechtfertigt werden soll, nichts Altbekanntes oder Ewiges, sondern etwas historisch Neuartiges ist. Das gilt gleichermaßen für den religiösen Fundamentalismus in seinen gegenwärtigen Spielarten – Ayatollah Khomeinis Version eines islamischen Staates geht nicht weiter als bis in die frühen siebziger Jahre zurück – wie für den gegenwärtigen Nationalismus. Die Vergangenheit wirkt legitimierend. Die Vergangenheit liefert einen strahlenden Hintergrund für eine Gegenwart, die kaum etwas zu feiern hat. Ich erinnere mich, irgendwo eine Untersuchung über die alte Kultur der Städte im Industal mit dem Titel »Fünftausend Jahre Pakistan« gesehen zu haben. Vor 1932/1933, als der Name dieses Staates von einigen militanten Studenten erfunden wurde, dachte überhaupt noch niemand an Pakistan. Ernsthaft politisch gefordert wurde es erst 1940. Als Staat existiert dieses Land erst seit 1947. Es gibt keine Hinweise auf eine Verbindung zwischen der Kultur des Mohenjo Daro und den gegenwärtigen Herrschern in Islamabad, die weiterreichte als die zwischen dem Trojanischen Krieg und der türkischen Regierung in Ankara, die heute die Rückgabe des von Schliemann gefundenen Schatzes des Königs Priamos von Troja verlangt, wenn auch nur für dessen erste öffentliche Ausstellung. Doch »fünftausend Jahre Pakistan« klingt eben viel schöner als »sechsundvierzig Jahre Pakistan«.

Unter diesen Umständen sehen sich Historiker unerwartet in der Rolle politischer Akteure. Früher habe ich immer gedacht, als Historiker könne man im Gegensatz etwa zu einem Kernphysiker wenigstens keinen Schaden anrichten. Heute weiß ich es besser. Unsere Untersuchungen können zu Munitionsfabriken werden wie die Werkstätten, in denen die Kämpfer der IRA gelernt haben, aus Kunstdünger Sprengstoff herzustellen. Diese Sachlage betrifft uns auf zweierlei Weise. Wir haben eine Verantwortung gegenüber den historischen Tatsachen im allgemeinen, und wir haben die Verpflichtung, den politisch-ideologischen Mißbrauch der Geschichte im besonderen zu kritisieren.

Zur erstgenannten Verantwortung muß ich wenig sagen und möchte lediglich auf zwei Entwicklungen eingehen. Die eine ist die augenblickliche Mode von Romanschriftstellern, ihren Handlungen reale Ereignisse zugrunde zu legen, statt sie zu erfinden, womit sie die Grenze zwischen historischem Faktum und Fiktion verwischen. Die andere ist das Aufkommen »postmoderner« intellektueller Moden an westlichen Universitäten, vor allem an den Fakultäten für Literatur und Anthropologie, die unterstellen, daß alle »Fakten«, die eine objektive Existenz für sich beanspruchen, nichts anderes als Konstruktionen des Gehirns seien – kurz, daß es eine klare Unterscheidung zwischen Faktum und Fiktion nicht geben könne. Dennoch gibt es diesen Unterschied, und für Historiker und selbst für die radikalsten Positivismusgegner unter uns ist die Fähigkeit, zwischen beidem zu unterscheiden, von grundlegender Bedeutung. Wir können unsere Fakten nicht erfinden. Entweder ist Elvis Presley tot, oder er ist es nicht. Diese Frage läßt sich eindeutig auf der Grundlage von Quellenmaterial beantworten, soweit zuverlässige Quellen verfügbar sind, was manchmal der Fall ist. Die gegenwärtige türkische Regierung, die den in Angriff genommenen Völkermord an den Armeniern im Jahr 1915 bestreitet, hat entweder recht oder unrecht. Die meisten von uns würden jede Leugnung dieses Massakers aus einem seriösen historischen Diskurs verbannen, auch wenn es keine ebenso eindeutige Methode gibt, sich zwischen unterschiedlichen Ansätzen, dieses Geschehen zu interpretieren oder in den umfassenderen Kontext der Geschichte einzupassen, zu entscheiden. Vor kurzem haben eifernde Hindus die Moschee in Aodhya zerstört und als Begründung dafür angegeben, Babur, der muslimische Eroberer und Begründer der indischen Moghul-Dynastie, habe sie den Hindus an einem ihnen besonders heiligen Ort aufgezwungen, nämlich an der Stelle, wo ihr Gott Rama geboren sei. Einige meiner Kollegen und Freunde an indischen Universitäten veröffentlichten daraufhin eine Studie, in der zwei Fakten hervorgehoben werden: Zum einen hatte bis zum 19. Jahrhundert niemand jemals behauptet, Aodhya sei der Geburtsort Ramas, und zum zweiten ist die Moschee mit größter Wahrscheinlichkeit nicht zur Zeit Baburs errichtet worden. Leider kann ich nicht behaupten, die Verfasser hätten damit den Aufstieg der Hindupartei, die den Zwischenfall provozierte, stark abgeschwächt, aber sie haben zumindest ihre Pflicht als Historiker erfüllt, zum Nutzen all derer, die lesen können und heute und künftig der Propaganda der Intoleranz ausgesetzt sind. Wir wollen unsere Pflicht tun.

Die wenigsten Ideologien der Intoleranz gründen auf schlichten Lügen oder Fiktionen, für die es keinerlei Beweise gibt. Schließlich fand 1389 eine Schlacht auf dem Amselfeld statt, die serbischen Krieger und ihre Verbündeten wurden von den Türken besiegt, und das hinterließ tiefe Narben im kollektiven Gedächtnis der Serben, auch wenn daraus nicht folgt, daß dies die Unterdrückung der Albaner rechtfertigt, die heute neunzig Prozent der Bevölkerung in der Region stellen, sowenig wie die serbische Behauptung, das Kosovo sei ihr ureigenster Boden. Dänemark beispielsweise erhebt keinen Anspruch auf jenen großen Teil Ostenglands, der vor dem 11. Jahrhundert von Dänen besiedelt und regiert wurde, lange Zeit danach noch als Danelaw bekannt war und dessen Ortsnamen noch immer auf dänische Ursprünge zurückgehen.

Der häufigste Mißbrauch der Geschichte zu ideologischen Zwecken beruht heute nicht auf Lügen, sondern auf Anachronismen. Der griechische Nationalismus verweigert heute der Republik Makedonien selbst das Recht auf diesen Namen mit der Begründung, ganz Makedonien sei durch und durch griechisch und ein Teil des griechischen Nationalstaats, vermutlich seit der Vater Alexanders des Großen, König Philipp von Makedonien, der Herrscher über die griechischen Länder auf der Balkanhalbinsel wurde. Wie alles über Makedonien Gesagte ist dies am allerwenigsten eine rein akademische Frage, aber für einen griechischen Intellektuellen gehört viel Mut dazu zu erklären, historisch sei diese Behauptung unsinnig. Es gab keinen griechischen Nationalstaat oder irgendein anderes einzelnes politisches Gebilde für die Griechen im 4. vorchristlichen Jahrhundert, das makedonische Reich hatte keinerlei Ähnlichkeit mit dem neugriechischen oder irgendeinem anderen modernen Nationalstaat, und in jedem Fall spricht alles dafür, daß die alten Griechen die makedonischen Herrscher ebenso wie ihre späteren römischen Herren als Barbaren und nicht als Griechen angesehen haben, auch wenn sie zweifellos zu höflich oder zu vorsichtig waren, um das laut auszusprechen. Darüber hinaus ist Makedonien historisch ein derart verworrenes Völkergemisch – nicht umsonst bezeichnet man in Frankreich einen gemischten Obstsalat als *macédoine* –, daß jeder Versuch, es mit einer einzigen Nationalität gleichzusetzen, danebengehen muß. Gerechterweise sollte man die nationalistischen Extreme makedonischer Emigranten aus demselben Grund ebenso ignorieren wie die Veröffentlichungen in Kroatien, die den Versuch unternehmen, Zvonimir den Großen zu einem Vorfahren Präsident Tudjmans zu machen. Doch es ist schwierig, den Erfindern einer nationalen Schulbuchgeschichte entgegenzutreten, auch wenn es an der Universität Zagreb Historiker gibt, auf deren Freundschaft ich stolz bin und die den Mut dazu haben.

Diese und viele andere Versuche, Mythen und Erfindungen an die Stelle der Geschichte zu setzen, sind nicht nur schlechte Witze von Intellektuellen. Schließlich können sie darüber entscheiden, was in die Schulbücher Eingang findet. Das wußten etwa die japanischen Behörden sehr wohl, als sie für den Geschichtsunterricht an den Schulen Japans auf einer gereinigten Version des japanischen Kriegs in China bestanden. Mythos und Erfindung sind wichtig für die Politik der Identität, durch die Gruppen von Menschen, die sich heute durch ihre ethnische oder religiöse Zugehörigkeit oder die vergangenen oder gegenwärtigen Grenzen von Staaten definieren, in einer unsicheren und wankenden Welt eine gewisse Sicherheit finden wollen, indem sie sagen: »Wir sind anders als die anderen und besser als sie.« Sie sind es, die unsere Besorgnis an den Universitäten erregen, weil die Menschen, die solche Mythen und Erfindungen formulieren, gebildete Menschen sind: weltliche und geistliche Lehrer an Schulen, Professoren (nicht viele, wie ich hoffe), Journalisten, TV- und Hörfunkproduzenten. Heute haben die meisten von ihnen irgendeine Hochschule besucht. Wir sollten uns nichts vormachen. Geschichte hat nichts mit Ahnengedenken oder kollektiver Überlieferung zu tun. Sie ist das, was Menschen von Priestern, Lehrern, den Autoren von Geschichtsbüchern und den Kompilatoren von Zeitschriftenaufsätzen und Fernsehprogrammen gelernt haben. Es ist sehr wichtig für Historiker, sich an ihre Verantwortung zu erinnern, die vor allem darin besteht, sich von den Leidenschaften der Identitätspolitik fernzuhalten – gerade dann, wenn wir sie ebenfalls in uns verspüren. Schließlich sind wir auch nur Menschen.

Wie ernst diese Angelegenheit sein kann, zeigt sich in einem vor kurzem erschienenen Aufsatz des israelischen Autors Amos Elon über die Art und Weise, wie der Völkermord an den Juden durch Hitler zu einem legitimierenden Mythos für die Existenz des Staates Israel geworden ist. Mehr noch: In den Jahren der Rechtsregierung wurde der Holocaust zu einer Art nationaler ritueller Behauptung der israelischen staatlichen Identität und Überlegenheit und zu einem zentralen Thema des offiziellen Systems nationaler Überzeugungen neben dem Glauben an Gott. Elon, der die Entwicklung dieses Vorstellungswandels zurückverfolgt, gelangt ebenso wie der letzte Kultusminister der neuen Regierung der Arbeitspartei zu dem Schluß, es sei an der Zeit, die Geschichte vom nationalen Mythos, vom Ritual und der nationalen Politik zu trennen. Als Nichtisraeli, obschon Jude, werde ich mich dazu nicht äußern. Als Historiker muß ich jedoch betrübt eine Feststellung Elons zur Kenntnis nehmen. Dieser hat beobachtet, daß die führenden Beiträge zur wissenschaftlichen Historiographie des Holocausts von Juden wie von Nichtjuden entweder überhaupt nicht ins Hebräische übersetzt wurden, etwa das großartige Werk Raoul Hilbergs, oder nur mit einiger Verspätung und dann auch gelegentlich mit einer Distanzierung des Verlegers oder Herausgebers. Die ernsthafte Behandlung des Genozids an den Juden durch die historische Wissenschaft hat diesem nichts von seinem Charakter einer unsagbaren Tragödie genommen. Sie stand lediglich nicht im Einklang mit dem legitimierenden Mythos.

Doch gerade diese Geschichte gibt uns Grund zur Hoffnung. Denn hier haben wir ein Beispiel für eine mythologische oder nationalistische Geschichtsschreibung, die von innen heraus kritisiert wird. Mir fällt auf, daß die Geschichte der Konsolidierung Israels als Staat in Israel selbst nicht mehr überwiegend als nationale Propaganda oder zionistische Polemik über die vier Jahrzehnte seit der Staatsgründung geschrieben wird. Dasselbe kann man an der Geschichtsschreibung Irlands feststellen. Rund ein halbes Jahrhundert, nachdem der größte Teil Irlands seine Unabhängigkeit errungen hatte, schrieben irische Historiker die Geschichte ihrer Insel nicht mehr als mythische Erzählung der nationalen Befreiungsbewegung. Die irische Geschichtsforschung in der Irischen Republik wie in Nordirland leistet gegenwärtig Hervorragendes, weil es ihr gelungen ist, sich dadurch zu befreien. Das ist noch immer eine Sache, die politische Weiterungen und Risiken in sich birgt. Die Geschichte, die heute geschrieben wird, bricht mit der alten Tradition, die sich von den Feniern bis zur terroristischen IRA erstreckt, die immer wieder im Namen der alten Mythen den Kampf mit Bomben und Gewehren führt. Doch die Tatsache, daß eine neue Generation herangewachsen ist, die zu den Leidenschaften der großen traumatischen und prägenden Augenblicken in der Geschichte ihrer Länder auf Distanz gehen kann, ist für Historiker ein Zeichen der Hoffnung.

Wir können allerdings nicht darauf warten, bis eine Generation von der nächsten abgelöst wird. Wir müssen uns der *Bildung* nationaler, ethnischer und anderer Mythen widersetzen, noch während sie entstehen. Thomas Masaryk, 1918 der Gründer der Tschechoslowakischen Republik, machte sich nicht gerade beliebt, als er die Arena der Politik als der Mann betrat, der mit Bedauern, aber ohne zu zögern den Nachweis führte, daß die mittelalterlichen Handschriften, auf die sich ein Großteil des tschechischen Nationalmythos gründete, in Wirklichkeit Fälschungen waren. Trotzdem muß es getan werden, und ich hoffe, daß diejenigen unter Ihnen, die Historiker sind, davor nicht zurückscheuen.

Das war alles, was ich Ihnen über die Verantwortung von Historikern sagen wollte. Bevor ich zum Schluß komme, möchte ich Sie jedoch noch an etwas anderes erinnern. Als Studenten dieser Universität sind Sie privilegierte Menschen. Die Chancen stehen gut, daß Sie als Schüler einer renommierten und angesehenen Bildungsinstitution, sofern Sie sich dafür entscheiden, eine gute Position in der Gesellschaft, bessere Aufstiegschancen haben und mehr als andere verdienen werden, wenn auch nicht soviel wie erfolgreiche Geschäftsleute. An was ich Sie erinnern möchte ist etwas, das ich mir zu Herzen genommen habe, als ich meine Lehrtätigkeit an der Universität aufnahm. »Die Menschen, für die Sie da sind«, sagte mir mein eigener Lehrer, »sind nicht die glänzenden Studenten, wie Sie selbst einer waren. Es sind die ganz normalen Studenten ohne besondere Phantasie, die einen uninteressanten akademischen Abschluß zweiter Klasse machen und deren Examensarbeiten sich eine wie die andere lesen. Die erste Garnitur kann sich um sich selber kümmern, auch wenn Sie Ihre Freude daran haben werden, sie zu unterrichten. Die anderen sind diejenigen, die auf Sie angewiesen sind.«

Das gilt nicht nur für die Universität, sondern für die Welt überhaupt. Regierungen, die Wirtschaft, Schulen, alles in der Gesellschaft ist nicht für die privilegierten Minderheiten da. Wir können uns um uns selber kümmern. Es ist für die einfachen Menschen da, die nicht überdurchschnittlich intelligent oder interessant sind (es sei denn, wir verlieben uns in einen von ihnen), nicht übermäßig gebildet, erfolgreich oder für den Erfolg bestimmt – kurzum für Menschen, die nichts Besonderes sind. Es ist für die Menschen da, die schon früher in die Geschichte außerhalb ihrer nächsten Umgebung als Individuen nur in den Geburts-, Hochzeits- und Sterberegistern Eingang gefunden haben. Jede lebenswerte Gesellschaft ist auf sie zugeschnitten, nicht auf die Reichen, die Cleveren, die Ausnahmeerscheinungen, auch wenn jede Gesellschaft, die lebenswert ist, Platz und Raum für solche Minderheiten vorsehen muß. Doch die Welt ist nicht zu unserem persönlichen Vorteil gemacht, und wir sind nicht zu unserem persönlichen Vorteil auf der Welt. Eine Welt, die dies zu ihrem Zweck erklärt, ist keine gute Welt und sollte keine Welt von Dauer sein.

2. Kapitel

Das Bewußtsein von einer Vergangenheit

Alle menschlichen Wesen haben ein Bewußtsein von der Vergangenheit (definiert als der Zeitraum vor den Ereignissen, die unmittelbar im Gedächtnis eines Individuums aufgezeichnet werden), da sie mit Menschen zusammenleben, die älter sind als sie selbst. Alle Gesellschaften, die den Historiker potentiell interessieren können, haben eine Vergangenheit, denn selbst die innovationsfreudigsten Kolonien wurden von Menschen bevölkert, die aus einer Gesellschaft mit einer eigenen langen Geschichte kamen. Einer menschlichen Gemeinschaft anzugehören bedeutet für das Individuum, seinen Ort im Hinblick auf die eigene (gemeinschaftliche) Vergangenheit zu bestimmen, und sei es auch nur, indem es diese abweist. Die Vergangenheit ist also eine dauerhafte Dimension des menschlichen Bewußtseins, ein unausweichlicher Bestandteil der Institutionen, Werte und anderen Strukturen der menschlichen Gesellschaft. Das Problem für den Historiker besteht darin, das Wesen dieses »Bewußtseins von einer Vergangenheit« in der Gesellschaft zu analysieren und seinen Veränderungen und Umgestaltungen nachzuspüren.

I

Beim größeren Teil der bisherigen Geschichte haben wir es mit Gesellschaften und Gemeinschaften zu tun, in denen die Vergangenheit im wesentlichen das Muster für die Gegenwart abgibt. Im Idealfall kopiert und reproduziert hier jede Generation möglichst weitgehend ihre Vorgängerin, und sollte sie bei diesem Bemühen scheitern, so ist sie ihrem

Die folgenden Kapitel versuchen, die Beziehungen zwischen Vergangenheit, Gegenwart und Zukunft zu umreißen, alle drei für den Historiker von Interesse. Dem vorliegenden Kapitel liegt mein Einleitungsreferat zu einer 1970 von der Zeitschrift *Past and Present* veranstalteten Konferenz mit dem Titel »The Sense of the Past and History« zugrunde. Es wurde in Heft 55 (Mai 1972) dieser Zeitschrift unter der Überschrift »The Social Function of the Past: Some Questions« veröffentlicht.

Selbstverständnis zufolge hinter dem Vorbild zurückgeblieben. Natürlich schlösse eine vollständige Determinierung der Gegenwart durch die Vergangenheit alle legitimen Änderungen und Neuerungen aus, und es ist unwahrscheinlich, daß es eine menschliche Gesellschaft gibt, die keine derartige Neuerung anerkennt. Zu dieser kann es auf zweierlei Weise kommen. Zum einen kann das, was offiziell als »Vergangenheit« definiert wird, nichts anderes sein als eine selektive Auswahl aus der unendlichen Menge dessen, was erinnert wird oder erinnert werden kann. Wie groß der Umfang dieser feste Formen annehmenden gesellschaftlichen Vergangenheit in einer Gesellschaft ist, hängt natürlich von den Umständen ab. Doch sie wird stets Leerstellen aufweisen, das heißt, es wird Themen geben, die nicht Bestandteil des Systems bewußter Geschichte sind, in das die Menschen auf diese oder jene Weise alles das aufnehmen, was sie an ihrer Gesellschaft für wichtig halten. In diesen Lücken können Innovationen stattfinden, da sie das System nicht von vornherein beeinträchtigen und deshalb nicht zwangsläufig gegen die Barriere stoßen: »Das haben wir noch nie so gemacht.« Es wäre interessant zu untersuchen, welcher Art die Aktivitäten sind, denen auf diese Weise ein gewisser Spielraum gelassen wird, abgesehen von denen, die zu einer bestimmten Zeit anscheinend keine Rolle spielen, zu einer späteren Zeit aber doch. Man kann vermuten, daß ceteris paribus die Technik im weitesten Sinne zum flexiblen, die gesellschaftliche Organisation und die Weltanschauung oder das Wertesystem dagegen zum unflexiblen Sektor gehören. Solange wir jedoch über keine vergleichenden historischen Untersuchungen verfügen, muß diese Frage offenbleiben. Zweifellos gibt es zahlreiche stark traditionsgebundene und ritualisierte Gesellschaften, die in der Vergangenheit die relativ unvermittelte Einführung neuer Feldfrüchte, neuer Fortbewegungsmittel (zum Beispiel Pferde bei nordamerikanischen Indianern) und neuer Waffen ohne die Vorstellung akzeptiert haben, damit in die Ordnung des von ihrer Vergangenheit vorgegebene Musters einzugreifen. Demgegenüber gibt es wahrscheinlich andere, noch zuwenig untersuchte Gesellschaften, die sich sogar solchen Neuerungen widersetzt haben.

Die »in feste Formen gebrachte soziale Vergangenheit« ist fraglos rigider, da sie es ist, die das Muster für die Gegenwart vorgibt. Man könnte sie als ein Berufungsgericht für Streitigkeiten und Unsicherheiten der Gegenwart auffassen: Das Recht entspricht dem Brauch, der Altersweisheit in schriftlosen Gesellschaften; die Dokumente, welche diese Vergangenheit in sich schließen und dadurch eine gewisse spirituelle Autorität annehmen, tun dasselbe in alphabetisierten oder teilalphabetisierten Gesellschaften. Eine Gemeinschaft von Indianern kann ihren Anspruch auf gemeinschaftliches Land mit dessen Besitz seit urdenklichen Zeiten begründen oder mit der Erinnerung an den Besitz in der Vergangenheit (die sehr wahrscheinlich regelmäßig von einer Generation an die nächste weitergegeben wurde) oder mit Urkunden oder Gerichtsentscheiden aus der Kolonialzeit, wobei die letzteren mit größter Sorgfalt aufbewahrt werden: Beide Formen haben einen Wert als Aufzeichnungen einer Vergangenheit, die als Norm für die Gegenwart aufgefaßt wird.

Das schließt eine gewisse Flexibilität, ja sogar eine tatsächliche Neuerung nicht aus, sofern neuer Wein in alte Schläuche gegossen werden kann. So kann zum Beispiel der Handel mit Gebrauchtwagen bei Zigeunern, für die ein Nomadendasein zumindest theoretisch die einzig richtige Lebensweise ist, als eine durchaus akzeptable Erweiterung des Pferdehandels angesehen werden. Wissenschaftler, die sich mit dem Prozeß der »Modernisierung« im Indien des 20. Jahrhunderts beschäftigen, haben die Möglichkeiten untersucht, wie sich mächtige und starre traditionelle Systeme dehnen oder bewußt oder faktisch umformen lassen, ohne daß sie formal gesprengt werden, das heißt, in denen Innovationen als Nicht-Innovationen umformuliert werden können.

In solchen Gesellschaften können bewußte und tiefgreifende Innovationen durchaus vorkommen, aber wir dürfen vermuten, daß es nur wenige Möglichkeiten gibt, sie zu legitimieren. Sie können sich als Wiederentdeckung oder als Rückkehr zu einem Teil der Vergangenheit ausgeben, der irrtümlich in Vergessenheit geriet oder aufgegeben wurde, oder sie können durch ein erfundenes antihistorisches Prinzip von höherer moralischer Gewalt legitimiert werden, das die Vernichtung der Gegenwart/Vergangenheit vorschreibt, etwa eine religiöse Offenbarung oder Prophezeiung. Es ist nicht klar, ob unter solchen Bedingungen selbst antihistorische Prinzipien ohne jeden Bezug auf die Vergangenheit auskommen können, das heißt, ob die »neuen« Prinzipien in der Regel – oder grundsätzlich? – nicht die Bekräftigung »alter« Prophezeiungen oder einer »alten« Form einer Prophezeiung sind. Die Schwierigkeit für die Historiker und Anthropologen liegt nun darin, daß alle aufgezeichneten oder beobachteten Fälle einer solchen primitiven Legitimierung bedeutender gesellschaftlicher Innovationen fast per definitionem auftreten, wenn traditionelle Gesellschaften abrupt mit einem Kontext eines mehr oder weniger tiefgreifenden sozialen Wandels konfrontiert werden, das heißt, wenn der starre normative Rahmen der Vergangenheit bis zur Bruchgrenze belastet wird und deshalb nicht mehr »richtig« funktionieren kann. Wandel und

Innovation, die von außen, anscheinend ohne Verbindung zu sozialen Kräften im Innern eingeführt oder durchgesetzt werden, müssen sich zwar als solche nicht zwangsläufig auf das System der innerhalb einer Gemeinschaft gehegten Vorstellungen über Neuerungen auswirken – das Problem, ob sie legitim sind, wird ja durch höhere Gewalt gelöst. Dennoch muß sich zu solchen Zeiten selbst eine extrem traditionalistische Gesellschaft mit den umgebenden und von allen Seiten auf sie eindringenden Neuerungen irgendwie arrangieren. Sie kann sich natürlich dafür entscheiden, sie in Bausch und Bogen abzulehnen und sich von ihnen zurückzuziehen, doch das ist auf die Dauer keine Lösung.

Der Vorstellung, die Gegenwart müsse die Vergangenheit wiederholen, liegt normalerweise ein ziemlich niedriges Niveau des historischen Wandels zugrunde, denn andernfalls wäre sie weder realistisch, noch könnte sie überhaupt zutage treten; es sei denn um den Preis einer enormen gesellschaftlichen Anstrengung und einer Isolation von der soeben genannten Art (wie bei den Amischen und ähnlichen Sektenmitgliedern in den Vereinigten Staaten heute). Solange der – demographische, technische oder sonstwie geartete – Wandel in ausreichend kleinen Schritten vor sich geht, um gewissermaßen häppchenweise absorbiert zu werden, kann er in Form einer mythologisierten und vielleicht ritualisierten Geschichte, durch eine stillschweigende Modifizierung des Systems von Überzeugungen und Vorstellungen, eine »Streckung« des Rahmens oder auf andere Weise in die in eine feste Form gebrachte gesellschaftliche Vergangenheit integriert werden. Selbst sehr tief greifende einzelne Etappen des Wandels können auf diese Weise absorbiert werden, wenn auch um einen hohen psychosozialen Preis, etwa bei der erzwungenen Konversion der Indios zum Katholizismus nach der spanischen Eroberung. Wäre dies nicht so, dann hätte der beträchtliche kumulative geschichtliche Wandel, den jede überlieferte Gesellschaft erfahren hat, nicht stattfinden können, ohne die Wirksamkeit eines normativen Traditionalismus dieser Art zu zerstören. Dennoch hat dieser noch im 19. und 20. Jahrhundert einen Großteil der ländlichen Gesellschaft beherrscht, auch wenn das, was »wir schon immer so gemacht haben«, selbst unter bulgarischen Bauern um 1850 etwas ganz anderes gewesen sein mußte als um 1150. Die Vorstellung, eine »traditionale Gesellschaft« sei statisch und unveränderlich, ist ein Mythos der Küchensoziologie. Trotz alledem kann sie bis zu einem bestimmten Grad des Wandels »traditional« bleiben: Die Gußform der Vergangenheit formt nach wie vor die Gegenwart, zumindest in der allgemeinen Vorstellung.

Die Fixierung des Blicks auf das traditionsgebundene Kleinbauerntum muß ungeachtet seiner zahlenmäßigen Bedeutung, das sei zugegeben, das Argument etwas verzerren. In vieler Hinsicht sind solche Bauernschichten häufig nur Teil eines umfassenderen sozioökonomischen oder sogar politischen Systems, innerhalb dessen sich *irgendwo* Veränderungen vollziehen, ungehindert durch die bäuerliche Vorstellung von Tradition, oder im Rahmen von Traditionen, die eine größere Flexibilität zulassen, beispielsweise die städtischen. Solange die internen Institutionen und Beziehungen eines Systems durch einen abrupten Wandel nicht in einer Weise verändert werden, daß die Vergangenheit hierfür kein Modell mehr abgibt, sind lokalisierte, rasche Veränderungen möglich. Sie können sogar wieder in ein stabiles System von Überzeugungen und Vorstellungen absorbiert werden. Bauern schütteln den Kopf über die Städter, die dafür bekannt und berüchtigt sind, »immer etwas Neues zu suchen«, die ehrbaren Stadtbürger rümpfen die Nase über den Hofadel, der ständig einer neuen und unmoralischen Mode folgt. Die dominierende Rolle der Vergangenheit bedeutet noch keine soziale Statik. Sie verträgt sich durchaus mit zyklischen Vorstellungen eines historischen Wandels und auf jeden Fall mit Rückschritt und Katastrophen (das heißt mit dem Unvermögen, die Vergangenheit zu wiederholen). Womit sie sich jedoch nicht verträgt, ist die Idee eines anhaltenden Fortschritts.

II

Wenn sozialer Wandel sich derart beschleunigt und über einen bestimmten Punkt hinaus die Gesellschaft verändert, dann kann die Vergangenheit nicht mehr die Gußform für die Gegenwart abgeben, sondern ihr bestenfalls als Modell dienen. »Wir sollten zu den Bräuchen unserer Vorväter zurückkehren«, heißt es dann, wenn wir ihnen nicht mehr wie selbstverständlich folgen oder wenn man das nicht mehr von uns erwarten kann. Das bedeutet eine grundlegende Umgestaltung der Vergangenheit selbst. Sie wird jetzt zwangsläufig zu einer Tarnung für Innovationen, denn sie bedeutet nicht mehr die Wiederholung des Vorangegangenen, sondern Handlungen, die explizit anders sind als die vorangegangenen. Selbst wenn der sprichwörtliche Versuch unternommen wird, das Rad zurückzudrehen, werden damit nicht wirklich die alten Zeiten wiederhergestellt, sondern lediglich bestimmte Teile des formalen Systems der bewußten Vergangenheit, die jetzt eine andere Funktion haben. Der besonders ehrgeizige Versuch, die bäuerliche Gesellschaft von Morelos in Mexiko unter Zapata wiederherzustellen, wie sie vierzig Jahre früher gewesen war – um die Ära unter Porfirio Diaz auszulöschen und zum Status quo ante zurückzukehren –, macht dies deutlich. Zunächst einmal konnte er die Vergangenheit schon allein deshalb nicht wahrheitsgetreu wiederherstellen, da dies eine Rekonstruktion von etwas bedeutet hätte, was nicht exakt oder objektiv erinnert werden konnte (beispielsweise der genaue Grenzverlauf der zwischen verschiedenen Gemeinden umstrittenen gemeinsamen Felder), nicht zu reden von der Rekonstruktion dessen, »was hätte sein müssen« und was der Überzeugung oder Vorstellung nach real existiert haben mußte. Zum zweiten war die verhaßte Neuerung nicht einfach ein Fremdkörper, der irgendwie in den sozialen Organismus eingedrungen war wie eine Gewehrkugel, die im Körper steckte und die man chirurgisch, ohne gravierende Eingriffe in den Organismus entfernen konnte. Sie stellte einen Aspekt eines sozialen Wandels dar, der sich nicht von anderen isolieren ließ und deshalb nur um den Preis eliminiert werden konnte, weit mehr zu verändern, als mit der Operation beabsichtigt war. Drittens setzte allein schon der gesellschaftliche Versuch, das Rad zurückzudrehen, fast zwangsläufig Kräfte frei, die weiterreichende Auswirkungen hatten: Die bewaffneten Bauern von Morelos wurden zu einer revolutionären Kraft außerhalb ihres Bundesstaates, auch wenn ihr Anliegen einen rein lokalen oder bestenfalls regionalen Charakter hatte. Unter den gegebenen Umständen wurde aus einer Restauration eine soziale Revolution. Innerhalb der Grenzen des Bundesstaates (zumindest solange die Macht der Bauern anhielt) drehte sie die Zeiger der Uhr wahrscheinlich hinter deren Stand in den Jahren nach 1870 zurück und zerstörte die Verbindungen mit einer umfassenderen Marktwirtschaft, die bereits damals existiert hatten. Unter dem nationalen Blickwinkel der Mexikanischen Revolution bestand ihre Wirkung darin, ein historisch beispielloses neues Mexiko zu schaffen.[1]

Obwohl die Versuche zur Wiederherstellung einer verlorenen Vergangenheit nicht wirklich gelingen können, ausgenommen in trivialer Form (wie durch den Wiederaufbau zerstörter Bauwerke), werden sie dennoch unternommen und erfolgen in der Regel selektiv. (Der Fall einer rückständigen bäuerlichen Region, die sich vornimmt, *alles* wiederherzustellen, was noch in der Erinnerung fortlebt, ist analytisch vergleichsweise uninteressant.) Welche Aspekte der Vergangenheit werden für den Versuch einer Restauration ausgewählt? Viele Historiker weisen auf die Häufigkeit bestimmter Rufe nach einer Restauration hin – zugunsten des alten Rechts, der alten Moral, der alten Religion usw. – und könnten versucht sein, daraus allgemeine Schlüsse zu ziehen. Doch vor einem solchen Schritt sollten sie vielleicht ihre eigenen Beobachtungen systematisieren und sich bei Sozialanthropologen und Vertretern anderer Disziplinen umhören, deren Theorien ihnen möglicherweise weiterhelfen. Bevor sie das Problem von allzu hoher Warte aus betrachten, sollten sie außerdem daran denken, daß Versuche, eine im Absterben begriffene oder abgestorbene Wirtschaftsstruktur wiederzubeleben, keineswegs unbekannt sind. Die Hoffnung auf eine Rückkehr zu einer Wirtschaft des kleinbäuerlichen Bodeneigentums, auch wenn sie kaum mehr ist als eine großstädtische Idylle im England des 19. Jahrhunderts (die zumindest in ihren Anfängen von den landlosen Landarbeitern nicht genossen wurde), war nichtsdestoweniger ein wesentliches Element in der radikalen Propaganda und wurde gelegentlich aktiver verfolgt.

Wenn wir auch über kein zweckmäßiges allgemeines Modell einer solchen selektiven Restauration verfügen, so ist an dieser Stelle doch eine Unterscheidung zwischen symbolischen und wirkungsvollen Versuchen dieser Art angebracht. Die Forderung nach Wiederherstellung der alten Moral oder Religion ist auf Wirksamkeit angelegt. Wird sie realisiert, dann wird im Idealfall *kein* Mädchen beispielsweise vorehelichen Geschlechtsverkehr haben, oder *jeder* wird sonntags die Kirche besuchen. Auf der anderen Seite ist der Wunsch, das zerbombte Straßenbild Warschaus nach dem Zweiten Weltkrieg so wiederaufzubauen, wie es früher ausgesehen hat, oder einzelne Zeugnisse für Innovationen – etwa das Stalin-Denkmal in Prag – abzureißen, symbolisch und enthält sogar ein bestimmtes ästhetisches Element. Man könnte vermuten, daß dies der Fall ist, weil das, was die Menschen tatsächlich wiederherstellen wollen, für konkrete Akte einer Restauration zu weitgehend und zu unbestimmt ist, beispielsweise eine vergangene »Größe« oder eine vergangene »Freiheit«. Die Beziehung zwischen einer wirkungsvollen und einer symbolischen Wiederherstellung der Vergangenheit kann tatsächlich sehr komplex sein, und möglicherweise wirken stets beide Elemente zusammen. Der originalgetreue Wiederaufbau des Parlamentsgebäudes, auf dem Winston Churchill bestand, ließ sich mit Argumenten der Effektivität begründen, nämlich der Erhaltung eines Bauplans, der ein bestimmtes Muster der parlamentarischen Politik, Debatte und Atmosphäre begünstigte, die für das Funktionieren des britischen politischen Systems wesentlich sind. Unabhängig davon bringt dieser Wunsch ebenso wie die frühere Entscheidung, das Gebäude im neugotischen Stil zu errichten, zugleich ein starkes symbolisches Element zum Ausdruck, vielleicht sogar eine eigentümliche Magie, die durch die Wiederherstellung eines kleinen, aber emotional besetzten Teils einer verlorenen Vergangenheit irgendwie das Ganze wiederherstellt.

Früher oder später wird jedoch ein Punkt erreicht sein, an dem die Vergangenheit nicht mehr wirklichkeitsgetreu wiederholt oder gar wiederhergestellt werden kann. An diesem Punkt hat sie sich von der tatsächlichen oder auch nur der erinnerten Wirklichkeit so weit entfernt, daß sie am Ende zu wenig mehr wird als einer Sprache zur Definierung bestimmter, nicht unbedingt konservativer Bestrebungen von heute in historischen Begriffen. Man denke etwa an die freien Angelsachsen vor dem normannischen Joch oder an Merrie England vor der Reformation. Dasselbe gilt, um ein zeitgenössisches Beispiel zu wählen, für die Metapher von Karl dem Großen, die seit Napoleon I. benutzt wurde, um verschiedene Formen einer partiellen europäischen Einheit zu propagieren, ob durch Eroberung von französischer oder deutscher Seite oder durch eine Föderation, und die offensichtlich nicht das Ziel verfolgt, etwas wiederzuerschaffen, was auch nur eine entfernte Ähnlichkeit mit dem Europa des 8. oder 9. Jahrhunderts aufwiese. Hier (ob die heutigen Befürworter daran glauben oder nicht) kann die Forderung, eine Vergangenheit wiederherzustellen oder neuzuerschaffen, die so weit zurückliegt, daß sie für die Gegenwart ohne Relevanz ist, einer totalen Neuerung entsprechen, und die auf diese Weise heraufbeschworene Vergangenheit kann zu einem Artefakt oder, weniger euphemistisch, zu einer Fälschung geraten. Die Bezeichnung »Ghana« überträgt die Geschichte eines Teils von Afrika auf einen anderen, geographisch weitab gelegenen und historisch ganz anders gearteten Teil des Kontinents. Der zionistische Anspruch, im Land Israel in eine Vergangenheit vor der Diaspora zurückzukehren, war praktisch die Leugnung der *tatsächlichen* Geschichte des jüdischen Volkes seit über zweitausend Jahren.[2]

Eine gefälschte oder erfundene Geschichte ist uns allen vertraut genug, doch wir sollten unterscheiden zwischen Erfindungen, die rhetorisch oder analytisch sind, und solchen, die auf eine echte konkrete »Wiederherstellung« abzielen. Die englischen Radikalen vom 17. bis zum 19. Jahrhundert hatten wohl kaum im Sinn, zu einer Gesellschaft vor der normannischen Eroberung zurückzukehren; das »normannische Joch« war für sie primär ein erklärendes Kürzel, die »freien Angelsachsen« bestenfalls eine Analogie oder das Bemühen um eine Genealogie, wie sie weiter unten behandelt wird. Auf der anderen Seite bestehen nationalistische Bewegungen, die nach Ernest Renan fast als Bewegungen definiert werden können, welche die Geschichte vergessen oder falsch verstehen, weil ihre Ziele in der Geschichte kein Beispiel finden, nichtsdestoweniger darauf, sie mehr oder weniger weitgehend in historischen Begriffen zu definieren, und versuchen tatsächlich, Teile dieser fiktiven Geschichte zu verwirklichen. Das gilt besonders offensichtlich für die Definition des nationalen Territoriums, genauer gesagt für territoriale Ansprüche, aber es gibt auch noch andere vertraute Formen eines bewußten Archaismus, von den walisischen Neu-Druiden bis zur Übernahme des Hebräischen als eine gesprochene säkulare Sprache und den Ordensburgen des nationalsozialistischen Deutschlands. Alle diese Beispiele, es sei noch einmal gesagt, sind in keiner Hinsicht »Wiederherstellungen« oder auch nur »Wiederbelebungen«. Es sind Innovationen, die von Elementen einer – realen oder imaginierten – historischen Vergangenheit Gebrauch machen oder vorgeben, dies zu tun.

Welche Formen der Innovation bilden sich auf diese Weise, und welches sind ihre Bedingungen? Nationalistische Bewegungen sind die offensichtlichsten, da die Geschichte das am einfachsten zu bearbeitende Rohmaterial für den Prozeß der Herstellung der historisch neuartigen »Nationen« ist, an dem sie aktiv mitwirken. Welche anderen Bewegungen arbeiten auf diese Weise? Können wir sagen, daß bestimmte Typen von Bestrebungen eher als andere diesen Modus der Definition übernehmen, zum Beispiel solche, die den sozialen Zusammenhalt menschlicher Gruppen betreffen, die den »Gemeinschaftssinn« verkörpern? Diese Frage läßt sich vorläufig nicht beantworten.

III

Das Problem einer systematischen Absage an die Vergangenheit tritt nur dann auf, wenn eine Neuerung als unausweichlich und zugleich als gesellschaftlich wünschenswert angesehen wird: wenn sie für »Fortschritt« steht. Das wirft zwei verschiedene Fragen auf: wie eine Neuerung als solche erkannt und legitimiert wird und wie die Situation, die aus ihr entsteht, spezifiziert werden muß (das heißt, wie ein Modell der Gesellschaft formuliert werden muß, wenn die Vergangenheit es nicht länger liefern kann). Die erste Frage läßt sich einfacher beantworten.

Wir wissen kaum etwas über den Prozeß, der aus den Wörtern »neu« und »revolutionär« (wie sie in der Sprache der Werbung verwendet werden) Synonyme für »besser« und »wünschenswerter« gemacht hat, und hier besteht ein dringender Forschungsbedarf. Es hat jedoch den Anschein, als werde etwas Neuartiges oder sogar eine kontinuierliche Neuerung bereitwilliger akzeptiert, soweit sie die menschliche Kontrolle über die außermenschliche Natur betrifft wie im Fall von Wissenschaft und Technik, da ein Großteil davon offensichtlich selbst für die Traditionsbewußtesten vorteilhaft ist. Hat es jemals ein überzeugendes Beispiel dafür gegeben, daß Maschinenstürmer sich gegen Fahrräder oder Transistorradios gewandt hätten? Andererseits, während bestimmte soziopolitische Innovationen manchen Gruppen attraktiv erscheinen können, zumindest für die Zukunft, werden die Konsequenzen von Innovationen, welche die Gesellschaft und die einzelnen Individuen betreffen (einschließlich technischer Neuerungen), aus ebenso offensichtlichen Gründen auf stärkeren Widerstand stoßen. Ein rascher und anhaltender Wandel in der materiellen Technik kann von denselben Menschen begrüßt werden, die durch die Erfahrung eines rapiden Wandels in ihren mitmenschlichen Beziehungen (beispielsweise in der Sexualität oder der Familie) zutiefst verstört sind und denen es tatsächlich sehr schwer fällt, sich in diesen Beziehungen eine anhaltende Veränderung vorzustellen. Wo selbst eine unbestritten »nützliche« materielle Innovation abgelehnt wird, liegt dies zumeist, wenn nicht immer, an der Angst vor der sozialen Neuerung, sprich vor der Zerrüttung, die sie nach sich zieht.

Eine Neuerung, die so offensichtlich nützlich und gesellschaftlich neutral ist, daß sie fast wie selbstverständlich akzeptiert wird, jedenfalls von Menschen, die mit dem technischen Wandel vertraut sind, wirft praktisch keine Legitimationsprobleme auf. Man könnte vermuten (aber auf welche Untersuchungen soll man sich dabei stützen?), daß selbst eine so stark traditionalistische Aktivität wie die institutionelle Volksreligion wenig Schwierigkeiten darin sieht, sie zu akzeptieren. Wir wissen aus den klassischen sakralen Texten von heftigem Widerstand gegen jede Änderung, aber offenbar hat es keinen vergleichbaren Widerstand beispielsweise gegen eine Verbilligung von Heiligenbildern und Ikonen dank neuer technischer Reproduktionsverfahren gegeben. Auf der anderen Seite gibt es bestimmte Innovationen, die einer Legitimation bedürfen, und in Zeiten, in denen die Vergangenheit keine Musterfälle mehr für sie liefert, ergeben sich daraus ernsthafte Schwierigkeiten. Eine einmalige Neuerung, mag sie auch noch so umwälzend sein, ist weniger problematisch. Sie kann als der Sieg eines dauerhaften positiven Prinzips über sein Gegenteil dargestellt werden oder als Verfahren zur »Korrektur« oder »Berichtigung«, als Sieg der

Vernunft über die Unvernunft, des Wissens über das Unwissen, der »Natur« über das »Unnatürliche«, des Guten über das Böse. Doch die grundlegende Erfahrung der beiden vergangenen Jahrhunderte war die eines beständigen, anhaltenden Wandels, den man nicht auf diese Weise bewältigen kann, von seltenen Ausnahmen abgesehen, wenn man ihn – unter Aufbietung beträchtlicher Kasuistik – als die immer wieder notwendige Anwendung ewiger Prinzipien auf Umstände erklärt, die sich ständig auf eine Art und Weise ändern, die ziemlich mysteriös bleibt, oder die Macht der noch immer existenten Kräfte des Bösen übertreibt.[3]

Paradoxerweise bleibt die Vergangenheit das nützlichste analytische Werkzeug für die Bewältigung eines konstanten Wandels, allerdings in einer neuartigen Form. Sie verwandelt sich in die Entdeckung der Geschichte als Prozeß eines gerichteten Wandels, als Evolution. Der Wandel legitimiert sich auf diese Weise selbst, wird jedoch dabei an ein umgestaltetes »Bewußtsein von einer Vergangenheit« gebunden. Bagehots *Physiscs and Politics* aus dem Jahr 1872 ist hierfür ein gutes Beispiel aus dem 19. Jahrhundert; gegenwärtige Konzepte der »Modernisierung« sind Beispiele für schlichtere Versionen desselben Ansatzes. Kurz: Was die Gegenwart legitimiert und erklärt, ist heute nicht mehr die Vergangenheit als ein Ensemble von Bezugspunkten (zum Beispiel die Magna Charta) oder auch als eine Zeitspanne (zum Beispiel das Zeitalter parlamentarischer Institutionen), sondern die Vergangenheit als ein Prozeß auf dem Wege zur Gegenwart. Angesichts der überwältigenden Realität des Wandels wird selbst das konservative Denken historistisch. Vielleicht liegt es daran, daß eine nachträgliche Erkenntnis die überzeugendste Form der Weisheit des Historikers ist, wenn sie ihm besser zupaß kommt als den meisten anderen.

Doch wie steht es mit denen, die auch eine Voraussicht benötigen, um eine Zukunft zu skizzieren, die anders sein wird als alles, was wir aus der Vergangenheit kennen? Die Lösung dieser Aufgabe ohne irgendein Beispiel ist außerordentlich schwierig, und wir können beobachten, daß diejenigen, die besonders nachdrücklich für Neuerungen eintreten, häufig dazu neigen, nach einem wie immer unplausiblen Modell zu suchen, auch in der Vergangenheit selbst oder, was auf dasselbe hinausläuft, in einer »Urgesellschaft«, in der man eine Form der Vergangenheit des Menschen sieht, die gleichzeitig mit seiner Gegenwart existiert. Die Sozialisten des 19. und 20. Jahrhunderts haben zweifellos den »Urkommunismus« lediglich als analytisches Hilfsmittel benutzt, doch die Tatsache, daß sie sich seiner überhaupt bedienten, verweist darauf, daß es von Vorteil ist, selbst für das Beispiellose ein

Beispiel zu haben oder zumindest ein Beispiel für Möglichkeiten, neuartige Probleme zu lösen, auch wenn die Lösungen der Vergangenheit auf die Probleme der Gegenwart gar nicht anwendbar sind. Es besteht natürlich keine theoretische Notwendigkeit, etwas Bestimmteres über die Zukunft auszusagen, doch in der Praxis ist die Forderung, eine Prognose für die Zukunft zu erstellen oder ein Modell für sie anzugeben, zu stark, um sich einfach darüber hinwegzusetzen.

Eine gewisse Form des Historismus, das heißt die mehr oder weniger kenntnisreiche und komplexe Extrapolation vergangener Trends in die Zukunft, war die praktischste und beliebteste Methode für Prognosen. In diesem Fall wird der Verlauf der Zukunft ermittelt, indem man im Prozeß der vergangenen Entwicklung nach Anhaltspunkten sucht. Paradoxerweise wird dadurch die Geschichte, je mehr wir mit neuartigen Entwicklungen rechnen, als Orientierungshilfe dafür, wie die Zukunft möglicherweise aussieht, immer wichtiger. Diese Prognoseverfahren können von höchst naiven Annahmen – die Zukunft als bessere und größere Gegenwart oder als größere und schlechtere Gegenwart, wie sie für Extrapolationen der technischen Entwicklung oder für pessimistische Gesellschaftsutopien so charakteristisch sind – bis zu intellektuell sehr komplexen und leistungsfähigen Modellen reichen; in beiden Extremfällen bleibt die Geschichte im wesentlichen die Ausgangsbasis. An dieser Stelle tritt jedoch ein Widerspruch auf, dem wir bereits bei Karl Marx begegnen, der auf der einen Seite von der zwangsläufigen Verdrängung des Kapitalismus durch den Sozialismus überzeugt war und auf der anderen eine extreme Abneigung dagegen hegte, mehr als einige wenige ganz allgemeine Aussagen darüber zu machen, wie eine sozialistische und eine kommunistische Gesellschaft aussehen würden. Das war wohl nicht nur gesunder Menschenverstand. Die Fähigkeit, allgemeine Tendenzen zu erkennen, ist nicht gleichbedeutend mit der Fähigkeit, ihr präzises Ergebnis unter komplexen und in vieler Hinsicht unbekannten Umständen in der Zukunft vorherzusagen. Es verweist zudem auf einen Konflikt zwischen einem letztlich historistischen Modus der Zukunftsanalyse, der einen kontinuierlichen Prozeß des historischen Wandels ebenso unterstellt wie das, was bislang das universelle Erfordernis programmatischer Gesellschaftsmodelle war, nämlich eine gewisse Stabilität. Utopia ist von seinem Wesen her ein stabiler oder sich selbst reproduzierender Zustand, und sein immanent ahistorischer Charakter kann nur von denen vermieden werden, die sich weigern, den Zustand näher zu beschreiben. Selbst weniger utopische Modelle der »guten Gesellschaft« oder des erstrebenswerten politischen Systems, auch wenn sie Veränderungen der Rahmenbedingungen noch so weitgehend berücksichtigen, tun dies in aller Regel auf der Basis eines relativ stabilen und vorhersagbaren Rahmens von Institutionen und Werten, die durch die potentiellen Änderungen nicht zerstört werden. In der Theorie bereitet es keine Schwierigkeiten, soziale Systeme unter Berücksichtigung eines kontinuierlichen Wandels zu definieren, doch in der Praxis besteht offenbar nur ein geringes Bedürfnis danach, möglicherweise, weil ein Übermaß an Instabilität und Unvorhersehbarkeit in sozialen Beziehungen besonders desorientierend wirkt. In der Terminologie von Auguste Comte geht »Ordnung« mit »Fortschritt« einher, doch die Analyse der einen sagt uns wenig über die erwünschte Beschaffenheit des anderen. Die Geschichte läßt uns mit ihrer Nützlichkeit gerade dann im Stich, wenn wir sie am dringendsten brauchen.[4]

Deshalb sind wir möglicherweise noch immer auf die Vergangenheit zurückverwiesen, auf eine analoge Weise wie ihr traditioneller Gebrauch als ein Archiv von Präzedenzfällen, auch wenn wir heute unsere Auswahl im Licht analytischer Modelle oder Programme treffen, die damit nichts zu tun haben. Das ist besonders häufig der Fall bei den Entwürfen zu einer »guten Gesellschaft«, da das meiste von dem, was wir über das erfolgreiche Funktionieren von Gesellschaften wissen, unserer empirischen Erfahrung aus Tausenden von Jahren des Zusammenlebens in menschlichen Gemeinschaften in unterschiedlichen Formen entspringt, vielleicht noch angereichert durch die Ergebnisse der jüngst in Mode gekommenen Untersuchungen über das Sozialverhalten von Tieren. Der Wert historischer Forschung über die Vergangenheit, »wie sie eigentlich gewesen«, zur Lösung dieses oder jenes Problems der Gegenwart und Zukunft ist unbestritten und hat manchen ziemlich altmodischen historischen Aktivitäten zu neuem Leben verholfen, sofern sie mit möglichst neumodischen Problemen verbunden wurden. Was beispielsweise mit den Armen geschah, die durch den massiven Eisenbahnbau im 19. Jahrhundert in die Zentren großer Städte verschlagen wurden, kann und müßte die möglichen Konsequenzen eines massiven Baus von Stadtautobahnen zum Ende des 20. Jahrhunderts erhellen, und die unterschiedlichen Erfahrungen von »studentischer Macht« an spätmittelalterlichen Universitäten sind nicht ohne Einfluß auf Projekte zur Änderung der Hochschulverfassung moderner Universitäten.[5] Das Wesen dieses häufig willkürlichen Prozesses, einen Ausflug in die Vergangenheit zu machen, um dort Anhaltspunkte für Zukunftsprognosen zu finden, erfordert mehr Aufwand an Analyse, als er bislang erbracht wurde. Für sich allein genommen ersetzt er nicht die Konstruktion adäquater Gesellschaftsmodelle mit oder ohne historische Forschung. Er bringt lediglich deren gegenwärtige Unzulänglichkeiten zum Ausdruck, die er in manchen Fällen vielleicht etwas abschwächen kann.

IV

Mit diesen wenig systematischen Bemerkungen sind die sozialen Gebrauchsweisen der Vergangenheit keineswegs erschöpft. Doch obwohl wir nicht den Versuch unternehmen können, an dieser Stelle auch auf alle übrigen Aspekte einzugehen, sollen zwei Spezialprobleme noch kurz erwähnt werden: die Vergangenheit als Genealogie und als Chronologie.

Das Bewußtsein von der Vergangenheit als einem kollektiven Kontinuum von Erfahrungen bleibt erstaunlich bedeutsam, selbst für diejenigen, die besonders auf Innovation schwören und der Überzeugung huldigen, Neuartigkeit sei gleichbedeutend mit Verbesserung: Das bezeugt die universelle Aufnahme des Fachs »Geschichte« in die Lehrpläne aller heutigen Bildungssysteme oder die Suche nach Vorläufern (Spartakus, Thomas Morus, Winstanley) durch moderne Revolutionäre, wenngleich deren Theorie, sofern sie Marxisten sind, stillschweigend von der Irrelevanz solcher Persönlichkeiten ausgeht. Denn wie können heutige Marxisten eigentlich von dem Wissen profitieren, daß es im alten Rom Sklavenaufstände gab, die selbst unter der Annahme, sie hätten kommunistische Ziele verfolgt, nach marxistischer Analyse zum Scheitern verurteilt waren oder Ergebnisse hervorbringen mußten, die für die Bestrebungen heutiger Kommunisten kaum relevant sind? Fraglos verschafft das Gefühl, einer jahrhundertealten Tradition der Rebellion zuzugehören, eine emotionale Befriedigung, aber wie und warum? Entspricht es dem Gefühl einer Kontinuität, das die Lehrpläne unseres Fachs erfüllt und es Schulkindern wünschenswert erscheinen läßt, etwas über die Existenz Boudiccas oder Vercingetorix', König Alfreds oder Jeanne d'Arcs als Teil jenes Bestandes an Informationen zu lernen, von denen man (aus Gründen, deren Triftigkeit unterstellt, aber nur selten näher untersucht wird) als Engländer oder Franzose »eigentlich etwas wissen sollte«? Die Anziehungskraft der Vergangenheit als Kontinuität und Tradition, als »unsere Vorfahren« ist stark. Selbst das Muster des Tourismus legt davon Zeugnis ab. Unsere natürliche Sympathie mit dieser Empfindung sollte uns jedoch nicht darüber hinwegtäuschen, welche Schwierigkeiten es macht herauszufinden, warum das so ist.

Diese Schwierigkeiten sind natürlich wesentlich geringer im Fall einer vertrauteren Form der genealogischen Forschung, bei der es darum geht, eine unsichere Selbstachtung zu stützen. Bürgerliche Emporkömmlinge wollen einen Stammbaum, neue Nationen oder Bewegungen ergänzen ihre eigene Geschichte durch Beispiele für Größe und Errungenschaften aus der Vergangenheit, soweit für ihr Empfinden die eigene Vergangenheit solcher Beispiele ermangelt – gleichgültig, ob dieses Empfinden berechtigt ist oder nicht.[6] Die interessanteste Frage im Hinblick auf solche genealogischen Übungen ist die, ob oder wann sie entbehrlich werden. Die Erfahrung der modernen kapitalistischen Gesellschaft legt den Schluß nahe, daß sie sowohl dauerhaft als auch vorübergehend sein können. Auf der einen Seite orientieren sich zum Ende des 20. Jahrhunderts Neureiche noch immer an den Attributen des Lebens einer Aristokratie, die trotz ihrer politischen und wirtschaftlichen Bedeutungslosigkeit nach wie vor den höchsten sozialen Status repräsentiert (das Schloß auf dem Land, der Aufsichtsratsvorsitzende aus dem Rheinland, der in der unwirklichen Umgebung sozialistischer Länder auf Elch- und Bärenjagd geht, usw.). Auf der anderen Seite haben die historistischen Gebäude und Wohnungseinrichtungen der bürgerlichen Gesellschaft des 19. Jahrhunderts von einem bestimmten Zeitpunkt an einem bewußt»modernen« Stil Platz gemacht, der sich nicht nur weigerte, sich auf die Vergangenheit zu beziehen, sondern auch eine zweifelhafte ästhetische Analogie zwischen künstlerischer und technischer Innovation entwickelte. Leider ist die einzige Gesellschaft in der Geschichte, die uns bislang ausreichend Material zur Erforschung der Faszination der Vorväter und alles Neuen zur Verfügung stellt, die westliche kapitalistische Gesellschaft im 19. und 20. Jahrhundert. Es wäre wenig sinnvoll, auf der Grundlage einer einzigen Stichprobe verallgemeinernde Schlüsse zu ziehen.

Schließlich zum Problem der Chronologie, das uns zum entgegengesetzten Extrem einer möglichen Generalisierung führt. Denn man kann sich schwerlich eine bekannte Gesellschaft vorstellen, die es nicht aus diesem oder jenem Grund für zweckmäßig hielte, die Dauer der Zeit und die Abfolge von Ereignissen festzuhalten. Es gibt natürlich, worauf Moses Finley hingewiesen hat, einen fundamentalen Unterschied zwischen einer chronologischen und einer nichtchronologischen Vergangenheit, zwischen dem Odysseus von Homer und dem von Samuel Butler, der natürlich und ganz unhomerisch als Mann in mittleren Jahren vorgestellt ist, der nach zwanzigjähriger Abwesenheit zu seiner alternden Frau zurückkehrt. Eine Chronologie ist natürlich wichtig für das moderne historische Verständnis der Vergangenheit, da die Geschichte ein gerichteter Wandel ist. Ein Anachronismus ist für den Historiker sogleich ein Warnsignal, und sein emotionaler Schockwert in einer durch und durch chronologisch denkenden Gesellschaft ist so hoch, daß er sich ohne weiteres zu Verfremdungszwecken in der Kunst anbietet: Ein modern gekleideter *Macbeth* profitiert davon heute auf eine Weise, die einem *Macbeth* zur Zeit Jakobs I. offensichtlich nicht möglich war.

Auf den ersten Blick ist eine Chronologie für das traditionelle Verständnis der Vergangenheit (als Gußform oder Modell für die Gegenwart, als Reservoir und Archiv der Erfahrung, Weisheit und Moral) weniger bedeutsam. Hier werden die Ereignisse nicht notwendig als gleichzeitig vorgestellt wie in den spanischen Osterprozessionen, wo Römer und Sarazenen gegeneinander kämpfen, oder gar als außerhalb jeder Zeit: Ihre gegenseitigen zeitlichen Bezüge sind schlicht irrelevant. Ob der legendäre Horatius Cocles den Römern sein heldenhaftes Beispiel vor oder nach Mucius Scaevola gab, ist nur für Pedanten von Interesse. Desgleichen (um ein modernes Beispiel zu nehmen) hat der Wert der Makkabäer, der Verteidiger von Masada oder Bar Kochbas für heutige Israelis nichts zu tun mit ihrer chronologischen Distanz zu ihnen oder untereinander. Sobald in eine solche Vergangenheit die wirkliche Zeit eingeführt wird (wenn beispielsweise Homer und die Bibel mit den Methoden der modernen historischen Wissenschaft untersucht werden), wird aus ihr etwas anderes. Das ist ein gesellschaftlich verwirrender Vorgang und ein Symptom gesellschaftlicher Umgestaltung.

Doch für bestimmte Zwecke ist eine historische Chronologie, beispielsweise in Form von Genealogien und Chroniken, von offensichtlicher Bedeutung in vielen, wenn nicht allen Kulturen mit oder ohne Schrift, auch wenn die Fähigkeit der ersteren, dauerhafte schriftliche Aufzeichnungen zu führen, ihnen die Möglichkeit bietet, Gebrauchsweisen dafür zu entwickeln, die in den Gesellschaften mit ausschließlich mündlicher Überlieferung offenbar nicht praktikabel sind. (Doch während die Grenzen der historischen Erinnerung aufgrund einer rein mündlichen Überlieferung unter dem Aspekt der Erfordernisse des modernen Wissenschaftlers untersucht wurden, haben die Historiker der Frage, wieweit sie für die sozialen Erfordernisse ihrer eigenen Gesellschaften unzureichend ist, weniger Aufmerksamkeit geschenkt.)

Im weitesten Sinne kennen alle Gesellschaften Mythen der Schöpfung und der Entwicklung, die von einer zeitlichen Abfolge ausgehen: Zuerst waren die Dinge so, dann haben sie sich in der und der Weise geändert. Umgekehrt bedeutet die Vorstellung vom Walten einer Vorsehung im Universum ebenfalls eine gewisse Aufeinanderfolge von Ereignissen, denn eine Teleologie (auch wenn deren Ziele bereits verwirklicht sind) ist eine Art Geschichte. Außerdem eignet sie sich hervorragend für eine Chronologie, wo eine solche existiert: die verschiedenen chiliastischen Spekulationen oder die Debatten um das Jahr 1000 n. Chr. etwa, denen die Existenz eines Datierungssystems zugrunde liegt, bezeugen das.[7] In einem genaueren Sinn beinhaltet der Prozeß der Anfertigung von Kommentaren zu alten Texten ewiger Gültigkeit oder der Entdeckung der spezifischen Nutzanwendungen einer ewigen Wahrheit ein Element der Chronologie (zum Beispiel die Suche nach Präzedenzfällen). Es muß kaum eigens erwähnt werden, daß für eine Vielzahl von wirtschaftlichen, juristischen, bürokratischen, politischen und rituellen Zwecken noch genauere Berechnungen der Chronologie erforderlich sein können, zumindest in Schriftgesellschaften, die darüber Aufzeichnungen führen können, einschließlich natürlich die Erfindung vorteilhafter und weit zurückliegender Musterbeispiele zu politischen Zwecken.

In einigen Fällen ist der Unterschied zwischen einer solchen Chronologie und der modernen Geschichtsforschung offensichtlich. Die Suche der Juristen und Beamten nach Präzedenzfällen ist allein an der Gegenwart orientiert. Ihr Zweck ist es, die gesetzlichen Rechte von heute aufzufinden oder moderne Verwaltungsprobleme zu lösen, während für den Historiker, wie stark dieser auch an ihrer Beziehung zur Gegenwart und Zukunft interessiert sein mag, gerade der Unterschied der Verhältnisse von Bedeutung ist. Andererseits ist damit das Wesen einer traditionellen Chronologie noch nicht erschöpft. Geschichte, die Einheit von Vergangenheit, Gegenwart und Zukunft, kann etwas sein, was universell begriffen wird, ungeachtet aller menschlichen Unvollkommenheit, sie zu erinnern und aufzuzeichnen, und eine wie immer geartete Chronologie, selbst wenn sie für uns nicht zu erkennen ist oder unseren heutigen Anforderungen an die Genauigkeit nicht entspricht, kann ein notwendiges Meßinstrument für sie sein. Doch selbst wenn das so ist, wo liegen die Trennlinien zwischen den koexistierenden nichtchronologischen und den chronologischen Vergangenheiten, den koexistierenden nichthistorischen und den historischen Chronologien? Die Antworten sind keineswegs klar. Vielleicht könnten sie ein Licht werfen nicht nur auf das Bewußtsein von der Vergangenheit in früheren Gesellschaften, sondern auch auf unser eigenes, in dem das Übergewicht einer bestimmten Form (historischer Wandel) das Fortbestehen – innerhalb anderer Milieus und Umständen – anderer Formen des Bewußtseins von der Vergangenheit nicht ausschließt.

Es ist leichter, Fragen zu formulieren, als Antworten zu finden, und dieser Beitrag ist den einfacheren Weg gegangen statt den schwierigen. Doch vielleicht ist das Stellen von Fragen, vor allem über die Erfahrungen, die wir für selbstverständlich halten, keine wertlose Beschäftigung. Wir schwimmen in der Vergangenheit wie Fische im Wasser und können uns nicht aus ihr befreien. Die Modalitäten, wie wir in diesem Medium leben und uns darin bewegen, sollten genauer untersucht und diskutiert werden. Meine Absicht war es, zu beidem Anregungen zu geben.

3. Kapitel

Was kann uns die Geschichte über die gegenwärtige Gesellschaft sagen?

Was kann uns die Geschichte über die gegenwärtige Gesellschaft sagen? Wenn ich diese Frage stelle, ergehe ich mich nicht einfach in der üblichen Selbstrechtfertigung von Akademikern, die sich mit interessanten, aber scheinbar völlig nutzlosen Disziplinen befassen wie Altphilologie, Literaturkritik oder Philosophie, vor allem wenn sie versuchen, Forschungsmittel bei solchen Leuten zu beschaffen, die sich nicht vorstellen können, gutes Geld auch für Dinge freizugeben, die keinen so offensichtlichen praktischen Nutzen haben wie die Verbesserung von Kernwaffen oder ein Geschäft, das einige Millionen Dollar abwirft. Ich stelle eine Frage, die jedermann stellt und die gestellt wird, seit wir schriftliche Aufzeichnungen von Menschen haben.

Denn wo unser Ort im Hinblick auf die Vergangenheit ist, welche Beziehungen zwischen Vergangenheit, Gegenwart und Zukunft bestehen, das sind nicht nur Fragen von höchstem Interesse für alle, sie sind schlechterdings unerläßlich. Wir können gar nicht anders als unseren Ort im Kontinuum unseres eigenen Lebens und dem unserer Angehörigen und der Gruppen, denen wir zugehören, zu bestimmen. Wir kommen nicht umhin, die Vergangenheit mit der Gegenwart zu vergleichen: Dazu sind die Alben mit den Familienfotos oder die selbstgedrehten Videos vom Familienleben da. Wir können nicht anders, als daraus zu lernen, denn das ist es, was mit *Erfahrung* gemeint ist. Es kann sein, daß wir das Falsche lernen – und häufig passiert genau das –, aber wenn wir nicht lernen oder keine Gelegenheit dazu hatten oder wenn wir uns weigern, etwas aus jedweder Vergangenheit zu lernen, die für unseren Zweck relevant ist, dann sind wir im Extremfall geistig abnormal. »Gebranntes Kind scheut das Feuer«, sagt ein altes Sprichwort –

Bislang unveröffentlichter Vortrag von 1984 an der University of California in Davis aus Anlaß ihres 75jährigen Bestehens. Neben einer Änderung des Tempus, wo es nötig schien – Vergangenheit statt Gegenwart –, habe ich einzelne Streichungen vorgenommen, um Überschneidungen mit anderen Kapiteln zu vermeiden.

wir verlassen uns darauf, daß das Kind aus der Vergangenheit lernt. Historiker sind die Datenspeicher der Erfahrung. In der Theorie macht die Vergangenheit – alles Vergangene, alles und jedes, was sich bis heute ereignet hat – die Geschichte aus. Ein großer Teil davon fällt nicht in die Domäne von Historikern, ein anderer Teil schon. Und soweit sie zur kollektiven Erinnerung der Vergangenheit beisteuern und sie konstituieren, müssen die Menschen in der gegenwärtigen Gesellschaft sich darauf verlassen.

Es geht nicht darum, ob sie das tun. Es geht darum, was sie sich genau von der Vergangenheit versprechen und ob es das ist, was die Historiker ihnen bieten sollten. Nehmen wir ein Beispiel, eine Art und Weise, von der Vergangenheit Gebrauch zu machen, die sich schwer definieren läßt, aber offenbar für wichtig gehalten wird. Eine Institution – sagen wir eine Universität – feiert ihr 75jähriges Bestehen. Warum eigentlich? Was – abgesehen von einem Gefühl des Stolzes oder einer Gelegenheit, sich ein paar angenehme Stunden zu machen, oder irgendwelchen anderen zufälligen Vorteilen – haben wir von solch einer Feier eines willkürlichen chronologischen Einschnitts in der Geschichte einer Institution? Wir brauchen Geschichte und machen von ihr Gebrauch, auch wenn wir nicht wissen warum.

Aber was kann uns die Geschichte über die gegenwärtige Gesellschaft sagen? Für den weitaus größeren Teil der menschlichen Vergangenheit – in Westeuropa sogar bis zum 18. Jahrhundert – nahm man an, daß sie uns sagen könne, wie diese, wie jede Gesellschaft funktionieren sollte. Die Vergangenheit war das Modell für die Gegenwart und die Zukunft. Für normale Zwecke stellte sie den Schlüssel zum genetischen Code dar, durch den jede Generation ihre Nachfolger reproduzierte und ihre Verhältnisse ordnete. Von daher erklärt sich die Bedeutung des Alten, das die Weisheit nicht nur im Sinn einer langen Erfahrung repräsentierte, sondern auch einer Erinnerung daran, wie die Dinge waren und wie sie getan wurden, und damit auch, wie sie getan werden sollten. Der Begriff »Senat« als Bezeichnung für die erste Kammer des US-Kongresses und anderer Parlamente bezeugt diese Annahme. In mancher Hinsicht ist das noch immer so, wie sich am Terminus des Präzedenzfalls in Rechtssystemen ablesen läßt, die auf dem Gewohnheitsrecht, das heißt dem überlieferten Recht beruhen. Doch während ein Präzedenzfall heute in der Hauptsache etwas ist, das neu interpretiert oder umgangen werden muß, um Umständen gerecht zu werden, die offensichtlich *nicht* so sind wie in der Vergangenheit, war er früher einmal und ist manchmal heute noch bindendes Recht. Ich weiß von einer indianischen Gemeinschaft in den Zentralanden Perus, die seit dem späten

16. Jahrhundert mit den benachbarten Haciendas oder (seit 1969) landwirtschaftlichen Genossenschaften ununterbrochen im Streit um den
Besitz bestimmter Gebiete lag. Eine Generation nach der anderen von
ungebildeten alten Männern nahm ungebildete Jungen mit zu den
umstrittenen Hochweiden der *puna* und zeigte ihnen die Grenzen des
gemeinschaftlichen Landes, das sie damals verloren hatten. Hier ist
buchstäblich die Geschichte die Autorität für die Gegenwart.
Dieses Beispiel führt uns zu einer weiteren Funktion von Geschichte.
Denn wenn die Gegenwart in irgendeiner Hinsicht unbefriedigend
war, dann lieferte die Vergangenheit das Modell zu ihrer Wiederherstellung in einer befriedigenden Form. Die alte Zeit wurde – und wird
häufig auch heute noch – definiert als die »gute« alte Zeit, und dorthin
sollte die Gesellschaft zurückkehren. Diese Auffassung ist noch immer
sehr lebendig: Auf der ganzen Welt füllen Menschen und politische
Bewegungen den Begriff der Utopie mit nostalgischem Inhalt: Sie ist
faktisch die Rückkehr zur guten alten Moral, zur Religion der Väter,
den Werten des kleinstädtischen Nordamerikas von 1900, dem Buch-
stabenglauben an die Bibel oder den Koran – die alte Dokumente sind –
usw. Aber natürlich gibt es heute kaum Situationen, in denen eine
Rückkehr in die Vergangenheit tatsächlich möglich ist oder auch nur
möglich zu sein scheint. Sie ist entweder die Rückkehr zu etwas, was
so weit entfernt liegt, daß es rekonstruiert werden muß, eine »Wieder-
geburt« oder »Renaissance« des klassischen Altertums nach vielen
Jahrhunderten der Vergessenheit – wie die Intellektuellen des 15. und
16. Jahrhunderts es sahen – oder wahrscheinlicher eine Rückkehr zu
etwas, was es überhaupt nie gegeben hat, sondern eigens für den
Zweck erfunden wurde. Der Zionismus oder überhaupt jeder moderne Nationalismus konnte unmöglich die Rückkehr zu einer verlorenen Vergangenheit sein, weil es jene Art von territorialen Nationalstaaten mit einer Organisation von der angestrebten Art vor dem
19. Jahrhundert einfach nicht gegeben hat. Er mußte eine revolutionäre Neuerung im Gewand einer Restauration sein. Er mußte die
Geschichte, die er zu vollenden beanspruchte, überhaupt erst erfinden. Wie Ernest Renan ein Jahrhundert zuvor sagte: »Der historische
Irrtum spielt bei der Erschaffung einer Nation eine wesentliche Rolle.«[1]
Es ist das Geschäft der Historiker, solche Mythologien aufzudecken,
wenn sie sich nicht damit begnügen wollen – und ich fürchte, die Verfasser von Nationalgeschichten haben dies oft getan –, die Handlanger
von Ideologen zu sein. Das ist ein wichtiger, wenngleich negativer Beitrag der Geschichte zum Thema gegenwärtige Gesellschaft. Im allgemeinen finden Historiker bei Politikern wenig Dank dafür.

Nun ist diese Art Lehre aus der Geschichte im Sinn einer akkumulierten und geronnenen Erfahrung heute weitgehend bedeutungslos geworden. Die Gegenwart ist offensichtlich kein Abbild der Vergangenheit und kann es auch gar nicht sein; und sie kann auch nicht in irgendeiner praktischen Hinsicht nach deren Vorbild gestaltet werden. Seit die Industrialisierung eingesetzt hat, tritt das Neuartige, das jede Generation einführt, wesentlich stärker in den Vordergrund als ihre Ähnlichkeit mit dem Vorangegangenen. Trotzdem gibt es noch immer einen großen Teil der Welt und der menschlichen Angelegenheiten, in dem die Vergangenheit vorherrscht und wo deshalb die Geschichte oder die Erfahrung im ursprünglichen altmodischen Sinn noch immer so funktioniert wie in den Tagen unserer Vorväter. Und bevor ich auf komplexere Fragen zu sprechen komme, finde ich es wichtig, daran zu erinnern.

Ich möchte ein konkretes und höchst aktuelles Beispiel geben: den Libanon. Es ist nicht nur die fundamentale Situation dieser Ansammlung bewaffneter religiöser Minderheiten in einer wenig übersichtlichen Bergregion und deren Umgebung, die sich seit 150 Jahren nicht geändert hat, es sind auch die Details ihrer Politik. Ein Dschumblat stand an der Spitze der Drusen, als diese 1860 die Maroniten niedermetzelten, und wenn man Fotografien führender Politiker des Libanons zu unterschiedlichen Zeitpunkten seit damals Namen zuordnet, dann läßt sich sehen, daß es immer wieder dieselben Namen unter verschiedenen politischen Bezeichnungen und Kostümierungen sind. Vor einigen Jahren wurde ein um 1850 von einem Russen geschriebenes Buch über den Libanon ins Hebräische übersetzt, und ein israelischer Militär sagte darüber:»Hätten wir dieses Buch schon früher lesen können, dann hätten wir diese Fehler im Libanon alle nicht begangen.« Damit wollte er sagen:»Wir hätten wissen müssen, wie die Verhältnisse im Libanon früher waren.« Einige elementare historische Informationen hätten vielleicht schon genügt. Aber ich muß hinzufügen, daß die Geschichte nicht die einzige Möglichkeit war, diese Informationen zu vermitteln, wenn auch eine der leichtesten. Wir Professoren neigen dazu, allzu vieles der Unwissenheit zuzuschreiben. Ich möchte einmal vermuten, daß es in Jerusalem und Washington eine Menge Leute gab, die sehr gut über den Libanon informiert waren und ihre Kenntnisse auch weitergegeben haben. Was sie zu sagen hatten, paßte Begin und Sharon und Präsident Reagan und Außenminister Shultz (oder wer sonst die Entscheidungen traf) nicht ins Konzept. Es gehören immer zwei dazu, um die Lektionen aus der Geschichte oder sonst etwas zu lernen: einer, der die Information liefert, und einer, der danach handelt.

Der Fall Libanon ist sicherlich ungewöhnlich, denn schließlich gibt es nur wenige Länder, bei denen Bücher, die vor hundert Jahren geschrieben wurden, noch immer als Leitfaden für die gegenwärtige Politik – und sogar für politische Führer – dienen können. Dennoch kann uns die reine historische Erfahrung ohne viel Theorie immer einiges über die Gesellschaft von heute sagen. Das liegt zum Teil daran, daß Menschen sich nicht allzusehr ändern und menschliche Situationen sich von Zeit zu Zeit wiederholen. So wie ältere Menschen häufig sagen können:»Das habe ich schon einmal erlebt«, können Historiker auf der Grundlage der angesammelten Aufzeichnungen vieler Generationen sagen:»Das hat es schon einmal gegeben.« Und das ist ziemlich bedeutsam.

Das hat etwas damit zu tun, daß die moderne Sozialwissenschaft, die politischen Planungs- und Entscheidungsprozesse sich an einem Modell der Wissenschaftlichkeit und der Technologie orientieren, das systematisch und bewußt die menschliche und vor allem die historische Erfahrung unberücksichtigt läßt. Das bevorzugte Modell der Analyse und Prognose besteht darin, alle verfügbaren gegenwärtigen Daten in einen imaginären oder realen Supercomputer einzugeben, der sie verarbeitet und die gestellten Fragen beantwortet. Die schlichte menschliche Erfahrung und unser Verstand eignen sich dafür nicht – oder noch nicht oder nur für ganz spezielle Zwecke. Und eine solche ahistorische oder gar antihistorische Denkungsweise ist häufig blind und selbst dem unsystematischen Blick von Menschen unterlegen, die ihre Augen gebrauchen können. Ich möchte zwei Beispiele vorführen, die eine gewisse praktische Bedeutung haben.

Das erste ist wirtschaftlicher Art. Seit den zwanziger Jahren unseres Jahrhunderts – eigentlich bereits seit etwa 1900 – ist einigen Beobachtern ein säkulares Muster der Weltwirtschaft aufgefallen: Perioden einer wirtschaftlichen Expansion und Blüte von etwa 23 Jahren Dauer, die sich mit wirtschaftlichen Rezessionsperioden von etwa derselben Dauer abwechseln. Am besten bekannt sind sie unter der Bezeichnung »Kondratjew-Wellen«. Niemand hat sie bisher befriedigend erklärt oder gar analysiert. Statistiker und andere haben ihre Existenz bestritten. Und dennoch gehören sie zu den wenigen historischen Zyklen, die eine Prognose ermöglicht haben. Die Krise der siebziger Jahre wurde auf diese Weise vorhergesagt – ich selbst habe 1968 eine solche Prognose gewagt. Und als die Krise dann einsetzte, haben Historiker, wiederum auf der Basis der Kondratjew-Wellen, die Analysen von Politikern und Wirtschaftswissenschaftlern zurückgewiesen, die seit 1973 jedes Jahr aufs neue einen baldigen Aufschwung prophezeiten. Und wir wurden bestätigt. Darüber hinaus und wiederum auf derselben Basis habe ich 1984 die Prognose riskiert, eine Rückkehr zur nächsten weltwirtschaftlichen Aufschwungphase in den nächsten Jahren oder vor den frühen neunziger Jahren sei äußerst unwahrscheinlich. Hierfür konnte ich keine theoretische Begründung angeben, lediglich die historische Beobachtung, daß diese langen Konjunkturwellen, abgesehen von einigen Verzerrungen durch große Kriege, spätestens seit den Jahren nach 1780 festzustellen sind. Es kommt noch etwas hinzu. Jede »Kondratjew-Welle« der Vergangenheit stellte nicht nur in rein ökonomischer Hinsicht einen Zyklus dar, sondern wies außerdem – keineswegs außergewöhnlich – bestimmte politische Merkmale auf, die sie ziemlich deutlich von ihrer Vorgängerin und ihrer Nachfolgerin unterschied, sowohl im Hinblick auf die internationale als auch die Innenpolitik verschiedener Länder und Regionen des Erdballs. Und dieses Muster wird vermutlich Bestand haben.

Mein zweites Beispiel ist spezieller. Während des Kalten Krieges gab es einen Augenblick, zu dem die empfindlichen Vorwarninstrumente der US-Regierung etwas registrierten, was wie der Abschuß von russischen Atomraketen auf Amerika aussah. Natürlich bereitete sich irgendein General auf einen sofortigen Gegenschlag vor, während er darauf wartete, daß andere empfindliche Instrumente blitzschnell die ersten Signale darauf überprüften, ob es irgendwo eine Panne gegeben hatte oder ob bestimmte harmlose Signale falsch interpretiert worden waren – letztlich, ob der Dritte Weltkrieg begonnen hatte oder nicht. Politiker und Militärs gelangten zu dem Schluß, daß alles in Ordnung sei, denn das gesamte Verfahren war automatisch unnütz. Die ganze Programmierung mußte von der Annahme ausgehen, daß in jedem Augenblick das Schlimmste passieren konnte, denn wenn es tatsächlich passierte, würde praktisch keine Zeit mehr für Gegenmaßnahmen bleiben. Doch was immer die Instrumente anzeigten, es war so sicher wie nur irgend etwas, daß im Juni 1980, als sich dieser Zwischenfall ereignete, niemand bewußt auf den atomaren Knopf gedrückt hatte. Die Lage sah einfach nicht danach aus. Ich selbst und ich hoffe wir alle wären ebenfalls zu diesem Schluß gelangt, nicht aus irgendwelchen theoretischen Gründen – denn theoretisch war ein solcher überraschender atomarer Erstschlag nicht unmöglich –, sondern einfach deshalb, weil im Unterschied zu den anderen Instrumenten der Computer in unserem Kopf historische Erfahrungen gespeichert hat oder speichern kann.

Soviel zu dem, was man als den altmodischen, auf Erfahrung beruhenden Gebrauch der Geschichte bezeichnen könnte – von der Art, wie Thukydides und Machiavelli sie anerkannt und praktiziert hätten.

Nun möchte ich ein Wort zu dem wesentlich schwierigeren Problem sagen, was die Geschichte uns über gegenwärtige Gesellschaften mitteilen kann, soweit diese der Vergangenheit ganz *unähnlich* sind, für die es also keine Präzedenzfälle gibt. Die Geschichtsforschung ist sich selbst dann, wenn sie besonders stark verallgemeinert – und meiner Ansicht nach taugt sie nicht viel, wenn sie nicht verallgemeinert –, stets der Unterschiede bewußt. Das erste, was ein wissenschaftlicher Historiker lernt, ist die Beachtung von Anachronismen oder Unterschieden zwischen zwei Zuständen, die bei oberflächlicher Betrachtung scheinbar gleich sind, etwa die britische Monarchie in den Jahren 1797 und 1997. Schließlich ist das Schreiben von Geschichte traditionell aus der Aufzeichnung spezifischer und unwiederholbarer Lebensläufe und Ereignisse hervorgegangen. Nein, was ich meine, sind historische Veränderungen, welche die Vergangenheit schlechterdings zu einem grundlegend ungeeigneten Führer für die Gegenwart machen. Auch wenn die Geschichte Japans unter den Tokugawa für das Japan von heute ebenso ihre Bedeutung hat wie die der T'ang-Dynastie für das moderne China, ist es sinnlos zu behaupten, die beiden Staaten ließen sich als modifizierte Fortsetzungen ihrer jeweiligen Vergangenheit verstehen. Und solche raschen, tiefgreifenden und fortgesetzten Änderungen sind seit dem Ende des 18. und erst recht seit der Mitte des 20. Jahrhunderts für die Welt charakteristisch.

Derartige Neuerungen sind inzwischen so allgemein und so offensichtlich, daß sie als Grundregel angesehen werden, vor allem in Gesellschaften wie den Vereinigten Staaten, deren Geschichte größtenteils in die Zeit ständiger revolutionärer Änderungen fällt, und innerhalb der jungen Generation in solchen Gesellschaften, für die – zu verschiedenen Zeitpunkten ihrer Entwicklung – alles tatsächlich eine Neuentdeckung ist. In diesem Sinne wachsen wir alle als Kolumbusse auf. Eine der geringeren Aufgaben von Historikern besteht darin, daran zu erinnern, daß Neuerungen nicht absolut universell sind und dies auch nicht sein können. Kein Historiker wird auch nur einen Augenblick lang die Behauptung akzeptieren, irgend jemand von heute habe eine absolut neue Methode des Geschlechtsgenusses entdeckt, einen sogenannten »G-Punkt«, der der Menschheit bislang unbekannt gewesen sei. Angesichts der endlichen Anzahl von Dingen, die zwischen Partnern jedweder Art sexuell möglich sind, der Länge der Zeit und der Zahl der Menschen, die es auf dem ganzen Erdball getan haben, und des anhaltenden Interesses menschlicher Wesen an der Erforschung dieses Gebiets darf man mit Fug und Recht annehmen, daß hier etwas absolut Neues ausgeschlossen ist. Zweifellos ändern sich Sexualpraktiken und die Einstellungen zu ihnen, ebenso die Kostümierungen und das Dekor von dem, was häufig eine Form des privaten Schlafzimmertheaters mit einer sozialen und biographischen Symbolik ist. Aus naheliegenden Gründen konnten SM-Praktiken in Motorradkleidung in viktorianischer Zeit nicht dazugehören. Wahrscheinlich ändert sich der Modezyklus im sexuellen Verhalten heute schneller als in der Vergangenheit, so wie alle übrigen Modezyklen. Doch die Geschichte ist eine nützliche Warnung davor, Mode mit Fortschritt zu verwechseln. Was kann uns die Geschichte sonst noch zu völlig neuartigen Situationen sagen? Im Grunde genommen ist dies eine Frage über die Richtung und den Mechanismus der menschlichen Evolution. Denn ob es uns gefällt oder nicht – und es gibt viele Historiker, denen es nicht gefällt –, es gibt eine zentrale Frage in der Geschichte, die sich nicht vermeiden läßt, und sei es auch nur deshalb, weil wir alle die Antwort darauf wissen möchten: Wie entwickelte sich der Mensch vom Höhlenbewohner zum Astronauten, von einer Zeit, da wir den Säbelzahntiger fürchten mußten, bis zu einer Zeit, da uns Kernexplosionen schrecken, das heißt, da wir nicht mehr die Gefahren der Natur, sondern die Gefahren unserer eigenen Erfindungen zu fürchten haben? Was dies zu einer letztlich historischen Frage macht, ist die Tatsache, daß der Mensch, auch wenn er heute körperlich etwas größer und schwerer ist als früher, biologisch weitgehend derselbe ist wie zur Zeit der ersten historischen Aufzeichnungen, was noch gar nicht so lange zurückliegt, vielleicht zwölftausend Jahre, seit der Gründung der ersten Stadt, vielleicht auch etwas länger, seit der Erfindung des Ackerbaus. Höchstwahrscheinich sind wir nicht intelligenter als die alten Bewohner Mesopotamiens oder Chinas. Und trotzdem hat sich die Art und Weise, wie menschliche Gesellschaften leben und tätig sind, extrem stark verändert. Von daher erklärt sich übrigens die Irrelevanz der Soziobiologie für diesen besonderen Zweck. Und es erklärt sich, so möchte ich etwas zögernder hinzufügen, die Irrelevanz einer bestimmten Form der Sozialanthropologie, die ihr Interesse darauf konzentriert, was unterschiedliche Typen menschlicher Gesellschaften miteinander gemeinsam haben: sowohl die Eskimos als auch die Japaner. Denn wenn wir unser Augenmerk nur auf das richten, was von Dauer ist, können wir nicht erklären, was sich offensichtlich verändert hat, es sei denn, wir sind davon überzeugt, daß es keinen historischen Wandel geben kann, sondern nur Kombinationen und Spielarten von bereits Bekanntem.

Ich möchte mich möglichst klar ausdrücken. Der Zweck beim Aufspüren der geschichtlichen Evolution der Menschheit besteht nicht darin, vorherzusehen, was sich in Zukunft ereignen wird, auch wenn historisches Wissen und Verständnis für jeden von Bedeutung sind, der sein Planen und Handeln auf etwas Besseres gründen will als auf Hellseherei, Astrologie oder einfach blanken Voluntarismus. Das einzige Pferderennen, dessen Ergebnis Historiker uns mit absoluter Zuverlässigkeit nennen können, ist eines, das gelaufen ist. Noch weniger besteht der genannte Zweck darin, Legitimationen für unsere Hoffnungen – oder Befürchtungen – im Hinblick auf das Schicksal der Menschheit zu entdecken oder zu formulieren. Die Geschichte ist keine weltliche Eschatologie, egal, ob wir uns ihr Ziel als einen endlosen universellen Fortschritt, eine kommunistische Gesellschaft oder sonst etwas vorstellen. Das sind Dinge, die wir in sie hineinlesen, aber nicht aus ihr ableiten können. Was Geschichte leisten kann, ist, die Muster und Mechanismen des historischen Wandels allgemein und etwas spezieller der Veränderungen menschlicher Gesellschaften in den vergangenen Jahrhunderten eines dramatisch beschleunigten und erweiterten Wandels zu erkennen. Das und nicht Vorhersagen oder Hoffnungen sind es, was für die gegenwärtige Gesellschaft und ihre Aussichten von unmittelbarer Relevanz ist.

Nun erfordert ein solches Projekt einen analytischen Rahmen zur Analyse der Geschichte. Dieser Rahmen muß auf dem einzigen Element eines gerichteten Wandels in menschlichen Angelegenheiten gründen, das beobachtbar und objektiv ist, unabhängig von unseren subjektiven oder zeitgebundenen Wünschen und Werturteilen, nämlich der dauerhaften und zunehmenden Fähigkeit der menschlichen Art, die Kräfte der Natur mit den Mitteln der manuellen und geistigen Arbeit, der Technik und der Organisation der Produktion unter ihre Kontrolle zu bringen. Deren Realität wird durch das Wachstum der menschlichen Bevölkerung auf der Erde ohne nennenswerte Rückschläge während der gesamten Geschichte sowie durch das Wachstum – vor allem in den letzten Jahrhunderten – der Produktion und der Produktionskapazität bewiesen. Ich persönlich habe nichts dagegen, dergleichen als Fortschritt zu bezeichnen, sowohl im wörtlichen Sinn eines gerichteten Prozesses und auch dann, wenn man darin keine potentielle oder aktuelle Verbesserung sehen will. Doch unabhängig davon, welchen Namen wir ihm geben, jeder echte Versuch, der menschlichen Geschichte einen Sinn abzugewinnen, muß von dieser Tendenz ausgehen.

Hier liegt auch die entscheidende Bedeutung von Karl Marx für den Historiker, denn er hat sein Verständnis und seine Analyse der Geschichte auf dieses Fundament gestellt – und bislang war er der einzige, der das getan hat. Ich will damit nicht sagen, Marx habe recht gehabt oder habe zumindest befriedigende Arbeit geleistet, sondern daß sein Ansatz unverzichtbar ist, wie Ernest Gellner es ausgedrückt hat (und niemand war weniger Marxist als dieser hervorragende Gelehrte):

»Ob die Menschen nun fest von der marxistischen Theorie überzeugt sein mögen oder nicht, weder im Westen noch im Osten hat jemand ein durchformuliertes alternatives Konzept vorgelegt, und da die Menschen zum Denken ein Raster in dieser oder jener Form brauchen, stützen sich selbst (oder gerade) diejenigen, die die Marxsche Geschichtsauffassung nicht akzeptieren, auf deren Ideen, wenn sie deutlich machen wollen, woran sie selber glauben.«[2]

Mit anderen Worten, es ist keine ernsthafte Diskussion über Geschichte möglich, die sich nicht auf Marx bezieht oder, noch genauer, die nicht von denselben Prämissen ausgeht wie er. Und das bedeutet im Grunde – wie Gellner anerkennt – eine materialistische Geschichtsauffassung.

Nun wirft eine Analyse des Geschichtsprozesses eine Reihe von Fragen auf, die für uns unmittelbar relevant sind. Nehmen wir eine besonders naheliegende. Während des größten Teils der schriftlich überlieferten Geschichte waren die meisten Menschen – sagen wir 80 bis 90 Prozent – in ihrer täglichen Arbeit mit der Produktion ihrer Grundnahrungsmittel beschäftigt. Heute kann, wie das Beispiel Nordamerikas zeigt, eine bäuerliche Bevölkerung in einer Größenordnung von drei Prozent der Einwohner eines Landes nicht nur genügend Nahrungsmittel produzieren, um die übrigen 97 Prozent, sondern darüber hinaus noch einen beträchtlichen Anteil der übrigen Weltbevölkerung zu ernähren. Während der meisten Zeit des Industriezeitalters wiederum erforderte die Produktion von Manufakturwaren und Dienstleistungen, selbst wenn sie nicht arbeitsintensiv war, eine ausgedehnte und ständig wachsende Zahl von Arbeitskräften, während diese Entwicklung gegenwärtig rapide zurückgeht. Zum erstenmal in der Geschichte ist es nicht mehr notwendig, daß der größte Teil der Menschheit biblisch gesprochen »im Schweiße seines Angesichts sein Brot essen« muß. Das ist eine Entwicklung der allerjüngsten Geschichte. Der Rückgang der kleinbäuerlichen Bevölkerung in der westlichen Welt, seit langem prophezeit, nahm dennoch erst in den fünfziger und sechziger Jahren unseres Jahrhunderts drastische Ausmaße an, und der Rückgang der gesellschaftlich notwendigen produktiven Arbeitskräfte außerhalb der Landwirtschaft – interessanterweise ausgerechnet von Marx vorausgesehen – ist sogar noch später eingetreten und wird noch immer durch die steigende Zahl von Arbeitsplätzen im tertiären Sektor verdeckt oder mehr als ausgeglichen. Und natürlich handelt es sich in beiden Fällen um regionale und nicht um globale Erscheinungen. Nun muß eine derart fundamentale Änderung in der säkularen Beschäftigungsstruktur der Menschheit weitreichende Konsequenzen haben, da das gesamte Wertesystem der meisten Männer und Frauen, zumindest seit dem Ende von Marshall Sahlins' Zeitalter des »Steinzeitüberflusses«, an die Notwendigkeit der Arbeit, jene unentrinnbare Grundtatsache der menschlichen Existenz, angepaßt wurde.

Die Geschichtswissenschaft liefert kein einfaches Rezept, um die exakten Konsequenzen dieses Wandels herauszufinden, oder Lösungen für die Probleme, die er voraussichtlich aufwerfen wird oder bereits mit sich gebracht hat. Aber sie kann *einen* drängenden Aspekt des Problems herausstellen, die Notwendigkeit einer gesellschaftlichen Umverteilung. Während des größten Teils der Geschichte bestand der Grundmechanismus für ein wirtschaftliches Wachstum in der Aneignung des gesellschaftlichen Überschusses, der durch die produktiven Fähigkeiten des Menschen hervorgebracht wurde, durch Minderheiten dieser oder jener Art, die ihn dafür einsetzten, neue Verbesserungen zu schaffen, auch wenn das nicht zu allen Zeiten so war. Wachstum kam durch Ungleichheit zustande. Bislang wurden deren Folgen durch den enormen Zuwachs des gesamten Reichtums etwas gemildert, der nach Adam Smith selbst dem Hilfsarbeiter in entwickelten Wirtschaften ein besseres Leben ermöglichte, als es ein Indianerhäuptling genoß, und der im großen und ganzen jeder Generation einen höheren Lebensstandard bescherte als der vorangegangenen. Aber sie hatten, wie bescheiden auch immer, Anteil an diesem Zuwachs, indem sie am Produktionsprozeß mitwirkten – das heißt, indem sie eine Arbeit hatten oder als Bauern und Handwerker in der Lage waren, mit dem Verkauf ihrer Produkte auf dem Markt Einkommen zu erzielen. Bei den Bauern ist die wirtschaftliche Selbstversorgung in der entwickelten Welt drastisch zurückgegangen.

Nun nehmen wir einmal an, eine Mehrheit der Bevölkerung sei für die Produktion nicht mehr erforderlich. Wovon soll sie dann leben? Und – ebenfalls von Bedeutung in einer entfalteten Wirtschaft – was geschieht dann mit dem Massenmarkt, der auf ihrem Konsum beruht, von dem diese Wirtschaft zunehmend abhängig geworden ist, zuerst in den USA und später in anderen Ländern? In dieser oder jener Form müssen sie von öffentlichen Transferzahlungen leben, etwa von Renten und anderen Sozialleistungen – das heißt von einem politischen und administrativen Mechanismus der gesellschaftlichen Umverteilung.

In den letzten dreißig Jahren hat sich dieser sozialstaatliche Mechanismus enorm ausgeweitet, und aufgrund des größten Wirtschaftsbooms in der Geschichte in einer Reihe von Ländern zudem in erstaunlichem Ausmaß. Die enorme Ausdehnung des staatlichen Sektors, das heißt der öffentlichen Arbeiten, die zu einem Großteil ebenfalls eine Form der öffentlichen Unterstützung sind – im Osten wie im Westen – hat analoge Auswirkungen. Auf der einen Seite entfallen in den führenden OECD-Ländern heute oder jedenfalls 1977 die Hälfte bis zwei Drittel der gesamten öffentlichen Ausgaben auf Arbeitsbeschaffungsmaßnahmen, Renten- und Sozialversicherung und Bildungswesen, während in denselben Ländern 25 bis 40 Prozent des gesamten privaten Haushaltseinkommens aus einer Tätigkeit im öffentlichen Dienst und aus Sozialleistungen stammt.

In diesem Umfang gibt es also bereits einen Mechanismus der gesellschaftlichen Umverteilung, und wir dürfen davon ausgehen, daß die Chancen, daß er in seinem vorhandenen Bestand wieder abgebaut wird, gering sind. Soviel zum Traum der Reagan-Anhänger von einer Rückkehr zur Wirtschaftspolitik Präsident McKinleys. Doch drei Dinge sind hier zu beachten. Erstens bewirkt dieser Mechanismus, wie wir sehen können, durch die von ihm auferlegten Steuern eine echte Belastung des im Westen noch immer wichtigsten Motors allen wirtschaftlichen Wachstums, nämlich der Unternehmensgewinne, vor allem in Phasen einer angespannten Wirtschaftslage. Von daher erklärt sich der gegenwärtige Druck in Richtung auf einen Abbau des Sozialstaats. Aber dieser Mechanismus war zum zweiten nicht für eine Wirtschaft konzipiert worden, in der die *Mehrheit* für die Erfordernisse der Produktion überflüssig sein könnte. Im Gegenteil, er war für eine Periode einer beispiellosen Vollbeschäftigung gedacht und wurde von dieser auch getragen. Und drittens verfolgte er wie jedes Armengesetz den Zweck, ein Mindesteinkommen zu garantieren, das heute allerdings großzügiger bemessen ist, als man es jemals für möglich gehalten hätte, nicht einmal in den Jahren des New Deal.

Selbst wenn wir also annehmen, daß dieser Mechanismus programmgemäß funktioniert und ausgeweitet wird, unter den von mir skizzierten Bedingungen wird er wahrscheinlich die wirtschaftliche und jede sonstige Ungleichheit wie die zwischen der überflüssigen Mehrheit und den übrigen ausdehnen und verstärken. Und was geschieht dann? Die traditionelle Annahme, das wirtschaftliche Wachstum werde zwar manche Arbeitsplätze vernichten, dafür jedoch in anderen Bereichen neue und zusätzliche Arbeitsplätze schaffen, gilt jedenfalls so nicht mehr.

In mancher Hinsicht läßt sich diese Ungleichheit im Innern mit der bekannten und zunehmenden Ungleichheit zwischen der Minderheit der reichen und entwickelten oder in der Entwicklung begriffenen Länder und der armen und rückständigen Welt vergleichen. In beiden Fällen wird die Kluft immer breiter und tiefer. In beiden Fällen war das wirtschaftliche Wachstum durch eine Marktwirtschaft zwar beeindruckend, aber offensichtlich *kein* selbsttätig wirksamer Mechanismus zur Verminderung interner oder internationaler Ungleichheiten, auch wenn es tendenziell den industrialisierten Sektor der Welt vergrößert hat und möglicherweise im Begriff steht, den Reichtum und die Macht innerhalb dieses Sektors umzuverteilen – zum Beispiel von den USA nach Japan.

Selbst wenn wir einmal von Fragen der Moral, Ethik und sozialen Gerechtigkeit absehen, erzeugt diese Situation gravierende – wirtschaftliche und politische – Probleme oder verstärkt bereits bestehende Schwierigkeiten. Da die mit diesen historischen Entwicklungen verbundenen Ungleichheiten die Ebenen der Macht und der materiellen Lage betreffen, ist es möglich, sie auf kurze Sicht unbeachtet zu lassen. Das ist tatsächlich das, was die meisten mächtigen Klassen und Staaten heute am liebsten tun. Arme Menschen und arme Länder sind schwach, schlecht organisiert und eigentlich unqualifiziert: heute relativ noch mehr als in der Vergangenheit. Innerhalb der Grenzen unserer Länder können wir sie in Ghettos schmoren lassen oder als unterprivilegierte Schicht sich selbst überlassen. Wir können das Leben und die Umwelt der Reichen hinter elektrischen Befestigungen durch private – und öffentliche – Sicherheitsdienste beschützen. Wir können, um eine Wendung eines britischen Ministers im Hinblick auf Nordirland zu gebrauchen, versuchen, uns mit »einem vertretbaren Gewaltniveau« abzufinden. Auf internationaler Ebene können wir auf die armen Länder Bomben werfen und sie besiegen. Und wir können überhaupt nach dem Motto des britischen Imperialismus zu Beginn unseres Jahrhunderts verfahren:

> »Whatever happens, we have got
> The Maxim gun and they have not.«
> (Und wenn die Welt zusammenbricht,
> Wir ha'm Kanonen und sie nicht.)

Die einzige außerwestliche Macht, die der Westen fürchtete, war zugleich die einzige, die ihn im eigenen Land treffen konnte: die Sowjetunion, und die gibt es heute nicht mehr.

Kurzum, man nimmt an, daß die Wirtschaft sich irgendwie von allein wieder beruhigen wird, sobald die gegenwärtige Krise von einer erneuten Phase eines weltweiten Wirtschaftsaufschwungs abgelöst wird, weil sie das in der Vergangenheit immer getan hat, und daß die Armen und Unzufriedenen daheim und im Ausland dauerhaft schon in Schach gehalten werden können. Vielleicht ist das erstere eine plausible Annahme, allerdings nur, wenn wir auch anerkennen, daß es so gut wie sicher ist, daß die Weltwirtschaft und die staatlichen Strukturen und politischen Programme und das internationale Muster der entwickelten Welt, wie es aus der gegenwärtigen »Kondratjew-Welle« hervorgehen wird, tiefgreifend und radikal andere sein werden als die zwischen 1950 und 1980, so wie es nach der letzten allgemeinen säkularen Krisenperiode der Zwischenkriegszeit der Fall war. Das ist das eine, was die Geschichte uns sagen kann, und zwar aus theoretischen wie aus empirischen Gründen. Das zweite ist überhaupt keine plausible Annahme, und wenn, dann nur auf kurze Sicht. Es spricht vielleicht manches dafür, daß die Armen auf nationaler oder internationaler Ebene für Proteste, das Ausüben von Druck, gesellschaftliche Veränderungen oder eine Revolution nicht mehr in derselben Weise mobilisiert werden können, wie dies zwischen 1880 und 1960 möglich war. Doch das heißt nicht, daß sie langfristig als eine politische oder gar militärische Macht wirkungslos bleiben werden – vor allem dann nicht, wenn sie von einem allgemeinen Wirtschaftsaufschwung nicht mehr mitprofitieren. Auch das ist etwas, was die Geschichte uns sagen kann. Sie kann uns zwar nicht sagen, was genau geschehen wird, aber sie kann uns sagen, welche Probleme auf uns zukommen werden.

In der Praxis beruht zugegebenermaßen das meiste von dem, was die Geschichte uns über gegenwärtige Gesellschaften sagen kann, auf einer Mischung aus historischer Erfahrung und historischer Betrachtungsweise. Es gehört zum Handwerk des Historikers, sehr viel mehr über die Vergangenheit zu wissen als andere Menschen, und er kann kein guter Historiker sein, solange er nicht gelernt hat, mit oder ohne Theorie Ähnlichkeiten und Unterschiede zu erkennen. Während beispielsweise in den letzten vierzig Jahren die meisten Politiker die internationale Kriegsgefahr unter dem Blickwinkel der dreißiger Jahre gesehen haben – eine Neuauflage von Hitler, München und allem anderen –, sahen die meisten Historiker, die sich mit der internationalen Politik nach 1945 beschäftigten, in dieser natürlich einerseits ein Phänomen eigener Art, erkannten jedoch auf der anderen Seite seine bestürzenden Ähnlichkeiten mit der Periode vor 1914. Noch 1965 schrieb einer von ihnen eine Untersuchung über das Wettrüsten vor 1914 unter dem

Titel »Yesterday's Deterrent« (»Abschreckung in der Vergangenheit«). Leider gehört zu den Erkenntnissen, die der Historiker der historischen Erfahrung verdankt, auch die, daß anscheinend niemand daraus klüger wird. Dennoch müssen wir uns auch weiterhin bemühen.

Aber allgemeiner ausgedrückt, und das ist einer der Gründe, warum die Lehren aus der Geschichte so selten zur Kenntnis genommen oder beherzigt werden: Die Welt hat gegen zwei Kräfte anzukämpfen, die uns den Blick trüben. Die eine habe ich bereits erwähnt. Es ist der ahistorische, technische, an der Lösung von Problemen orientierte Denkansatz unter Zuhilfenahme mechanischer Modelle und Vorrichtungen. Er hat auf etlichen Gebieten großartige Ergebnisse erbracht, aber er ist einseitig und kann nichts berücksichtigen, was nicht zuvor in das Modell eingegeben wurde. Und die Historiker sind sich bewußt, daß wir nicht alle Variablen in das Modell eingegeben haben, und alle anderen Bedingungen außerhalb des Modells bleiben nie dieselben. (Das ist etwas, das die Geschichte der Sowjetunion und ihres Zusammenbruchs uns allen gezeigt haben sollte.) Die andere Kraft habe ich ebenfalls angesprochen. Es ist die gezielte Verfälschung von Geschichte zu unvernünftigen Zwecken. Warum, um eine Frage wiederaufzugreifen, die ich am Anfang gestellt habe, ist es für alle Regierungen wichtig, daß die Schüler ihres Landes sich im Unterricht mit Geschichte beschäftigen? Nicht, damit sie etwas über ihre Gesellschaft und deren Veränderungen lernen, sondern damit sie positiv zu ihr stehen, stolz darauf sind, damit sie gute Bürger der USA oder Spaniens oder Guatemalas oder des Iraks sind oder werden. Und dasselbe gilt von politischen Anliegen und Bewegungen. Geschichte als Mittel der Begeisterung und als Weltanschauung hat ihre eigene Tendenz, zu einem sich selbst rechtfertigenden Mythos zu verkommen. Nichts ist gefährlicher als solche Scheuklappen, wie die Geschichte moderner Nationen und Nationalismen beweist.

Es ist die Aufgabe des Historikers, sich mit allen Kräften zu bemühen, diese Scheuklappen zu entfernen oder sie zumindest geringfügig oder gelegentlich zu erweitern, und soweit er das tut, kann er der gegenwärtigen Gesellschaft einige Dinge sagen, aus denen sie ihren Nutzen ziehen kann, auch wenn sie sich dagegen sperrt, etwas daraus zu lernen. Zum Glück sind Hochschulen der einzige Sektor im Bildungswesen, in dem man den Historikern gestattet und sie sogar ermutigt hat, das zu tun. Das war nicht immer so, denn die historische Zunft ist weitgehend als eine Ansammlung von Menschen herangewachsen, die ihren Regierungen gedient und sie gerechtfertigt haben. Noch immer ist es keineswegs überall der Fall. Doch in dem Maße, in dem Universitäten zu einem Ort geworden sind, an dem eine kritische Geschichtswissenschaft am ehesten betrieben werden kann, die uns in unserer gegenwärtigen Gesellschaft Hilfestellung geben kann, ist eine Universität, die ihr Jubiläum feiert, ein guter Ort, um diese Meinungen zu äußern.

4. Kapitel

Der Blick nach vorn:
Geschichte und Zukunft

Die Reihe der Vorträge, an deren Anfang der folgende steht, soll an David Glass erinnern. Er war einer der herausragendsten Wissenschaftler und Lehrer an der London School of Economics, mit der er so lange verbunden war und deren Ruf seinem dortigen Wirken viel zu verdanken hat. Ich könnte noch hinzufügen, daß er ihre vornehmsten Traditionen zu einer Zeit verkörpert hat, als man dies nicht von allen Lehrenden an diesem Institut sagen konnte: die Traditionen, eine Erkenntnis der Gesellschaft anzustreben, um sie besser zu machen, eines spontanen Radikalismus, einer Institution, deren Schüler sowenig wie er selbst mit einem silbernen Löffel im Munde geboren wurden. Es ist bezeichnend, daß er sein allererstes Buch über Demographie – ein Gebiet, auf dem er zeit seines Lebens in England eine herausragende Stellung einnahm – mit der Aufforderung schloß, »Bedingungen zu schaffen, unter denen die Arbeiterklasse in der Lage ist, Kinder großzuziehen, ohne deswegen wirtschaftliche und soziale Härten erdulden zu müssen«. Er war stolz darauf, der erste Sozialwissenschaftler zu sein, der seit dem großen William Farr 1855 in die Royal Society gewählt wurde, weil er sich (wie vor ihm Farr) als ein Sozialwissenschaftler *in* der Gesellschaft verstand, der *für* und nicht nur *über* die Gesellschaft arbeitete.

Somit liegt es nahe, daß die seinem Andenken gewidmeten Vorträge das Thema »gesellschaftliche Trends« behandeln, worunter ich im weitesten Sinne die Untersuchung der Richtung gesellschaftlicher Entwicklung und die Suche nach Antworten auf die Frage verstehe, in welcher Weise wir auf diese einen Einfluß nehmen können. Das bedeutet, in die Zukunft zu blicken, soweit das überhaupt möglich ist. Das ist eine riskante und häufig ernüchternde, aber auch eine notwen-

Vortrag vor der London School of Economics als erste David Glass Memorial Lecture; anschließend als eigene Publikation in der *New Left Review* 125 (Februar 1981), S. 3–19, erschienen. Geringfügig gekürzt.

dige Tätigkeit. Und jede Vorhersage über die wirkliche Welt beruht in hohem Maße auf irgendwelchen Rückschlüssen auf die Zukunft aus den Ereignissen der Vergangenheit, das heißt aus der Geschichte. Somit müßte der Historiker eigentlich zu diesem Thema etwas von Belang zu sagen haben. Auf der anderen Seite kann die Geschichte sich nicht von der Zukunft lossagen, und sei es auch nur deshalb, weil es zwischen beidem keine Trennlinie gibt. Was ich gerade gesagt habe, gehört jetzt der Vergangenheit an. Was ich gleich sagen werde, liegt in der Zukunft. Irgendwo zwischen beidem gibt es einen gedanklichen, aber ständig in Bewegung befindlichen Punkt, den man, wenn man so will, als »Gegenwart« bezeichnen kann. Es mag sachliche Gründe dafür geben, Vergangenheit und Zukunft unterschiedlich zu betrachten. Jeder Buchmacher weiß das. Es kann auch sachliche Gründe dafür geben, Vergangenheit und Gegenwart voneinander zu unterscheiden. Wir können von der Vergangenheit keine *unmittelbaren* Antworten auf Fragen erwarten, die noch gar nicht an sie gerichtet wurden, auch wenn wir unsere Findigkeit als Historiker dazu nutzen können, indirekte Antworten aus dem herauszulesen, was sie hinter sich gelassen hat. Dagegen können wir der Gegenwart, wie jeder Meinungsforscher weiß, jede beantwortbare Frage stellen, obwohl die Antwort zu dem Zeitpunkt, zu dem sie gegeben und aufgezeichnet wird, strenggenommen ebenfalls der Vergangenheit, wenn auch der jüngsten Vergangenheit angehört. Nichtsdestoweniger bilden Vergangenheit, Gegenwart und Zukunft ein Kontinuum.

Außerdem, selbst wenn es einige Historiker und Philosophen gibt, die eine scharfe Unterscheidung zwischen Vergangenheit und Zukunft treffen wollen, so wird ihnen niemand sonst darin folgen. Alle menschlichen Wesen und Gesellschaften sind in der Vergangenheit verwurzelt – der ihrer Angehörigen, Gemeinschaften, Nationen oder anderer Bezugsgruppen oder auch der ihrer persönlichen Erinnerung –, und alle definieren ihren Ort, indem sie sich positiv oder negativ auf sie beziehen. Heute so sehr wie eh und je: Man möchte fast sagen »mehr denn je«. Es kommt noch hinzu, daß der bei weitem größte Teil des bewußten menschlichen Handelns, das auf Lernen, Erinnerung und Erfahrung beruht, einen komplexen Mechanismus darstellt, um sich ständig mit der Vergangenheit, Gegenwart und Zukunft auseinanderzusetzen. Menschen können gar nicht anders, als zu versuchen, die Zukunft vorherzusagen, indem sie in irgendeiner Form die Vergangenheit zu Rate ziehen. Sie müssen das tun. Die ganz normalen Abläufe des bewußten menschlichen Lebens, gar nicht zu reden von staatlicher Politik, erfordern es. Und natürlich tun sie es unter der berechtigten Annahme, daß die Zukunft im großen und ganzen in systematischer Weise mit der Vergangenheit verbunden ist, die ihrerseits keine rein willkürliche Verkettung von Umständen und Ereignissen ist. Die Strukturen menschlicher Gesellschaften, ihre Prozesse und Mechanismen der Reproduktion, des Wandels und der Umgestaltung sind so beschaffen, daß sie die Anzahl der Ereignisse, die eintreten können, begrenzt, einige Ereignisse, die eintreten werden, determiniert und es ermöglicht, einem Großteil der übrigen möglichen Ereignisse größere oder geringere Wahrscheinlichkeiten zuzuordnen. Das bedeutet einen bestimmten (wenngleich beschränkten) Bereich der Prognostizierbarkeit – doch wie wir alle wissen, ist dies keineswegs dasselbe wie erfolgreiches Prognostizieren. Trotzdem sollte man nicht vergessen, daß die Unmöglichkeit von Vorhersagen hauptsächlich deshalb eine solche Rolle spielt, weil Diskussionen über Vorhersagen sich aus naheliegenden Gründen zumeist auf jene Segmente der Zukunft konzentrieren, in denen die Ungewißheit am größten erscheint, und nicht auf jene, wo sie am geringsten ist. Wir brauchen keine Meteorologen, um zu wissen, daß auf den Winter der Frühling folgt.

Ich persönlich bin der Meinung, daß es wünschenswert, möglich und sogar notwendig ist, die Zukunft bis zu einem gewissen Grad vorherzusagen. Das bedeutet weder, daß die Zukunft vorherbestimmt ist, noch – selbst wenn sie es wäre – daß wir sie wissen können. Es bedeutet auch nicht, daß es keine alternativen Entscheidungsmöglichkeiten oder Ergebnisse gibt, und noch viel weniger, daß Leute, deren Vorhersage sich bewahrheitet, deshalb recht behalten hätten. Die Fragen, an die ich denke, lauten vielmehr: Wieviel Vorhersage? Von welcher Art? Wie kann sie verbessert werden? Und wo haben die Historiker dabei ihren Platz? Selbst wenn jemand diese Fragen beantworten kann, wird es noch immer einen großen Teil der Zukunft geben, über den wir aus theoretischen wie aus praktischen Gründen nichts wissen können, doch zumindest können wir unsere Anstrengungen etwas wirkungsvoller konzentrieren.

Bevor ich auf diese Fragen eingehe, möchte ich aber noch kurz den Gründen nachgehen, warum die Tätigkeit der Erstellung von Prognosen von vielen Historikern so wenig geschätzt wird, aber auch, warum so wenig intellektuelle Anstrengung darauf verwendet wurde, sie zu verbessern oder sich mit ihren Problemen zu beschäftigen, selbst unter den Historikern, die fest davon überzeugt sind, daß sie ebenso erstrebenswert wie realisierbar sind, beispielsweise den Marxisten unter ihnen. Die Antwort liegt auf der Hand, wird man sagen. Die bislang erzielten Trefferquoten historischer Prognosen lassen zu wünschen übrig, um es milde auszudrücken. Jeder von uns, der sich jemals an Prognosen herangewagt hat, ist damit mehrmals auf die Nase gefallen. Am sichersten ist es, Vorhersagen aus dem Wege zu gehen, indem man behauptet, daß unsere beruflichen Aktivitäten sich immer nur bis zum gestrigen Tag erstrecken, oder indem man sich auf die gewollten Mehrdeutigkeiten beschränkt, welche die Spezialität antiker Orakel waren und noch immer zum festen Repertoire von Zeitungsastrologen gehören. Doch tatsächlich hat selbst die Fülle an nicht eingetroffenen Prognosen andere Menschen, Disziplinen oder Pseudodisziplinen nicht davon abgehalten, Voraussagen zu machen. Eine ganze Industrie widmet sich heute diesem Geschäft, ohne sich von seinen Unsicherheiten und Fehlschlägen abschrecken zu lassen. Die Rand Corporation hat in ihrer Verzweiflung sogar eine auf den neuesten Stand gebrachte Version des delphischen Orakels eingeführt (das ist kein Witz; der Name dieses merkwürdigen Spiels ist »Delphi-Technik«), bei der ausgewählte Gruppen von Experten aufgefordert werden, die Eingeweide ihrer Hühner zu Rate zu ziehen und anschließend aus dem Konsens, der sich dabei herstellt oder auch nicht, ihre Schlüsse zu ziehen. Außerdem gibt es zahlreiche Beispiele für gute Vorhersagen unter Historikern, Sozialwissenschaftlern und akademisch nicht einzuordnenden Beobachtern. Wenn man nicht will, daß ich mit Marx komme, verweise ich auf Tocqueville und Burckhardt. Sofern wir nicht annehmen, daß es sich dabei um pure Zufallstreffer handelt, was unwahrscheinlich ist, müssen wir akzeptieren, daß sie auf Methoden beruhen, die eine nähere Beschäftigung mit ihnen lohnen, wenn wir unsere Munition für solche Ziele aufsparen wollen, bei denen wir mit Treffern rechnen und den Anteil von Schüssen ins Schwarze vergrößern können. Umgekehrt und mit derselben Absicht ist es ebenso lohnend, die Gründe für ständige Fehlprognosen näher zu untersuchen.

Eine Reihe von diesen Gründen entspringt leider der Macht des menschlichen Wunschdenkens. Prognosen über das Wetter wie über das menschliche Verhalten sind unsichere und unzuverlässige Unternehmungen, auch wenn wir auf beides nicht verzichten können. Auf der anderen Seite wissen diejenigen, die von der Meteorologie profitieren wollen, daß sie das Wetter nicht – oder jedenfalls noch nicht – beeinflussen können. Sie möchten ihr Handeln so planen, daß sie von etwas, das sie nicht ändern können, wenigstens einen möglichst guten Gebrauch machen. Einzelne Menschen nutzen Prognosen in den relativ seltenen Fällen, in denen sie ihr Handeln tatsächlich danach richten, vermutlich in ähnlicher Weise. Mein verstorbener Schwiegervater war in den dreißiger Jahren zu der zutreffenden Erkenntnis gelangt, daß Österreich Hitler nicht entgehen konnte, und verlegte daraufhin 1937 seinen Geschäftssitz von Wien nach Manchester – aber außer ihm handelten nur wenige Wiener Juden so konsequent. Im allgemeinen erwarten die Menschen dagegen von historischen Prognosen Erkenntnisse, mit deren Hilfe sie die Zukunft ändern können; sie wollen sozusagen nicht nur wissen, wann sie sich mit Sonnenöl eindecken müssen, sondern auch, wann sie die Sonne scheinen lassen können. Da manche menschlichen Entscheidungen im großen oder kleinen tatsächlich eine Auswirkung auf die Zukunft haben, kann man diese Erwartung nicht völlig übergehen. Doch sie hat einen – in der Regel negativen – Einfluß auf den Prozeß der Vorhersage. So werden im Unterschied zu den Wetterprognosen historische Vorhersagen von einem beständigen Kommentar skeptischer Stimmen begleitet, die der Meinung sind, sie seien aus verschiedenen Gründen unmöglich oder nicht erstrebenswert, für gewöhnlich, weil wir das, was diese Prognosen besagen, nicht gern hören wollen. Historiker leiden zudem unter dem Handikap, daß sie im Unterschied zu den Wetterämtern keinen festen Stamm von Kunden haben, die unabhängig von ihrer persönlichen Weltanschauung regelmäßig und dringend auf Wetterprognosen angewiesen sind: Seeleute, Bauern und andere.

Wir sind von Menschen umgeben, vor allem in der Politik, die verkünden, wir müßten die Lehren aus der Vergangenheit beherzigen, sofern sie uns nicht gerade erst erklärt haben, sie hätten dies bereits getan. Doch da sie praktisch alle lediglich daran interessiert sind, die Geschichte als Rechtfertigung für das zu benutzen, was sie ohnedies vorgehabt haben, bietet das leider wenig Anreiz für eine Verbesserung der Prognosen von Historikern.

Doch wir können die Schuld nicht allein auf die Kunden schieben. Auch die Propheten müssen sich an die Brust schlagen. Marx persönlich hatte ein bestimmtes Ziel der Menschheitsgeschichte, den Kommunismus, und eine bestimmte Rolle des Proletariats im Auge, noch *bevor* er die historische Analyse entwickelte, die seiner Überzeugung nach die Unausweichlichkeit dieser Entwicklung bewies – sogar noch bevor er allzuviel über das Proletariat wußte. Soweit seine Prognosen seiner historischen Analyse vorausgingen, kann man nicht behaupten, sie hätten sich auf diese gestützt, auch wenn sie deshalb nicht zwangsläufig falsch sein müssen. Wir müssen zumindest sorgfältig unterscheiden zwischen Prognosen, die sich auf Analysen, und Prognosen, die sich auf menschliche Wünsche stützen. Somit beruht in der berühmten Passage über die geschichtliche Tendenz der kapitalistischen Akkumulation Marx' Prognose über die Expropriation des individuellen Kapitalisten durch die »immanenten Gesetze der kapitalistischen Produktion selbst« (das heißt durch die »Zentralisation der Kapitale«, eine zunehmend »kooperative Form des Arbeitsprozesses…«, die bewußte technische Anwendung der Wissenschaft [und] die planmäßige Ausbeutung der Erde«) auf einer anderen und profunderen historisch-theoretischen Analyse als die Prophezeiung, das Proletariat selbst werde als Klasse zum »Expropriateur der Expropriateure«. Die beiden Prognosen hängen zwar miteinander zusammen, sind jedoch nicht identisch, und wir können sogar die erste akzeptieren, ohne auch der zweiten zustimmen zu müssen.

Wir alle, die wir irgendwann schon einmal Prognosen gestellt haben – und wer hätte das nicht? –, kennen diese psychologischen oder, wenn man so will, ideologischen Versuchungen. Und auch wir sind ihnen erlegen. Wenn Historiker als Propheten den von ihnen vorhergesagten gesellschaftlichen Turbulenzen und Schönwetterperioden ebenso nüchtern gegenüberständen wie die Meteorologen ihren Prognosen, wären wir mit geschichtlichen Vorhersagen ein ganzes Stück weiter. Zusammen mit schierer Unkenntnis ist dies nach meiner Meinung das Haupthindernis bei qualifizierten Prognosen von Historikern. Es ist weitaus gravierender als die Tatsache, daß das Eintreten vorhergesagter Ereignisse durch das bewußte Handeln von Menschen verhindert werden kann. Es gibt wenig empirische Belege dafür, daß solche Handlungen bislang häufig vorgekommen oder sehr wirkungsvoll gewesen wären. Die am besten gesicherte empirische Verallgemeinerung der Geschichte lautet immer noch, daß selbst ihre offensichtlichsten Lehren von keinem beherzigt werden – wie jeder bestätigen kann, der sich mit der Agrarpolitik sozialistischer Länder oder der Wirtschaftspolitik Margaret Thatchers beschäftigt hat. Die Sage von Ödipus ist bis heute eine Parabel von der Begegnung des Menschen mit der Zukunft, allerdings mit einem wesentlichen Unterschied: Ödipus hatte ernsthaft die Absicht, dem ihm prophezeiten Schicksal – er werde seinen Vater töten und seine Mutter heiraten – zu entgehen, aber er konnte es nicht. Die meisten Propheten und ihre Gläubigen behaupten gern, daß man unliebsame vorhergesagte Ereignisse irgendwie vermeiden könne, weil sie eben unliebsam sind, daß sie nicht meinen, was sie sagen, oder daß etwas eintreten werde, was die Prophezeiung zunichte macht.

Es gibt, wie gesagt, bereits eine ganze Industrie, die sich mit Prognosen beschäftigt. Zum größten Teil befaßt sie sich mit der Auswirkung künftiger Entwicklungen auf ziemlich spezielle Aktivitäten, in der Hauptsache auf den Gebieten der Wirtschaft und der zivilen und militärischen Technik. Aus diesem Grund sind die von ihr gestellten

Fragen ziemlich spezifisch und eingeschränkt, die bis zu einem gewissen Grad sehr isoliert sein können, selbst wenn sie dem Einfluß einer Vielzahl externer Variablen unterliegen. Daneben gibt es eine große Zahl von Prognosen, die ungeachtet ihrer Relevanz oder Irrelevanz für staatliches und privates Handeln nicht dazu gedacht sind, die tatsächliche Zukunft vorherzusagen. Hierbei handelt es sich vielmehr um Wenn-dann-Aussagen, die von der realen Entwicklung bestätigt oder widerlegt werden können. Im Prinzip spielt es keine Rolle, ob eine Bestätigung in der realen oder in einer eigens konstruierten Zukunft erfolgt wie in einer experimentellen Situation, in der alle externen Variablen unberücksichtigt bleiben. Darüber hinaus gibt es Aussagen, zumeist vom logisch-mathematischen Typ, die bestimmte Folgen festlegen. Sofern eine reale Situation einem solchen Satz entspricht, kann man sagen, daß dieser Satz eine reale Folge oder Konsequenz prognostiziert.

Die Voraussagen von Historikern unterscheiden sich in zweierlei Hinsicht von allen anderen Formen der Prognostik. Erstens haben Historiker es mit der wirklichen Welt zu tun, in der externe Faktoren grundsätzlich weder konstant noch irrelevant sind. Insofern wissen sie, daß es kein ideales Weltlaboratorium gibt, in dem wir, was theoretisch denkbar wäre, eine Situation konstruieren könnten, in der die Marktpreise in einem prognostizierbaren Verhältnis zur verfügbaren Geldmenge stehen. Historiker befassen sich erklärtermaßen mit komplexen und veränderlichen Bedingungsgefügen, und selbst ihre noch so speziellen und eng definierten Fragen beziehen ihren Sinn allein aus diesem Kontext. Im Gegensatz etwa zu den Prognosefachleuten großer Reiseagenturen interessieren sich Historiker für zukünftige Trends bei den Urlaubswünschen der Bevölkerung nicht, weil sie unser Hauptthema darstellen – auch wenn wir auf diesem Gebiet Spezialforschung betreiben können –, sondern mit Blick auf die übrige im Wandel begriffene Gesellschaft und Kultur in einer Welt im Wandel. In dieser Hinsicht gleicht die Geschichtswissenschaft Disziplinen wie der Ökologie, auch wenn sie umfassender und komplexer ist als diese. Wir können und müssen zwar aus dem nahtlosen Gewebe von Interaktionen einzelne Stränge herauspräparieren, doch wenn wir nicht in erster Linie an dem Gewebe selber interessiert wären, bräuchten wir keine Ökologie oder Geschichtswissenschaft zu treiben. Historische Prognosen sind somit prinzipiell dazu gedacht, die allgemeine Struktur und Textur darzustellen, die zumindest prinzipiell die Möglichkeiten in sich birgt, alle spezifischen Fragen an die Zukunft zu beantworten, die Menschen mit speziellen Interessen stellen möchten – natürlich nur, soweit sie überhaupt beantwortbar sind.

Zum zweiten sind Historiker als Theoretiker nicht mit Vorhersagen als Bestätigung befaßt. Viele ihrer Prognosen ließen sich zu Lebzeiten ihrer Urheber oder der nachfolgenden Generationen unmöglich überprüfen, sowenig wie die Prognosen historischer Disziplinen in den Naturwissenschaften – zum Beispiel die der Klimaforscher über zukünftige Eiszeiten. Wir mögen den Aussagen der Klimatologen mehr Vertrauen entgegenbringen als denen der Historiker, aber wir können sie trotzdem nicht überprüfen oder gar bestätigen. Die Forderung, daß Analysen der Tendenzen des sozialen Wandels »als überprüfbare Aussagen über zukünftige Ereignisse formuliert« werden sollten, erweist zwar gegenüber unseren Kindern und Kindeskindern ihre Reverenz, nicht jedoch gegenüber dem armen alten Giambattista Vico, Karl Marx, Max Weber und nebenbei auch Charles Darwin, weil sie den Umfang der sozialen Analyse beschränkt und die Geschichte mißversteht, deren Wesen darin besteht, komplexe Veränderungen im Zeitverlauf zu untersuchen. Man könnte es als eine Sache der Zweckmäßigkeit ansehen, wenn die Geschichte sich auf die Daten konzentriert, die bereits vorliegen, und nicht auf solche, die uns von der Zukunft noch vorenthalten werden. Es mag erstrebenswert sein oder auch nicht, Prognosen daraufhin zu überprüfen, ob sie auch eintreffen, doch diese Überprüfung ergibt sich aus unseren Aussagen über das Kontinuum zwischen Vergangenheit, Gegenwart und Zukunft von selbst, da in ihnen Bezugnahmen auf die Zukunft enthalten sind; auch wenn viele Historiker es lieber vermeiden, Aussagen zu machen, die sich auch auf die Zukunft erstrecken. In Abwandlung einer Wendung von Auguste Comte – *savoir pour prévoir* (wissen, um vorherzusehen) – könnte man sagen, das *prévoir* ist ein Teil des *savoir*.

Und Historiker blicken fortwährend in die Zukunft, und sei es auch nur nachträglich. Ihre Zukunft ist nun einmal die Gegenwart oder eine nahe Vergangenheit im Unterschied zu einer fernen Vergangenheit. Die traditionellsten und »wissenschaftsfeindlichsten« Historiker untersuchen unaufhörlich die Konsequenzen von Situationen und Ereignissen, alternative hypothetische Möglichkeiten oder die Entstehung eines Zeitalters aus seinem Vorgänger. Einige, die das besonders beharrlich betreiben, wie Lord Dacre (Hugh Trevor-Roper) in seiner Oxforder Abschiedsrede, benutzen dies als Argument gegen die Möglichkeit von Vorhersagen, doch sie tun dies unter Verwendung von Techniken der Prognose. Nun sind die Methoden, die entwickelt wurden, um historische Ursachen, Konsequenzen und Alternativen mit der letzten, aber unzugänglichen Waffe des Futurologen, dem Vorteil der nachträglichen Erkenntnis, zu analysieren, auch für Prognostiker von Bedeutung, da sie ihren eigenen Methoden prinzipiell ähnlich sind. Ihr Wert beruht nicht nur auf der enormen Ansammlung tatsächlicher historischer Erfahrungen aller Art, die als Anleitung für die Gegenwart dienen können; nicht nur auf der Aufzeichnung früherer Vorhersagen, die sich anhand der gegenwärtigen Ergebnisse auf ihre Richtigkeit überprüfen lassen; und nicht nur auf der ganz beträchtlichen praktischen Erfahrung und der Urteilsfähigkeit, die sich die Historiker im Lauf der Geschichte ihrer Zunft angeeignet haben. In der Hauptsache beruht sie auf zweierlei. Erstens steht im Zentrum der Vorhersagen von Historikern, auch wenn sie retrospektiv sind, genau die komplexe und allumfassende Realität des menschlichen Lebens, die »sonstigen Umstände«, die niemals gleich sind und tatsächlich keine »sonstigen Umstände« sind, sondern das System von Verhältnissen, aus denen Aussagen über das menschliche Leben in der Gesellschaft niemals völlig herausgelöst werden können. Und zweitens versucht jede historische Disziplin, die diesen Namen verdient, genau jene Muster der Interaktion, jene Mechanismen und Tendenzen des Wandels und der Umgestaltung und jene Richtungen des Wandels in der Gesellschaft aufzufinden, die allein einen zureichenden Rahmen für Prognosen abgeben, die mehr sind als das, was man als »statistische Projektionen auf der Grundlage von Ansammlungen empirischer Daten in Kategorien von möglicherweise theoretisch geringer Relevanz« bezeichnet hat. Die sogar noch mehr sind als die »Ahnung« Jacob Burckhardts, das Äquivalent des Historikers zum »Gefühl« des Piloten, der nicht nach seinen Instrumenten fliegt. Ich will ihm nicht seinen Wert absprechen, aber es genügt nicht. Und hier, wenn mir ein kurzer Werbespot gestattet ist, liegt der einzigartige Wert von Karl Marx und all jener, die – ob Marxisten oder nicht – einen ähnlichen Zugang zur geschichtlichen Entwicklung gewählt haben.

Diese Prognosen auf der Grundlage der Geschichte arbeiten mit zwei Methoden, die im allgemeinen kombiniert angewandt werden: die Prognose von Trends mit Hilfe von Verallgemeinerungen oder der Konstruktion von Modellen und die Prognose bestimmter Ereignisse oder Ergebnisse mittels einer Art Pfadanalyse. Die Vorhersage eines anhaltenden Niedergangs der britischen Wirtschaft ist ein Beispiel für die erste, eine Prognose über die Zukunft der Regierung Thatcher ein Beispiel für die zweite Methode. Die Vorhersage von einem Ereignis wie der Russischen oder der Iranischen Revolution (das wir im ersten Fall ja kennen, im zweiten noch nicht) verbindet beide Methoden. Beide sind erforderlich, und sei es auch nur, weil aktuelle Ereignisse wenigstens einige Trends beeinflussen können: So hat beispielsweise die Spaltung Deutschlands 1945 zu zwei ganz unterschiedlichen gesell-schaftlichen Entwicklungen geführt (was deutlich zutage trat, als die beiden Länder 1990 vereinigt wurden). Nun ist der gegenwärtige Un-sicherheitsspielraum im Hinblick auf zukünftige Ereignisse so groß – auch wenn sich anschließend herausstellen sollte, daß sie alles andere als ungewiß waren, zum Beispiel ein in seinem Ergebnis vorher abge-sprochener Boxkampf –, daß wir ihn nur auf eine bestimmte Anzahl alternativer Szenarien reduzieren können. Außerdem können wir einige nicht prognostizierbare Ereignisse als trivial außer acht lassen, doch das setzt in der Regel ein Relevanzurteil im Licht unserer Fragen voraus. Trotzdem werden viele solche Ereignisse heute als weitgehend irrele-vant akzeptiert: Wir können nicht wissen, ob der amtierende US-Prä-sident einem Attentat zum Opfer fallen wird, aber unsere Analyse und Erfahrung sagt uns, daß sich eine solche Tat auf unser Untersuchungs-ergebnis kaum auswirken wird. Andere werden vielfach als trivial ein-gestuft und mögen solchen Politikern vorbehalten bleiben, für die eine Woche in der Politik eine lange Zeit ist, und Historikern von der Art, die unbedingt genau wissen wollen, was Sir Stafford Northcote am 8. Oktober 1875 an R. A. Cross geschrieben hat. Mit anderen kann man nicht einfach so verfahren. Nichtsdestoweniger können wir mehr tun, als unserem Kunden lediglich eine Anordnung gleichwahrscheinlicher Szenarien zu präsentieren, die sich in der Regel in einer Abfolge von Binäralternativen verzweigen wie in den jüdischen Witzen, in denen es bei jeder neuen Situation zwei Möglichkeiten gibt. Und hier kön-nen die Übungen des Historikers in rückblickender Prognose Hilfe-stellung leisten.

Es kann an dieser Stelle nützlich sein, eine bestimmte Übung in rückblickender Prognose in diesem Licht zu betrachten: die Russische Revolution, eine Episode, bei der das nachträgliche Wissen mit den Prognosen damaliger Zeitgenossen verglichen werden kann. Da dabei zwangsläufig einige der damals möglichen Entwicklungen zur Sprache kommen, könnte man solche retrospektiven Prognosen als eine Form kontrafaktischer oder hypothetischer Geschichte ansehen (die Kon-struktion eines Geschichtsverlaufs, der zwar auch möglich gewesen wäre, aber tatsächlich nicht eingetreten ist). Das sind sie auch, aber dennoch sollte man sie von der geläufigsten und am meisten publizier-ten Form kontrafaktischer Spekulationen auf diesem Gebiet, denen der sogenannten »Kliometriker« unterscheiden. Es geht mir nicht darum, die Bedeutung solcher Kosten-Nutzen-Analysen der Vergangenheit – denn darauf laufen die kliometrischen Untersuchungen hinaus – zu bestreiten oder ihre Triftigkeit zu diskutieren. Ich stelle lediglich fest, daß sie in der Form, die in der quantitativen Wirtschaftsgeschichte in Mode gekommen ist, in der Regel nichts mit der Einschätzung von historischen Wahrscheinlichkeiten zu tun haben. Eine Sklavenwirtschaft* mag wirtschaftlich sinnvoll, effizient und ein gutes Geschäft gewesen sein – ich will mich nicht an der Debatte beteiligen –, doch die Frage, wie groß die Chancen waren, daß sie überdauerte, wird von diesen Aussagen nicht berührt, nur die Auseinandersetzungen über ihre Fähigkeit, sich zu behaupten. Tatsächlich verschwand diese Wirtschaftsform überall im 19. Jahrhundert, und ihr Verfall und Untergang wurden mit Entschiedenheit und zutreffend vorhergesagt. Vorhersagen über die Zukunft, ob retrospektiv oder nicht, sind Aussagen über Wahrscheinlichkeiten, sonst nichts.

Eine Revolution in Rußland wurde allgemein erwartet, ungeachtet der besonderen und nicht vorhersagbaren Umstände ihres tatsächlichen Ausbruchs in den Jahren 1905 und 1917. Warum? Offenbar, weil eine strukturelle Analyse der russischen Gesellschaft und ihrer Institutionen zu dem Schluß gelangte, vom Zarismus sei eine Überwindung seiner inneren Schwächen und Widersprüche nicht zu erwarten. Wenn sie richtig war, würde eine solche Analyse sich grundsätzlich über unbedeutendere mögliche Alternativen hinwegsetzen – wie es tatsächlich der Fall war. Selbst wenn wir zugestehen, daß es theoretisch eine gute Politik und tüchtige Herrscher hätten schaffen können, dann wäre ihnen dies, mythologisch gesprochen, nur in der Weise gelungen, daß sie den Stein des Sisyphos den Berg hinaufwuchteten, damit er in der richtigen Richtung wieder hinunterrollte. In der Realität hatte der Zarismus immer wieder wirksame politische Maßnahmen ergriffen, verfügte über gute Staatsmänner und hatte ein erstaunliches wirtschaftliches Wachstum aufzuweisen, das manche Liberalen zu der Vorstellung verleitete, es hätte alles noch einmal gutgehen können, wären da nicht solche Zufälle wie der Erste Weltkrieg und Lenin gewesen. Es reichte nicht. Der Zarismus hätte keine Chance mehr gehabt, obwohl Lenin als Politiker die Klugheit besaß, die Möglichkeit offenzulassen, daß beispielsweise die Stolypinschen Agrarreformen sich als Erfolg hätten erweisen können.

Warum bezweifelte schließlich eine ganze Reihe von Beobachtern

---

* Anspielung auf eine berühmte Untersuchung der Kliometriker, bei der es um die Frage ging, ob die Sklavenwirtschaft der nordamerikanischen Südstaaten am Vorabend des Bürgerkriegs ökonomisch bereits im Niedergang begriffen war und deshalb auch ohne diesen Krieg ihr Ende gefunden hätte. Die Untersuchung erbrachte den Nachweis, daß diese – von vielen Südstaatlern vertretene – These nicht stichhaltig und die Sklavenhaltung im Gegenteil ein sehr gutes Geschäft war. (A.d.Ü.)

entgegen den meisten westlichen Hoffnungen und Erwartungen (auch denen der russischen Marxisten einschließlich Lenins), daß eine Revolution in Rußland zu einer bürgerlich-demokratischen Regierung nach westlichem Vorbild führen werde? Weil sehr bald deutlich wurde, daß die Liberalen oder irgendwelche anderen Gruppen der bürgerlichen Mittelschicht für eine solche Lösung zu schwach waren. Die Schwäche der russischen Mittelschicht trat gerade zwischen 1905 und 1917 zutage, als die russische Bourgeoisie wesentlich stärker und selbstbewußter wurde, als sie es vor 1900 war. Übertrieben selbstbewußt im Jahr 1917, wie mindestens ein guter Historiker behauptet hat, der überzeugt ist, die Radikalisierung der städtischen Fabrikarbeiter 1917 sei durch den Versuch der Unternehmer beschleunigt worden, die alten Herrschaftsverhältnisse in der Fabrik wiederherzustellen, wozu sie jedoch nicht mehr in der Lage waren. Heute wäre eine solche Zukunftsprognose leichter zu stellen, und sei es auch nur deshalb, weil wir seit 1914 gelernt haben, wie spezifisch die historischen Bedingungen für stabile liberal-demokratische Regierungsformen sein müssen, wie wichtig das aktive Eintreten der Bourgeoisie und der Mittelschichten für solche Regierungen ist und wie gefährdet sie sein können. Im Lichte dieser Lehren aus der Geschichte – die keineswegs unvorhersehbar waren, wenn wir an Burckhardt und andere konservative Prognostiker denken – hätten wir auch die Möglichkeit einer nichtdemokratischen, aber kapitalistischen Alternative zum Bolschewismus erörtern können, vielleicht ein militär-bürokratisches Regime. Doch angesichts des Zusammenbruchs der russischen Streitkräfte 1917 lag dies überhaupt nicht im Bereich des Wahrscheinlichen.

Andererseits schien das tatsächliche Ergebnis des Oktober 1917 für Beobachter im Jahr 1905 zu den am wenigsten wahrscheinlichen Optionen zu gehören, und das war auch im Februar 1917 noch so: ein Rußland, das sich daranmachte, den Sozialismus unter der Führung der Bolschewiki aufzubauen. Selbst Marxisten waren der einhelligen Meinung, daß die Bedingungen für eine proletarische Revolution in Rußland *allein* einfach nicht gegeben seien. Kautsky und die Menschewiki behaupteten sehr überzeugend, der Versuch sei zum Scheitern verurteilt. Jedenfalls waren die Bolschewiki eine Minderheit. Dieses Ergebnis war so unwahrscheinlich, daß es noch immer en vogue ist, die Oktoberrevolution ausschließlich der Entscheidung Lenins zuzuschreiben, in der kurzen Zeit, in der er eine Erfolgschance dazu hatte, eine Art Putsch zu inszenieren. Natürlich gab es strukturelle Gründe, warum ein solches Ergebnis nicht ganz so unplausibel war, wie es den Anschein hatte. Wir wissen, daß marxistische Regierungen gerade in solchen Ländern durch eine Revolution an die Macht kamen, in denen Marxisten nicht damit gerechnet hatten. (Wir wissen übrigens auch, daß solche Revolutionen ganz unterschiedlich ausgehen können.) Lenin selbst hatte bereits 1908 die Aufmerksamkeit auf dieses »entzündliche Material in der Weltpolitik« gelenkt und etwas vorweggenommen, was später unter Revolutionstheoretikern als Theorie des »schwächsten Gliedes« bezeichnet wurde. Es gab jedoch keine Anhaltspunkte dafür, einen Sieg der Bolschewiki vorherzusagen, auch wenn man ihn erhoffte, und schon gar nicht einen dauerhaften Erfolg. Dennoch war eine prognostische Analyse keineswegs unmöglich. Sie bildete überhaupt die Grundlage der Politik Lenins. Nichts wäre absurder, als in Lenin einen Voluntaristen zu sehen. Das revolutionäre Handeln richtete sich nach dem, was möglich war, und keiner vermaß das sich fortwährend ändernde Gelände während des Marschs sorgfältiger oder mit einem radikaleren Gespür für das, was unmöglich war, als er. Das Sowjetregime überlebte – und entwickelte sich dabei zu etwas, das von seinen ursprünglichen Erwartungen weit entfernt lag – ja gerade deshalb, weil er immer und immer wieder erkannte, was er wohl oder übel zu tun hatte. Selbst wenn er gern ein Voluntarist wie Mao gewesen wäre, so hätte ihm 1917 seine Position Fesseln angelegt: Weder hatte er die absolute Herrschaft über seine Partei, noch verfügte die Partei über eine besondere Macht. Erst wenn Revolutionäre die Regierung übernommen haben, können sie anderen befehlen – innerhalb von Grenzen, die nicht einmal von starken Regierungen immer anerkannt werden.

Wir brauchen Lenins Analyse nicht zu folgen, da er nur an einem einzigen Ergebnis interessiert war, aber wir können eine parallele Analyse vornehmen. Kurz gesagt lautete die grundlegende Frage 1917 nicht, wer in Rußland die Macht übernehmen würde, sondern ob es jemanden gab, der eine wirksame Regierung auf die Beine stellen konnte. Die Gründe, warum die Provisorische Regierung keinen Erfolg haben konnte, da kein unmittelbarer Frieden bevorstand – der in jedem Fall Probleme aufwarf – sind klar. Die Bolschewiki trugen den Sieg davon: Zuerst weil sie im Gegensatz zu fast allen anderen auf der Linken bereit waren, die Macht zu übernehmen; dann weil sie konsequent eher bereit waren, die Entwicklungen an der Basis zur Kenntnis zu nehmen und zu berücksichtigen; schließlich weil sie – weitgehend aus dem letztgenannten Grund – die Kontrolle über die Lage in Petrograd und Moskau errangen und erst zuallerletzt, weil sie im entscheidenden Augenblick zur Machtübernahme bereitstanden. Die einzige Aternative zum Bolschewismus im Oktober war eine faktische Anarchie. Man könnte für diese Situation verschiedene mögliche Szenarien entwerfen. Die plausibelste wäre eine noch extremere Version von dem, was tatsächlich eingetreten ist – die schließliche Loslösung der Randprovinzen des Reiches, ein Bürgerkrieg und die Errichtung verschiedener regionaler und unkoordinierter konterrevolutionärer Warlord-Regimes, von denen eines nach einiger Zeit die Kontrolle über die Hauptstadt erobert und die langwierige Aufgabe auf sich genommen hätte, sich als Zentralregierung zu etablieren. Kurzum, es gab die Wahl zwischen einer bolschewistischen und überhaupt keiner Regierung.

An diesem Punkt kann der Nebel, der die Landschaft der Zukunft verhüllt, höchstens etwas gelichtet werden. Wie Lenin selbst klar gesehen hat, lag das Überleben seines Regimes weit mehr im ungewissen als seine anfängliche Errichtung. Es beruhte jetzt nicht mehr auf einer Art politischer »Surftechnik« – die große Welle zu finden und auf ihr zu reiten –, sondern auf einer Verknüpfung innenpolitischer und außenpolitischer Variablen, die sich nicht vorhersehen ließen. Sofern außerdem künftige Entwicklungen von nun an von *Politik* abhingen – von bewußten, möglicherweise irrigen und auf jeden Fall unbeständigen Entscheidungen –, erhielt der ganze Verlauf der Zukunft durch das Eingreifen der Bolschewiki eine andere Richtung. So wäre Lenins Entscheidung, eine neue Internationale zu gründen, zu der nur noch solche Kommunistischen Parteien zugelassen waren, die den Kriterien der Bolschewiki genügten, vielleicht vernünftig gewesen, wenn 1919/20 weitere europäische Revolutionen bevorgestanden hätten oder als möglich erschienen wären; doch die Spaltung zwischen Sozialdemokraten und Kommunisten und ihre gegenseitige Feindschaft ist geblieben, was seitdem unter den verschiedensten Umständen für beide unvorhergesehene Probleme aufgeworfen hat. Hier gewinnt der Unterschied zwischen einer Vorhersage und einer nachträglichen Einschätzung eine wesentliche Bedeutung. Auf alle Fälle wird die Vorhersage durch Passagen der Finsternis unterbrochen, die nur in der Rückschau erhellt werden können, wenn wir wissen, was »geschehen mußte«, einfach deshalb, weil tatsächlich nichts anderes geschehen ist. Soweit das Überleben der bolschewistischen Revolution von internationalen Umständen abhing, hätte man seit Ende 1918 auf sie setzen können, während ihre Zukunft für einige Monate nach dem Oktober 1917 nicht wirklich vorherzusehen war. Angesichts ihres Überlebens und ihrer Dauerhaftigkeit kam die Prognose wieder zu ihrem Recht. Leider kann ich mir keine realistische Prognose vorstellen, welche die langfristige Zukunft der Sowjetunion wesentlich anders hätte ausmalen sollen, als sie tatsächlich eingetreten ist. Es ist möglich, sich alternative Szenarien auszudenken, die wesentlich weniger grausam und intellektuell verheerend gewesen wären, aber keines, das nicht viele noble Hoffnungen von 1917 enttäuscht hätte.

Der Zweck meiner kurzen Übung (auf die das 19. Kapitel noch einmal zurückkommt) besteht nicht in dem Nachweis, daß der Gang der Geschichte unvermeidlich war, sondern in einer Erörterung der Möglichkeiten und Grenzen einer Vorhersage. Eine solche Übung erlaubt es uns, wenig wahrscheinliche Ergebnisse, zum Beispiel daß der Zarismus sich hätte retten können, ebenso herauszuarbeiten wie ziemlich wahrscheinliche Ereignisse, zum Beispiel eine russische Revolution, eine illiberale Regierungsform nach der Revolution und in mehr oder weniger zutreffenden Zügen die weitere Entwicklung einer russischen Sowjetrepublik, wie sie tatsächlich eingetreten ist. Sie ermöglicht uns, dem persönlichen Anteil Lenins in dem ganzen Nebel, von dem er umgeben ist, etwas schärfere Konturen zu geben. Wir können mit ihrer Hilfe klare Alternativen wie die zwischen einer bolschewistischen oder überhaupt keiner Regierung aufzeigen und andererseits Situationen erkennen, in denen eine Vielzahl unterschiedlicher Ergebnisse möglich sind. Auf diese Weise können wir erklären, warum Lenin im Oktober 1917 so zuversichtlich war, die Macht erobern zu können, und warum er skeptisch war, ob er sie auch behaupten konnte. Wir können mit einer solchen Übung die Bedingungen angeben, unter denen das neue Regime überleben konnte, und Überlegungen anstellen, wieweit sich die Wahrscheinlichkeit dieser Bedingungen berechnen oder abschätzen ließ. Sie ermöglicht uns ferner, zu unterscheiden zwischen der relativen analytischen Vorhersagbarkeit von Prozessen, die von niemandem kontrolliert werden – wie der größte Teil der russischen Geschichte von 1917 –, und solchen, bei denen die Ausübung einer wirksamen Befehlsgewalt und Planung die Frage verwirren. Ich teile nicht die naive Überzeugung eines amerikanischen Soziologen, weil »der soziale Wandel zunehmend organisiert und institutionalisiert (wird) ..., die Zukunft zu einem Teil prognostizierbar ist: Sie wird eine gewisse Ähnlichkeit mit dem haben, als was sie heute geplant wird.« Tatsächlich waren und sind die Tendenzen der sowjetischen Entwicklung nur insoweit prognostizierbar, als die sowjetische Politik (angesichts ihrer Ziele) erkannte, was zu tun war. Doch was das menschliche Planen, auch wenn es noch so durchdacht ist, für Propheten wie für Politiker leider so enttäuschend macht, ist der Kontrast zwischen seiner begrenzten Kapazität sowie den begrenzten Folgen, wenn »man es richtig anpackt«, und den potentiell verheerenden Folgen, wenn man es falsch macht. Wie Napoleon sehr wohl wußte, kann manchmal eine einzige verlorene Schlacht die Situation tiefgreifender verändern als zehn Schlachten, die man gewonnen hat. Und schließlich befähigt uns eine solche Übung, die Qualität der zahlreichen Prognostiker in dieser von Prognosen strotzenden Disziplin einzuschätzen. Es ist eine seltsame Reflexion über die ausgedehnte Literatur, die, soviel mir bekannt ist, nie systematisch in der Absicht untersucht wurde, die Prognostizierbarkeit historischer Ereignisse einzuschätzen, obwohl sie eine Fülle von Prognosen aus der Vergangenheit und Gegenwart enthielt und enthält.

Die Vorhersage gesellschaftlicher Trends ist in einer Hinsicht einfacher als die Vorhersage von Ereignissen, da sie genau auf der Entdeckung beruht, welche die Grundlage aller Sozialwissenschaften ist: daß es möglich ist, über ganze Bevölkerungen und Zeitspannen allgemeine Aussagen zu machen, ohne das veränderliche Geflecht aus Entscheidungen, Ereignissen, Zufällen und Möglichkeiten näher zu untersuchen – auf der Fähigkeit, etwas über den Wald zu sagen, ohne jeden einzelnen Baum zu kennen. Was die Prognosen von Trends angeht, so setzen sie zeitliche Perioden von einer gewissen Mindestdauer voraus. Insofern kann man sie als Langzeit- im Gegensatz zu Kurzzeitprognosen bezeichnen, auch wenn die »Langzeit« im einzelnen relativ kurz sein kann, selbst im Vergleich zur Dauer von Langzeitprognosen über den Menschen, deren Länge auf höchstens hundert Jahre beschränkt ist. Ich kann mir zumindest keine Langzeitprognose vorstellen, die nicht jenseits dieser Spanne zum Wunschtraum wird. Doch ein bekannter Nachteil solcher Langzeitprognosen besteht darin, daß es fast unmöglich ist, ihnen eine geeignete Zeitskala zuzuordnen. Wir wissen vielleicht, *daß* bestimmte Ereignisse wahrscheinlich eintreten werden, aber nicht *wann*. Daß die Vereinigten Staaten und Rußland eines Tages die Supermächte unter den Großmächten der Erde sein würden, haben manche Beobachter bereits in den vierziger Jahren des 19. Jahrhunderts aufgrund der Größe und der Ressourcen beider Länder zutreffend prognostiziert, doch nur ein Verrückter hätte sich auf ein exaktes Datum, etwa das Jahr 1900 festgelegt.

Manche dieser Vorhersagen werden langsamer Wirklichkeit, als die meisten Beobachter erwartet haben. So konnte die Tatsache, daß die Kleinbauern in den Industrieländern noch eine ganze Zeitlang fortexistierten, als Argument gegen die im 19. Jahrhundert gestellte Prognose, daß sie verschwinden würden, benutzt werden. Es gibt aber auch welche, die sich schneller als erwartet erfüllen. Daß die Aufteilung eines großen Sektors des Globus in Kolonien, die von einer Handvoll Staaten verwaltet wurden, nicht von Dauer sein würde, war absehbar und wurde vorhergesehen. Doch es ist zweifelhaft, ob viele in den Tagen

Joe Chamberlains damit rechnen konnten, daß fast der gesamte Aufstieg und Untergang dieser Variante des Imperialismus zu Lebzeiten eines einzelnen Menschen vonstatten gehen würde – ich denke an Winston Churchill, der von 1874 bis 1965 gelebt hat. Manche Entwicklungen treten sowohl schneller als auch langsamer ein, als man hätte vorhersehen können. Das Tempo, in dem das Bauerntum nach seinem langen und erfolgreichen Überleben schließlich doch von der Bühne verschwand, ist erstaunlich. In Kolumbien, wo die ländliche Bevölkerung 1960 auf etwa 67 Prozent der Gesamtbevölkerung geschätzt wurde, hatte sie sich bis Ende der siebziger Jahre mindestens um die Hälfte verringert. Solche Prophezeiungen haben selbst dann ihre Bedeutung, wenn wir nicht wissen, wann sie sich erfüllen. Wenn wir der Meinung sind, daß die Überlebenschancen der Juden, die sich durch Eroberung dauerhaft in einer Enklave im Nahen Osten niedergelassen haben, langfristig nicht viel größer sein werden, als es die der Kreuzritter waren, dann hat dies offensichtlich politische Konsequenzen für diejenigen, denen an ihrem Überleben gelegen ist, auch wenn wir keine exakten Daten nennen können. Mir geht es jedoch schlicht und einfach darum, daß die Frage: »Was wird passieren?« methodologisch etwas ganz anderes ist als die Frage: »Wann wird es passieren?«

Die einzigen mir bekannten Prognosen mit Zeitangaben, denen man bis zu einem gewissen Grad vertrauen kann, sind diejenigen, die auf einer regelmäßigen Periodizität beruhen, hinter der wir einen erklärbaren Mechanismus vermuten, selbst wenn wir ihn nicht durchschauen. Am häufigsten werden solche periodischen Erscheinungen in der Wirtschaftswissenschaft erforscht, aber auch in der Bevölkerungsstatistik finden sie sich (und sei es auch nur durch die Aufeinanderfolge und das Älterwerden von Generationen und Altersgruppen oder »Kohorten«). Andere Sozialwissenschaften haben ebenfalls die Entdeckung periodischer Abläufe für sich reklamiert, doch die wenigsten davon sind wirklich hilfreich, ausgenommen bei ganz speziellen Prognosen. Wenn beispielsweise der Anthropologe Kroeber recht hat, dann »schwankt die Länge von Frauenkleidern ziemlich regelmäßig zwischen einem Maximum und einem Minimum, die in den meisten Fällen etwa fünfzig Jahre auseinanderliegen«. (Ich enthalte mich jeder Meinungsäußerung zu dieser Behauptung, was immer sie für die Fummelbranche bedeuten mag.) Doch wie bereits bemerkt (S. 46 f.), gibt es mindestens eine Form von periodischen Schwankungen, die eine allgemeinere, allerdings weitgehend rätselhafte Relevanz aufweist. Es sind die Kondratjew-Wellen, für die mir keine Erklärung bekannt ist, die allgemein akzeptiert würde, und deren Existenz von Skeptikern sogar bezweifelt wird. Aber sie setzen uns in den Stand, Vorhersagen nicht nur über die Wirtschaft, sondern auch allgemeiner über das soziale, politische und kulturelle Umfeld der Zyklen zu machen. Die Periodisierung der Geschichte des 19. und 20. Jahrhunderts, die von Historikern auf dem Gebiet der europäischen Geschichte als sehr hilfreich angesehen wird, fällt tatsächlich weitgehend mit den Kondratjew-Wellen zusammen. Zum Leidwesen aller Prognostiker sind solche Hilfsmittel sehr selten.

Wenn wir einmal die Chronologie beiseite lassen, ist der Historiker in der Tat selbst für die verbreitetste und leistungsfähigste Form einer Prognose in den Sozialwissenschaften als unentbehrlich anerkannt, die auf theoretischen (zumeist mathematisierten) Aussagen oder Modellen beruht, die auf irgendeinen Aspekt der Realität angewandt werden. Das ist ebenso unschätzbar wie unzureichend. Es ist unschätzbar, weil sich jede Debatte erübrigt, sobald es uns gelingt, eine logisch zwingende Beziehung zwischen Variablen festzustellen. Wenn die Menschheit die endlichen Ressourcen der Erde schneller verbraucht, als sie erneuert oder durch alternative Stoffe substituiert werden können, dann werden sie früher oder später aufgebraucht sein, und die einzige Frage ist wie bei den bekannten Ölreserven die nach dem Wann. Ohne Konstruktionen, die auf solchen Aussagen beruhen, sind keine Prognosen jenseits rein empirischer Beobachtungen möglich. Doch sie sind unzureichend, weil sie ihrerseits zu allgemein sind, um konkrete Situationen zu erhellen, und jeder Versuch, sie unmittelbar für Prognosen zu nutzen, muß zwangsläufig scheitern. Das ist auch der Grund, warum David Glass bemerkt hat, die Demographie, die in meinen Augen neben der Ökonomie und der Linguistik nach dem modischen Kriterium einer Ähnlichkeit mit der Physik zu den fortgeschrittensten Sozialwissenschaften gehört, habe auf dem Gebiet der Prognose schmählich versagt. So ist die fundamentale Aussage des britischen Nationalökonomen Thomas R. Malthus, das Wachstum einer Bevölkerung werde auf die Dauer durch den Spielraum der verfügbaren Subsistenzmittel begrenzt, unbestreitbar und wertvoll. In dieser Form kann sie uns jedoch nichts mitteilen über die vergangene, gegenwärtige und zukünftige Beziehung zwischen einem Bevölkerungswachstum und den Subsistenzmitteln. Eine Krise wie die irische Hungersnot in den Jahren nach 1840 läßt sich zwar in malthusianischen Begriffen darstellen, aber aus Malthus' zentraler Aussage weder prognostizieren noch nachträglich erklären. Wenn wir erklären wollen, warum Irland damals eine solche Krise erlebt hat und Lancashire nicht, dann können wir das nicht anhand des Modells von Malthus tun, sondern müssen hierzu Faktoren heranziehen, bei denen eine Analyse ohne Bezugnahme auf dieses Modell möglich ist. Wenn wir umgekehrt eine Hungersnot in Somalia vorhersagen, dann nicht aufgrund der tautologischen Aussage, daß Menschen sterben müssen, wenn sie nicht genug zu essen haben. Kurzum, die demographische Theorie kann Bedingungen angeben, unter denen bestimmte Ereignisse eintreten werden, ohne das Eintreten dieser Bedingungen selbst vorhersagen zu können, und sie kann Prognosen stellen, die sich nicht auf ihre Modelle stützen. Aber auf was stützen sie sich dann?

Soweit Malthus selbst Tendenzen – fälschlicherweise – vorhersagte, stützte er sich auf bestimmte geschichtliche Daten, auf das Bevölkerungswachstum und auf die Verbindung unechter empirischer Größen, die sich als willkürlich herausgestellt haben, mit zukünftigen Zuwachsraten der Nahrungsmittelproduktion, die sich als unrealistisch erwiesen haben. Der demographische oder ökonomische Prognostiker muß nicht nur seine Variablen in reale Mengen übersetzen, was problematisch genug ist; er muß auch fortwährend die Ebene seiner eigenen theoretischen Analyse und sein Spezialgebiet verlassen und sich auf das umfassendere Territorium der gesamten Geschichte in Vergangenheit und Gegenwart begeben. Wie kam es, daß in Westeuropa die Fruchtbarkeit nach 1930 nicht weiter anstieg und damit eine Revision aller Projektionen des künftigen Bevölkerungswachstums erzwang? Es ist das Geschäft des Historikers, solche Fragen zu beantworten und auf diese Weise ein Licht auf mögliche zukünftige Veränderungen zu werfen. Warum sind einige heute davon überzeugt, daß das Bevölkerungswachstum in Ländern der dritten Welt mit zunehmender Industrialisierung und Urbanisierung zurückgehen wird? Nicht nur, weil es einige Hinweise darauf gibt, daß es dies bereits getan hat (also historische Daten), sondern aufgrund einer unterstellten Analogie mit der demographischen Geschichte von Industrieländern (eine historische Verallgemeinerung). Zum Glück haben die Demographen das alles im Auge; mehr noch als die Nationalökonomen, wenn man die blühende Disziplin der historischen Demographie mit der retrospektiven Ökonometrie vergleicht, die bei ihren Vertretern als Geschichte durchgeht. Ich muß nicht erst daran erinnern, daß David Glass während eines Großteils seines Lebens einen Lehrstuhl für Soziologie und nicht für Demographie bekleidet hat und abgesehen von seinen weitergehenden Interessen in anderen Disziplinen ein erstaunlich belesener und scharfsinniger Historiker war. Er war ein großer Demograph, weil er wußte, daß »die Kompetenz von Bevölkerungswissenschaftlern nur für einen Teil der Disziplin von Belang (ist). Die Hauptarbeit fällt den Historikern und Soziologen zu.«

Ich neige jedoch zu der Ansicht, daß Historiker ebenso wie Sozial-wissenschaftler ziemlich hilflos sind, wenn sie mit der Zukunft kon-frontiert werden, nicht nur, weil wir das alle sind, sondern auch, weil sie keine klare Vorstellung davon haben, was das von ihnen unter-suchte Agglomerat oder System eigentlich ist und – ungeachtet der bahnbrechenden Vorarbeit von Marx – in welcher Weise genau seine verschiedenen Elemente aufeinander reagieren. Was ist eigentlich »Gesellschaft« (Singular oder Plural), der unser Untersuchungsinter-esse gilt? Ökologen mögen behaupten, sie würden ihre Ökosysteme eingrenzen, doch die wenigsten Erforscher der menschlichen Gesell-schaft, abgesehen von einigen Anthropologen, die es mit kleinen, iso-lierten, »primitiven« Gemeinschaften zu tun haben, behaupten, sie könnten dasselbe mit ihrem Gegenstand tun; jedenfalls nicht in der modernen Welt. Wir müssen uns vorwärtstasten. Historiker können bestenfalls behaupten, daß wir im Gegensatz zu den Vertretern der meisten Sozialwissenschaften die Probleme unserer Unwissenheit nicht umgehen können. Anders als sie erliegen wir nicht der Verlockung, nach einer vorgetäuschten Exaktheit zu streben und die prestigeträch-tigeren Naturwissenschaften nachzuahmen; und wir können für uns in Anspruch nehmen, daß wir und die Anthropologen schließlich eine beispiellose Kenntnis von der Mannigfaltigkeit der menschlichen So-zialerfahrung haben. Und vielleicht noch, daß wir allein auf dem Feld der Humanwissenschaften in Kategorien des geschichtlichen Wandels, der historischen Wechselwirkung und Umgestaltung denken *müssen*. Die Geschichte allein ermöglicht uns eine Orientierung, und jeder, der ohne sie auf die Zukunft blickt, ist nicht nur blind, sondern ge-fährlich, vor allem in der Ära der High-technology.

Ich möchte ein extremes Beispiel geben. Man kann sich erinnern, daß im Juni 1980 das US-amerikanische Frühwarnsystem meldete, es seien russische Raketen unterwegs, und einige Minuten lang lief das automatische Programm für einen Gegenschlag ab, bis sich heraus-stellte, daß es ein blinder Alarm war und der Computer sich geirrt hatte. Wenn *heute* der Portier in dieses Theater käme und uns mitteilte, der Atomkrieg sei ausgebrochen, dann bräuchten auch die Pessimisten unter uns keine drei Minuten, um zu dem Schluß zu gelangen, daß er sich irren müsse, und zwar aus letztlich historischen Gründen. Es ist höchst unwahrscheinlich, daß ein Weltkrieg ausbricht ohne eine vor-herige noch so kurze Krise oder ein anderes Anzeichen der Vorwar-nung, und in unserer Erfahrung der letzten Monate, Wochen oder selbst Tage hat es solche Anzeichen einfach nicht gegeben. Befänden wir uns inmitten von etwas Ähnlichem wie der Kubakrise von 1962, dann wären wir natürlich weniger zuversichtlich. Kurzum, wir haben in unserem Bewußtsein eine rationale Vorstellung von der Art und Weise, wie Weltkriege tatsächlich oder möglicherweise ausbrechen, die auf einer Verbindung von Analyse und Informationen über die Vergangenheit beruht. Auf dieser Basis schätzen wir Wahrscheinlichkeiten ein, wobei wir nicht notwendig bestimmte Möglichkeiten ausschließen, solange sie nicht so entfernt sind, daß es sich nicht lohnt, sie in Erwägung zu ziehen. Ich nehme nicht an, daß Kanada heute viel Zeit auf Planungen in Erwartung eines Krieges mit den Vereinigten Staaten verwendet oder daß England – auch wenn der Anschein dagegen spricht – eine Invasion durch Frankreich in Betracht zieht. Ohne solche Einschätzungen neigen wir jedoch dazu anzunehmen, daß jederzeit *alles* passieren kann – eine Annahme, die auch Horrorfilmen und den Erwartungen von UFO-Gläubigen zugrunde liegt. Oder wenn wir uns auf jene Fälle beschränken wollen, in denen praktische Vorsichtsmaßnahmen getroffen werden können, folgen wir dem ebenso irrationalen Verfahren, einen »schlimmsten denkbaren Fall« zu konstruieren und uns auf diesen vorzubereiten, vor allem wenn man uns als Funktionären die Schuld gibt, wenn etwas passiert. Ebenso irrational ist es, weil der schlimmste denkbare Fall nicht mehr Wahrscheinlichkeit für sich hat als der günstigste denkbare Fall, und es besteht ein großer Unterschied zwischen dem Treffen von Vorsichtsmaßnahmen gegen das Eintreten der schlimmstmöglichen Fälle und Maßnahmen, die im Ernstfall dagegen ergriffen werden, so zum Beispiel im Jahr 1940, als die britische Regierung die Absicht hatte, alle deutschen und österreichischen Flüchtlinge hinter Stacheldraht zu sperren.

Das psychologische Äquivalent zum Denken in Kategorien des schlimmsten denkbaren Falls ist Paranoia oder Hysterie. Es kommt sogar vor, daß in Zeiten der Spannung und Furcht wie der, in der wir gerade leben [der Vortrag wurde auf dem Höhepunkt des zweiten Kalten Krieges gehalten], Hysterie und Geschichtslosigkeit zusammenkommen. Man rechnet mit dem Schlimmsten, nicht nur diejenigen, die aus beruflichen Gründen gehalten sind, sich darauf gefaßt zu machen – wie Militärs, Geheimdienstleute und die Thrillerautoren, deren Protagonisten von ihnen so gern nachgeahmt werden –, sondern auch unter ganz vernünftigen Leuten, die beim Gedanken an Afghanistan oder einige kubanische (nicht etwa französische) Soldaten irgendwo in Afrika geopolitische Anfälle bekommen. Und etwas ernsthafter: Unser Unvermögen, die Welt zu verstehen, wird mechanisiert, und wir errichten automatisierte Systeme, die auf den schlimmsten Fall eingestellt sind, die durch Zeichen in Gang gesetzt werden, die irrtümlich als »Angriff«

gelesen werden. Da es keine praktischen Historiker gibt, die eingreifen könnten, können nur ebenfalls automatisierte technische Gegenprüfungen, die ergeben, daß die Zeichen mechanisch falsch gelesen wurden, den Prozeß der Zerstörung aufhalten. Diese falschen Alarme sind in gewisser Hinsicht die haarsträubende *reductio ad absurdum* einer geschichtslosen Begegnung mit der Zukunft. Ich rechne in Wirklichkeit nicht damit, daß ein realer Krieg durch eine blinde technische Fehlfunktion ausgelöst wird. Doch die Tatsache, daß dies möglich ist und daß er dadurch ausgelöst werden könnte, verdeutlicht die unverzichtbare Rolle der historischen Rationalität bei der Einschätzung der Zukunft und des menschlichen Handelns, das erforderlich ist, um sie zu bestehen.

Wie soll ich schließen? Historiker sind keine Propheten in dem Sinne, daß sie versuchen könnten oder sollten, die Schlagzeilen der Kurznachrichten des BBC World Service für das nächste Jahr oder das nächste Jahrhundert zu schreiben. Und wir sind auch nicht in der eschatologischen Abteilung der Prophezeiungsbranche und gehören da auch gar nicht hin. Ich weiß, daß manche Denker, darunter auch Historiker, im Prozeß der Geschichte die Entfaltung der menschlichen Bestimmung zu einem glücklichen oder unglücklichen Ende in der Zukunft gesehen haben. Eine Überzeugung dieser Art ist unter moralischen Aspekten der Auffassung vorzuziehen, die in den vertrauensvollen fünfziger Jahren unter US-amerikanischen Sozialwissenschaftlern so verbreitet war, die Bestimmung des Menschen habe bereits ihren Ruhepunkt in einer gegenwärtigen Gesellschaft gefunden, wobei Omaha das neue Jerusalem darstellte. Das läßt sich zweifellos nicht so leicht widerlegen; aber es hilft uns nicht viel. Gewiß, der Mensch folgt dem »Prinzip Hoffnung«, wie Ernst Bloch es ausgedrückt hat. Wir träumen in die Zukunft. Es gibt viele Gründe dafür. Auch Historiker haben ein Recht darauf, ihre eigene Idee einer wünschenswerten Zukunft für die Menschheit zu entwickeln, dafür zu kämpfen und sich ermutigt zu fühlen, wenn sie entdecken, daß die Geschichte anscheinend die von ihnen gewünschte Richtung nimmt, wie es manchmal geschieht. Auf jeden Fall ist es kein gutes Zeichen für den Weg, den die Welt einschlägt, wenn die Menschen das Vertrauen in die Zukunft verlieren und wenn Szenarien einer Götterdämmerung die Utopien verdrängen. Doch unsere Aufgabe als Historiker, herauszufinden, woher wir kommen und wohin wir gehen, sollte *als berufliche Aufgabe* nicht davon beeinflußt werden, ob die voraussichtlichen Ergebnisse in unser privates Konzept passen oder nicht.

Ich möchte es in einem Paradoxon ausdrücken. Es ist ebensowenig hilfreich, Marx zu ignorieren, weil uns seine Darlegung gegen den Strich geht, daß der Kapitalismus und die wirtschaftsbürgerliche Gesellschaft historische Erscheinungen von begrenzter Dauer sind, wie seine Auffassung nur deshalb zu übernehmen, weil wir für den Sozialismus sind, der seiner Meinung nach auf den Kapitalismus folgen mußte. Ich bin davon überzeugt, daß Marx einige grundlegende Tendenzen mit profundem Scharfblick erkannt hat; dennoch wissen wir nicht wirklich, was sie uns bringen werden. Wie so oft bei der Zukunft, die in der Vergangenheit vorhergesagt wurde, kann es sein, daß wir sie nicht erkennen, wenn sie schließlich da ist, nicht weil die Prognosen falsch gewesen wären, sondern weil wir den Fehler gemacht haben, uns die interessante Fremde, deren Ankunft man uns angekündigt hatte, mit einem bestimmten Gesicht und einer bestimmten Kleidung vorzustellen. Ich glaube nicht, daß wir so weit gehen sollten wie Schumpeter, der nicht nur ein Konservativer, sondern auch ein großer Bewunderer der außerordentlichen analytischen Sichtweise von Marx war, und behaupten, »die Aussage, daß Marx ... auch eine Interpretation in konservativem Sinne zuläßt, heißt lediglich, daß man ihn ernstnehmen kann«. Aber wir sollten stets daran denken, daß Hoffnung und Prognose, auch wenn sie sich nicht voneinander trennen lassen, nicht dasselbe sind.

Damit bleibt immer noch vieles, was Historiker zu unserer Erkundung der Zukunft beitragen können: herausfinden, was Menschen daran ändern können und was nicht; die Rahmenbedingungen und folglich die Grenzen, Möglichkeiten und Konsequenzen menschlichen Handelns ermitteln; zwischen dem Vorhersehbaren und Unvorhersehbaren und zwischen unterschiedlichen Arten der Voraussicht unterscheiden. Zum einen können sie dazu beitragen, diese sinnlosen und gefährlichen Übungen im Konstruieren mechanischer Automaten zu prognostischen Zwecken ad absurdum zu führen, die bei manchen verhinderten Wissenschaftlern so beliebt sind: Männern, die – ich zitiere wiederum einen leibhaftigen Soziologen – glauben, der Weg zur Vorhersage von Revolutionen bestehe darin, die Frage: »Wie extensiv und mit welcher Geschwindigkeit muß eine frühe Modernisierung sein, um eine soziale Revolution hervorzubringen?« mittels der Erhebung »komparativer Querschnitts- und zeitlicher Daten« in eine quantitative Form zu bringen. Es sind nicht die Marxisten, die das versuchen. Marxisten jedoch können und sollten die noch gefährlicheren Übungen in der Zukunftsforschung in Verruf bringen, bei denen es darum geht, das Undenkbare zu denken, statt das Denkbare zu Ende zu denken. Sie können die Propheten, die von statistischen Extrapolationen leben, in ihre Schranken weisen. Sie können tatsächlich etwas darüber sagen, was sich wahrscheinlich ereignen wird, und noch mehr darüber, was unwahrscheinlich ist. Man wird ihnen nicht viel Gehör schenken – das gehört nun mal zur Geschichte. Aber vielleicht würde man ihnen wenigstens ein bißchen mehr zuhören, wenn sie mehr Zeit darauf verwendeten, ihre Fähigkeit, etwas über die Zukunft zu sagen, einzuschätzen und zu verbessern und etwas wirkungsvoller Reklame dafür zu machen. Trotz allem haben sie tatsächlich etwas Bedenkenswertes anzubieten.

5. Kapitel

Gibt es einen Fortschritt in der Geschichtswissenschaft?

Gibt es einen Fortschritt in der Geschichtswissenschaft? Die Frage ist mehr als naheliegend für jemanden, der auf eine rund vierzigjährige wissenschaftliche Beschäftigung mit Geschichte zurückblickt. Es ist fast eine andere Formulierung der Frage: Was habe ich mit meinem Berufsleben angefangen? Vielleicht, aber nicht ganz. Denn mit der Frage wird unterstellt, daß der Begriff »Fortschritt« auf ein Fach wie die Geschichte als Wissenschaft anwendbar ist. Ist er das?

Es gibt akademische Disziplinen, auf die er sich offenbar anwenden läßt, und andere, bei denen man – oder zumindest ich – dies verneinen würde. In gewisser Weise läßt sich dieser Unterschied heute an unseren Bibliotheken ablesen. Die Naturwissenschaften, in denen sich ein Fortschritt von keinem vernünftigen Beobachter ernsthaft bezweifeln läßt, können eigentlich kaum noch Bücher benutzen, es sei denn zur Durchführung von Lehrveranstaltungen für Anfänger und einen gelegentlichen kurzlebigen Überblick über ihre Disziplin, weil das Tempo ihres Veraltens unmittelbar dem Tempo ihres Fortschritts entspricht, der in meiner – in unserer – Lebenszeit außerordentlich war. Es gibt keine Klassiker, die gelesen werden müßten, ausgenommen von denen, die eine gewisse Pietät gegenüber ihren großen Vorgängern empfinden oder ein Interesse an der Geschichte ihrer Disziplin haben. Was von Isaac Newton, James Clerk Maxwell oder Gregor Mendel überlebt, ist in das umfassendere und offensichtlich erweiterte Verständnis des physikalischen Universums eingegangen; und umgekehrt hat der durchschnittliche Physikstudent von heute nach vier Semestern eine bessere Kenntnis vom Universum, als Newton sie hatte. Historiker und andere Analytiker des Verlaufs und der Entwicklung der Naturwissenschaften

---

Wie hat sich die Geschichtsschreibung – zumindest auf meinen Interessengebieten – entwickelt? Welche Beziehungen bestehen zwichen ihr und den Sozialwissenschaften? Das sind die Fragen, die in den folgenden Kapiteln behandelt werden.

Dieser – bislang unveröffentlichte – Aufsatz wurde als etwas verspätete Antrittsvorlesung 1979 am Birkbeck College gehalten.

wissen, daß deren Fortschritt alles andere als geradlinig ist, aber seine Existenz läßt sich nicht bezweifeln.

Wenn wir auf der anderen Seite etwa die Literaturwissenschaft betrachten, läßt sich hier ein Fortschritt weder nachweisen noch plausibel machen, es sei denn in den relativ trivialen Formen der Gelehrsamkeit und technischen Ausgereiftheit. Die Literatur des 20. Jahrhunderts ist nicht besser als die des 17. Jahrhunderts, und die Kritik Dr. Johnsons ist nicht schlechter als die von Dr. Leavis oder auch Roland Barthes, nur anders. Zweifellos entschwindet der Löwenanteil akademischer oder sonstiger kritischer Schriften in den Orkus der Vergessenheit, mit Ausnahme der Arbeiten von Doktoranden, doch wenn sie überleben, dann nicht deshalb, weil sie neueren Datums sind und ihre Vorgänger verdrängt haben, sondern weil sie von Autoren verfaßt wurden, die – aus schwer zu definierenden Gründen – in den Augen ihrer Leser in hohem Maße über Scharfblick und Erkenntniskraft verfügen. Natürlich gibt es literarische Untersuchungen, die einfach eine spezialisierte Form der Geschichtsforschung – der Literatur oder der Literaturkritik – darstellen, und meine Beobachtung bezieht sich darauf so wenig wie auf andere ähnliche Fächer, die nicht als Kritik, sondern als Geschichte gelehrt werden, das heißt als Kunstgeschichte. Abteilungen für englische Literaturgeschichte lesen Bücher und produzieren vermutlich deshalb selber welche.

Es gibt noch andere Disziplinen, auf die sich der Begriff des »Fortschritts« zumindest im globalen Maßstab anscheinend ebenfalls nur schwer anwenden läßt, zum Beispiel die Philosophie oder das Recht. Platon wurde durch Descartes nicht überholt, Descartes nicht durch Kant, Kant nicht durch Hegel; ebensowenig können wir einen Prozeß sich akkumulierender Weisheit beobachten, die sich in späteren Arbeiten das aneignet und in sich aufnimmt, was sich in früheren Arbeiten als dauerhafte Wahrheit erwiesen hat. Überhaupt beobachten wir sehr häufig lediglich die Fortsetzung oder Wiederbelebung alter und häufig bis in die Antike zurückgehender Debatten in zeitgenössischen Kategorien, ähnlich wie jene Produktionen von Shakespearedramen in der Mode der zwanziger oder siebziger Jahre, mit denen sich Theaterregisseure einen Namen machten. Das ist ebensowenig eine Kritik an solchen Disziplinen, wie wenn man feststellte, daß die moderne Leichtathletik insofern einen Fortschritt erkennen lasse, als die Athleten heute schneller laufen und weiter springen als vor fünfzig Jahren und ihre Leistungen vermutlich in Zukunft noch verbessern werden, während bei den immer neuen, aber letztlich ewiggleichen Schachduellen keine vergleichbare Tendenz zu beobachten sei.

Nun hat die Geschichtsforschung offenbar etwas mit dieser Disziplin der zweiten Art gemeinsam, und sei es auch nur, weil Historiker
Bücher nicht nur schreiben, sondern vor allem auch lesen, darunter
sehr alte Bücher. Auf der anderen Seite veralten Historiker, wenn auch
vermutlich wesentlich langsamer als Naturwissenschaftler. Wir lesen
Gibbon nicht so, wie wir immer noch Kant oder Rousseau lesen, weil
sie für unsere eigenen Probleme relevant sind. Wir lesen ihn zwar sicherlich mit großer Bewunderung für seine Gelehrsamkeit, aber nicht, um
etwas über das Römische Reich zu lernen, sondern wegen seiner literarischen Verdienste; genauer gesagt, die meisten Historiker lesen ihn
überhaupt nicht aus beruflichen Gründen, höchstens in ihrer Freizeit.
Sofern wir die Werke alter Historiker lesen, dann entweder, weil wir
ihnen einen dauerhaften Bestand an historischem Rohmaterial verdanken, zum Beispiel eine unübertroffene Ausgabe mittelalterlicher Chroniken, oder weil sie sich zufällig für ein Thema interessiert haben, an
dem später nicht mehr weitergearbeitet wurde und das jetzt aus diesem
oder jenem Grund erneut unser Interesse gefunden hat: Mit anderen
Worten, weil sie auf diesem Gebiet *keine* alten Historiker sind. Das ist
die ökonomische Basis der Verlage, die historische Werke nachdruk-
ken. Aber selbstverständlich enthält allein schon die Tatsache, daß ein
Buch auf diese Weise mehr als hundert Jahre nach seiner erstmaligen
Veröffentlichung wiederauftaucht, die verborgene Frage, die ich mir
heute nachmittag stelle: Können wir in der Geschichtsforschung von
einem »Fortschritt« sprechen, und wenn ja, worin besteht er?

Es ist offensichtlich kein Fortschritt in dem Sinne, daß die Historiker
erfahrener oder intelligenter geworden wären. Auf keinen Fall sind sie
gelehrter geworden, auch wenn ihnen heute mehr Wissen zugänglich
ist. Ich bin nicht sicher, ob ihre Intelligenz zugenommen hat, auch wenn
einiges dafür spricht. Geschichtsforschung war in den vergangenen ein
oder zwei Jahrhunderten kein Fach, das seinen Vertretern besondere
geistige Fähigkeiten abverlangt hätte. Ich hatte in einer bestimmten
Phase meines Berufslebens engen Kontakt zu einer Disziplin, die beträchtliche Geisteskräfte oder zumindest eine hohe geistige Beweg-
lichkeit erfordert, der Nationalökonomie in Cambridge in England
und den USA, und ich habe nie die heilsame, wenn auch deprimierende Erfahrung vergessen, wie ich damals versucht habe, mit einer
Gruppe von wesentlich intelligenteren Leuten mitzuhalten. Ich will
damit nicht sagen, daß es vor fünfzig Jahren unter den Historikern
nicht auch Menschen mit vergleichbarer Intelligenz gegeben hätte,
auch wenn es bis heute innerhalb gewisser Grenzen möglich ist, auf
unserem Fachgebiet einen bedeutenden Beitrag zu leisten und – was

nicht ganz dasselbe ist – sich einen Namen zu machen, wenn man über nicht mehr als die Fähigkeit zu disziplinierter, harter Arbeit und einen gewissen detektivischen Spürsinn verfügt. Man könnte sogar behaupten, daß gerade die Ablehnung gegenüber theoretischer Arbeit und Verallgemeinerungen, die einen Großteil der orthodoxen akademischen Geschichte während der langen Periode kennzeichnete, in der sie von der Tradition des großen Ranke beherrscht wurde, die geistig wenig Unternehmungslustigen anzog, die häufig auch die intellektuell Anspruchslosen waren. Auf der anderen Seite hat es Länder und Perioden gegeben, in denen die Geschichte gerade die Vertreter einer entgegengesetzten Geisteshaltung anzog, zum Beispiel in Frankreich seit den dreißiger Jahren, wo ein bestimmter Zugang zu diesem Fach – der allgemein mit der sogenannten *Annales*-Schule verbunden wird – für einige Jahrzehnte in den Sozialwissenschaften des Landes zur zentralen Disziplin wurde. Auf jeden Fall herrschte schon damals kein Mangel an Historikern, die geistig auf der Höhe waren. Man könnte allenfalls behaupten, daß heute für bestimmte Typen der Geschichtswissenschaft – beispielsweise jene, die mit Begriffen und Modellen aus anderen sozialwissenschaftlichen Disziplinen oder der Philosophie arbeiten – ebensoviel Sinn und Verstand erforderlich ist wie in diesen Disziplinen selbst. Zumindest ein Teil der heutigen Geschichtsforschung ist intellektuell kein lässiger Job mehr. Doch das ist ein vergleichsweise unbedeutender Punkt.

In welcher belangvollen Hinsicht läßt sich von der Geschichtsforschung sagen, sie habe Fortschritte gemacht? Auf diese Frage gibt es insofern keine unmittelbare Antwort, als unter Historikern keine Einigkeit darüber besteht, was sie eigentlich tun oder was überhaupt ihr Gegenstand ist. Um ein Beispiel zu nehmen: Alles, was in der Vergangenheit geschehen ist, gehört ebenso zur Geschichte wie alles, was jetzt geschieht. Während ich meinem Beruf nachgegangen bin, hat sich die Geschichte um vierzig Jahre verlängert und dabei mich und meine Zeitgenossen zu ihrem Gegenstand sowie zu ihren Erforschern und Beobachtern gemacht. Alle historische Forschung setzt somit stillschweigend voraus, daß eine Auswahl, eine winzige Auswahl aus der Unendlichkeit menschlicher Aktivitäten in der Vergangenheit und den Faktoren, die sich auf diese Aktivitäten ausgewirkt haben, getroffen wird. Doch es gibt kein allgemeinverbindliches Kriterium, wie diese Auswahl erfolgen soll, und soweit es zu einer bestimmten Zeit eines gibt, wird es sich wahrscheinlich wieder ändern. Solange Historiker annehmen, die Geschichte werde überwiegend von großen Männern gemacht, ist ihre Auswahl offensichtlich eine andere, als wenn sie diese

Annahme fallenlassen. Das ist es, was eine so starke und wirkungsvolle Staffelung von Verschanzungen ermöglicht, hinter der die Dickschädel unter den Historikern (und die Gegner jeder Geschichte) ihre Stellungen einnehmen können, und was gewährleistet, daß es niemals ihre wirklich letzte Stellung sein wird.

Jeder, der die Vergangenheit nach anerkannten Regeln der Wissenschaftlichkeit erforscht, ist ein Historiker, und das dürfte wohl das einzige sein, worin sich die Mitglieder meiner Zunft einig sind. Wie könnte ich das Recht auf diesen Titel auch nur dem geistlosesten althistorischen Chronisten von Banalitäten absprechen? Sie mögen uns heute banal erscheinen, aber morgen vielleicht nicht mehr. Schließlich stützt sich ein Großteil der historischen Demographie, eine Disziplin, die in den letzten zwanzig Jahren eine umwälzende Veränderung erfahren hat, auf Material, das ursprünglich von Ahnenforschern erhoben wurde, entweder aus Gründen des Snobismus oder, wie im Fall der Mormonen in Salt Lake City, zu theologischen Zwecken, an denen Nichtmormonen kein Interesse haben. Deshalb werden Historiker ständig von Selbstzweifeln geplagt oder sehen sich immer wieder durch wissenschaftstheoretische und methodologische Argumente unterschiedlichster Art in Frage gestellt.

Eine Möglichkeit, solche Debatten zu vermeiden, besteht darin, die Themen der historischen Forschung der letzten Generationen daraufhin zu prüfen, ob sich daraus ein systematischer Entwicklungstrend ableiten läßt. Dieser wäre zwar noch kein Beweis für einen »Fortschritt«, aber er könnte zeigen, daß diese Disziplin mehr ist als ein akademisches Kanu, das von den Wellen persönlicher Vorlieben, der Tagespolitik und jeweiligen Ideologie oder auch nur der Mode hin und her geworfen wird.

Blicken wir zurück auf die Jahre um 1895, die einen so bedeutsamen Wendepunkt in der Geschichte der modernen Naturwissenschaften markieren. Die Geschichte als eine angesehene akademische Disziplin hatte sich einen festen Platz erobert. Die Archive waren geordnet, die maßgeblichen Zeitschriften, die es auch heute noch gibt, waren erst kurze Zeit zuvor gegründet worden – die *English Historical Review*, die *Revue Historique*, die *Historische Zeitschrift* und die *American Historical Review* sind allesamt im großen und ganzen Kinder des letzten Drittels des 19. Jahrhunderts –, und Inhalt und Methoden des Fachs schienen klar zu sein. Die großen Historiker waren respekteinflößende Persönlichkeiten des öffentlichen Lebens – in England gehörten Bischöfe und Peers zu ihnen. Ihre Grundsätze und Methoden wurden von den Franzosen entwickelt, und Lord Acton hielt sogar den Zeitpunkt für eine maßgebliche »Cambridge Modern History« gekommen, die sowohl den bisherigen Fortschritt des Fachs bestätigen als auch die vermutliche Frage nach seinem weiteren Fortschritt müßig machen würde. Keine fünfzig Jahre später hielt sogar die Universität Cambridge, die Heimat aussichtsloser Fälle, jedenfalls in der Neueren Geschichte, dieses Werk für so veraltet, daß es komplett ersetzt werden müsse. Doch schon im damaligen Augenblick des Triumphes meldeten sich die Zweifler.

Die Herausforderung galt vor allem der Art, wie Historie damals betrieben wurde – sie war überwiegend narrativ und deskriptiv und eine politische und Institutionengeschichte oder das, was später in der englischen Satire *1066 and All That* verspottet wurde; außerdem betraf sie die Möglichkeit oder Unmöglichkeit historischer Verallgemeinerungen. Im wesentlichen ging sie von den Sozialwissenschaften und von Außenstehenden aus, die der Meinung waren, Geschichtswissenschaft sollte eine Sonderform der Sozialwissenschaft sein. Das Gros der orthodoxen Historiker wies die Herausforderung in Bausch und Bogen zurück. In Deutschland wurde dieser »Historikerstreit« überraschend erbittert ausgetragen und zwar ausgelöst durch den Angriff Karl Lamprechts, eines Historikers, der uns heute gar nicht mehr so unorthodox erscheint, wie es damals der Fall war. Geschichte, lehrten die Orthodoxen, könne letztlich nur deskriptiv verfahren. Menschen, Ereignisse und Situationen seien so sehr voneinander verschieden, daß keine Verallgemeinerungen über die Gesellschaft möglich seien. Deshalb könne es auch keine »historischen Gesetze« geben.

Nun standen hier tatsächlich zwei verschiedene, miteinander zusammenhängende Fragen zur Debatte. Die erste betraf die konkrete Auswahl aus der Vergangenheit, die von der orthodoxen Geschichtsschreibung getroffen wurde. Im Mittelpunkt ihrer Darstellung stand primär die Politik und in der Neueren Geschichte die Politik der Nationalstaaten, insbesondere die Außenpolitik. Sie konzentrierte sich auf die großen Männer. Zwar erkannte sie an, daß man auch andere Aspekte der Vergangenheit untersuchen könne, überließ diese Aufgabe jedoch Teildisziplinen wie der Kultur- und der Wirtschaftsgeschichte, deren Beziehungen zur eigentlichen Geschichte im unklaren gelassen wurden, sofern sie nicht den Gegenstand politischer Entscheidungen bildeten. Kurzum, ihre Auswahl war sehr eng und, wie damals schon zu erkennen war, politisch ziemlich einseitig. Zum zweiten wandte sie sich jedoch gegen jeden Versuch, zwischen den verschiedenen Aspekten der Vergangenheit eine systematische strukturelle oder kausale Beziehung herzustellen, und hier vor allem gegen den Ansatz, die Politik aus wirtschaftlichen und sozialen Faktoren abzuleiten, und gegen alle

Modelle einer evolutionären oder stufenweisen Entwicklung menschlicher Gesellschaften (obwohl sie in ihrer eigenen Praxis ein solches Modell stillschweigend unterstellte). Solche Dinge, erklärte Georg von Below, mochten unter Naturwissenschaftlern, Philosophen, Ökonomen, Juristen oder selbst einigen Theologen am Platze sein, nicht jedoch in der Geschichtswissenschaft.

Diese Auffassung war in Wirklichkeit eine Reaktion der zweiten Hälfte des 19. Jahrhunderts auf die früheren Entwicklungen in der Geschichte, vor allem im 18. Jahrhundert. Das gehört jedoch nicht hierher. Und in jedem Fall waren die Historiker und die historisch interessierten Ökonomen und Soziologen des 18. Jahrhunderts, ob in Schottland oder Deutschland, eigentlich noch nicht in der Lage, das Problem einer wirklich umfassenden Geschichtsschreibung zu lösen. Eine solche hätte die allgemeinen Grundtendenzen (»Gesetzmäßigkeiten«) der gesellschaftlichen Organisation und des sozialen Wandels herausarbeiten und zu den Institutionen und Ereignissen der Politik in Beziehung setzen und außerdem die Singularität von Ereignissen und die Besonderheiten bewußter menschlicher Entscheidungen berücksichtigen müssen. Ich behaupte nun, daß die extreme Position, welche die an westeuropäischen Universitäten dominierende Rankesche Orthodoxie repräsentierte, nicht nur aus weltanschaulichen Gründen, sondern auch wegen ihrer Enge und Unzulänglichkeit angegriffen wurde und daß die Schüler Rankes letztlich ein Rückzugsgefecht führten, auch wenn sie in stark befestigten Stellungen saßen.

Ich betone den ersten Punkt, weil die Orthodoxie selbst es vorzog, die Herausforderung als weltanschaulich, genauer gesagt sozialistisch oder gar marxistisch motiviert einzustufen. Nicht zufällig bestanden die Polemiker der *Historischen Zeitschrift* um 1895 darauf, wogegen sie sich wehrten, sei die »kollektivistische« im Unterschied zur »individualistischen« sowie die »materialistische Geschichtsauffassung«; und jeder wußte, was gemeint war. Aber es ging nicht um weltanschauliche Fragen. Selbst wenn wir von all jenen Wissenschaften und Disziplinen absehen, deren Vertreter anders als die Historiker in der Geschichte – zumindest unter ihrer Perspektive – mehr sehen wollten als eine bloße Abfolge einzelner Taten, vorzugsweise von Königen und großen Männern, beschränkte sich die Revolte gegen die Orthodoxie nicht auf eine einzelne Weltanschauung. Unter den Ketzern befanden sich Anhänger von Marx und Comte ebenso wie Männer wie Lamprecht, die politisch und ideologisch mit Rebellion nichts im Sinn hatten, sowie Anhänger Max Webers und Emile Durkheims. In Frankreich beispielsweise verdankt die Rebellion gegen die historische Orthodoxie – die sogenannte »Ereignisgeschichte« – dem Marxismus sogar herzlich wenig, was historische Gründe hat, die uns hier nicht beschäftigen müssen. Und die Orthodoxie befand sich bereits lange vor 1914 auf dem Rückzug, auch wenn sie von ihren institutionellen Bastionen erfolgreich geschützt wurde. Die 11. Auflage der *Encyclopaedia Britannica* aus dem Jahr 1910 stellte bereits fest, seit Mitte des 19. Jahrhunderts habe es einen zunehmend stärker werdenden Versuch gegeben, den idealistischen Rahmen historischer Analyse systematisch durch einen materialistischen Rahmen zu ersetzen, was zum Aufstieg der »Wirtschafts- oder Sozialgeschichte« geführt habe.

Wenn ich sage, daß diese Tendenz, die sich unerbittlich fortgesetzt hat, eine *allgemeine* war, dann tue ich das nicht, weil ich den besonderen Einfluß Marx' und des Marxismus auf die Debatte herunterspielen möchte. Ich wäre der letzte, der daran ein Interesse hätte, und auf jeden Fall hätten selbst kurz vor der Jahrhundertwende die wenigsten Beobachter den Wunsch dazu verspürt. Ich möchte vielmehr zeigen, daß die Historiographie sich im Verlauf mehrerer Generationen in eine ganz bestimmte Richtung entwickelt hat, ungeachtet der Weltanschauung ihrer Vertreter und – was bedeutsamer ist – gegen den äußerst starken und institutionell abgesicherten Widerstand der akademischen Zunft. Vor 1914 kam der Druck in der Hauptsache von Wissenschaftlern außerhalb der Geschichte: von Nationalökonomen (die in manchen Ländern stark historisch orientiert waren), von Soziologen, in einem Fall (Frankreich) von Geographen, selbst von Rechtswissenschaftlern. Wenn wir beispielsweise an die wesentliche und vieldiskutierte Frage der Beziehung zwischen Gesellschaft und Religion denken oder genauer an die zwischen dem Protestantismus und dem Aufkommen des Kapitalismus, dann stammen die ursprünglichen klassischen Texte, abgesehen von den Beobachtungen Marx', die den Ausgangspunkt der Debatte bildeten, von Max Weber, einem Soziologen, und Ernst Troeltsch, einem Theologen. Später wurde die Orthodoxie von innen heraus untergraben. In Frankreich führten die berühmten *Annales* – die ursprünglich den bezeichnenden Titel *Annales d'Histoire Economique et Sociale* trugen – ihren Angriff gegen das Bollwerk Paris von der Provinzbastion Straßburg aus; in England wurde die Zeitschrift *Past and Present*, die in den fünfziger Jahren innerhalb erstaunlich kurzer Zeit eine international anerkannte Position eroberte, von einer Handvoll marxistischer Außenseiter gegründet, auch wenn sie ihre Basis sehr bald verbreitete. In Westdeutschland wurde die erste und möglicherweise letzte Hochburg der Tradition in den sechziger Jahren von radikalen Gegnern eines deutschen Nationalismus und von Menschen herausgefordert, die sich bewußt an den ein oder zwei Historikern der Weimarer Republik orientierten, die man als Republikaner und Demokraten bezeichnen konnte; und auch bei dieser Gruppe liegt der Schwerpunkt ihrer Arbeit auf einer Erklärung der Politik durch gesellschaftliche und wirtschaftliche Entwicklungen.

Der Trend steht somit außer Zweifel. Man muß nur ein gängiges britisches Schulgeschichtsbuch über europäische Geschichte aus der Zwischenkriegszeit wie das von Grant und Temperley, *Europe in the Nineteenth and Twentieth Century*, mit einem gängigen zeitgenössischen Lehrbuch wie *Europe 1880–1945* von John Roberts vergleichen, um die außerordentliche Veränderung bei dieser Form der Literatur seit meiner Studentenzeit festzustellen, und ich habe bewußt einen modernen Autor ausgesucht, der sich selbst stolz der politischen Mitte mit leichtem konservativen Einschlag zurechnen würde. Das ältere Buch beginnt mit einem kurzen, sechzehnseitigen Kapitel über das Europa der Neuzeit, in dem das Staatensystem und die Mächteverteilung und die wichtigsten kontinentalen Staaten skizziert werden, ergänzt durch einige Bemerkungen über die französischen *philosophes* – Voltaire, Rousseau und so weiter – sowie Freiheit, Gleichheit, Brüderlichkeit. Das neue Buch, das zuerst vierzig Jahre nach dem alten erschien, beginnt mit einem besonders ausführlichen Kapitel über die wirtschaftliche Verfassung Europas, gefolgt von einem kürzeren Kapitel über »Gesellschaft: Institutionen und Annahmen«, politische Muster und Religion: Diese beiden Kapitel – wir sind noch nicht bei den internationalen Beziehungen angelangt – beanspruchen jeweils sechzig Seiten.

Was wir im Lauf des 20. Jahrhunderts gesehen haben, ist genau das, was die orthodoxen Historiker am Ausgang des 19. Jahrhunderts vollkommen abgelehnt haben; eine Annäherung zwischen Geschichts- und Sozialwissenschaften. Natürlich kann die Geschichtsforschung nur zum Teil unter die Rubrik der Sozialwissenschaft oder überhaupt einer Wissenschaft subsumiert werden. Das sollte allerdings keinen Historiker davon abhalten, sich auf Probleme zu konzentrieren, die auch von – sagen wir – historisch interessierten Demographen oder Ökonomen untersucht werden könnten und werden. Das tut es sowieso nicht. Natürlich erfolgt die Annäherung nicht nur von einer Seite. Während die Historiker sich bei verschiedenen Sozialwissenschaften zunehmend nach Methoden und Erklärungsmodellen umgesehen haben, bemühten sich die Sozialwissenschaftler, ihrerseits ihr Gebiet zu historisieren, und blickten dabei den Historikern über die Schulter. Und die Professoren des ausgehenden 19. Jahrhunderts taten ganz recht daran, die evolutionären Schemata und Erklärungsmodelle der zeitgenössischen Sozialwissenschaften als zu simpel und unrealistisch zu verwerfen, und die meisten von denen, die heute angeboten werden, können berechtigterweise noch immer und aus demselben Grund abgelehnt werden.

Dennoch bleibt die Tatsache, daß die Geschichte sich vom rein Narrativen und Deskriptiven weg- und auf die Analyse und Erklärung zubewegt hat; statt dem Einmaligen und Individuellen gilt ihr Interesse heute mehr dem Auffinden von Gesetzmäßigkeiten und der Verallgemeinerung. In gewisser Hinsicht hat sie den traditionellen Ansatz vom Kopf auf die Füße gestellt.

Können wir das alles als einen Fortschritt bezeichnen? Ja, das können wir, wenn auch auf eine bescheidene Art und Weise. Ich glaube nicht, daß es die Geschichtswissenschaft als ernsthaftes Fach zu etwas bringen kann, wenn sie sich unter den verschiedensten Vorwänden von den übrigen Disziplinen abkapselt, welche die Umgestaltungen des Lebens auf der Erde untersuchen, die Evolution unserer Vorfahren bis zu jenem willkürlichen Punkt, als diese begannen, bestimmte Aufzeichnungen zu hinterlassen, oder überhaupt den Aufbau und die Funktion von Ökosystemen und Gruppen sozialer Lebewesen, von denen *Homo sapiens* ein Sonderfall ist. Wir sind uns alle einig, daß dies den Umfang der Geschichte nicht erschöpfen kann und sollte, doch soweit die Tendenz der Arbeit von Historikern in den letzten Generationen diese anderen Disziplinen in einen engeren Kontakt mit der Geschichte gebracht hat, kann sie uns zu einem besseren Verständnis von dem verhelfen, wie die menschliche Gesellschaft von heute entstanden ist, als alles, was Ranke und Lord Acton getan haben. Denn letztlich geht es in der Historie im allgemeinsten Sinne um dieses eine: Wie und warum hat sich *Homo sapiens* aus der Altsteinzeit zum Atomzeitalter entwickelt?

Wenn wir uns nicht dem grundlegenden Problem der Umgestaltungen der Menschheit stellen oder zumindest jenen Teil ihrer Aktivitäten, der unser Spezialgebiet darstellt, im Kontext dieser Umgestaltung sehen, die noch immer nicht abgeschlossen ist, dann beschäftigen wir uns als Historiker mit Trivialitäten oder intellektuellen oder anderen Gesellschaftsspielchen. Natürlich ist es leicht, Gründe dafür zu finden, warum die Geschichtsforschung sich gegenüber den anderen Disziplinen abschotten sollte, die sich mit dem Menschen beschäftigen oder für solche Untersuchungen unmittelbar von Bedeutung sind, aber es sind alles keine guten Gründe. Sie laufen alle darauf hinaus, die wesentliche Aufgabe des Historikers den Nichthistorikern zu überlassen (die sehr wohl wissen, daß jemand sie in Angriff nehmen muß), und dann deren Unterlassung, sich dieser Aufgabe adäquat anzunehmen, als weiteres Argument dafür anführen, als Historiker nicht in solch schlechter Gesellschaft verkehren zu wollen.

Ich habe schon gesagt, daß dies die Aktivitäten von Historikern nicht erschöpfen kann. Es dürfte ebenfalls auf der Hand liegen, daß die Geschichte nicht unter die Rubrik einer anderen Disziplin fallen kann, die sich mit der Vergangenheit befaßt, etwa einer historischen Soziologie oder Soziobiologie. Sie ist eine Disziplin für sich und muß es auch bleiben, und in dieser Hinsicht haben die historischen Reaktionäre recht. Das hat zum Teil ganz triviale Gründe. Viele Historiker und vor allem ihre Leser haben nun einmal ein lebhaftes Interesse am Schicksal einzelner Mitglieder menschlicher Populationen, wie es beispielsweise ein Tierökologe bei Tierpopulationen nie entwickeln und deshalb auch keine gelehrten Abhandlungen darüber schreiben würde, oder sie interessieren sich genau für jene kleinen Ereignisse und Situationen, die bei der Suche nach Gesetzmäßigkeiten gar nicht ins Auge fallen. Wenn sie wollten, könnten Biologen die Angelegenheiten der Tiere genauso behandeln wie die Historiker es mit denen der Menschen tun. Der Roman *Watership Down* entspricht exakt dem, was ein Historiker alter Schule – oder auch einer aus der Antike wie Xenophon in seiner *Anabasis* – über Kaninchen schreiben würde. (Ich vermute, der Autor versteht etwas von Zoologie.) Aber es gibt auch weniger triviale Gründe. Denn ob wir nun die Beschäftigung mit den Unterschieden zwischen Gladstone und Disraeli für trivial halten oder nicht, wir können über Tiere nicht in dieser Weise schreiben, es sei denn als Fiktion, ohne ihnen irgendwie ein Denken, Sprechen und Handeln zuzuschreiben, das sie nicht haben, nämlich das von menschlichen Wesen. Und menschliche Wesen, woran Soziobiologen immer wieder erinnert werden müssen, *sind* anders als Tiere und ihnen zugleich ähnlich.

Menschen machen ihre eigene Welt und ihre eigene Geschichte. Das bedeutet offensichtlich nicht, daß sie dies uneingeschränkt so tun können, wie sie es bewußt entschieden haben (was immer »bewußte Entscheidung« bedeutet), oder daß man die Geschichte verstehen kann, indem man die Absichten der Menschen untersucht. Das geht natürlich nicht. Aber es bedeutet, daß die Umgestaltungen der menschlichen Gesellschaft durch eine Reihe von Phänomenen vermittelt werden, die für Menschen spezifisch sind (nennen wir sie »Kultur« im weitesten Sinne des Wortes), und sie wirken über eine Reihe von Institutionen und Praktiken, die zumindest teilweise bewußte Konstruktionen sind – zum Beispiel Regierungen und politische Programme. Wir können diese Einrichtungsgegenstände des menschlichen Lebens, in denen wir leben, konstruieren und hin und her

schieben – wieweit dies möglich ist, gehört zu den größeren historischen Fragen –, und da wir eine Sprache haben, machen wir uns ständig irgendwelche Vorstellungen von uns und unserem Tun und äußern
diese auch.

Diese Dinge kann man einfach nicht übersehen. Die Bundesrepublik Deutschland und die Deutsche Demokratische Republik haben
sich offenbar höchst unterschiedlich entwickelt, weil sich die beiden
Teile Deutschlands seit 1945 ganz unterschiedliche Institutionen gegeben und politische Ziele gesteckt haben, die auf unterschiedlichen
Vorstellungssystemen beruhten. Ich behaupte nicht, daß dies anders
gar nicht hätte sein können. Das Problem der historischen Zwangsläu-
figkeit oder des Determinismus ist ein ganz anderes und gehört nicht
hierher, und die Frage nach der Rolle des Bewußtseins und der Kultur
oder, marxistisch ausgedrückt, der Beziehungen zwischen Basis und
Überbau ist häufig verworren und undeutlich gemacht worden, weil
man beides miteinander vermischt hat. Mir geht es darum, daß die Geschichtswissenschaft das Bewußtsein, die Kultur und das zweckgerich-
tete Handeln in von Menschen gemachten Institutionen nicht übergehen kann. Und ich möchte hinzufügen, daß für mich der Marxismus
bei weitem den besten Zugang zur Geschichte darstellt, weil er klarer
als andere Ansätze erkennt, was menschliche Wesen als Subjekte und
Urheber ihrer Geschichte beeinflussen können und worauf sie als Objekte der Geschichte keinen Einfluß haben. Und er ist übrigens auch
deshalb der beste, weil Marx als faktischer Erfinder der Wissenssozio-
logie auch eine Theorie darüber entwickelt hat, in welcher Weise die
Vorstellungen von Historikern ihrerseits durch ihre gesellschaftliche
Existenz bedingt sind.

Doch zurück zu meiner eigentlichen Frage. Ja, es gab einen Fortschritt in der Geschichtswissenschaft, zumindest während der letzten
drei Generationen, in der Hauptsache durch die Annäherung zwischen
Geschichts- und Sozialwissenschaften, aber er war bescheiden, und
dieser Prozeß wird noch eine ganze Zeit gegen Schwierigkeiten anzukämpfen haben. Vor allem wurden die wesentlichen Fortschritte zweifellos durch eine notwendige Vereinfachung erreicht, deren Nachteile
nunmehr sichtbar werden. Das ist der Grund, warum es gegenwärtig
eine deutliche Bewegung zur Rehabilitierung jener politischen Geschichte gibt, die so lange von den historischen Revolutionären abge-
wertet wurde. Natürlich ist ein Teil dieser neuen Politikgeschichte kaum
mehr als eine Rückkehr – vielfach, wie unter den Cambridge-Histori-
kern, eine bewußte neokonservative Rückkehr – zur abgeschmackte-
sten Form des Archivstudiums aus dem 19. Jahrhundert: Wer schrieb

was und an wen im Kabinett während der Homerule-Krise oder im Jahr 1931. Dennoch kann man mit Jacques Le Goff sagen: »Die Politikgeschichte [ist] allmählich … erstarkt zurückgekehrt, indem sie die Methoden, den Geist und das theoretische Verständnis ebenjener Sozialwissenschaft übernommen hat, von der sie in den Hintergrund gedrängt wurde« – vor allem die Politikgeschichte von Perioden vor dem 19. Jahrhundert.

Zweitens zieht mit der beeindruckenden Entwicklung der Sozialwissenschaften, nicht zuletzt als eine starke Interessengruppe an den Universitäten, die Annäherung der Historie an diese Disziplin heute Differenzen und Spaltungen nach sich. Wir haben eine »neue« Wirtschaftsgeschichte, die in der Hauptsache darin besteht, daß gegenwärtige wissenschaftliche Theorien in die Vergangenheit zurückprojiziert werden, und weitgehend dasselbe gilt für die Sozialanthropologie, Psychoanalyse, strukturalistische Linguistik oder alle anderen Disziplinen oder Pseudodisziplinen, die strebsamen jungen Frauen und Männern dazu verhelfen können, sich einen Namen zu machen, indem sie eine neue Mode begründen oder etwas sagen, was vor ihnen noch niemand gesagt hat. Neuartigkeit als Kriterium fördert den Absatz von Historie unter den Historikern ebenso, wie sie den Absatz von Waschmitteln fördert. Mein Einwand richtet sich natürlich nicht gegen Historiker, die Methoden und Ideen von anderen Sozialwissenschaften übernehmen und die jüngsten Entwicklungen in diesen Wissenschaften in ihre eigene Arbeit integrieren, soweit sie nützlich und von Bedeutung sind. Er richtet sich dagegen, das historische Frachtgut auf verschiedene Container zu verteilen, die untereinander keine Verbindung haben. Es gibt keine Wirtschafts-, Sozial-, Anthropologie- oder Psychoanalysegeschichte, es gibt nur eine Geschichtsforschung.

Diese Tendenz zur Zersplitterung ist durch ein drittes Phänomen verstärkt worden, die spektakuläre Ausdehnung des Bereichs historischer Studien, wahrscheinlich die auffallendste Leistung der letzten zwanzig oder dreißig Jahre. Wie ich schon gesagt habe, verfährt alle Historiographie selektiv. Wir sehen heute weitaus schärfer als jede vorangegangene Generation, wie begrenzt die Auswahl durch den Historiker tatsächlich ist. Um nur einige Themen zu nennen, die vor kurzem zu spezialisierten Forschungsbereichen oder Teildisziplinen geworden sind, manchmal sogar zusammen mit Zeitschriften und Gesellschaften, die für den Wissenschaftler das Pendant zur UN-Mitgliedschaft von Inseln im Indischen Ozean sind: Familie, Frauen, Kindheit, Tod, Sexualität, Ritual und Symbolik (Festspiele und Volksfeste sind sehr en vogue), Nahrungsmittel und die Zubereitung von Speisen, Klima, Verbrechen, die physischen

Merkmale und die Gesundheit menschlicher Wesen, nicht zu reden von den Kontinenten und Regionen im geographischen wie sozialen Sinne, die bislang noch nicht erforscht oder gar entdeckt waren. Sie sind nicht alle neu, aber sie bilden inzwischen einen Bestandteil des anerkannten Bereichs historischer Forschung. Man kann in führenden Zeitschriften Aufsätze lesen über die räumliche Wahrnehmung auf Madagaskar und Veränderungen in der Verteilung der Augenfarbe bei Franzosen und noch mehr über die bislang vernachlässigte Geschichte der einfachen Bevölkerung.

Dieser Imperialismus oder Ökumenismus historischer Studien ist eine gute Sache. Geschichte ist »total«, um eine modische französische Wendung zu gebrauchen, auch wenn selbst ihr gegenwärtiger Umfang nur eine Auswahl jener Themen darstellt, an denen Historiker des ausgehenden 20. Jahrhunderts ein Interesse haben. Und es ist eine noch begrüßenswertere Entwicklung, soweit sie die Geschichtswissenschaft zu etwas macht, was sie meiner Meinung nach sein sollte, zu einem allgemeinen Rahmen zumindest für die Sozialwissenschaften. Wie auch immer, in der gegenwärtigen Phase zeigt sie die Tendenz, bedeutende historische Zeitschriften in eine Art Versandhauskataloge für Antiquitäten zu verwandeln. Die verschiedenen Artikel haben alle mit Vergangenheit zu tun, doch darüber hinaus besteht zwischen ihnen kaum ein Zusammenhang.

Wie wird es weitergehen? Ich kann keine künftigen Entwicklungen vorhersagen, zum Teil, weil sie sich (wie in jeder anderen Wissenschaft) aus Veränderungen der Fragen ergeben können, die wir stellen, und den Modellen, die wir als möglich oder wünschenswert akzeptieren, und diese lassen sich schwer vorhersehen (»Paradigmen« ist das gegenwärtige Schlagwort); zum Teil, weil Historie eine sehr unausgereifte Disziplin ist, in der außerhalb – und selbst innerhalb – spezialisierter Bereiche kein wirklicher Konsens darüber besteht, welches die wichtigen und entscheidenden Grundprobleme sind, und zum Teil, weil der Historiker selbst sich in einer Weise innerhalb seines Faches befindet, wie es die Vertreter von Disziplinen außerhalb der Humanwissenschaften nicht sind. Ich teile zwar nicht die Meinung der extremen Skeptiker, Historiker könnten nicht mehr tun, als Zeitgeschichte in historischer Verbrämung zu schreiben, aber es steht außer Frage, daß wir sie nur unter einem Blickwinkel unserer Gegenwart sehen können. Andererseits kann ich etwas darüber sagen, welche künftigen und für uns vorteilhaften Entwicklungen eintreten könnten. Drei davon will ich anführen.

Erstens, die Zeit ist reif, um sich wieder den Veränderungen der menschlichen Art zuzuwenden, dem Hauptthema jeder Geschichtsforschung. Und nebenbei auch, um zu fragen, warum der ganze Weg von den Jägern und Sammlern zur modernen Industriegesellschaft nur in einer einzigen Region der Welt und nicht auch in anderen zurückgelegt wurde. Sobald die Historiker einsehen, daß dies ein allgemeines und zentrales Problem ist, das die Erforscher mittelalterlicher Krönungszeremonien ebenso betrifft wie den Historiker, der über die Ursprünge des Kalten Krieges arbeitet, können sie innerhalb der Grenzen ihrer Spezialgebiete zu seiner Lösung beitragen. Sie könnten sogar den Umfang ihres Fachgebiets aus rationalen oder zumindest praktischen Gründen erweitern, statt daß dies wie bisher zufällig geschieht. Zum Glück spricht manches dafür, daß zumindest ein ausgedehnter und wesentlicher Sektor wieder als ein solches gemeinsames Problem auch von nichtmarxistischen Historikern diskutiert wird, nämlich der historische Ursprung und die Entwicklung des Kapitalismus. Das wird sich möglicherweise als eines der positiveren Nebenprodukte der gegenwärtigen Periode einer weltweiten Wirtschaftskrise erweisen. Jetzt sind weitere Fortschritte möglich; sie könnten sogar jederzeit einsetzen.

Zweitens gibt es die zentrale Frage nach dem, »was die Welt im Innersten zusammenhält«. Ich meine damit nicht, wo die hauptsächlichen Mechanismen des historischen Wandels und der Umgestaltung zu suchen sind, denn diese Frage ist bereits in meinem ersten großen Problem mit inbegriffen. Ich meine vielmehr den Modus der Wechselwirkung zwischen verschiedenen Aspekten des menschlichen Lebens, sagen wir zwischen Wirtschaft, Politik, Familien- und sexuellen Beziehungen, Kultur im weiten oder im engen Wortsinn als Kultiviertheit. Es liegt auf der Hand, daß im Europa des 19. Jahrhunderts, meinem Hauptbetätigungsfeld, alle diese Dinge durch den Triumph der kapitalistischen Wirtschaft bestimmt wurden oder zumindest unmöglich untersucht werden können, ohne diese in den Mittelpunkt der Betrachtung zu rücken. Aber es ist ebenfalls klar, daß diese siegreiche Wirtschaftsform selbst in ihren Kernregionen auf die Produkte einer vergangenen Geschichte eingewirkt hat und durch sie wirksam geworden ist. Diese Wirtschaft hat einige Dinge zerstört und andere neu geschaffen, doch noch häufiger hat sie sich bereits Bestehendem angepaßt, hat es in ihren Dienst genommen und modifiziert. Wenn man es unter einem anderen Blickwinkel betrachtet – sagen wir unter dem der Japaner in den Jahren nach 1860 –, könnte man es sogar so ausdrücken, daß eine bereits existierende Gesellschaft sich dem Kapitalismus anpaßte und ihn für ihre Zwecke nutzbar machte, um auf diese Weise ihr Überleben zu sichern. Das ist der Grund, warum ein schlichter Determinismus oder Funktionalismus zur Erklärung nicht ausreicht.

Wir haben seit 1950 vielleicht die massivsten sozialen und kulturellen Umbrüche erlebt, die wir aus der schriftlich überlieferten Geschichte kennen, und kaum jemand wird bezweifeln, daß sie irgendwie alle miteinander zusammenhängen. Sie bilden, mit einem Modewort, ein Syndrom. Doch welche Beziehung besteht eigentlich genau zwischen der fundamentalen Transformation und dem rapiden Niedergang des Bauerntums außerhalb von Teilen Afrikas und Asiens einerseits und der Krise in der katholischen Kirche, dem Aufkommen des Rock'n' Roll, der Krise in der weltweiten kommunistischen Bewegung, der Krise im traditionellen westlichen Heiratsverhalten und der Familienstruktur, dem Bankrott der avantgardistischen Kunst, dem Interesse der Wissenschaftler an der historischen Entwicklung des Universums, dem Verfall der puritanischen Arbeitsethik und parlamentarischer Regierungssysteme und der ungewöhnlich ausführlichen Berichterstattung über die Kunst ausgerechnet in der Londoner *Financial Times* andererseits? Und welche Beziehungen bestehen zwischen allen diesen? Solche Fragen sind außerordentlich interessant, außerordentlich wichtig und außerordentlich schwierig. Trotzdem müssen die Historiker sich auch daran versuchen. Sie werden weiter kommen als Montesquieu – sie müßten sogar weiter kommen als Marx.

Es gibt noch einen dritten Komplex von Problemen, der den traditionellen Interessen von Historikern nähersteht. Welchen Unterschied, wenn überhaupt, macht die Besonderheit von historischen Erfahrungen, Ereignissen und Situationen? Hierher können relativ banale Fragen über solche Dinge gehören wie die Rolle einzelner Individuen oder Entscheidungen von der Art: »Was wäre passiert, wenn Napoleon die Schlacht bei Waterloo gewonnen hätte?« Hierzu können auch interessantere Fragen gehören wie die, warum die Geistesgeschichte Deutschlands und Österreichs im 19. oder Englands und Schottlands im 18. Jahrhundert sich so stark voneinander unterschieden haben, obwohl in beiden Fällen die beiden Länder sprachlich und kulturell zusammengehörten. Und hierzu können vor allem Probleme von großer praktischer Bedeutung gehören, wie jeder Wirtschaftswissenschaftler weiß, der glaubt, er habe ein Rezept für wirtschaftliches Wachstum entdeckt, das in einem bestimmten Land oder zu einer bestimmten Zeit hervorragend funktionierte, in einem anderen dagegen nicht – beispielsweise in Schweden und Österreich, aber nicht in England.

Das wirft Fragen weniger im Hinblick auf die Forschung als auf die Methodologie auf, insbesondere Fragen über komparative und kontrafaktische Untersuchungen. Die Geschichtsforschung existiert schließlich als eine eigenständige Disziplin in Abgrenzung von anderen historisch orientierten Sozialwissenschaften, weil in ihr die Randbedingungen nie gleich sind. Man könnte sie als die Disziplin bezeichnen, welche die Beziehung der Bedingungen, die nicht gleich sind, zu den Bedingungen, die gleich sind, untersuchen *muß*. Selbst auf der Ebene des scheinbar Einzigartigen oder Unwiederholbaren – etwa der Auswirkungen von Maos Tod oder der Ankunft Lenins am Finnländischen Bahnhof in Petrograd – ist es das, was die Geschichtsforschung von der Anekdote und von jener Art einer dokumentierten Erzählung unterscheidet, von der wir lediglich sagen können, sie sei ebenso merkwürdig wie oder noch merkwürdiger oder (leider sehr oft) langweiliger als Romanliteratur. Es gibt Anzeichen, daß komparative und kontrafaktische Übungen heute für Historiker gleichermaßen interessant sind, auch wenn ich zu der Auffassung neige, daß sie uns nicht sehr weit gebracht haben.

Die Geschichtswissenschaft hat in diesem Jahrhundert Fortschritte gemacht, zwar schleppend und schlingernd, aber echte Fortschritte. Wenn ich das sage, will ich zum Ausdruck bringen, daß sie zu den Disziplinen gehört, auf die man den Begriff »Fortschritt« mit Recht anwenden kann, daß es möglich ist, zu einem besseren Verständnis eines Prozesses zu gelangen, der objektiv und real ist, nämlich die komplexe, widersprüchliche, aber nicht zufällige historische Entwicklung menschlicher Gesellschaften in der Welt. Ich weiß, daß es Menschen gibt, die das bestreiten. Historie ist zwangsläufig so stark durchtränkt von Ideologie und Politik, daß allein schon ihr Inhalt und ihre Objekte von Zeit zu Zeit in Frage gestellt werden, vor allem wenn befürchtet wird, daß ihre Ergebnisse unerwünschte politische Konsequenzen nach sich ziehen könnten. Das hatte sich etwa in der deutschen akademischen Geschichte in der Zeit vor und erst recht nach 1914 gezeigt. Und die Geschichte kann – auf eine Weise, die gegenüber einer Kritik durch die Naturwissenschaften oder auch die meisten anerkannten Sozialwissenschaften unempfindlich ist – zu einer reinen Subjektivität wegargumentiert oder in anderer Weise reduziert werden.

Daß das so ist, daß wir Historiker in der Grauzone operieren, in der die Untersuchung dessen, was *ist* – selbst die Auswahl dessen, was *ist* – fortwährend dadurch beeinflußt wird, wer wir sind und was wir als vergangenes Geschehen gelten lassen wollen und was nicht: Das ist eine Tatsache unserer beruflichen Existenz. Und dennoch haben wir einen Gegenstand. Ich halte es mit jenem großen und vernachlässigten Geschichtsphilosophen, der seine außerordentlichen Vorbemerkungen zu einer Universalgeschichte exakt vor 600 Jahren geschrieben hat, zwischen 1375 und 1381 – Ibn Chaldun (s. Vorwort, S. 9f.).

Bedeutsame Beiträge zur Verwirklichung des von Ibn Chaldun angegebenen Programms sind geleistet worden, seit die Geschichtsforschung um die Mitte des 18. Jahrhunderts eine gewisse Anerkennung als eigene Disziplin erfuhr. Einige sind während meiner eigenen Lebenszeit geleistet worden. Wenn ich auf eine über dreißigjährige Zeit der Forschung, Lehre und des Schreibens zurückblicke, dann wünsche ich mir, man könnte davon sagen, auch dies sei ein kleiner Beitrag dazu gewesen. Doch selbst wenn das nicht der Fall ist, selbst wenn man bestreitet, daß überhaupt Fortschritte zu erzielen seien, gibt es niemanden, der bestreiten könnte, daß mir diese Arbeit großes Vergnügen bereitet.

6. Kapitel

Von der Sozialgeschichte zur Gesellschaftsgeschichte

I

Der Begriff Sozialgeschichte war schon immer schwer zu definieren, und bis vor kurzem bestand auch kein dringender Anlaß dazu, denn er verfügte nicht über die institutionellen und akademischen einflußreichen Lobbyisten, die normalerweise auf präzisen Begriffsabgrenzungen bestehen. Im großen und ganzen wurde der Terminus bis zur gegenwärtigen Modewelle, die den Gegenstand – oder zumindest die Bezeichnung – erfaßt hat, in der Vergangenheit in drei verschiedenen, sich teilweise überschneidenden Bedeutungen gebraucht. Erstens bezog er sich auf die Geschichte der armen oder unteren Klassen, insbesondere auf die Geschichte der Bewegungen der Armen (»soziale Bewegungen«). In einer noch eingeengteren Bedeutung bezieht sich der Begriff im wesentlichen auf die Geschichte der Arbeiterklasse und der sozialistischen Ideen und Organisationen. Aus naheliegenden Gründen war diese Verknüpfung zwischen Sozialgeschichte und der Geschichte des

Dieser Aufsatz, der seinerzeit einige Diskussionen auslöste, wurde ursprünglich für eine Konferenz zum Thema »Historical Studies Today« geschrieben, die 1970 in Rom von der Zeitschrift *Daedalus* veranstaltet wurde, dem Organ der American Academy of Arts and Sciences, und wurde in dieser Zeitschrift und später in dem Buch *Historical Studies Today*, Hrsg. Felix Gilbert und Stephen R. Graubard, New York 1972, als 1. Kapitel veröffentlicht. Eine deutsche Fassung erschien erstmals 1972 in dem von H.-U. Wehler in der Neuen Wissenschaftlichen Bibliothek herausgegebenen Band *Geschichte und Soziologie*; für die vorliegende Sammlung wurde der Aufsatz neu übersetzt. In der Sozialgeschichte hat sich seit diesem Überblick über ihre Entwicklung bis 1970, der inzwischen selbst ein Stück Geschichte geworden ist, sehr viel getan. Der Autor kann heute nur noch mit verlegenem Erstaunen registrieren, daß dieser Aufsatz keinen einzigen Hinweis auf die Geschichte der Frauen enthielt. Gewiß, dieser Forschungsbereich hatte sich gegen Ende der sechziger Jahre gerade erst in Ansätzen zu entwickeln begonnen, doch weder ich noch sonst einer der Autoren dieses Bandes, die zu den namhaftesten Vertretern ihres Faches gehörten – allesamt Männer – schien sich damals dieser Lücke bewußt zu sein.

sozialen Protests oder sozialistischer Bewegungen bis heute sehr stark. Eine Reihe von Sozialhistorikern fühlte sich von dem Gegenstand angezogen, weil sie als Radikale oder Sozialisten an Themen interessiert waren, die für sie eine besondere emotionale Bedeutung hatten.[1]

Zum zweiten wurde der Begriff gebraucht, um die Arbeiten über eine Vielzahl menschlicher Aktivitäten zu bezeichnen, die schwer einzuordnen waren, es sei denn unter Rubriken wie »Sitten, Bräuche, Alltagsleben«. Das war, möglicherweise aus sprachlichen Gründen, ein weitgehend angelsächsischer Sprachgebrauch, da im Englischen geeignete Begriffe für das fehlen, was die Deutschen, die über ähnliche Themen schrieben – häufig ebenfalls in einer ziemlich oberflächlichen und journalistischen Manier –, als Kultur- oder Sittengeschichte bezeichnet haben. Diese Form einer Sozialgeschichte orientierte sich nicht spezifisch an den unteren Klassen – eigentlich eher im Gegenteil –, auch wenn die politisch radikaleren Forscher ihnen tendenziell mehr Aufmerksamkeit schenkten. Sie bildete die unausgesprochene Grundlage der, wie man sagen könnte, Sozialgeschichte im Sinne einer Residualdisziplin, wie sie der verstorbene G. M. Trevelyan in seiner 1944 erschienenen *English Social History* als »Geschichte unter Ausklammerung der Politik« definiert hat. Jeder Kommentar hierzu erübrigt sich.

Die dritte Bedeutung des Begriffs war sicherlich die gängigste und für unsere Zwecke die belangvollste: »Sozial(geschichte)« wurde in Verbindung mit »Wirtschaftsgeschichte« gebraucht. Außerhalb der angelsächsischen Welt vor dem Zweiten Weltkrieg nannten die einschlägigen Fachzeitschriften im Titel beide Begriffe meistens zusammen, so die *Vierteljahrschrift für Sozial- und Wirtschaftsgeschichte*, die *Revue d'Histoire Economique et Sociale* oder die *Annales d'Histoire Economique et Sociale*. Man muß zugeben, daß die wirtschaftliche Hälfte dieses Begriffspaars bei weitem das Übergewicht hatte. Es gab kaum vergleichbar gewichtige sozialhistorische Veröffentlichungen, die man den zahlreichen Bänden über die Wirtschaftsgeschichte verschiedener Länder, Perioden und einzelne Bereiche hätte zur Seite stellen können. Die Anzahl solcher Darstellungen war ohnedies nicht sehr groß. Bis 1939 sind hier nur ganz wenige Werke (wenngleich von so hervorragenden Autoren wie Henri Pirenne, Michail Rostovtzeff, J. W. Thompson und vielleicht Adolf Dopsch) zu nennen, und die Monographien oder Periodika waren noch spärlicher. Wie auch immer, die übliche Verknüpfung des Wirtschaftlichen mit dem Sozialen, ob in den Definitionen des allgemeinen Felds historischer Spezialisierung oder unter dem spezialisierteren Etikett der Wirtschaftsgeschichte, ist für uns aufschlußreich.

In dieser Bezeichnug äußerte sich das Bedürfnis nach einem Geschichtsverständnis, das sich von der klassischen Auffassung Leopold Rankes systematisch unterschied. Was die Historiker dieser Richtung interessierte, war die Entfaltung der Wirtschaft, und diese war wiederum wichtig für sie, weil sie ein Licht auf das Gefüge und die Veränderungen der Gesellschaft und insbesondere auf die Beziehungen zwischen Klassen und gesellschaftlichen Gruppen werfen konnte, wie wir von George Unwin wissen.[2] Dieser soziale Aspekt begegnet uns selbst in den Arbeiten der Historiker, die man nur in einem ganz eingeschränkten oder vorsichtigen Sinne als Wirtschaftshistoriker bezeichnen darf, solange sie selbst sich als Allgemeinhistoriker verstanden haben. Selbst J. H. Clapham hat behauptet, die Wirtschaftsgeschichte sei von allen Teildisziplinen der Geschichte die grundlegendste, weil die Wirtschaft das Fundament der Gesellschaft sei.[3] Das Übergewicht der Wirtschafts- gegenüber der Sozialgeschichte in diesem Begriffspaar hatte zwei Gründe. Zum Teil verdankte es sich dem Verständnis einer ökonomischen Theorie, die es ablehnte, die wirtschaftlichen von den sozialen, institutionellen und anderen Aspekten der gesellschaftlichen Entwicklung zu trennen, beispielsweise bei den Marxisten und den Vertretern der historischen Schule in Deutschland, und zum Teil einfach dem Vorsprung, den die Nationalökonomie vor den übrigen Sozialwissenschaften hatte. Wenn die Geschichte in die Sozialwissenschaften aufgenommen werden sollte, dann war die Ökonomie das Fach, mit dem sie sich in erster Linie auseinandersetzen mußte. Man könnte sogar noch weitergehen und (mit Marx) behaupten, daß ungeachtet der grundsätzlichen Untrennbarkeit der wirtschaftlichen und der sozialen Aspekte der menschlichen Gesellschaft die analytische Basis jeder historischen Beschäftigung mit der Evolution menschlicher Gesellschaften der Prozeß der gesellschaftlichen Produktion sein müsse.

Bis in die fünfziger Jahre hinein hat keine der drei Versionen einen eigenen wissenschaftlichen Forschungsbereich der Sozialgeschichte hervorgebracht, auch wenn die berühmten, von Lucien Febvre und Marc Bloch gegründeten *Annales* irgendwann das Adjektiv »wirtschaftlich« aus dem Titel verbannten und sich ausschließlich als sozialgeschichtlich bezeichneten. Doch das war eine vorübergehende Abschweifung während der Kriegszeit, und der Titel, unter dem diese große Zeitschrift seit nunmehr einem Vierteljahrhundert bekannt ist – *Annales: Economies, Sociétés, Civilisations* –, sowie ihr Inhalt bringen wieder die ursprünglichen und in hohem Maße allgemeinen und umfassenden Intentionen ihrer Gründer zum Ausdruck. Bis 1950 hatten sich weder das Fach selbst noch die Diskussion über seine Probleme nennenswert weiterentwickelt. Die Zeitschriften, die sich auf dieses Gebiet spezialisierten, bis heute gering an Zahl, wurden erst Ende der fünfziger Jahre gegründet; die Führungsrolle dürfte dabei den *Comparative Studies in Society and History* (seit 1958) zugefallen sein. Als akademische Spezialdisziplin ist die Sozialgeschichte demnach ziemlich neu.

Wie sind die schnelle Entwicklung und die wachsende Emanzipation der Sozialgeschichte in den letzten zwanzig Jahren zu erklären? Die Frage ließe sich mit dem Hinweis auf die technischen und institutionellen Veränderungen innerhalb der akademischen Disziplinen der Sozialwissenschaft beantworten: die bewußte Spezialisierung der Wirtschaftsgeschichte im Einklang mit den Erfordernissen der sich beschleunigt entwickelnden ökonomischen Theorie und Analyse, wofür die *New Economic History* ein Beispiel ist; man könnte die erstaunliche und weltweite Ausdehnung der Soziologie als akademische Disziplin und Mode anführen, die ihrerseits auf historische Hilfsfächer als Zulieferer angewiesen war, wie sie auch von den Abteilungen für Wirtschaftswissenschaft benötigt wurden. Wir können solche Faktoren nicht außer acht lassen. Viele Historiker (etwa die Marxisten), die sich bislang als Wirtschaftshistoriker bezeichnet hatten, weil die Probleme, denen ihr Interesse galt, von der orthodoxen allgemeinen Geschichte einfach nicht untersucht oder auch nur erkannt wurden, sahen sich von einer rasch enger werdenden Wirtschaftsgeschichte ausgeschlossen und nahmen teils mehr, teils weniger bereitwillig die Bezeichnung »Sozialhistoriker« an, vor allem wenn sie wenig von Mathematik verstanden. Es ist ziemlich unwahrscheinlich, daß in der Atmosphäre der fünfziger und frühen sechziger Jahre die Wirtschaftshistoriker einen Mann wie Richard Tawney herzlich bei sich aufgenommen hätten, wenn er ein junger Forscher und nicht Präsident der Economic History Society gewesen wäre. Doch solche akademischen Neudefinitionen und Verschiebungen innerhalb eines Fachs müssen zwar zur Kenntnis genommen werden, können jedoch ebenfalls nicht viel erklären.

Weitaus bedeutsamer war die allgemeine Historisierung der Sozialwissenschaften, die sich während dieser Zeit vollzog und im Rückblick damals in diesen Disziplinen anscheinend die wichtigste Entwicklung darstellte. Für den vorliegenden Zweck ist es nicht nötig, diesen Wandel zu erklären, aber es läßt sich gar nicht vermeiden, den Blick auf die ungeheure Bedeutung der Revolutionen und Kämpfe mit dem Ziel einer politischen und wirtschaftlichen Befreiung der kolonialen und halbkolonialen Länder zu richten, welche die Aufmerksamkeit von Regierungen, internationalen und Forschungsorganisationen und folglich auch von Sozialwissenschaftlern auf das gelenkt haben, was in höchstem Maße die Probleme von historischen Transformationsprozessen sind. Es waren Themen, die bislang außerhalb oder bestenfalls an den Rändern der akademischen Orthodoxie in den Sozialwissenschaften gelegen hatten und von Historikern zunehmend vernachlässigt worden waren.[4]

Auf jeden Fall haben eminent historische Fragen und Begriffe (manchmal, wie im Fall der »Modernisierung« oder des »wirtschaftlichen Wachstums«, extrem undifferenzierte Begriffe) selbst in jener Disziplin Platz gegriffen, die bislang der Geschichte gegenüber besonders immun zu sein schien, wenn sie diese nicht sogar – wie die Sozialanthropologie Radcliffe-Browns – direkt feindselig behandelte. Dieses fortschreitende Einsickern der Geschichte läßt sich besonders deutlich in der Wirtschaftswissenschaft beobachten, wo auf einen anfänglichen Bereich der Wachstumsökonomie, dessen Annahmen bei aller Komplexität viel Ähnlichkeit mit den Rezepten eines Kochbuchs hatten (»Man nehme die angegebenen Mengen der folgenden Zutaten von *a* bis *n*, mische alles unter Rühren gut durch und stelle es auf den Herd. Das fertige Gericht ist der Take-off zu einem anhaltenden wirtschaftlichen Wachstum«), zunehmend die Einsicht folgte, daß die wirtschaftliche Entwicklung auch dem Einfluß außerwirtschaftlicher Faktoren unterliegt. Kurzum, es ist heute weitgehend unmöglich, als Sozialwissenschaftler in einer mehr als nur trivialen Weise zu arbeiten, ohne sich mit sozialen Strukturen und ihren Umformungen, also mit Gesellschaftsgeschichte zu befassen. Wie es die Ironie des Schicksals wollte, begannen die Ökonomen genau zu dem Zeitpunkt tastend um ein Verständnis sozialer (oder jedenfalls nicht streng wirtschaftlicher) Faktoren zu ringen, als die Wirtschaftshistoriker, die die mittlerweile 15 Jahre alten Modelle der Ökonomen übernahmen, sich bemühten, ihrer Arbeit einen naturwissenschaftlichen Anstrich zu verleihen und das Odium einer Sozialwissenschaft loszuwerden, indem sie alles vergaßen außer Gleichungen und statistischen Methoden.

Welche Schlüsse können wir aus diesem flüchtigen Blick auf die historische Entwicklung der Sozialgeschichte ziehen? Er kann uns kaum als zureichender Wegweiser zum Wesen und den Aufgaben des hier behandelten Fachs dienen, auch wenn er erklären kann, wie es kommt, daß bestimmte mehr oder weniger heterogene Forschungsbereiche umstandslos unter diese allgemeine Kategorie subsumiert wurden und wie Entwicklungen in anderen Sozialwissenschaften der Etablierung einer wissenschaftlichen Theorie den Weg geebnet haben, die speziell als solche definiert wurde. Im besten Fall kann er uns einige Fingerzeige geben, von denen mindestens einer sogleich erwähnt werden sollte.

Ein Überblick über die Sozialgeschichte in der Vergangenheit zeigt offenbar, daß ihre besten Vertreter mit diesem Begriff seit jeher nicht besonders glücklich waren. Sie haben sich entweder wie die großen Franzosen, denen wir soviel zu verdanken haben, lieber einfach als Historiker bezeichnet und ihr Ziel als »Gesamtgeschichte« (»histoire totale«) oder eine »integrale Geschichtsschreibung« (»histoire à part entière«) formuliert, oder als Wissenschaftler verstanden, denen es darum zu tun war, die Beiträge aller relevanten Sozialwissenschaften in die Historie zu integrieren, statt einen einzelnen als besonders wertvoll herauszustellen. Marc Bloch, Fernand Braudel und Georges Lefebvre sind die Namen von Wissenschaftlern, die man höchstens insofern als Sozialhistoriker bezeichnen kann, als sie sich dem Diktum von Fustel de Coulanges anschlossen: »Geschichte ist nicht die Anhäufung von Geschehnissen aller Art, die sich in der Vergangenheit ereignet haben. Sie ist die Wissenschaft von menschlichen Gesellschaften.«

Sozialgeschichte kann unmöglich eine weitere Spezialdisziplin sein wie die Wirtschafts- oder andere Bindestrichgeschichten, weil ihr Gegenstand sich nicht isolieren läßt. Wir können bestimmte menschliche Tätigkeiten zumindest zu analytischen Zwecken als wirtschaftliche definieren und sie dann historisch untersuchen. Das mag zwar (ausgenommen zu bestimmten, angebbaren Zwecken) künstlich oder unrealistisch sein, aber es ist nicht undurchführbar. In weitgehend derselben Weise, wenngleich auf einer niedrigeren Ebene der Theorie, kann man die alte Form der Geistesgeschichte, die schriftlich festgehaltene Ideen aus ihrem menschlichen Zusammenhang herauslöste und ihre Abstammung von einem Autor zum anderen zurückverfolgte, immer noch betreiben, wenn man das möchte. Doch die sozialen oder gesellschaftlichen Aspekte der menschlichen Existenz können nicht von ihren anderen Aspekten getrennt werden, es sei denn um den Preis von Tautologien oder einer extremen Trivialisierung. Sie können höchstens für den Augenblick eines Gedankens von der Art und Weise, wie die Menschen ihren Lebensunterhalt bestreiten, und von ihrer materiellen Umgebung getrennt werden. Und sie können nicht einmal für einen Augenblick von ihren Ideen getrennt werden, da ihre Beziehungen untereinander in einer Sprache ausgedrückt und formuliert werden, deren Begriffe bereits vorhanden sein müssen, noch bevor sie den Mund öffnen. Und so weiter. Der Ideenhistoriker mag (auf eigenes Risiko) die Wirtschaft ignorieren, der Wirtschaftshistoriker mag Shakespeare unbeachtet lassen, doch der Sozialhistoriker, der beides aus seiner Arbeit ausklammert, wird nicht weit damit kommen. Umgekehrt ist es zwar äußerst unwahrscheinlich, daß eine Monographie über provenzalische Dichtung Wirtschaftsgeschichte oder eine Abhandlung über die Inflation im 16. Jahrhundert Geistesgeschichte sein wird, doch könnten beide Themen so bearbeitet werden, daß daraus Sozialgeschichte wird.

II

Wenden wir uns von der Vergangenheit der Gegenwart zu und betrachten wir die Probleme, vor denen ein Gesellschaftshistoriker steht. Als erstes stellt sich die Frage, wieviel sein Fach von anderen Sozialwissenschaften für sich nutzen kann oder wieweit es überhaupt nur in dem Maße Gesellschaftsgeschichte ist oder sein sollte, als es sich mit der Vergangenheit befaßt. Diese Frage drängt sich auf, hat allerdings durch die Erfahrungen der beiden letzten Jahrzehnte zwei ganz verschiedene Antworten erhalten. Es steht außer Zweifel, daß die Sozialgeschichte seit 1950 nicht nur durch den universitären Lehrbetrieb anderer Sozialwissenschaften (wie zum Beispiel die Studiengänge und Pflichtveranstaltungen für Studenten) und ihre Methoden, sondern auch durch deren Fragestellungen nachhaltig geformt und angeregt wurde. Es ist sicherlich nicht übertrieben zu behaupten, daß die in letzter Zeit zu verzeichnende Fülle von Untersuchungen über die industrielle Revolution in England – ein Thema, das einmal von seinen eigenen Experten gröblich vernachlässigt wurde, weil diese die Stichhaltigkeit des Begriffs einer industriellen Revolution bezweifelten – primär dem Drang von Nationalökonomen zu verdanken ist (zweifellos als Reaktion auf die Wünsche von Regierungen und Planern), herauszufinden, wie es zu industriellen Revolutionen kommt, wodurch sie ausgelöst werden und welches ihre soziopolitischen Folgen sind. Mit einigen bemerkenswerten Ausnahmen verlief der Strom der Anregungen in den letzten zwanzig Jahren immer nur in eine Richtung. Wenn wir jedoch die jüngsten Entwicklungen aus einer anderen Perspektive betrachten, dann fällt auf, daß Forscher aus unterschiedlichen Disziplinen sich zunehmend mit soziohistorischen Problemen befassen. Die Untersuchung chiliastischer Bewegungen ist hierfür ein Beispiel, da wir unter den Autoren zu diesem Thema Wissenschaftler finden, die aus der Anthropologie, Soziologie, Politikwissenschaft und Geschichte kommen, nicht zu reden von den Vertretern der Literatur- und der Religionswissenschaft – allerdings, soweit ich sehe, keine Wirtschaftswissenschaftler. Und wir stellen fest, daß fachfremde Wissenschaftler zumindest eine Zeitlang eine genuin historische Forschung betreiben, darunter die Soziologen Charles Tilly und Neil Smelser, der Anthropologe Eric Wolf und die Nationalökonomen Everett Hagen und Sir John Hicks.

Bei dieser zweiten Tendenz dürfte es sich freilich weniger um eine Konvergenz als um eine Konversion handeln. Denn wir können eine Tatsache nicht übersehen: Wenn nichthistorische Sozialwissenschaftler begonnen haben, im eigentlichen Sinn historische Fragen zu stellen und von Historikern die Antworten darauf zu erwarten, dann liegt das daran, daß sie selbst keine Fragen haben. Und wenn sie manchmal selbst die Rolle von Historikern angenommen haben, dann deshalb, weil die praktizierenden Mitglieder unserer Disziplin mit der wichtigen Ausnahme der Marxisten und anderer – nicht unbedingt Sympathisanten des Marxismus –, die von einer ähnlichen Problemstellung ausgehen, ihrerseits keine Antworten erarbeitet haben.[5] Obwohl es überdies heute einige Sozialwissenschaftler aus anderen Disziplinen gibt, die auf unserem Gebiet inzwischen so gut bewandert sind, daß sie uns Respekt abnötigen, gibt es weit mehr von ihnen, die lediglich einige wenige grobe mechanische Begriffe und Modelle übernommen und angewandt haben. Auf eine einzige *Vendee* eines Charles Tilly kommen leider Gottes Dutzende von Publikationen im Stil der *Stadien wirtschaftlichen Wachstums* von Walt Rostow. Ich rede nicht einmal von den vielen anderen, die sich auf das schwierige Gelände des historischen Quellenstudiums gewagt haben, ohne ausreichende Kenntnisse darüber, auf welche Fallstricke sie sich dort gefaßt machen müssen oder mit welchen Mitteln sie diese vermeiden und überwinden können. Kurz, die gegenwärtige Situation erheischt von den Historikern ungeachtet ihrer Bereitschaft, von anderen Disziplinen zu lernen, aus der Rolle des Lernenden in die des Lehrenden zu schlüpfen. Die Gesellschaftsgeschichte kann nicht geschrieben werden, indem man die dürftigen verfügbaren Modelle aus anderen Wissenschaften übernimmt; sie erfordert die Konstruktion adäquater neuer Modelle – oder zumindest (einer Forderung von Marxisten entsprechend) die Weiterentwicklung vorhandener Entwürfe zu Modellen.

Das gilt natürlich nicht für Techniken und Methoden, wo die Historiker bereits ausgiebig Anleihen gemacht haben und dies in Zukunft noch massiver und systematischer tun werden oder doch sollten. Ich möchte auf diesen Aspekt der Probleme einer Gesellschaftsgeschichte hier nicht näher eingehen, aber wenigstens einen oder zwei Punkte kurz berühren. Angesichts des Charakters unserer Quellen können wir kaum wesentlich über eine Verbindung von gehaltvoller Hypothese und geeigneter anekdotischer Illustration hinausgelangen, solange wir nicht über die Techniken zur Erhebung, statistischen Aufbereitung und Auswertung großer Datenmengen verfügen, notfalls unter Rückgriff auf eine arbeitsteilige Forschung und die technischen Hilfsmittel, die von anderen Sozialwissenschaften schon seit längerem entwickelt wurden. Am anderen Ende fehlt es uns ebenso dringend an den Techniken zur eingehenden Beobachtung und Analyse spezifischer Individuen, Kleingruppen und Situationen, die ebenfalls außerhalb der Geschichte schon erprobt wurden und sich möglicherweise in modifizierter Form auch für unsere Zwecke eignen – beispielsweise die teilnehmende Beobachtung der Sozialanthropologen, das Tiefeninterview und vielleicht sogar Methoden der Psychoanalyse. Diese drei verschiedenen Techniken können zumindest die Suche nach Anwendungen und Äquivalenten in unserem Fach anregen, mit deren Hilfe wir uns der Antwort auf Fragen nähern können, die sonst unzugänglich wären.[6]

Wesentlich skeptischer beurteile ich die Aussichten, aus der Sozialgeschichte eine Rückprojektion der Soziologie und aus der Wirtschaftsgeschichte eine retrospektive Wirtschaftstheorie zu machen, da diese Disziplinen uns gegenwärtig keine nützlichen Modelle und keinen brauchbaren analytischen Rahmen zur Erforschung langfristiger *historischer* sozioökonomischer Transformationen an die Hand geben. Überhaupt haben sich ihre Vertreter in der großen Mehrheit theoretisch nicht mit solchen Veränderungen befaßt oder auch nur dafür interessiert, einmal abgesehen von solchen Forschungsrichtungen wie dem Marxismus. Außerdem darf man behaupten, daß ihre analytischen Modelle in wesentlicher Hinsicht systematisch – und mit besonderem Gewinn – unter Abstraktion von historischen Veränderungen entwickelt wurden. Das gilt meiner Meinung nach ganz besonders von der Soziologie und der Sozialanthropologie.

Die Gründungsväter der Soziologie waren tatsächlich stärker historisch orientiert als die herrschende Schule der neoklassischen Wirtschaftstheorie (wenn auch nicht unbedingt stärker als die Väter der klassischen politischen Ökonomie), aber dennoch ist ihre Wissenschaft in jeder Hinsicht weniger weit entwickelt. Stanley Hoffmann hat mit Recht auf den Unterschied zwischen den »Modellen« der Ökonomen und den »Checklisten« der Soziologen und Anthropologen hingewiesen.[7] Vielleicht sind sie mehr als nur Checklisten. Diesen Wissenschaften verdanken wir auch bestimmte Sichtweisen, Muster von möglichen Strukturen, die sich aus Elementen zusammensetzen, die sich auf mannigfaltigste Art vertauschen und kombinieren lassen, unbestimmte Analogien zum Benzolring Kekulés, dessen Struktur diesem auf dem

Oberdeck eines Busses plötzlich vor Augen stand, nur mit dem Nachteil der Unüberprüfbarkeit. Solche strukturfunktionalistischen Muster mögen bestenfalls elegant und zumindest für einige auch heuristisch von Wert sein. Auf einer weniger anspruchsvollen Ebene können sie uns mit nützlichen Metaphern, Begriffen oder Konzepten (beispielsweise dem der »Rolle«) oder zweckmäßigen Hilfsmitteln für das Aufbereiten unseres Materials unterstützen.

Abgesehen von ihrer mangelnden Eignung als Modelle kann man von den theoretischen Konstruktionen der Soziologie (oder der Sozialanthropologie) überdies sagen, daß sie ihren Erfolg gerade dem Umstand verdanken, daß sie die Geschichte im Sinn eines gerichteten Wandels ausgeklammert haben.[8] Grob gesagt lassen die strukturfunktionalen Muster das hervortreten, was Gesellschaften neben ihren Unterschieden miteinander gemeinsam haben, während wir uns gerade mit dem befassen, worin sie sich unterscheiden. Es geht nicht darum, welches Licht die von Claude Lévi-Strauss untersuchten Amazonasstämme auf die moderne (oder überhaupt jede) Gesellschaft werfen können, sondern darum, auf welchem Wege die Menschheit aus der Steinzeit in das moderne Industrie- oder Postindustriezeitalter gelangt ist und welche Veränderungen in der Gesellschaft mit diesem Fortschritt verbunden, für seine Verwirklichung nötig waren oder welche Folgen er nach sich zog. Oder, um ein anderes Beispiel zu wählen, es geht nicht darum, die permanente Notwendigkeit für alle menschlichen Gesellschaften zu beobachten, sich mit Nahrungsmitteln zu versorgen, indem sie diese selbst anbauen oder in anderer Weise beschaffen; interessant ist vielmehr die Frage, was geschieht, wenn diese Aufgabe, die (seit der neolithischen Revolution) von Bauernklassen erfüllt wurde, welche die Mehrheit in ihren Gesellschaften gestellt haben, eines Tages von kleinen Gruppen von Agrarproduzenten anderer Art übernommen und möglicherweise in der Zukunft anders als mit den traditionellen landwirtschaftlichen Methoden erfüllt werden wird. Wie kommt es dazu und warum? Ich glaube nicht, daß Soziologie und Sozialanthropologie, wie hilfreich sie im übrigen auch sein mögen, uns zur Zeit hier viel weiterhelfen können.

Andererseits stehe ich auch weiterhin den meisten gegenwärtigen Wirtschaftstheorien als Rahmen für die historische Analyse von Gesellschaften (und deshalb den Behauptungen der *New Economic History*) skeptisch gegenüber, möchte jedoch annehmen, daß die Wirtschaftswissenschaft für den Gesellschaftshistoriker von großem potentiellen Wert ist. Sie kommt nicht umhin, sich mit einem enorm dynamischen Element in der Geschichte zu befassen, nämlich dem Prozeß – und global und langfristig gesehen dem Fortschritt – der gesellschaftlichen Produktion. Soweit sie das tut, hat sie, wie Marx gesehen hat, die historische Entwicklung in sich aufgenommen. Um ein einfaches Beispiel zu nehmen: Der Begriff des »volkswirtschaftlichen Überschusses«, den der verstorbene Paul Baran so erfolgreich wiederbelebt und nutzbar gemacht hat[9], ist offenkundig für jeden Historiker der Entwicklung von Gesellschaften von grundlegender Bedeutung und erscheint mir nicht nur objektiver und quantifizierbarer, sondern im Rahmen einer Analyse auch wesentlicher als etwa die Dichotomie von Gemeinschaft und Gesellschaft. Natürlich wußte Marx, daß ökonomische Modelle, wenn sie für die historische Analyse von Wert sein sollen, nicht von sozialen und institutionellen Gegebenheiten losgelöst werden können, zu denen bestimmte Grundformen menschlicher Gemeinschafts- oder Verwandtschaftsorganisationen gehören, nicht zu reden von den Strukturen und Annahmen, die für bestimmte sozioökonomische Formationen als Kulturen spezifisch sind. Und doch, auch wenn Marx nicht umsonst als einer der wichtigsten Gründungsväter des modernen soziologischen Denkens (unmittelbar und durch seine Anhänger und Kritiker) gilt, bleibt die Tatsache bestehen, daß sein großes intellektuelles Projekt *Das Kapital* der Form nach ein Werk der ökonomischen Analyse war. Wir sind nicht verpflichtet, mit seinen Schlußfolgerungen oder seiner Methodologie übereinzustimmen. Aber wir täten schlecht daran, die Praxis eines Denkers zu ignorieren, der mehr als jeder andere jenen Komplex historischer Fragen definiert oder vorgeschlagen hat, von dem sich Sozialwissenschaftler heute angezogen fühlen.

III

Wie sollen wir Gesellschaftsgeschichte schreiben? Es ist mir nicht möglich, eine Definition oder ein Modell von dem vorzulegen, was hier mit Gesellschaft gemeint ist, oder auch nur eine Prüfliste von dem, was wir über ihre Geschichte wissen wollen. Selbst wenn ich es könnte, weiß ich nicht, ob uns das viel weiterbringen würde. Es mag jedoch nützlich sein, eine Reihe von Wegweisern und Warnschildern aufzustellen, damit wir uns im künftigen Verkehr besser zurechtfinden.

1. Die Gesellschaftsgeschichte ist *Geschichte*; das heißt, einer ihrer Aspekte ist die reale chronologische Zeit. Wir befassen uns nicht nur mit Strukturen und ihren Mechanismen der Dauer und des Wandels

und mit den allgemeinen Möglichkeiten und Mustern ihrer Umgestaltungen, sondern auch mit dem, was sich tatsächlich ereignet hat. Wenn wir das nicht tun, dann sind wir keine Historiker, woran uns Fernand Braudel in seinem Aufsatz »Geschichte und Sozialwissenschaften: Die ›longue durée‹« erinnert hat.[10] Eine *hypothetische* Historie hat ihren Platz in unserer Disziplin, auch wenn ihr hauptsächlicher Wert darin besteht, uns bei der Einschätzung der Möglichkeiten von Gegenwart und Zukunft behilflich zu sein, nicht jedoch der Vergangenheit, wo ihr Platz von der *komparativen* Geschichtsschreibung eingenommen wird; doch es ist die tatsächliche Geschichte, die wir erklären müssen. Die mögliche oder nichtmögliche Entwicklung des Kapitalismus im kaiserlichen China ist für uns nur insofern von Belang, als sie zur Erklärung der realen Tatsache beiträgt, daß diese Wirtschaftsform sich zumindest in ihren Anfängen in einer und nur einer Region der Welt voll entwickelt hat. Das läßt sich seinerseits mit Gewinn (wiederum im Licht allgemeiner Modelle) der Tendenz anderer Systeme sozialer Beziehungen – zum Beispiel den Feudalsystemen im weitesten Sinne – gegenüberstellen, sich häufiger und in einer größeren Zahl von Regionen zu entfalten. Die Gesellschaftsgeschichte setzt sich demnach zusammen aus allgemeinen Modellen einer Sozialstruktur und eines sozialen Wandels und einem spezifischen Komplex von Phänomenen, die sich tatsächlich ereignet haben. Das gilt unabhängig von den geographischen oder zeitlichen Grenzen unseres jeweiligen Forschungsfeldes.

2. Die Gesellschaftsgeschichte hat unter anderem spezifische Einheiten von zusammenlebenden Menschen zum Gegenstand, die sich in soziologischen Begriffen beschreiben lassen. Sie ist ebenso die Geschichte einzelner Gesellschaften wie die der menschlichen Gesellschaft insgesamt (im Unterschied etwa zu der von Menschenaffen und Ameisen) oder von bestimmten Gesellschaftstypen und ihrer möglichen Beziehungen (zum Beispiel »bürgerliche« oder »ländliche« Gesellschaft) oder der allgemeinen Entwicklung der Menschheit als Ganzes. Die Definition einer Gesellschaft in diesem Sinne wirft schwierige Fragen auf, selbst wenn wir annehmen, daß wir eine objektive Realität definieren, was möglich erscheint, solange wir Aussagen wie: »Die japanische Gesellschaft im Jahr 1930 unterschied sich von der englischen Gesellschaft« nicht als illegitim zurückweisen. Denn selbst wenn wir die Unklarheiten beseitigen, die durch den unterschiedlichen Gebrauch des Begriffs »Gesellschaft« bedingt sind, stehen wir vor Problemen, weil zum einen Größe, Komplexität und Ausdehnung dieser Einheiten schwanken, beispielsweise in unterschiedlichen historischen

Perioden oder Entwicklungsstadien, und weil zum zweiten das, was wir Gesellschaft nennen, lediglich ein Ensemble menschlicher Beziehungen unter anderen von unterschiedlicher Größe und Zugehörigkeit ist, unter die Menschen klassifiziert werden können oder sich selbst klassifizieren, häufig mehrfach und mit Überschneidungen. In Extremfällen wie bei Stämmen der Papua oder der Amazonasindianer können diese unterschiedlichen Ensembles stets dieselbe Gruppe von Menschen definieren, auch wenn dies tatsächlich äußerst selten vorkommt. Doch in der Regel ist eine bestimmte Gruppe weder identisch mit solch relevanten soziologischen Einheiten wie der Gemeinschaft noch mit bestimmten umfassenderen Beziehungssystemen, von denen die Gesellschaft einen Teil bildet und die funktional für sie wesentlich sein können (zum Beispiel die Summe aller Wirtschaftsbeziehungen) oder unwesentlich (wie etwa die kulturellen Beziehungen).

Religionsgemeinschaften wie das Christentum oder der Islam existieren als Selbstklassifikationen und werden als solche anerkannt; sie können zwar eine (statistische) *Klasse* von Gesellschaften definieren, die bestimmte charakteristische Merkmale gemeinsam haben, doch sie sind keine Gesellschaften in dem Sinne, in dem wir den Begriff gebrauchen, wenn wir von den alten Griechen oder dem heutigen Schweden sprechen. Auf der anderen Seite sind beispielsweise Detroit und Cuzco heute in vieler Hinsicht Bestandteile eines einzigen Systems funktionaler Wechselbeziehungen (etwa eines Wirtschaftssystems), doch die wenigsten würden sie als Teil derselben Gesellschaft im soziologischen Sinne ansehen. Ebensowenig würden wir die Gesellschaften der Römer oder der Han und die der Barbaren, die offensichtlich Teil eines umfassenderen Systems wechselseitiger Beziehungen mit ihnen waren, als eine einzige Gesellschaft auffassen. Wie sollen wir diese Einheiten definieren? Das ist keineswegs leicht zu beantworten, auch wenn die meisten von uns das Problem lösen oder eher umgehen, indem sie ein äußeres – territoriales, ethnisches, politisches oder sonstiges – Kriterium wählen. Doch das ist nicht immer befriedigend. Es ist mehr als nur ein Methodenproblem. Eines der Hauptthemen der Geschichte moderner Gesellschaften ist die Zunahme ihrer Größe, ihrer inneren Homogenität oder zumindest der Zentralisierung und Unmittelbarkeit sozialer Beziehungen, der Wandel von einer pluralistischen zu einer überwiegend einheitlichen Struktur. Wenn wir diesen Wandel verfolgen, werden die Definitionsprobleme immer gravierender, wie jeder weiß, der sich wissenschaftlich mit der Entwicklung nationaler Gesellschaften oder zumindest von Nationalismen beschäftigt hat.

3. Die Geschichte einzelner Gesellschaften verlangt von uns nicht unbedingt ein formalisiertes und differenziertes Modell solcher Strukturen, aber doch zumindest eine grobe Rangfolge der Forschungsprioritäten und eine Arbeitshypothese im Hinblick darauf, was den zentralen Zusammenhang oder Komplex von Beziehungen unseres Gegenstandes ausmacht, obwohl mit diesen Dingen natürlich ein Modell unterstellt wird. Jeder Sozialhistoriker macht faktisch solche Annahmen und hat seine Prioritäten. Deshalb bezweifle ich beispielsweise, daß ein Historiker, der über Brasilien im 18. Jahrhundert arbeitet, dem Katholizismus jener Gesellschaft analytisch den Vorrang vor ihrer Sklavenwirtschaft einräumen wird oder daß ein Historiker mit dem Spezialgebiet England im 19. Jahrhundert Verwandtschaftsbeziehungen als ein ebenso zentrales soziales Bindemittel ansehen wird wie im England der Angeln und Sachsen.

Ein stillschweigendes Einverständnis unter Historikern hat anscheinend zur Entwicklung eines relativ verbreiteten Arbeitsmodells dieser Art samt einigen Varianten geführt. Man beginnt mit dem materiellen und historischen Umfeld, geht weiter zu den Produktivkräften und Produktionstechniken (irgendwo dazwischen hat die Demographie ihren Platz), die Struktur der sich daraus ergebenden Wirtschaft – Arbeitsteilung, Tauschbeziehungen, Akkumulation, Verteilung des Überschusses usw. – und zu den sozialen Beziehungen, die sich daraus ergeben. Daran können sich die Institutionen und das Bild der Gesellschaft und ihrer Funktionsweise, das ihnen zugrunde liegt, anschließen. Auf diese Weise wird die Form der Sozialstruktur festgelegt, deren spezifische Merkmale und Besonderheiten, soweit sie sich aus anderen Quellen ableiten, im Anschluß daran – in der Regel durch eine komparative Untersuchung – ermittelt werden können. Die gängige Praxis besteht also darin, sich vom Prozeß der gesellschaftlichen Produktion und seinen äußeren Bedingungen aus nach außen und nach oben durchzuarbeiten. Die Historiker werden – meiner Meinung nach mit Recht – dazu neigen, einen bestimmten Zusammenhang oder einen Komplex von Verknüpfungen auszuwählen, den sie für zentral und für die betreffende Gesellschaft (oder den Gesellschaftstyp) für spezifisch halten und das übrige bearbeitete Material darum herum anordnen – zum Beispiel Marc Blochs »Interdependenzbeziehungen« in seiner *Feudalgesellschaft* oder solche, die sich aus der industriellen Produktionsweise ergeben, möglicherweise in der Industriegesellschaft, auf jeden Fall in ihrer kapitalistischen Form. Nachdem die Struktur bestimmt wurde, muß sie in ihrer historischen Bewegung, als Prozeß betrachtet werden. Im französischen Wort für »Strukturgeschichte« muß

»Struktur« im »Zusammenhang« gesehen werden, obgleich mit diesem Begriff andere und unter Umständen relevantere Formen und Muster des historischen Wandels nicht ausgeschlossen werden sollen. Auch hier besteht eine Tendenz, wirtschaftliche Bewegungen (im weitesten Sinne) zum tragenden Gerüst einer solchen Analyse zu machen. Die Spannungen, denen die Gesellschaft im Prozeß des historischen Wandels und der Transformation unterworfen ist, erlauben es demnach dem Historiker, zunächst den allgemeinen Mechanismus freizulegen, durch den die Strukturen der Gesellschaft gleichzeitig ihr Gleichgewicht verlieren und wiedergewinnen, und zweitens jene Phänomene zu behandeln, denen seit langem das Interesse des Sozialhistorikers gilt – zum Beispiel kollektives Bewußtsein, soziale Bewegungen und der gesellschaftliche Aspekt geistiger und kultureller Veränderungen.

Mit dieser knappen Skizzierung dessen, was nach meiner – möglicherweise irrigen – Überzeugung ein allgemein akzeptierter Arbeitsplan der Sozialhistoriker ist, will ich nicht etwa eine Empfehlung aussprechen, auch wenn ich ihn persönlich bevorzuge. Im Gegenteil: Ich möchte anregen, daß wir uns bemühen sollten, die unausgesprochenen Voraussetzungen unserer Arbeit offenzulegen und uns zu fragen, ob dieser Arbeitsplan tatsächlich am besten geeignet ist, um das Wesen und die Struktur von Gesellschaften und die Mechanismen ihrer historischen Umgestaltungen (oder Stabilisierungen) zu erfassen und darzustellen, ob andere Arbeitspläne, die von anderen Fragestellungen ausgehen, ihm vorgezogen werden sollten, auf ihn zugeschnitten oder wie eine Folie über ihn gelegt werden können, so daß sich das historische Äquivalent zu jenen bekannten Porträts von Picasso ergibt, bei denen die dargestellte Person gleichzeitig en face und im Profil zu sehen ist.

Kurzum, wenn wir als Gesellschaftshistoriker dazu beitragen sollen – zum Nutzen aller Sozialwissenschaften –, triftige Modelle einer soziohistorischen Dynamik zu entwickeln, werden wir eine größere Einheitlichkeit unserer Praxis und unserer Theorie herstellen müssen, was im gegenwärtigen Stadium wahrscheinlich vor allem bedeutet, uns Klarheit zu verschaffen, was wir eigentlich tun, es zu verallgemeinern und im Licht der Probleme, die sich aus der weiteren Praxis ergeben, zu verbessern.

IV

Dementsprechend möchte ich zum Schluß einen Überblick über die reale Praxis der Sozialgeschichte in den letzten zehn oder zwanzig Jahren skizzieren, um zu sehen, welche künftigen Ansätze und Probleme sich möglicherweise aus ihr ergeben. Dieses Verfahren hat den Vorteil, daß es sowohl den beruflichen Neigungen eines Historikers entgegenkommt als auch zu dem wenigen paßt, was wir über den tatsächlichen Fortschritt der Wissenschaften wissen. Welche Themen und Probleme haben in den letzten Jahren die meiste Aufmerksamkeit erregt? Wo keimen neue Ansätze? Womit beschäftigen sich die interessanten Leute? Die Antworten auf solche Fragen erschöpfen die Analyse zwar nicht, doch ohne sie kommen wir nicht sehr weit. Die Übereinstimmung der Forscher ist vielleicht ein Irrtum oder unterliegt einer Mode, oder sie wird – wie es offensichtlich in einem solchen Bereich wie der Erforschung öffentlicher Unruhen der Fall ist – durch den Einfluß der Politik oder administrativer Erfordernisse fehlgeleitet, aber wenn wir ihn übergehen, dann tun wir das auf eigene Gefahr. Der Fortschritt der Wissenschaft rührt weniger aus dem Versuch, Perspektiven und Programme a priori zu definieren – wenn es so wäre, dann wäre Krebs heute heilbar –, als aus einem unklaren und häufig gleichzeitigen Einschwenken auf die Fragen, die es wert sind, gestellt zu werden, und die vor allem für eine Antwort reif sind. Wir wollen sehen, was passiert ist, zumindest soweit es sich in der impressionistischen Sicht eines einzelnen Beobachters niedergeschlagen hat.

Meinem persönlichen Eindruck nach hat sich in den letzten zehn, fünfzehn Jahren ein Großteil der interessanten Arbeit in der Sozialgeschichte auf die folgenden Themen oder Fragenkomplexe konzentriert:

1. Demographie und Verwandtschaftsbeziehungen;
2. Studien zur Stadtentwicklung, soweit sie in unser Gebiet fallen;
3. soziale Klassen und Gruppen;
4. Geschichte von »Mentalitäten« oder des kollektiven Bewußtseins oder der »Kultur« im Sinne der Anthropologie;
5. die Transformation von Gesellschaften (zum Beispiel Modernisierung oder Industrialisierung);
6. soziale Bewegungen und Phänomene des sozialen Protests.

Die beiden ersten Gruppen nehmen eine Sonderstellung ein, weil sie sich bereits als Forschungsfelder institutionalisiert haben, unabhängig von der Bedeutung ihres Gegenstandes, und jetzt über eine eigene Organisation, Methode und ein System von Publikationen verfügen. Die historische Demographie ist ein schnell wachsendes und ergiebiges

Forschungsfeld, das sich nicht so sehr auf einen Komplex von Problemen stützt als auf eine innovative Forschungstechnik (Rekonstruktion von Familienbeziehungen), die es ermöglicht, aus Material, das bislang als nicht erschließbar oder erschöpft galt (Kirchenbücher), interessante Ergebnisse zu gewinnen. Sie hat auf diese Weise einen neuen Bereich von Quellen erschlossen, deren Merkmale wiederum zur Formulierung neuer Fragen geführt haben. Das Hauptinteresse von Sozialhistorikern an der historischen Demographie beruht auf dem Licht, das diese auf bestimmte Aspekte der Familienstruktur und des Familienverhaltens wirft, auf die Lebenskurven von Menschen in unterschiedlichen Perioden und auf Veränderungen zwischen einzelnen Generationen. Diese sind wichtig, wenngleich beschränkt durch die Art der Quellen – beschränkter, als die enthusiastischsten Vertreter dieser Teildisziplin einräumen, und für sich allein jedenfalls nicht ausreichend, um den analytischen Rahmen für die »Verlorenen Lebenswelten« (Peter Laslett) bereitzustellen. Trotz alledem steht die fundamentale Bedeutung dieses Forschungsfeldes außer Zweifel, und es hat dazu ermutigt, streng quantitative Techniken einzusetzen. Ein willkommener Effekt oder Nebeneffekt bestand darin, ein größeres Interesse an historischen Problemen der Verwandtschaftstruktur zu wecken, als dies sonst bei den Sozialhistorikern der Fall gewesen wäre, auch wenn ein bescheidener Demonstrationseffekt aus der Sozialanthropologie nicht unerwähnt bleiben darf. Die Natur und die Zukunftsaussichten dieser Teildisziplin sind so eingehend diskutiert worden, daß ich hier nicht weiter darauf eingehen muß.

Auch die Stadtgeschichte hat einen bestimmten, technisch determinierten Untersuchungsgegenstand. Die einzelne Stadt ist normalerweise eine geographisch begrenzte und zusammenhängende Einheit, häufig mit ihrer spezifischen Dokumentation und noch häufiger von einer Größe, die sich für Forschungen vom Umfang einer Dissertation anbietet. Außerdem kommt in ihr die Dringlichkeit städtischer Probleme zum Ausdruck, die zunehmend zu den Haupt- oder zumindest den vorrangigen Problemen von gesellschaftlicher Planung und Lenkung in industriellen Gesellschaften geworden sind. Diese Einflüsse wirken beide in die Richtung, die Stadtgeschichte zu einem großen Behälter mit schlecht definierten, heterogenen und manchmal ungeordneten Inhalten zu machen. Sie schließt alles über Städte in sich ein. Doch es ist klar, daß die Stadt Probleme aufwirft, die vor allem die Sozialgeschichte betreffen, zumindest in dem Sinne, daß die Stadt niemals einen analytischen Rahmen für eine Wirtschaftsgeschichte auf der Makroebene abgeben kann (weil sie unter wirtschaftlichem Aspekt

Teil eines größeren Systems sein muß), und politisch ist sie in den wenigsten Fällen ein unabhängiger Stadtstaat. Im Grunde genommen ist sie eine Gesamtheit von Menschen, die auf eine bestimmte Art und Weise zusammenleben, und der charakteristische Prozeß der Urbanisierung in modernen Gesellschaften macht sie zumindest bis heute zu der Form, in der die meisten von ihnen zusammenleben.

Die technischen, sozialen und politischen Probleme der Stadt ergeben sich im wesentlichen aus den Interaktionen von großen Mengen menschlicher Wesen, die in enger Nachbarschaft miteinander leben; und selbst die Vorstellungen über die Stadt (sofern sie mehr ist als nur eine Kulisse für die Macht- und Prachtentfaltung eines Herrschers) sind jene, in denen Menschen – seit der Offenbarung des Johannes – versucht haben, ihre Bestrebungen im Hinblick auf menschliche Gemeinschaften zum Ausdruck zu bringen. Außerdem hat sie in den letzten Jahrhunderten die Probleme eines raschen sozialen Wandels drastischer erlebt und anderen vor Augen geführt als jede andere Institution. Daß die Sozialhistoriker, die sich in großer Zahl auf dem Gebiet der Stadtgeschichte betätigt haben, sich dessen bewußt sind, braucht kaum eigens betont zu werden.[11] Man kann sagen, daß sie sich tastend auf ein Verständnis der Stadtgeschichte als ein Paradigma für sozialen Wandel zubewegt haben. Ich bin skeptisch, ob sie das sein kann, zumindest für die Zeit bis zur Gegenwart. Ich bezweifle auch, daß bislang viele wirklich eindrucksvolle umfassende Untersuchungen der größeren Städte des Industriezeitalters zustande gebracht wurden, wenn man bedenkt, wieviel Arbeit auf diesem Gebiet geleistet worden ist. Dennoch muß die Stadtgeschichte ein zentrales Anliegen von Gesellschaftshistorikern bleiben, und sei es auch nur, weil sie jene spezifischen Aspekte des gesellschaftlichen Wandels und der Gesellschaftsstruktur sichtbar macht – oder sichtbar machen kann –, mit denen sich Soziologen und Sozialpsychologen in besonderem Maße befassen.

Die anderen Felder, auf die sich das Interesse der Sozialhistoriker konzentriert hat, haben sich bislang noch nicht institutionalisiert, auch wenn ein oder zwei von ihnen sich kurz vor diesem Entwicklungsstadium befinden mögen. Die Geschichte sozialer Klassen und Gruppen hat sich sachlich von der verbreiteten Annahme ausgehend entwickelt, daß kein Verständnis von der Gesellschaft möglich ist ohne ein Verständnis der wesentlichen Bestandteile aller Gesellschaften, die nicht mehr primär auf Verwandtschaftsbeziehungen beruhen. In keinem Feld war der Fortschritt dramatischer und – angesichts der Vernachlässigung durch die Historiker in der Vergangenheit – notwendiger als hier. Von den wichtigsten Autoren und Veröffentlichungen sind hier auf jeden Fall zu nennen Lawrence Stone zum elisabethanischen Adel, Emmanuel Le Roy Ladurie über die Bauern des Languedoc, Edward Thompson über die Entstehung der Arbeiterklasse in England und Adeline Daumard über das Pariser Bürgertum in der ersten Hälfte des 19. Jahrhunderts; doch das sind lediglich die Gipfelzacken in einer jetzt schon sehr ausgedehnten Gebirgskette. Im Vergleich zu ihnen waren die Untersuchungen über zahlenmäßig beschränktere soziale Gruppen – zum Beispiel die Angehörigen akademischer Berufe – weniger bedeutend.

Das Neuartige an dem Unternehmen war sein Ehrgeiz. Soziale Klassen oder spezifische Produktionsverhältnisse wie die Sklavenwirtschaft werden heute systematisch auf der Ebene einer Gesellschaft oder im Vergleich zwischen Gesellschaften oder als allgemeine Typen eines gesellschaftlichen Verhältnisses abgehandelt. Außerdem werden sie inzwischen auch umfassend in allen Aspekten ihrer sozialen Existenz, ihren sozialen Beziehungen und Verhaltensformen gesehen. Das ist neu, und die erreichten Leistungen sind schon jetzt eindrucksvoll, obwohl die Arbeit kaum begonnen hat – wenn wir Felder mit besonders intensiver Tätigkeit ausnehmen, wie die komparative Erforschung der Sklavenwirtschaft. Trotzdem sind auch hier etliche Schwierigkeiten zu erkennen, zu denen einige Anmerkungen angebracht sind.

Die Fülle und Mannigfaltigkeit des Materials zu diesen Studien ist so groß, daß es mit der vorindustriellen Handwerkstechnik der älteren Historiker einfach nicht mehr bearbeitet werden kann. Sie erfordern die Zusammenarbeit von Forscherteams und den Einsatz moderner technischer Geräte. Meiner Einschätzung nach werden die gewichtigen Arbeiten einzelner Wissenschaftler die Frühphasen dieser Art der Forschung kennzeichnen, dann jedoch auf der einen Seite systematischen Gemeinschaftsprojekten und auf der anderen periodischen (und vermutlich noch immer von einzelnen geleisteten) Syntheseversuchen Platz machen. Das zeigt sich besonders deutlich in dem Forschungsbereich, mit dem ich vor allem vertraut bin, der Geschichte der Arbeiterklasse. Selbst die anspruchsvollste Einzelarbeit – *Die Entstehung der englischen Arbeiterklasse* von E. P. Thompson – ist nicht mehr als ein großer Torso und behandelt dabei nur eine relativ kurze Zeitspanne. (Jürgen Kuczynskis Opus magnum *Geschichte der Lage der Arbeiter unter dem Kapitalismus* läßt schon im Titel erkennen, daß es sich nur auf bestimmte Aspekte der Arbeiterklasse konzentriert.)

Dieser Forschungsbereich stellt uns vor kaum überwindliche technische Schwierigkeiten selbst dort, wo begriffliche Klarheit herrscht, vor allem im Hinblick auf eine Messung des Wandels im zeitlichen

Verlauf – beispielsweise die Zu- und Abgänge einer bestimmten sozialen Gruppe oder die Veränderungen des kleinbäuerlichen Grundbesitzes. Wir können uns glücklich schätzen, wenn wir über Quellen verfügen, aus denen sich solche Veränderungen ableiten lassen (zum Beispiel die verzeichneten Ahnenreihen von Hochadel und Gentry als einer Gruppe) oder aus denen sich das Material für unsere Analyse konstruieren läßt (beispielsweise mit Methoden der historischen Demographie oder anhand der Daten, die den wertvollen Untersuchungen über die chinesische Bürokratie zugrunde lagen). Doch wie sollen wir verfahren, wenn es etwa um indische Kasten geht, wo es unseres Wissens ebenfalls solche Bewegungen gegeben hat, die sich vermutlich über mehrere Generationen hinweg erstreckt haben, über die wir jedoch gegenwärtig nicht einmal grobe quantitative Aussagen machen können?

Noch gravierender sind die begrifflichen Probleme, denen sich die Historiker nicht immer mit der nötigen Klarheit gestellt haben – ein Umstand, der zwar eine gute Arbeit nicht ausschließt (man muß Pferde nicht definieren können, um sie zu erkennen und auf ihnen zu reiten), der jedoch den Schluß nahelegt, daß wir erst sehr langsam begonnen haben, uns den allgemeineren Problemen der Sozialstruktur und der sozialen Verhältnisse und ihrer Transformationen zuzuwenden. Diese werfen ihrerseits technische Probleme auf wie die der möglicherweise veränderlichen Spezifizierung der Zugehörigkeit zu einer Klasse über die Zeit, was quantitative Untersuchungen erschwert. Außerdem stellt sich dabei das allgemeinere Problem der Mehrdimensionalität sozialer Gruppen. Um einige Beispiele anzuführen, es gibt die bekannte doppelte Bedeutung des Marxschen Klassenbegriffs »Klasse an sich« und »Klasse für sich«. In der einen Bedeutung ist Klasse ein allgemeines Phänomen aller Geschichte nach der Periode der Stammesgesellschaften, in der anderen ein Produkt der neuzeitlichen bürgerlichen Gesellschaft; in der einen Bedeutung fast eine analytische Konstruktion zur Erklärung sonst unerklärlicher Phänomene, in der anderen eine Gruppe von Menschen, die so aufgefaßt wird, als gehörten sie in ihrem eigenen Bewußtsein oder dem einer anderen Gruppe (oder beides) zusammen. Diese Probleme des Bewußtseins führen wiederum zur Frage nach dem Sprachgebrauch des Begriffs »Klasse« – den veränderlichen, sich häufig überschneidenden und manchmal unrealistischen Terminologien einer solchen zeitgenössischen Klassifikation[12], von der wir bislang quantitativ kaum etwas wissen. (Hier könnten sich die Historiker bei den Methoden und Forschungsfeldern der Sozialanthropologen etwas genauer umschauen, wenn sie – wie L. Girard und eine Forschergruppe an der Sorbonne – die systematische quantitative Erforschung des soziopolitischen Vokabulars betreiben.)[13]

Es kommt hinzu, daß es Abstufungen von »Klasse« gibt. Um eine Wendung Theodor Shanins zu gebrauchen, ist das Bauerntum im »18. Brumaire« von Marx eine »Klasse mit gering ausgeprägter Klassenhaftigkeit«, während das Proletariat bei Marx eine sehr starke, vielleicht sogar höchstmögliche »Klassenhaftigkeit« aufweist.[14] Es gibt die Probleme der Homogenität oder Heterogenität von Klassen oder, was weitgehend dasselbe sein kann, ihrer Definition in bezug auf andere Gruppen und ihre inneren Segmentierungen und Schichtungen. In einem ganz allgemeinen Sinne gibt es das Problem der Beziehung zwischen Klassifikationen, die zu einem gebenenen Zeitpunkt zwangsläufig statisch sind, und der vielgestaltigen und veränderlichen Wirklichkeit, die hinter ihnen steht.

Die gravierendste Schwierigkeit ist sehr wahrscheinlich die, welche uns unmittelbar zur Gesellschaftsgeschichte als Ganzes führt. Sie rührt aus dem Umstand, daß »Klasse« keine isolierte Gruppe von Menschen definiert, sondern ein System horizontaler und vertikaler Beziehungen. So ist sie ein Verhältnis der Unterschiedlichkeit (oder der Ähnlichkeit) und der Distanz, zugleich aber auch ein qualitativ anderes Verhältnis der sozialen Funktion, der Ausbeutung, der Herrschaft/Unterwerfung. Jede Forschung über Klassen muß deshalb die übrige Gesellschaft, der diese angehört, mit einbeziehen. Sklaveneigentümer können nicht ohne Sklaven und nicht ohne die Sektoren der Gesellschaft, die nicht aus Sklaven bestehen, verstanden werden. Man könnte einwenden, es sei für das Selbstverständnis der europäischen bürgerlichen Mittelschichten des 19. Jahrhunderts die Fähigkeit grundlegend gewesen, Macht über Menschen auszuüben (ob vermittelt durch Grundeigentum, das Halten von Dienstboten oder sogar – über die patriarchalische Familienstruktur – als Oberhaupt von Frauen und Kindern), ohne selbst einer unmittelbaren Macht unterworfen zu sein. Klassenanalysen, die sich nicht bewußt auf einen eingeschränkten und partiellen Aspekt beschränken, sind somit Gesellschaftsanalysen. Die eindrucksvollsten unter ihnen wie die von Le Roy Ladurie gehen also weit über die in ihrem Titel gesteckten Grenzen hinaus.

Man kann also behaupten, daß in den letzten Jahren der unmittelbarste Zugang zur Gesellschaftsgeschichte durch die Untersuchung von Klassen im weiteren Sinne erfolgt ist. Ob wir der Meinung sind, daß sich darin eine zutreffende Wahrnehmung der Natur aller Gesellschaften nach der Zeit der Stammesgesellschaften ausdrückt, oder ob wir sie lediglich dem gegenwärtigen Einfluß einer unfreiwillig marxistischen Historie zuschreiben, die künftige Entwicklung dieses Forschungstyps erscheint sehr erfolgversprechend.

In vieler Hinsicht bezeichnet das jüngste Interesse an einer »Mentalitätsgeschichte« einen sogar noch direkteren Zugang zu zentralen methodischen Problemen der Sozialgeschichte. Sie wurde weitgehend durch das traditionelle Interesse an den »einfachen Leuten« angeregt, das viele Forscher gezeigt haben, die sich von der Sozialgeschichte angezogen fühlten. Sie hat sich zu einem Großteil mit den sprachlosen Menschen ohne schriftliche Überlieferung befaßt, die im verborgenen leben, und geht oft einher mit einem Interesse an ihren sozialen Bewegungen oder allgemeineren Phänomenen des sozialen Verhaltens, das heute glücklicherweise auch ein Interesse an denen mit einschließt, die an solchen Bewegungen keinen Anteil nehmen – zum Beispiel an den konservativen ebenso wie an den militanten oder passiv sozialistischen Arbeitern.

Allein diese Tatsache hat zu einer spezifisch dynamischen Behandlung der Kultur durch Historiker geführt, die solchen Untersuchungen wie die der »Kultur der Armut« durch Sozialanthropologen überlegen sind, auch wenn sie von deren Methoden und Erfahrungen als Pionieren auf diesem Gebiet profitiert haben. Es waren nicht so sehr Studien eines Konglomerats von – dauerhaften oder vorübergehenden – Überzeugungen und Ideen – auch wenn sich manche Forscher wie Alphonse Dupront[15] äußerst wertvolle Gedanken darüber gemacht haben – als vielmehr über Ideen, die in Handeln umschlagen, und insbesondere Ideen in Situationen sozialer Spannungen und Krisen, wie in Georges Lefebvres *Grande Peur*, die zahlreiche nachfolgende Arbeiten angeregt hat. Die Natur der Quellen für solche Untersuchungen hat es dem Historiker nur selten erlaubt, sich auf eine einfache Analyse und Darstellung von Tatsachen zu beschränken. Er war von Anfang an genötigt, Modelle zu konstruieren, daß heißt, seine unvollständigen und verstreuten Daten in kohärente Systeme einzupassen, ohne die sie bestenfalls einen anekdotischen Wert gehabt hätten. Das Kriterium für derartige Modelle besteht darin oder sollte darin bestehen, daß seine Komponenten zusammenpassen müssen und eine Richtschnur für die Natur des kollektiven Handeln in spezifischen sozialen Situationen und für seine Grenzen liefern sollten.[16] Edward Thompsons Begriff der »moralischen Wirtschaft« im vorindustriellen England hat dies ebenso geleistet wie meine Analyse der »Sozialrebellen« versucht hat, auf einem anderen Begriff aufzubauen.

Soweit diese Überzeugungs- und Handlungssysteme Bilder der Gesellschaft als Ganzes sind (oder diese unausgesprochen voraussetzen) –

es können je nach Anlaß Bilder sein, die auf eine Fortdauer oder eine Veränderung der Gesellschaft ausgerichtet sind – und soweit diese bestimmten Aspekten ihrer jeweiligen Realität entsprechen, führen sie uns näher an den Kern unserer Aufgabe. Soweit die erfolgreichsten derartigen Analysen sich mit traditionellen oder herkömmlichen Gesellschaften befaßt haben, auch wenn diese hier und da dem Einfluß einer sozialen Transformation unterworfen waren, hat dies ihren Umfang stärker eingeschränkt. Für eine Periode, die durch einen anhaltenden, schnellen und tiefgreifenden Wandel und durch eine Komplexität gekennzeichnet ist, die die Gesellschaft weit außerhalb des Horizonts der Erfahrung oder gar des Begriffsvermögens des einzelnen versetzt, verlieren die aus der Kulturgeschichte ableitbaren Modelle wahrscheinlich zunehmend den Bezug zu den sozialen Realitäten. Es kann sein, daß sie nicht einmal mehr besonders nützlich für die Konstruktion einer Zielvorgabe der modernen Gesellschaft sind (»wie die Gesellschaft sein sollte«). Denn der fundamentale Wandel, der durch die industrielle Revolution im Bereich des gesellschaftlichen Denkens bewirkt wurde, bestand darin, daß ein System von Überzeugungen und Glaubensvorstellungen, das auf einem unablässigen *Fortschritt* in Richtung auf Ziele beruhte, die nur als *Prozeß* angegeben werden können, durch ein neues System ersetzt wurde. Dieses beruhte auf der Annahme einer dauerhaften Ordnung, die sich in Begriffen eines konkreten Gesellschaftsmodells beschreiben oder veranschaulichen läßt, das in der Regel aus der – realen oder vorgestellten – Vergangenheit gewonnen wird. Die Kulturen der Vergangenheit maßen ihre eigene Gesellschaft an solchen spezifischen Modellen; die Kulturen der Gegenwart können sie nur an Möglichkeiten messen. Trotzdem war die »Mentalitätsgeschichte« insofern nützlich, als sie etwas der Disziplin der Sozialanthropologen Analoges in die Geschichte eingeführt hat, und ihr möglicher Nutzen ist noch lange nicht erschöpft.

Meiner Ansicht nach sollte die Brauchbarkeit der zahlreichen Untersuchungen über soziale Konflikte, von Unruhen bis zu Revolutionen, sorgfältiger als bisher eingeschätzt werden. Warum diese heute das Interesse der Forschung auf sich lenken, liegt auf der Hand. Daß sie schon immer entscheidende Aspekte der Sozialstruktur in ein helles Licht gerückt haben, weil diese dabei bis zum Zerreißen belastet wird, steht außer Zweifel. Außerdem können bestimmte wichtige Probleme überhaupt nur in solchen Augenblicken der Eruption und durch sie studiert werden, da sie nicht nur vieles sichtbar machen, was normalerweise unter der Oberfläche bleibt, sondern auch zum Nutzen des Forschers Phänomene verdichten und vergrößern, während sie zugleich –

ein weiterer wichtiger Vorteil – in der Regel unsere Dokumentation über solche Phänomene vervielfachen. Um ein einfaches Beispiel zu nehmen: Wieviel weniger wüßten wir von den Vorstellungen derjenigen, die sich in der Regel nicht öffentlich oder auch nur schriftlich äußern, gäbe es nicht den außerordentlichen Ausbruch an Wortmeldungen, der für revolutionäre Perioden so charakteristisch ist und von dem die Berge von Flugblättern, Briefen, Artikeln und Reden und schließlich die Fülle von Polizeiberichten, Aussagen vor Gericht und allgemeinen Untersuchungen Zeugnis ablegen? Wie ergiebig die Untersuchung der großen und vor allem gut dokumentierten Revolutionen sein kann, zeigt sich an der Historiographie der Französischen Revolution, die vermutlich länger und intensiver erforscht worden ist als jede andere Periode von vergleichbar kurzer Dauer, ohne daß die Forschungserträge sichtbar abnehmen würden. Sie war und bleibt ein fast perfektes Laboratorium für den Historiker.[17]

Die Gefahr bei diesem Forschungstyp liegt in der Verlockung, das Phänomen einer zutage liegenden Krise vom umfassenderen Kontext einer Gesellschaft, die einer Transformation unterworfen ist, zu isolieren. Diese Gefahr kann besonders groß sein, wenn wir komparative Studien in Angriff nehmen, vor allem wenn wir von dem Wunsch beseelt sind, Probleme zu lösen (zum Beispiel die Frage, wie man Revolutionen machen oder zum Stillstand bringen kann), was in der Soziologie oder der Sozialgeschichte kein sehr weittragender Ansatz ist. Das, was beispielsweise Tumulte miteinander gemeinsam haben (unter anderem »Gewalt«), mag trivial sein. Es kann sogar trügerisch sein, sofern wir den Phänomenen ein anachronistisches – rechtliches, politisches oder sonstiges – Kriterium überstülpen, ein Fehler, den Historiker, die über Kriminalität forschen, zu vermeiden lernen. Dasselbe kann für Revolutionen gelten oder auch nicht. Ich bin der letzte, der die an diesen Themen Interessierten davon abbringen möchte, da ich selbst einen Großteil meines Berufslebens darauf verwendet habe. Wenn wir sie jedoch erforschen, dann sollten wir das genaue Ziel unseres Interesses möglichst klar definieren. Wenn es sich auf die großen Transformationen der Gesellschaft richtet, werden wir vielleicht paradoxerweise feststellen, daß der Wert unserer Untersuchung der Revolution selbst im umgekehrten Verhältnis zu unserer Konzentration auf den kurzen Augenblick des Konflikts steht. Es gibt Dinge an der Russischen Revolution, die sich nur dadurch erschließen, daß man sich auf die Zeitspanne vom März bis zum November oder den anschließenden Bürgerkrieg konzentriert; doch daneben gibt es Dinge in der Menschheitsgeschichte, die mit einer derart konzentrierten Analyse kurzer

Krisenperioden, und seien sie noch so dramatisch und bedeutsam, nicht herausgearbeitet werden können.

Auf der anderen Seite lassen sich Revolutionen und ähnliche Untersuchungsgegenstände (einschließlich sozialer Bewegungen) in der Regel in ein weiteres Feld integrieren, das sich nicht nur für ein umfassendes Verständnis der sozialen Struktur und Dynamik anbietet, sondern dieses nachgerade voraussetzt: jene kurzfristigen gesellschaftlichen Transformationen, die als solche erlebt und bezeichnet werden und sich über einen Zeitraum von mehreren Jahrzehnten oder Generationen erstrecken. Wir haben es dabei nicht einfach mit chronologischen Teilstücken zu tun, die aus einem Kontinuum des Wachstums oder der Entwicklung herausgelöst werden, sondern mit relativ kurzen historischen Perioden, während denen die Gesellschaft umorientiert und transformiert wird, wie es bereits der Begriff der industriellen Revolution nahelegt. (Solche Perioden können natürlich große politische Revolutionen einschließen, lassen sich jedoch nicht chronologisch durch sie begrenzen.) Die Beliebtheit solch historisch grober Begriffe wie »Modernisierung« oder »Industrialisierung« deutet auf ein gewisses Bewußtsein von solchen Phänomenen.

Die Schwierigkeiten eines derartigen Unternehmens sind gewaltig, was vielleicht der Grund dafür ist, warum es bislang keine adäquaten Untersuchungen der industriellen Revolutionen des 18. Jahrhunderts als soziale Prozesse in einzelnen Ländern gibt, auch wenn inzwischen eine oder zwei ausgezeichnete Regional- und Lokalstudien vorliegen wie die von Rudolf Braun über das Züricher Land und John Foster über Oldham im frühen 19. Jahrhundert.[18] Es kann sein, daß ein brauchbarer Zugang zu solchen Phänomenen gegenwärtig nicht nur aus der Wirtschaftsgeschichte abgeleitet werden kann (die einige Untersuchungen zur industriellen Revolution angeregt hat), sondern auch aus der Politikwissenschaft. Forscher auf dem Gebiet der Vorgeschichte und Geschichte der kolonialen Befreiung waren verständlicherweise genötigt, sich solchen Problemen zu stellen, wenn auch vielleicht unter einem überwiegend politischen Aspekt, und Afrikastudien haben sich als besonders ergiebig erwiesen, während in diesem Zusammenhang auch jüngere Versuche erwähnt werden sollten, diesen Ansatz auf Indien auszudehnen.[19] Somit können uns Politikwissenschaft und politische Soziologie, die sich mit der Modernisierung kolonialer Gesellschaften befassen, einige wichtige Hilfestellungen leisten.

Der analytische Vorteil der kolonialen Situation (damit meine ich die Verhältnisse in *formellen* Kolonien, die durch Eroberung erworben wurden und direkt verwaltet werden) liegt darin, daß hier eine ganze

Gesellschaft oder eine Gruppe von Gesellschaften scharf abgegrenzt ist gegenüber einer äußeren Macht und daß ihre einzelnen inneren Verschiebungen und Veränderungen sowie ihre Reaktionen auf den unkontrollierbaren und schnellwirkenden Einfluß dieser Macht als Ganzes beobachtet und analysiert werden können. Bestimmte Kräfte, die in anderen Gesellschaften intern sind oder in einer graduellen und komplexen Interaktion mit inneren Elementen dieser Gesellschaft wirksam werden, können hier aus praktischen Gründen und kurzfristig als vollkommen extern betrachtet werden, was die analytische Arbeit sehr erleichtert. (Wir dürfen selbstverständlich nicht die Verzerrungen der kolonialen Gesellschaften ignorieren – zum Beispiel durch die Beschneidung ihrer Wirtschaft und gesellschaftlichen Hierarchie –, die ebenfalls aus der Kolonialisierung rühren, doch das Interesse an der kolonialen Situation beruht nicht auf der Annahme, daß die Kolonialgesellschaft der Abklatsch einer nichtkolonialen Gesellschaft sei.)

Es gibt vielleicht noch einen spezifischeren Vorteil. Ein ganz besonders beliebtes Thema der Forscher auf diesem Gebiet war der Nationalismus und die Nationwerdung, und hier kann die koloniale Situation eine wesentlich bessere Annäherung an das allgemeine Modell liefern. Auch wenn die Historiker bislang von einem Verständnis des Problems weit entfernt sind, ist der Komplex der Phänomene, die man als national(istisch) bezeichnen kann, fraglos wichtig für das Verständis der sozialen Struktur und Dynamik im Industriezeitalter, und ein Teil der interessanten Arbeiten auf dem Gebiet der politischen Soziologie hat dem inzwischen auch Rechnung getragen. Das Projekt von Stein Rokkan, Eric Allardt und anderen unter dem Titel »Zentrumbildung, Nationwerdung und kulturelle Vielfalt« vermittelt einige sehr interessante Ansätze.[20]

Die »Nation«, eine historische Erfindung der letzten zweihundert Jahre, deren immense praktische Bedeutung heute kaum noch erläutert werden muß, wirft mehrere wichtige Probleme der Gesellschaftsgeschichte auf, zum Beispiel im Hinblick auf die Veränderung der Größe von Gesellschaften, die Transformation pluralistischer, nur indirekt miteinander verbundener sozialer Systeme zu einheitlichen Systemen mit direkten Verbindungen (oder das Verschmelzen mehrerer bereits bestehender kleinerer Gesellschaften zu einem größeren sozialen System), die Faktoren, welche die Grenzen (zum Beispiel politisch-territorialer Natur) eines sozialen Systems determinieren, sowie andere von vergleichbarer Bedeutung. In welchem Umfang werden diese Grenzen objektiv durch die Erfordernisse der wirtschaftlichen Entwicklung erzwungen, die als Terrain beispielsweise einer typischen Industriewirtschaft des 19. Jahrhunderts einen Territorialstaat unter den gegebenen Umständen mit einer bestimmten Mindest- und Höchstgröße benötigt?[21] In welchem Umfang bedeuten diese Erfordernisse automatisch nicht nur die Schwächung und Zerstörung früherer sozialer Strukturen, sondern auch ein bestimmtes Maß an Vereinfachung, Standardisierung und Zentralisierung – das heißt direkter und zunehmend ausschließlicher Verbindungen zwischen »Zentrum« und »Peripherie« (oder »Oben« und »Unten«)? Wieweit ist die »Nation« ein Versuch, die durch die Auflösung früherer Gemeinschafts- und Gesellschaftsstrukturen entstandene Lücke zu schließen, indem man etwas erfunden hat, das als symbolischer Ersatz für eine bewußt wahrgenommene Gemeinschaft oder Gesellschaft dienen oder einen solchen Ersatz hervorbringen konnte? (Der Begriff des »Nationalstaats« könnte dann diese objektiven und subjektiven Entwicklungen miteinander verknüpft haben.)

Die koloniale und die exkoloniale Situation ist als Basis zur Untersuchung dieses Fragenkomplexes nicht von vornherein besser geeignet als die europäische Geschichte, doch solange keine tiefschürfenden Arbeiten darüber von Europahistorikern des 19. und 20. Jahrhunderts vorliegen, die bislang – einschließlich der Marxisten – vor den Schwierigkeiten eher kapituliert haben, spricht manches dafür, daß jüngere Arbeiten über die Geschichte Afrikas und Asiens sich als Ausgangspunkt am ehesten eignen.

V

Wieweit hat uns die Forschung der letzten Jahre einer Gesellschaftsgeschichte nähergebracht? Ich will ganz offen sein. Mir ist keine einzige Arbeit bekannt, die als Beispiel für eine Gesellschaftsgeschichte, wie wir sie anstreben sollten, dienen könnte. Marc Bloch hat mit seiner *Société féodale* ein meisterhaftes, ja beispielhaftes Werk über das Wesen der Sozialstruktur vorgelegt, einschließlich einer Erörterung eines bestimmten Gesellschaftstyps und seiner tatsächlichen und möglichen Abwandlungen, erhellt durch die komparative Methode, auf deren Risiken und noch größeren Belohnungen ich hier nicht eingehen kann. Marx hat für uns ein Modell der Typologie und der langfristigen historischen Umgestaltung und Evolution von Gesellschaften umrissen oder uns dazu verholfen, solche Modelle selbst zu entwerfen, das noch immer äußerst leistungsfähig ist und bis heute seiner Zeit fast ebensoweit voraus ist wie Ibn Chaldun es war, dessen eigenes Modell, das auf der Wechselwirkung verschiedener Gesellschaftstypen beruhte, natürlich ebenfalls fruchtbar war, vor allem für die Historiographie der Vorgeschichte, der Antike und des Orients. (Ich denke hier an den verstorbenen Gordon Childe und an Owen Lattimore.) In jüngerer Zeit hat es bedeutende Fortschritte bei der Untersuchung bestimmter Gesellschaftstypen gegeben – vor allem jener, die in Nord- und Südamerika auf Sklavenwirtschaft beruhten (die Sklavenhaltergesellschaften im Altertum wecken anscheinend immer weniger Interesse) oder sich auf eine starke Schicht von kleinen Ackerbauern gestützt haben. Auf der anderen Seite halte ich die Versuche, eine umfassende Sozialgeschichte in eine populäre Synthese zu bringen, bislang entweder für relativ wenig erfolgreich oder trotz ihrer Verdienste, zu denen auch die von ihnen gegebenen Anregungen gehören, für schematisch und konzeptionslos. Die Gesellschaftsgeschichte befindet sich noch im Aufbau. Ich habe in diesem Essay versucht, einige ihrer Probleme zu skizzieren, einige ihrer Arbeiten einzuschätzen und nebenbei auf bestimmte Probleme hinzuweisen, die durch eine konzentriertere Erforschung einer Lösung nähergebracht werden könnten. Es wäre jedoch verfehlt, meine Ausführungen abzuschließen, ohne am Ende den bemerkenswert lebendigen Zustand dieser Disziplin zu erwähnen und zu begrüßen. Es ist eine gute Zeit für Sozialhistoriker. Selbst diejenigen von uns, die nie daran gedacht haben, uns mit diesem Namen zu belegen, werden es heute nicht mehr ablehnen, ihn zu gebrauchen.

7. Kapitel

Historiker und Ökonomen I

Obwohl nach einem Napoleon zugeschriebenen Ausspruch jeder französische Soldat den Marschallstab in seinem Tornister trug, rechneten die wenigsten seiner Soldaten ernsthaft mit der Möglichkeit, ihn eines Tages herauszuholen. Ich befand mich mehrere Jahre lang in einer ähnlichen Lage und fühle mich deshalb nicht nur geehrt, sondern bin auch überrascht durch die Einladung, die Marshall Lectures zu halten, die ich erstmals zu Beginn der fünfziger Jahre an dieser Stelle gehört habe, als Gunnar Myrdal auf diesem Platz stand. Ich war damals ein Historiker, der nur lose Verbindungen zu dieser Universität unterhielt und an den Rändern der Wirtschaftsfakultät als Doktorvater und Prüfer in Wirtschaftsgeschichte tätig war, während Cambridge mir im Lauf der Jahre mehrere Anstellungen in zwei Fakultäten verweigerte. Damals verfügte die Universität über die zweifellos renommierteste wirtschaftswissenschaftliche Fakultät in England und möglicherweise auf der Welt. Ich bin mir deshalb deutlich bewußt, daß die Einladung, diese Vorträge zu halten, eine besondere Auszeichnung ist, für die ich der Fakultät meinen Dank ausspreche.

Aber wenn ich hier auch mit einer gewissen Genugtuung spreche, so doch zugleich mit einer gehörigen Beimischung von abwehrender Bescheidenheit. Ich bin kein Wirtschaftswissenschaftler, und nach den Maßstäben einer bestimmten Schule unter meinen Kollegen nicht einmal ein richtiger Wirtschaftshistoriker, wenngleich nach diesen Maß-

Dieses und das folgende Kapitel sind geringfügig überarbeitete Fassungen der Marshall Lectures an der wirtschaftswissenschaftlichen Fakultät der Universität Cambridge, die ich 1980 dort halten durfte, und werden hier erstmals veröffentlicht. Obwohl sich seither in der Wirtschaftswissenschaft und in der Wirtschaftsgeschichte viel getan hat – nicht zuletzt die Verleihung des Nobelpreises für Ökonomie an Wirtschaftshistoriker, über die ich mich hier kritisch geäußert habe –, sind die in diesen Vorträgen angesprochenen Probleme noch immer ungelöst und die Texte deshalb für eine Veröffentlichung noch immer geeignet. In einigen Punkten habe ich allerdings als Antwort auf einige Kritiker meine Position geringfügig modifiziert. Die zu diesem Zweck nachträglich hinzugefügten Ergänzungen sind durch eckige Klammern gekennzeichnet.

stäben natürlich auch kein Werner Sombart, Max Weber oder Richard Tawney hätten bestehen können. Ich bin weder Mathematiker noch Philosoph, zwei Beschäftigungen, zu denen Ökonomen manchmal Zuflucht nehmen, wenn sie von der wirklichen Welt zu sehr bedrängt werden, und deren Theoreme ihnen vielleicht relevant erscheinen. Kurzum, hier steht ein Laie. Das einzige, was mir den Mut gibt, meinen Mund aufzumachen, ist die Überzeugung, daß Nationalökonomen im gegenwärtigen Zustand ihres Faches möglicherweise bereit sind, sich die Beobachtungen von Laien anzuhören, einfach deshalb, weil diese für die gegenwärtige Weltlage nicht irrelevanter sein können als manches von dem, was sie selbst zu Papier bringen. Vor allem steht zu hoffen, daß sie einem Laien ihr Ohr schenken, der für eine stärkere Integration oder vielmehr eine Reintegration der Geschichte in die Ökonomie eintritt.

Denn die Wirtschaftswissenschaft oder besser derjenige Teil von ihr, der von Zeit zu Zeit ein Monopol für sich beansprucht, das Fach zu definieren, war seit jeher das Opfer der Geschichte. Während ausgedehnter Perioden, in denen die Weltwirtschaft anscheinend mit oder ohne Ratschläge glücklich und zufrieden vor sich hin lebt, leistet die Geschichte der Selbstzufriedenheit kräftig Vorschub. Die anständige Ökonomie hat das Wort, die unanständige Ökonomie wird stillschweigend ausgeschlossen oder der zwielichtigen Welt vergangener und gegenwärtiger Irrlehren überantwortet, ähnlich wie das Gesundbeten oder die Akupunktur in der Medizin. Doch von Zeit zu Zeit erwischt die Geschichte die Ökonomen bei ihren atemberaubenden Turnübungen und macht sich mit ihren Überziehern davon. Die frühen dreißiger Jahre waren eine solche Periode, und wir erleben gegenwärtig wieder eine. Zumindest einige Ökonomen sind mit dem Zustand ihrer Disziplin unzufrieden. Historiker sind möglicherweise in der Lage, hier zu einer Klärung oder gar Revision beizutragen.

Das von mir gewählte Thema »Historiker und Ökonomen« ist außerdem von besonderer Bedeutung für Cambridge und seine wirtschaftswissenschaftliche Fakultät, in der Wirtschaftsgeschichte und Nationalökonomie seit den Tagen Marshalls dauerhaft und für beide unerquicklich zusammengeschirrt waren. Die Beziehung war für beide Seiten ebenso komplex wie problematisch. Auf der einen Seite war Marshalls eigener theoretischer Apparat, wie immer wieder festgestellt wurde, im wesentlichen statisch. Er konnte nur mit Mühe historischen Veränderungen und Weiterentwicklungen angepaßt werden. Über den Anhang zu seinem *Handbuch der Volkswirtschaftslehre*, in der ursprünglichen englischen Ausgabe ein einleitendes Kapitel, das einen Überblick über die Wirtschaftsgeschichte gibt, hat Schumpeter mit Recht bemerkt, es lese sich wie »eine Reihe trivialer Bemerkungen«.[1] Tatsächlich tragen Marshalls eigene beträchtliche wirtschaftshistorische Kenntnisse kaum mehr als einige schmückende und illustrative Floskeln zu einer theoretischen Struktur bei, die für solche Zusätze wenig Spielraum läßt. Dennoch war er sich bewußt, daß die Nationalökonomie in einen historischen Wandel eingebettet war und sich ohne einen empfindlichen Verlust an Realismus aus diesem nicht herauslösen ließ. Er wußte zwar, daß die Nationalökonomie die Geschichte nötig hatte, aber nicht, wie er die Geschichte in seine Analyse integrieren sollte. In dieser Hinsicht war er nicht nur Marx, sondern auch Adam Smith unterlegen. Und während der Lehrplan in Cambridge wie der anderer Wirtschaftsfakultäten bislang (1980) schon immer einige Veranstaltungen der Wirtschaftsgeschichte vorsah, glich deren Stellenwert innerhalb des Lehrplans und der Stellenwert der Vertreter dieses Fachs in der Vergangenheit häufig dem des menschlichen Blinddarms. Sie war unbestritten Bestandteil des Gesamtorganismus, doch ihre genaue Aufgabe, wenn sie denn eine hatte, war alles andere als klar.

Auf der anderen Seite führten die Wirtschaftshistoriker – und tun dies zum Teil heute noch – ein unbehagliches Doppelleben zwischen den beiden Disziplinen, deren Namen sie trägt. Zumindest in der angelsächsischen Welt gibt es normalerweise zwei Wirtschaftsgeschichten, ob wir sie als »alt« und »neu« bezeichnen oder, was realistischer erscheint, als Wirtschaftsgeschichte für Historiker und Wirtschaftsgeschichte für Nationalökonomen. Die zweite ist im Grunde genommen Theorie – hauptsächlich neoklassische Theorie –, die in die Vergangenheit projiziert wird. Ich werde auf diese *New Economic History* oder »Kliometrie« noch zurückkommen. Im Augenblick mag der Hinweis genügen, daß sie zwar Wissenschaftler mit großen Fähigkeiten und – im Fall mindestens eines von ihnen, Robert Fogel (der inzwischen einen Nobelpreis errungen hat) – einem erstaunlichen Einfallsreichtum im Hinblick auf die Erschließung und Nutzung historischer Quellen angezogen hat, bislang jedoch keineswegs revolutionär gewesen ist. Robert Fogel hat selbst eingeräumt, daß sogar in der amerikanischen Wirtschaftsgeschichte, auf die sich die meisten Kliometriker anfangs konzentriert haben, die neue Schule die grundlegenden Darstellungen vom Wachstum der Landwirtschaft, dem Aufkommen der industriellen Produktion, der Entwicklung des Bankwesens, der Ausdehnung des Handels und von manchem anderem, das mit herkömmlichen Methoden erforscht und dokumentiert worden ist, verändert, aber nicht ersetzt hat.[2]

Die alten Wirtschaftshistoriker haben selbst dann, wenn sie über solide Kenntnisse in Ökonomie und Statistik verfügten, im allgemeinen und aus guten Gründen der rein retrospektiven Bestätigung oder Widerlegung von Theoremen in der gegenwärtigen Wirtschaftstheorie und der bewußten Verengung des Gesichtsfelds durch die *New Economic History* mißtraut. Selbst der Inhaber des Lehrstuhls für Wirtschaftsgeschichte an der Universität Cambridge, J. H. Clapham, den Marshall wegen seiner Begabung für ökonomische Analyse persönlich ausgewählt hatte und der seinerseits eine Professur für Nationalökonomie bekleidete, war nicht der Meinung, daß die ökonomische Theorie in seinem Fach eine besondere Rolle spielte. Die Wirtschaftsgeschichte steht der Theorie nicht von vornherein mißtrauisch gegenüber. Wenn ihr eine gewisse Skepsis gegenüber der neoklassischen Theorie innewohnt, dann liegt das an deren historischen Enthaltsamkeit und der äußerst eingeschränkten Natur ihrer Modelle.

Deshalb leben Nationalökonomen und Wirtschaftshistoriker in einer unersprießlichen Koexistenz, die meiner Meinung nach für beide Seiten unbefriedigend ist.

Die Nationalökonomen müssen die Geschichte in ihr Fach reintegrieren, und das läßt sich nicht einfach in der Weise erreichen, daß man aus ihr eine retrospektive Ökonometrie macht. Die Nationalökonomen brauchen diese Reintegration nötiger als die Historiker, weil die Nationalökonomie eine angewandte Sozialwissenschaft ist, so wie die Medizin eine angewandte Naturwissenschaft ist. Biologen, die ihre Hauptaufgabe nicht in einer Heilung von Krankheiten sehen, sind keine Ärzte, auch wenn sie an einer medizinischen Fakultät angestellt sind. Ökonomen, die nicht primär direkt oder indirekt mit den Wirkungsweisen realer Wirtschaften befaßt sind, die sie umgestalten, verbessern oder vor einer Verschlechterung bewahren wollen, sollten eher als eine Unterart von Philosophen oder Mathematikern eingestuft werden, wenn sie es nicht sogar vorziehen, den Platz auszufüllen, der in unserer säkularen Gesellschaft durch den Niedergang der Theologie frei wird. Ich enthalte mich hier jeder Meinungsäußerung darüber, welchen Wert es haben mag, die Wege der Vorsehung (oder des Marktes) gegenüber dem Menschen zu rechtfertigen. Wie auch immer, mit diesem Gebiet sind zwangsläufig – positive wie negative – politische Empfehlungen verbunden. Wäre das nicht der Fall, dann gäbe es das Fach Nationalökonomie gar nicht erst oder es hätte sich nicht halten können. Mit dem zahlenmäßigen Wachstum, der Professionalisierung und Akademisierung dieser wie so vieler anderer Disziplinen hat sich allerdings auch ein ausgedehnter Arbeitsbereich entwickelt, dessen

Zweck weder darin besteht, die Welt zu interpretieren oder zu verändern, sondern Karrieren zu fördern und auf Kosten anderer Vertreter dieser Disziplin Punkte zu sammeln. Doch wir können diesen Aspekt der Entwicklung der Nationalökonomie beiseite lassen.

Die Geschichteswissenschaft als akademisches Fach, deren Gegenstand die Vergangenheit ist, kann allein schon deshalb keine angewandte Wissenschaft in diesem Sinne sein, weil bislang noch niemand eine Möglichkeit gefunden hat, etwas zu ändern, das bereits geschehen ist. Wir können bestenfalls Spekulationen über hypothetische Alternativen zum tatsächlichen Geschichtsverlauf anstellen. Natürlich sind Vergangenheit, Gegenwart und Zukunft Teil eines einzigen Kontinuums, und was Historiker zu sagen haben, könnte deshalb sowohl Vorhersagen als auch Empfehlungen für die Zukunft ermöglichen. Ich hoffe sogar, daß es so ist. Die Kenntnisse des Historikers sind für einen solchen Zweck sicherlich nicht unerheblich. Nichtsdestoweniger ist meine Disziplin so definiert, daß Historiker das Terrain der Gegenwartspolitik nur außerhalb ihres Faches betreten können oder nur insofern, als die Geschichte ein fester Bestandteil einer umfassenderen Konzeption von Sozialwissenschaft ist wie im Marxismus. In jedem Fall muß ein Großteil dessen, was wir tun, außerhalb bleiben, nämlich alles, was die unveränderliche Vergangenheit von der theoretisch veränderbaren Zukunft unterscheidet oder, wenn man so will, das Wetten auf bekannnte Ergebnisse vom Wetten auf Ergebnisse, die erst noch eintreten werden.

Aber brauchen Nationalökonomen wirklich die Reintegration der Geschichte in ihr Fach? Zunächst einmal gibt es einige Wirtschaftswissenschaftler, die unverhohlen einen solchen Bedarf anmelden, »in der Hoffnung, daß die Vergangenheit Antworten liefern wird, die von der Gegenwart anscheinend nicht gegeben werden«.[3] Zu einer Zeit, da es zum Gesprächsstoff von Cocktailpartys gehört, die Probleme der britischen Wissenschaft auf das 19. Jahrhundert zurückzuführen, ist die Geschichte offenbar ein natürlicher Bestandteil jeder Diagnose der Krankheit unserer Wirtschaft und für eine Therapie vielleicht nicht völlig unerheblich. Nichts wäre lächerlicher als die Annahme [die zunehmend um sich greift], die Wirtschaftsgeschichte sei rein theoretisch, während notorische Pseudodisziplinen wie »Betriebsführung« oder »Management« bis zu einem gewissen Grad real und ernsthaft seien. Seit langem – gemessen an den amerikanischen Verhältnissen des Fachs, bei weitem das größte auf der Welt – geht das Interesse an der Geschichte unter den Nationalökonomen zurück, obwohl zutiefst historische Themen in den Mittelpunkt des Interesses gerückt sind.

Das ist um so verwunderlicher, als Geschichte und Ökonomie gemeinsam aufgewachsen sind. Wenn die klassische politische Ökonomie vor allem mit Großbritannien in Verbindung gebracht wird, dann liegt das in meinen Augen nicht einfach daran, daß England einer der Pioniere einer kapitalistischen Wirtschaft war. Schließlich hat Holland, der andere Pionier im 17. und 18. Jahrhundert, keine vergleichbare Zahl an Wirtschaftstheoretikern hervorgebracht. Es lag daran, daß die schottischen Denker, die so viel zur Disziplin beigetragen haben, es ganz besonders ablehnten, die Ökonomie vom restlichen Teil der historischen Transformation der Gesellschaft, an der sie teilhatten, abzutrennen. Männer wie Adam Smith sahen sich als beteiligte Zeitzeugen eines Übergangs von einem Zustand, den die Schotten vermutlich früher als jeder andere als ein »feudales System« der Gesellschaft bezeichneten, zu einer Gesellschaft anderer Art. Sie wollten diesen Übergang beschleunigen und rational erklären, und sei es auch nur, um die vermuteten schädlichen politischen und gesellschaftlichen Ergebnisse zu vermeiden, wenn man das »natürlichen Wachstum des Wohlstandes« sich selbst überließ, wenn er möglicherweise zu einer »unnatürlichen und rückschrittlichen Entwicklung« (Adam Smith) würde.[4] Man könnte sagen, während die Marxisten in der Barbarei ein mögliches alternatives Ergebnis der kapitalistischen Entwicklung erkannten, sah Smith darin eine mögliche Alternative der feudalen Entwicklung. Deshalb ist es ebenso irrig, die klassische politische Ökonomie von der historischen Soziologie abzutrennen, der Smith das 3. Buch seines *Wealth of Nations* widmete, wie sie von seiner Moralphilosophie zu trennen. Desgleichen bleiben Geschichte und Analyse bei Marx, dem letzten der großen klassischen Politökonomen, ungeteilt. Auf eine etwas andere und analytisch weniger befriedigende Weise blieben beide auch bei den deutschen Nationalökonomen ein Ganzes. Erinnern wir uns daran, daß Deutschland im späten 19. Jahrhundert wahrscheinlich mehr Lehrstühle der Ökonomie und eine umfangreichere Literatur auf diesem Gebiet hatte als England und Frankreich zusammengenommen.

Tatsächlich machte sich die Trennung zwischen Geschichte und Ökonomie erst mit der Durchsetzung der Grenznutzenschule voll bemerkbar. Sie wurde zu einem der Hauptstreitpunkte in dem heute weitgehend in Vergessenheit geratenen »Methodenstreit« der Jahre nach 1880, der durch einen provozierenden Angriff Carl Mengers auf die sogenannte »historische Schule« ausgelöst wurde, die damals in besonders extremer Form die deutsche Nationalökonomie beherrschte. Es darf hierbei allerdings nicht vergessen werden, daß die österreichische Schule, der Menger angehörte, gleichzeitig eine erbitterte Auseinandersetzung mit Marx führte.

In diesem Kampf der Methoden war eine der beiden Seiten am Ende so erfolgreich, daß die Streitpunkte, die Argumente und selbst die Existenz der unterlegenen Seite weitgehend der Vergessenheit anheimgefallen sind. Marx überlebte insofern in den ökonomischen Schulen, als die Argumente gegen ihn im analytischen Stil des Neoklassizismus vorgetragen werden konnten: Er konnte als Wirtschaftstheoretiker behandelt werden, wenn auch als ein gefährlich mißverstandener. Mit Schmoller und den übrigen Historisten wurde man ganz einfach dadurch fertig, daß man in ihnen keine vollwertigen Ökonomen im analytischen Sinne sah oder sie als bloße »Wirtschaftshistoriker« abstempelte, wie es mit William Cunningham in Cambridge geschah. Überhaupt war das wohl in England der Ursprung der Wirtschaftsgeschichte als akademische Spezialdisziplin. Die britische Wirtschaftswissenschaft und insbesondere Marshall haben Geschichte und empirische Beobachtung – die übrigen Umstände, die in den seltensten Fällen konstant bleiben (und eine ceteris-paribus-Annahme rechtfertigen) – niemals so systematisch aus der Analyse ausgeschlossen wie die extremeren Österreicher es getan haben. Trotzdem hat auch sie deren Grundlage und deren Fragestellungen in einer Weise verengt, daß sie nur noch schwer oder höchstens auf eine triviale Weise in das Fach zu integrieren waren, und sei es auch nur, indem sie über mehrere Generationen hinweg dynamische Probleme wie eine wirtschaftliche Entwicklung und wirtschaftliche Schwankungen, ja sogar die statische Makroökonomie praktisch links liegen ließ. Wie Hicks bemerkt hat, war unter diesen Umständen selbst Marshalls Bedürfnis nach Realismus »zutiefst einäugig ... Die Ökonomie Marshalls leistet ihr Bestes, wenn sie es mit dem einzelnen Unternehmen oder mit einer einzelnen ›Industrie‹ zu tun hat; sie ist weitaus weniger gut gerüstet für die Bewältigung der Gesamtwirtschaft oder gar der gesamten Volkswirtschaft.«[5]

Es wäre sinnlos, den hundert Jahre zurückliegenden Methodenstreit erneut zu eröffnen, um so mehr, als dieser um methodische Streitfragen geführt wurde, die in dieser Form nicht mehr besonders interessant sind; es ging dabei um die Vorzüge und Nachteile der induktiven gegenüber der deduktiven Methode. Lediglich drei Bemerkungen, die mir wichtig erscheinen, möchte ich noch machen. Erstens war der Sieg damals längst nicht so klar und eindeutig, wie er uns heute im Rückblick erscheint. Sowohl die deutsche als auch die amerikanische Wirtschaftswissenschaft sind der Führung Wiens, Cambridges und Lausannes keineswegs bereitwillig gefolgt. Zweitens, die Argumente für die obsiegende Seite stützten sich im wesentlichen *nicht* auf den praktischen Wert der Wirtschaftstheorie, wie sie heute definiert wird. Und drittens, erst aufgrund des großen zeitlichen Abstands können wir heute feststellen, daß es überhaupt keinen signifikanten Zusammenhang zwischen dem Erfolg einer Wirtschaft und dem intellektuellen Rang und Prestige ihrer Wirtschaftstheoretiker gibt, gemessen an den retrospektiven Bewertungskriterien der neoklassischen Peer-group. Kurz gesagt, das Wohl und Wehe von Volkswirtschaften hat offenbar wenig mit dem unbeständigen Angebot an guten Wirtschaftswissenschaftlern zu tun – jedenfalls nicht in den Tagen, als ihre Meinungen international noch nicht so wohlfeil zu haben waren wie heute. Deutschland, das seit Thünen kaum irgendwelche Wirtschaftstheoretiker hervorgebracht hat, die sich einen besonderen Namen gemacht hätten, auch nicht in den Fußnoten außerdeutscher Lehrbücher, hat als eine dynamische Wirtschaft kaum unter diesem Mangel gelitten. Das Österreich vor 1938, wo es eine Fülle solcher Theoretiker gab, die einen Namen hatten und von den Regierungen konsultiert wurden, war keine Reklame für wirtschaftlichen Erfolg – bis in die Jahre nach 1945, als es zufälligerweise alle seine renommierten früheren Theoretiker verloren hatte, ohne dafür einen angemessenen Ersatz zu finden. Die Bedeutung von Anbietern einer guten Wirtschaftstheorie für eine erfolgreiche wirtschaftliche Praxis ist keineswegs erwiesen. Wir können uns nicht mit Mengers ursprünglicher Analogie begnügen, an der Schumpeter bis an sein Lebensende festhielt, zwischen einer reinen Theorie als der Biochemie und Physiologie der Ökonomie, auf der die Chirurgie und Therapie der angewandten Ökonomie aufbauen. Im Unterschied zu Ärzten können selbst Ökonomen, die über die Grundprinzipien der Ökonomie einer Meinung sind, diametral entgegengesetzter Ansicht über eine Therapie sein. Außerdem, wenn eine erfolgreiche Behandlung durchgeführt werden kann, wie dies offensichtlich in Deutschland seit über einem Jahrhundert der Fall war, und zwar von Praktikern, die nicht notwendig die Auffassung teilen, sie seien auf die Biochemie und Physiologie der Theoretiker angewiesen, dann ist es an der Zeit, über die Beziehungen zwischen Wirtschaftstheorie und Praxis weiter nachzudenken.

Tatsächlich räumten die Neoklassiker, wie schon gesagt, gegenüber den Anhängern der historischen Schule ein, daß ihre eigene Theorie mit der Realität wenig zu tun hatte, während sie paradoxerweise gegen die Marxisten einwandten, daß *deren* reine Theorie (die Wertlehre) nichts über das Zustandekommen der realen Marktpreise aussage. Reine Theoretiker konnten nicht bestreiten, daß eine empirische (das heißt für die Vergangenheit eine historische) Untersuchung uns mehr über die Wirtschaft sagen konnte als den Grad ihrer Übereinstimmung mit einem theoretischen Modell. (Heute würden wir sogar sagen, daß die Bestätigung theoretischer Modelle durch Anhaltspunkte aus der realen Wirtschaft wesentlich schwieriger ist, als die positivistische Ökonomie geglaubt hat.) Was die Politik und die wirtschaftliche Praxis anging, so war für sie eingestandenermaßen die reine Theorie nur von untergeordneter Bedeutung. Böhm-Bawerk schloß sie bewußt aus dem Methodenstreit aus: »Nur [in der Theorie] steht die Methodenfrage zur Debatte. Im Bereich der praktischen Sozialpolitik ist die historisch-statistische Methode aus technischen Gründen so unstreitig überlegen, daß ich nicht anstehe zu erklären, daß eine rein abstraktdeduktive legislative Politik in ökonomischen und sozialen Angelegenheiten mir ebenso widerwärtig wäre wie jedem anderen.«[6] Es gibt Regierungen, die es vertragen könnten, daran erinnert zu werden. Und Schumpeter, der gelehrteste und realistischste Kopf der österreichischen Schule, forderte den »Mut zur Wahrheit«, als er erklärte, »daß unsere Theorie, soweit sie fest begründet ist, den wichtigsten Erscheinungen des modernen Wirtschaftslebens gegenüber versagt.«[7]

Hier sind meiner Meinung nach Schumpeter mit seiner Kritik an der eigenen Seite die Pferde durchgegangen. Die reine Theorie *hat* später eine praktische Seite entwickelt, nur stellte sich heraus, daß sie ganz anders aussah, als man es vor 1914 vermutet hätte.

Es ist hier nicht der Ort, die Gründe zu erörtern, warum die ökonomische Theorie sich nach 1870 in diese Richtung entwickelt hat, auch wenn wir nicht vergessen dürfen, daß die Front zwischen beiden Seiten im Methodenstreit überwiegend zwischen den Wirtschafts- oder Neoliberalen und den Anhängern eines Staatsinterventionismus verlief. Hinter der Unzufriedenheit der amerikanischen Institutionalisten mit der neoklassischen Nationalökonomie steckte die Überzeugung, daß eine stärkere soziale Kontrolle von Unternehmen, vor allem Großunternehmen, und mehr Staatsinterventionismus, als die meisten Neoklassiker zugestehen wollten, der richtige Weg sei. Die deutschen Historisten, denen der amerikanische Institutionalismus viele Anregungen verdankte, glaubten überwiegend an eine sichtbare statt eine unsichtbare Hand – an die Hand des Staates nämlich. Dieses weltanschauliche oder politische Element tritt in der Debatte offen zutage. Es bewog die ökonomischen Ketzer, im vorkeynesianischen Neoklassizismus kaum mehr zu sehen als eine PR-Übung für einen *Laissez faire*-Kapitalismus, eine unangemessene Sicht, die allerdings für Leser wie Mises und Hayek nicht jeder Plausibilität entbehrte.

Der springende Punkt ist vielmehr der, daß es einen ganz einfachen Grund dafür gab, daß die Weltanschauung in der Debatte eine so herausragende Rolle spielen, die reine Theorie und die Geschichte sich über eine wachsende Kluft hinweg erbittert anstarren und daß die eine Seite die Praxis und die andere die Theorie vernachlässigen konnte: weil beide die kapitalistische Marktwirtschaft als ein prinzipiell sich selbst regulierendes System ansahen. Beide (mit Ausnahme der Marxisten) konnten deren allgemeine und säkulare Stabilität als selbstverständlich unterstellen. Reine Theoretiker konnten praktische Anwendungen als zweitrangig einstufen, da die Theorie wenig beizutragen brauchte außer zustimmenden Glückwünschen, solange die Regierungen keine politischen Maßnahmen – in der Hauptsache fiskalischer oder monetärer Art – vorschlugen, die nachhaltige Eingriffe in die Wirkungsweise des Marktes bedeutet hätten. Auf dieser Stufe hatte ihr Verhältnis zur praktischen Umsetzung ihrer Theorien durch Privatunternehmen und den Staat große Ähnlichkeit mit dem von Filmkritikern und Kinotheoretikern gegenüber Filmemachern vor 1950. Umgekehrt brauchten Leute aus der Wirtschaft und – ausgenommen auf dem Gebiet der Finanz- und Steuerpolitik – der Regierungspolitik an Theorie nicht mehr als das, was im empirischen Hausverstand unausgesprochen enthalten war.

Was die Wirtschaftwelt und der Staat benötigten, waren Informationen und technisches Fachwissen, woran die reinen Theoretiker wenig Interesse zeigten und was sie auch nicht anbieten konnten. Deutsche Verwaltungsfachleute und wirtschaftliche Führungskräfte waren von ihrem Nutzen und ihrer Unentbehrlichkeit weit mehr überzeugt als ihre Pendants in England. Solange die deutsche Sozialwissenschaft sie mit einem massiven Zustrom von bewundernswert recherchierten empirischen Studien versorgte, besagte es für sie wenig, daß es keinen deutschen Marshall, Wicksell oder Walras gab. Selbst die Marxisten brauchten sich vorläufig keine Gedanken über die Probleme einer sozialistischen Wirtschaft oder überhaupt einer Wirtschaft, für die sie verantwortlich waren, zu machen. Abzulesen daran, daß es bis 1914 keine ernsthafte Erörterung der Probleme einer Vergesellschaftung der Produktionsmittel gegeben hat. Erst mit dem Ersten Weltkrieg begann sich diese Situation zu ändern.

Paradoxerweise wurden die Grenzen eines historistischen oder institutionalistischen Ansatzes, der die reine Theorie verwarf, genau zu dem Zeitpunkt sichtbar, als selbst kapitalistische Wirtschaften, die zunehmend von ihren staatlichen Sektoren abhängig waren oder von diesen beherrscht wurden, bewußt gelenkt oder geplant werden mußten.

Dazu waren theoretische Werkzeuge erforderlich, die von den Historisten und Institutionalisten nicht zu bekommen waren, auch wenn sie noch so sehr einem Staatsinterventionismus huldigten. Wir sehen eine theoretisch begründete Ökonomie der Lenkung und Planung in der Zeit der beiden Weltkriege aufkommen. Die Hoffnung auf eine Rückkehr zur »Normalität« von 1913 hat die Anpassung der neoklassischen Ökonomie etwas verzögert, doch nach der Depression von 1929 machte sie rasche Fortschritte. Die Anwendung der neoklassischen Theorie auf die Politik nahm zu, da die reinen Theoretiker ihren bislang ziemlich auffälligen Mangel an Interesse an der numerischen Formulierung und Überprüfung ihrer Konzepte aufgaben, zum Beispiel an den Möglichkeiten der Ökonometrie, die unter dieser Bezeichnung in den dreißiger Jahren institutionalisiert wurde. Zur selben Zeit kamen wichtige Instrumente zur Operationalisierung in Gebrauch, zum Teil abgeleitet aus der klassischen Politökonomie oder Makroökonomie vor der Grenznutzenlehre, über den Marxismus, wie die Input-Output-Analyse, die erstmals in Leontjews vorbereitender Untersuchung für den sowjetischen Plan von 1925 erscheint, zum Teil aus der Mathematik von Naturwissenschaftlern, die auf die militärische Operations Research angewandt wurde, zum Beispiel das lineare Programmieren. Obwohl der Einfluß der neoklassischen Wirtschaftstheorie auf die sozialistische Planung – aus historischen und ideologischen Gründen – ebenfalls verzögert wurde, sind in der Praxis seit dem Zweiten Weltkrieg seine Anwendungsmöglichkeiten auf nichtkapitalistische Wirtschaften ebenfalls erkannt worden.

Eine auf diese Weise operationalisierte und erweiterte reine Theorie hat sich somit für die Praxis als relevanter erwiesen, als Schumpeter 1908 noch geglaubt hatte. Man kann wirklich nicht länger behaupten, sie habe keinen praktischen Nutzen. Doch medizinisch gesprochen – um die einmal eingeführte Metapher noch weiter zu strapazieren – bringt sie weder Physiologen noch Pathologen oder Diagnostiker hervor, sondern Computertomographen. Wenn ich nicht völlig fehlgehe, erleichtert die ökonomische Theorie die Wahl zwischen Entscheidungen und entwickelt unter Umständen Techniken zur Findung, Ausführung und Kontrolle von Entscheidungen, bringt jedoch selbst keine konkreten Entscheidungen für den politischen Prozeß hervor. Natürlich könnte man einwenden, daß das nichts Neues ist. Wann immer die ökonomische Theorie in der Vergangenheit anscheinend einhellig eine bestimmte Politik empfohlen hat, liegt da nicht der Verdacht nahe – von einigen Sonderfällen abgesehen –, daß die Empfehlungen keinen anderen Zweck hatten, als die Richtigkeit der Theorie zu beweisen?

Während die neoklassischen Theoretiker bessere Hilfsmittel für die Politiker entwickelten, als sie ursprünglich selbst vermutet hatten, sind ihre historistischen und institutionalistischen Gegner gerade in dem Punkt hinter den eigenen Erwartungen zurückgeblieben, in dem sie ihre größte Stärke gesehen hatten, nämlich in der Anleitung eines wirtschaftlichen Interventionsstaates. Hier erwiesen sich ihr altmodischer Positivismus und ihr Mangel an Theorie als verhängnisvoll. Das war auch der Grund, warum Schmoller, Wagner und John R. Commons heute ein Teil jener Historie sind, die sie so beharrlich betrieben haben. Dennoch gibt es zwei Aspekte, in denen ihre Beiträge bis heute von Bedeutung sind.

Zum ersten, ich habe es schon erwähnt, regten sie eine wirklich profunde konkrete Untersuchung jener wirtschaftlichen und gesellschaftlichen Realität an, die Marshall so sehr am Herzen lag. Bis 1914 waren die Deutschen immer wieder mit Recht verblüfft über das absolute Desinteresse britischer Ökonomen an den realen Daten ihrer Wirtschaft und über die daraus resultierende Unzulänglichkeit und Heterogenität ihrer quantitativen Wirtschaftsdaten. Tatsächlich war dort, wo britische und deutsche Wirtschaftswissenschaftler dasselbe Thema auf der Grundlage von empirischem Material behandelten, wie Schulze-Gaevernitz und Sydney Chapman im Hinblick auf die britische Baumwollindustrie, die Überlegenheit der Deutschen kaum zu bestreiten. Gelegentlich führte der Mangel an Forschungsarbeiten über das eigene Land zur Übersetzung deutscher Monographien zu britischen Themen. Außerdem kamen die wenigen empirischen Studien, die vor 1914 in England durchgeführt wurden, in aller Regel von den Außenseitern der Disziplin wie den Oxforder Ökonomen, die weitgehend in Vergessenheit geraten sind, weil sie sich zum Staatsdienst hingezogen fühlten, oder von den stark institutionalistischen Fabiern, deren Sympathien im Methodenstreit auf seiten der historischen Schule lagen und deren London School of Economics als Zentrum gegen die von Marshall vertretene Richtung gegründet worden war. Die einzige ernsthafte britische empirische Untersuchung der wirtschaftlichen Konzentration vor 1914 war die Arbeit eines den Fabiern angehörenden Beamten, der außerdem maßgeblich daran beteiligt war, daß 1907 die erste Produktionszählung durchgeführt wurde.[8] Umgekehrt gab es kein Äquivalent zu der Fülle von Monographien, die der Deutsche Verein für Sozialpolitik zu praktischen ökonomischen und sozialen Fragen herausbrachte. Es gab auf lange Jahre hinaus kein Äquivalent zu jener institutionalistischen Initiative, dem American National Bureau of Economic Research. Seit dem Zweiten Weltkrieg haben wir notgedrungen einen

Teil des Rückstandes aufgeholt, doch zwischen den Kriegen war es zweifellos zutreffend, daß ein Großteil der Auseinandersetzung innerhalb der britischen Nationalökonomen auf sogenannter »suggestive statistics« beruhte statt zumindest auf einem Teil der schon damals verfügbaren detaillierten Informationen. Kurzum, diese Debatten neigten dazu, alle Informationen über die Wirtschaft zu ignorieren bis auf das, was auch für den sprichwörtlichen Mann auf dem Claphamschen Omnibus zu sehen war, beispielsweise die Arbeitslosigkeit.

Zum zweiten hatten die Unorthodoxen eine wesentlich geschärftere Wahrnehmung für die sonstigen Bedingungen, die eben doch nie gleich bleiben, und für die konkreten historischen Veränderungen in der kapitalistischen Wirtschaft. In den letzten hundert Jahren hat diese Wirtschaft zwei tiefgreifende Wandlungen erfahren. Die erste, die zum Ende des vorigen Jahrhunderts einsetzte, wurde von den Zeitgenossen mit Begriffen gekennzeichnet wie »Imperialismus«, »Finanzkapitalismus«, »Kollektivismus«, wobei die verschiedenen Aspekte des Wandels als irgendwie zusammengehörig betrachtet wurden. Sie wurde relativ frühzeitig erkannt, wenn auch nicht zureichend analysiert, und zwar meiner Meinung nach ausschließlich von Wissenschaftlern, die nicht der herrschenden Lehre anhingen oder Außenseiter waren: von deutschen Historisten wie Schulze-Gaevernitz oder Schmoller, von J.A. Hobson in England und natürlich von Marxisten wie Kautsky, Hilferding, Luxemburg und Lenin. Die neoklassische Theorie hatte in dieser Phase nichts dazu zu sagen. Schumpeter behauptete 1908 sogar mit der von ihm gewohnten Klarheit, die »reine Theorie« könne über den Imperialismus gar nichts anderes äußern als Platitüden und ungenaue philosophische Reflexionen. Als er sich schließlich selber an eine Erklärung wagte, ging er von der unwahrscheinlichen Annahme aus, daß der neue Imperialismus der Zeit keinen inneren Zusammenhang mit dem Kapitalismus aufweise, sondern vielmehr ein soziologisches Überbleibsel aus der vorkapitalistischen Gesellschaft sei. Marshall wußte zwar, daß manche Leute die wirtschaftliche Konzentration für das Produkt der kapitalistischen Entwicklung hielten und durch die Existentz von Trusts und Monopolen beunruhigt waren. Aber bis zum Ende seines Lebens betrachtete er diese als Sonderfälle. Sein Glaube an die Wirksamkeit des freien Handels und des ungehinderten Zustroms neuer Konkurrenten in die Industrie blieb anscheinend ungebrochen. Gewiß, als Realist ging er nie von der Annahme einer vollkommenen Konkurrenz aus, aber es sprach wenig dafür, daß er erkannt hätte, daß die kapitalistische Wirtschaft nicht mehr nach den Gesetzen der Jahre nach 1870 funktionierte. Doch als 1919 sein Buch *Industry and Trade* erschien, war die Annahme nicht mehr sinnvoll, diese Dinge seien vielleicht in Deutschland oder den Vereinigten Staaten von Bedeutung, nicht jedoch in England. Erst im Lauf der Großen Depression bequemte sich die neoklassische Theorie der »unvollkommenen Konkurrenz« als der wirtschaftlichen Norm an.

Die zweite tiefgreifende Veränderung entwickelte sich oder hatte ihre Wurzeln in dem Vierteljahrhundert, das auf den Zweiten Weltkrieg folgte. Zwar lag es jetzt auf der Hand, daß eine Rückkehr zur Welt der zwanziger Jahre weder möglich noch wünschenswert war, doch man kann nicht behaupten, daß die neue Phase der Weltwirtschaft von orthodoxen Ökonomen in ihren eigenen historischen Begriffen zureichend analysiert worden wäre. Man muß sogar sagen, daß selbst die Vertreter der stärksten noch bestehenden heterodoxen Schule, die Marxisten, weit abgeneigter waren, einen realistischen Blick auf den Nachkriegskapitalismus zu werfen als die Marxisten in den beiden Jahrzehnten vor und nach der Jahrhundertwende. Die nicht zu übersehende Wiederbelebung einer marxistischen Theoriebildung in abstracto kontrastierte ziemlich unglücklich mit der unsystematischen Art und Weise, wie Marxisten sich mit den Realitäten der sie umgebenden Welt auseinandersetzten oder bis 1970 einer solchen Auseinandersetzung aus dem Wege gingen. Dennoch, soweit eine historisch neuartige Wirklichkeit überhaupt erkannt wurde, geschah dies wiederum von den Rändern der Wirtschaftswissenschaft aus. J. K. Galbraith formulierte seine Sicht von der »modernen Industriegesellschaft«, die sich bereits in seinen früheren Büchern über den »amerikanischen Kapitalismus« und »die Überflußgesellschaft« angedeutet hatte, hauptsächlich in Begriffen einer Wirtschaft von Großunternehmen in den kapitalistischen Mutterländern, die weitgehend unabhängig vom »Markt« operierten. Nebenbei bemerkt fand er bei den Laien unter seinen Lesern, die verstanden, wovon er sprach, ein wesentlich positiveres Echo als bei seinen Kollegen. Von Santiago aus kritisierten die Ökonomen der UN-Wirtschaftskommission für Lateinamerika die Ansicht, die komparativen Kosten verurteilten die dritte Welt dazu, Grundstoffe zu produzieren, und forderten ihre Industrialisierung. Es sollte jedoch noch bis zur Zeit nach dem Ende des »Goldenen Zeitalters« zu Beginn der siebziger Jahre dauern, bis die beiden Phänomene – diesmal überwiegend von heterodoxen Neomarxisten – miteinander in Verbindung gebracht wurden, und zwar in der Vorstellung von einer transnationalen Phase des Kapitalismus, in der das multinationale Großunternehmen und nicht der Nationalstaat die Institution darstellt, in der die Dynamik der kapitalistischen Akkumulation zum Ausdruck kommt. [In den achtziger und neunziger Jahren sollte dies die gängige Münze eines wiederbelebten Neoliberalismus werden. Ob mit dieser Formulierung die Rolle der nationalen Wirtschaft unterschätzt wird, braucht uns hier nicht zu kümmern.]

Während die Unorthodoxen mit ihrer Identifizierung einer neuen Phase des Kapitalismus vielleicht nicht ganz so falsch lagen, zeigten die orthodoxen Ökonomen offenbar wenig Interesse an diesem Thema. Noch 1972 prophezeite der verstorbene Harry Johnson – ein äußerst kluger und hellsichtiger, wenn auch nicht besonders phantasievoller Kopf – ein ungebrochenes Anhalten der weltweiten wirtschaftlichen Expansion und Blüte bis zum Ende des Jahrhunderts unter jeder Voraussetzung mit Ausnahme eines Weltkrieges oder eines Zusammenbruchs der Vereinigten Staaten. Unter den Historikern gab es kaum jemanden, der seine Zuversicht geteilt hätte.

Ich bin grundsätzlich der Meinung, daß die Ökonomie ohne Geschichte ein steuerloses Schiff ist und Ökonomen ohne Geschichte keine genaue Vorstellung davon haben, wo dieses Schiff hinfährt. Ich behaupte jedoch nicht, diese Mängel ließen sich einfach in der Weise beheben, daß man sich ein paar Tabellen besorgt, das heißt, indem man die konkreten ökonomischen Realitäten und die historische Erfahrung mehr als bisher beachtet. In Wahrheit hat es immer zahlreiche Ökonomen gegeben, die bereit und darauf bedacht waren, ihre Augen offenzuhalten. Das Problem ist, daß selbst in der orthodoxen Tradition ihre Theorie und Methode *als solche* ihnen nichts darüber sagen konnten, wo und wonach sie suchen sollten. Die Untersuchung der ökonomischen Mechanismen wurde von der Erforschung der sozialen und anderer Faktoren getrennt, die das Verhalten der Funktionsträger innerhalb dieser Mechanismen bedingen. Auf diesen Punkt hat schon vor langer Zeit Maurice Dobb in Cambridge hingewiesen.

Dagegen ist mein Vorbehalt gegenüber der orthodoxen Ökonomie radikaler. Solange diese wie bei Lionel Robbins allein als eine Sache von Wahlentscheidungen aufgefaßt wird – und das Lehrbuch von Samuelson, die Bibel der Volkswirtschaftsstudenten, definiert sie immer noch so –, kann sie nur einen zufälligen Zusammenhang mit dem wirklichen Prozeß der gesellschaftlichen Produktion, ihrem vorgeblichen Gegenstand, und dem aufweisen, was Marshall (der sich an seine eigene Definition nicht gehalten hat) als »die Untersuchung der Menschheit bei ihrem gewöhnlichen Geschäft des Lebens« genannt hat. Sie konzentriert sich zwar auf Tätigkeiten innerhalb dieses Bereichs, aber es gibt eine Fülle anderer Tätigkeiten, für die das Prinzip der wirtschaftlichen Entscheidungen gilt. Abgetrennt von einem bestimmten Bereich der Wirklichkeit, muß die Ökonomie zu etwas werden, das Ludwig von Mises als »Praxiologie« bezeichnet hat, zu einer Lehre und folglich zu einem Ensemble der Techniken zur Aufstellung von Programmen und/oder einem normativen Modell, wie *Homo oeconomicus* handeln *müßte* bei gegebenen Zielen, über die sie als akademisches Fach jedoch nichts aussagen kann.

Die zweite Möglichkeit hat mit Wissenschaft überhaupt nichts zu tun. Sie hat einige Ökonomen dazu bewogen, den weißen Kragen des (weltlichen) Theologen anzulegen. Die erste ist, wie schon gesagt, eine wichtige Errungenschaft von enormer praktischer Bedeutung. Aber es ist nicht das, was die Sozial- oder die Naturwissenschaften tun. Der auch hier hellsichtige Schumpeter weigerte sich, sein Fach anders zu definieren als »eine Aufzählung der Haupt-›Gebiete‹, die heute im akademischen Lehrbetrieb anerkannt sind«, weil sie in seinen Augen »keine Wissenschaft in dem Sinne, wie zum Beispiel die Akustik [war], sondern eher ein Konglomerat aus dürftig koordinierten, sich überschneidenden Forschungsgebieten«.[9] Fogel legte unfreiwillig den Finger auf dieselbe Schwäche, als er die Wirtschaftswissenschaft wegen ihrer »umfangreichen Bibliothek an ökonomischen Modellen« pries, die den Kliometrikern zur Verfügung stünden.[10] Bibliotheken folgen keinem Prinzip außer dem einer willkürlichen Klassifizierung. Was als der »Imperialismus« der Ökonomie seit den siebziger Jahren bezeichnet wurde, der Arbeiten über die Ökonomie des Verbrechens, der Eheschließung, des Bildungswesens, des Selbstmords, der Umwelt und was nicht alles auf ein Vielfaches anschwellen ließ, verweist lediglich darauf, daß die Ökonomie heute als eine universelle Dienstleistungsdisziplin betrachtet wird, aber nicht, daß sie zu einem Verständnis dessen verhelfen kann, was die Menschheit im gewöhnlichen Geschäft des Lebens tut oder in welcher Weise sich ihre Aktivitäten ändern.

Dabei kommen die Ökonomen gar nicht darum herum, sich für die Analyse von empirischem Material der Vergangenheit oder Gegenwart zu interessieren. Das ist allerdings erst die eine Hälfte einer Übung, die Morishima einmal als das zweispännige Fahren der Methodologie bezeichnet hat. Die andere Hälfte gründet sich hauptsächlich auf statische Modelle, die auf verallgemeinerten und stark vereinfachten Annahmen beruhen, deren Konsequenzen anschließend erörtert werden, heutzutage in der Hauptsache in mathematischen Formeln. Wie müssen die beiden Hälften zusammengebracht werden? Natürlich ist in der Ökonomie ein Gutteil Arbeit auf die Entwicklung von Modellen verwendet worden, die sich aus der wirtschaftlichen Realität ableiten, das heißt aus der Produktion, und zwar in Form der tatsächlichen Produktionsfaktoren und nicht der Nutzengrößen; sie sind sogar aus Wirtschaften abgeleitet, deren einzelne Sektoren jeweils ihren eigenen gesellschaftlich und damit wirtschaftlich spezifischen Modus des Handelns haben.

Als Historiker halte ich natürlich viel von solchen auf historische Gegebenheiten zugeschnittenen Modellen, die auf einer Verallgemeinerung der empirischen Realität beruhen. Eine Theorie, welche die Koexistenz eines oligopolistischen zentralen Sektors der kapitalistischen Wirtschaft und einer Randzone mit freiem Wettbewerb unterstellt, ist offensichtlich einer Theorie vorzuziehen, die von einer völlig freien Marktwirtschaft ausgeht. Dennoch frage ich mich, ob selbst das eine Antwort auf die große Frage über die Zukunft ist, die der Historiker nie aus dem Auge verliert und die auch die Ökonomen nicht außer acht lassen dürfen, und sei es nur, weil eine langfristige Zukunftsplanung nicht nur von Staaten, sondern auch von Großunternehmen ständig betrieben werden muß – oder werden sollte. Wohin bewegt sich die Welt? Welches sind die Tendenzen ihrer dynamischen Entwicklung, ungeachtet unseres Vermögens, sie zu beeinflussen, das langfristig gesehen zweifellos sehr gering ist? [Als dies zum erstenmal formuliert wurde, hatte die globale und transnationale Wirtschaft sich noch nicht so triumphal durchgesetzt, wie es Mitte der neunziger Jahre erscheint, und deshalb hat uns die einfache Ansicht, die Zukunft werde aus einem praktisch unkontrollierbaren weltweiten System der freien Marktwirtschaft bestehen, bislang nicht davon abgehalten, uns wirklich anzuschauen, was sie uns bescheren würde.]

Genau hier liegt der Wert von historisch verankerten Visionen der wirtschaftlichen Entwicklung wie denen von Marx oder Schumpeter: Beide haben sich auf die spezifischen internen ökonomischen Mechanismen einer kapitalistischen Wirtschaft konzentriert, die sie in Gang halten und der sie eine Richtung aufzwingen. Ich werde hier nicht erörtern, ob die elegantere Version von Marx der von Schumpeter vorzuziehen ist, der beide Kräfte, die auf das System einwirken – die Innovationen, die es vorwärtstreiben, die soziologischen Auswirkungen, die für sein Ende ursächlich sind – außerhalb des Systems verlegt. Schumpeters Vorstellung vom Kapitalismus als einer Kombination aus kapitalistischen und vorkapitalistischen Elementen hat für die Historiker des 19. Jahrhunderts zweifellos viel Erhellendes beigetragen.

Der Reiz eines solchen Zugangs zur historischen Dynamik liegt nicht darin, ob er uns die Möglichkeit erschließt, seine Prognosen zu überprüfen. So wie die Menschen und die Komplexitäten der realen Welt nun einmal sind, gleicht eine Prophezeiung einem Glücksspiel. Sowohl bei Marx wie bei Schumpeter ist sie durch Mangel an Informationen und ihre Wünsche, Befürchtungen und Werturteile eingefärbt. Das Interessante an solchen Ansätzen liegt vielmehr in dem Versuch, künftige Entwicklungen nicht einfach als lineare Fortsetzungen bestehender Tendenzen zu sehen, und selbst der bescheidenste Versuch in dieser Richtung wirft einen beträchtlichen Gewinn ab. Allein schon die auf Marx zurückgehende Erkenntnis der säkularen Tendenz des freien Wettbewerbs zu wirtschaftlicher Konzentration hat sich als überaus fruchtbar erwiesen. Die bloße Beobachtung, daß das weltweite Wirtschaftswachstum kein homogener oder linearer Prozeß ist, der vom Theorem komparativer Kosten beherrscht wird, kann eine beträchtliche Aufklärung mit sich bringen. Allein schon anzuerkennen, daß es langfristige wirtschaftliche Zyklen gibt, die mit beträchtlichen Veränderungen in der Struktur und Stimmung der Wirtschaft und Gesellschaft einhergehen, auch wenn wir wie im Fall der Kondratjew-Wellen nicht die geringste Ahnung haben, wie wir sie erklären sollen, hätte die orthodoxen Ökonomen in den fünfziger und sechziger Jahren gegenüber ihren ungetrübt optimistischen Erwartungen mißtrauisch machen können.

Wenn die Wirtschaftswissenschaft nicht das Opfer der Geschichte bleiben soll, das fortwährend bemüht ist, sein Instrumentarium – in der Regel mit einer zeitlichen Verzögerung – auf die Entwicklungen von gestern anzuwenden, die genügend sichtbar geworden sind, um heute die Bühne zu beherrschen, muß sie diese historische Perspektive für sich entwickeln oder zurückgewinnen. Denn das kann einen Einfluß nicht nur auf die Probleme von morgen haben, über die wir uns nach Möglichkeit Gedanken machen sollten, bevor sie uns über den Kopf wachsen, sondern auch auf die Theorie von morgen. Das Zitat eines Vertreters einer anderen reinen Theorie möge den Abschluß bilden. »Wenn ich mir Fragen zur Bedeutung von Einsteins Ideen über die gekrümmte Raumzeit stelle«, schreibt Steven Weinberg, »dann denke ich nicht so sehr an ihre Anwendungen auf die allgemeine Relativität selbst, sondern eher an ihre Brauchbarkeit bei der Entwicklung der nächsten Theorien über die Schwerkraft. In der Physik sind Ideen immer mit dem Blick nach vorn in die Zukunft von Bedeutung.« Ich bin nicht imstande, die Theorie von Physikern zu verstehen oder mit ihr zu arbeiten, ebensowenig wie die meisten theoretischen Entwicklungen in der Ökonomie. Doch als Historiker mache ich mir ständig Gedanken über die Zukunft – die Zukunft, wie sie sich bereits aus einer

früheren Vergangenheit entwickelt hat, oder wie sie sich wahrscheinlich aus dem Kontinuum von Vergangenheit und Gegenwart entwickeln wird. Ich werde einfach den Gedanken nicht los, daß die Nationalökonomen in dieser Hinsicht von uns ebenso lernen könnten
wie von den Physikern.

8. Kapitel

Historiker und Ökonomen II

Man kann sich zwar vorstellen, daß unter Ökonomen über den Wert der Historie für ihr Fach Einigkeit herrscht, nicht jedoch unter Historikern über den Wert der Ökonomie für ihre Disziplin. Das kommt zum Teil daher, daß die Geschichte sich über einen viel ausgedehnteren Bereich erstreckt. Wie wir gesehen haben, ist es ein offensichtlicher Nachteil der Ökonomie als einer Disziplin, die sich mit der realen Welt befaßt, daß sie einige und nur einige Aspekte des menschlichen Verhaltens als »ökonomisch« auswählt und die übrigen anderen Fächern überläßt. Solange ihr Gegenstand durch Ausschließung definiert wird, können Ökonomen daran nichts ändern, mögen sie sich dieser Beschränkungen noch so sehr bewußt sein. Wie Hicks es ausgedrückt hat: »Wenn man sich [die] Bindeglieder ins Bewußtsein ruft (die das Reich der Ökonomie mit den Dingen verbindet, die für uns normalerweise aus ihm herausfallen), dann wird einem klar, daß es nicht genügt, sie einfach nur zur Kenntnis zu nehmen.«[1]

Die Geschichtsforschung auf der anderen Seite kann nicht einfach den Beschluß fassen, a priori *irgendeinen* Aspekt der menschlichen Geschichte auszuschließen, wenn sie sich auch immer wieder dafür entscheidet, sich auf einen bestimmten Aspekt zu konzentrieren und andere zu vernachlässigen. Aus Gründen der Zweckmäßigkeit oder der technischen Notwendigkeit neigen Historiker dazu, sich zu spezialisieren. Einige betreiben Diplomatiegeschichte, andere Kirchengeschichte oder beschränken sich auf das Frankreich des 17. Jahrhunderts. Letztlich strebt jedoch alle Historie etwas an, was die Franzosen »Gesamtgeschichte« *(histoire totale)* nennen. Das ist auch der Fall bei der Sozialgeschichte, obwohl sie herkömmlicherweise gemeinsam mit der Wirtschaftsgeschichte betrieben wurde. Im Unterschied zur letzteren gibt es für die erstere nichts, was sie als außerhalb ihres potentiellen Gegenstandsbereichs liegend betrachten kann. Man kann wohl sagen, daß kein Ökonom die offenbare Überzeugung eines ehemaligen Redakteurs der Londoner *Times* teilt, daß John M. Keynes, wenn er andere sexuelle Vorlieben gehabt hätte, eher zu einem Ökonomen à la Milton Friedman geworden wäre, und noch weniger die Ansicht, daß sein Privatleben irgendeine Bedeutung für ein Urteil über Keynes' Ideen gehabt habe. Auf der anderen Seite kann ich mir leicht einen Sozial- oder einen Allgemeinhistoriker vorstellen, der überzeugt ist, daß beides etwas Erhellendes zu einer bestimmten Phase in der Geschichte der britischen Gesellschaft beitragen könnte.

So ist selbst der spezialisierte Bereich der Wirtschaftsgeschichte umfangreicher als der herkömmliche Bereich der Ökonomie, wie diese gegenwärtig definiert wird. Um eine Wendung Claphams zu gebrauchen: Ihr Wert liegt hauptsächlich darin, daß sie sich so erweitern läßt, daß sie in umfassendere Bereiche hineinreicht. Zum Beispiel kann kein Wirtschaftshistoriker – meiner Ansicht nach überhaupt kein Historiker – fundamentalen Fragen der sozialen und ökonomischen Evolution des Menschen bis in die Gegenwart aus dem Weg gehen; warum manche Gesellschaften ihre Entwicklung anscheinend irgendwann unterbrochen haben und andere nicht; warum der ganze Weg bis zur modernen Industriegesellschaft nur in einem bestimmten Teil der Welt vollendet wurde, und welcher Art die Mechanismen dieser Veränderungen sind oder waren – ob endogen und/oder von außen induziert. Dieser Fragenkomplex bezieht die Geschichte automatisch in das weitere Feld der Human- und Sozialwissenschaften ein. Doch selbst wenn, wie Marx behauptet hat, die politische Ökonomie (nach seinem Verständnis) die Anatomie der bürgerlichen Gesellschaft war, dann geht sie doch deutlich über den Bereich der üblichen Ökonomie, wie sie allgemein definiert wird, hinaus. Wir können und sollten von den Techniken, Argumenten und den Modellen der Ökonomie Gebrauch machen, aber wir können nicht auf sie beschränkt werden.

Einige dieser Modelle kann oder muß die Historie nicht verwenden, es sei denn als gewissermaßen geistige Kontrollen. Ich kann nicht einsehen, welche Relevanz für die Geschichte als Summe aller vergangenen Ereignisse die Konstruktion von Modellen möglicher oder imaginärer Wirtschaften haben soll. Ökonometriker sind manchmal weniger damit beschäftigt, Theorien zu prüfen, als zu beschreiben, wie die Welt beschaffen wäre, wenn die Theorien zuträfen. Das ist ein reizvolles Verfahren in den keineswegs seltenen Fällen, in denen sich herausstellt, daß die Theorie im wirklichen Leben nicht anwendbar oder unüberprüfbar ist. Solche Übungen sind zwar interessant, betreffen den Historiker jedoch nur insoweit, als die auf diese Weise analysierten Wirtschaften sich als bislang unbemerkte reale Wirtschaften erweisen, oder als sie die Grenzen festlegen, außerhalb deren keine Wirtschaft, ob real oder imaginär, funktionieren könnte.

Desgleichen ist es auch möglich und üblich, Modelle so allgemein zu formulieren, daß sie universell anwendbar sind, allerdings um den Preis der Trivialität. So wäre es beispielsweise möglich zu beweisen, daß das Verhalten von australischen Ureinwohnern bei der Maximierung ihrer Nutzen (in einem genügend allgemeinen Sinn definiert) rationaler ist als das von modernen westlichen Geschäftsleuten. Das ist weder überraschend noch interessant. Wir akzeptieren, daß alle Elemente der Menge »Wirtschaften«, von den Stämmen der Buschleute bis zum heutigen Japan, dieser Menge zugeordnet werden können, weil sie bestimmte Merkmale gemeinsam haben. Was jedoch den Historiker interessiert, ist das, was sie *nicht* gemeinsam haben und warum und wieweit diese Unterschiede ursächlich sind für die ganz unterschiedlichen Lebensschicksale der Völker, die Wildbeuter geblieben sind, und derer, die mit der Zeit komplexere Wirtschaften entwickelt haben. Die Aussage, daß auch australische Ureinwohner oder überhaupt alle sozial lebenden Säugetiere das bekannte Problem von Robbins lösen müssen, knappe Ressourcen auf konkurrierende Verwendungszwecke zu verteilen, ist möglicherweise mehr als nur eine Tautologie, hilft jedoch für sich allein dem Historiker nicht weiter.

Auch die Entdeckung eines »steinzeitlichen Überflusses« durch Wirtschaftsanthropologen hilft ihm nicht besonders – wenngleich ich sie immerhin für interessanter halte. Sie erinnert uns zwar daran, daß selbst die primitivsten Wirtschaften in der Regel einen Überschuß über den unmittelbaren Bedarf und die Reproduktion der Gruppe hinaus erzielen können, aber sie sagt nichts darüber aus, warum manche ihre verfügbare Arbeitszeit und ihre Ressourcen so und nicht anders nutzen. Warum haben beispielsweise traditionelle ländliche Gemeinden auf Sardinien in regelmäßigen Abständen gemeinsame Feste veranstaltet, auf denen systematisch ein großer Teil ihres bescheidenen Überschusses verschwendet wurde, den man ebensogut hätte sparen und investieren können? Diese Entscheidung läßt sich zweifellos auf der mikroökonomischen Ebene im Rahmen der Wohlfahrtspräferenzen der Individuen analysieren. Können wir nicht sagen, daß es für die Armen vorzuziehen ist, zu einigen seltenen Anlässen soviel Fleisch wie möglich zu essen, statt in ihrem ganzen Leben bei keiner einzigen Gelegenheit genug Fleisch auf dem Teller zu haben? Ebenso ist es vielleicht vorzuziehen, einmal im Jahr seinen Urlaub am Stück zu nehmen, statt ihn auf einzelne Tage im Jahr zu verteilen. Doch damit würde man die – für den Anthropologen wie den Historiker offensichtliche – sozioökonomische Funktion solcher Feste nicht in den Blick bekommen, die konkret darin besteht, das angesammelte Mehrprodukt aufzuteilen und umzuverteilen, um die Entstehung einer übermäßigen wirtschaftlichen Ungleichheit zu verhindern. Die Feste sind eine der Techniken zur Aufrechterhaltung des Systems gegenseitiger Tauschbeziehungen zwischen idealiter gleichen Einheiten, was den Fortbestand der Gemeinschaft sichert. Noch könnte eine Analyse der rationalen individuellen Wahlhandlungen den Unterschied zwischen diesem Muster des Verbrauchs und jenem Muster erklären, das sich inzwischen im sardischen Hinterland ausbreitet, in dem die wohlhabende Konsumgesellschaft Einzug hält.

Kurzum, Historiker müssen von der Marxschen Beobachtung ausgehen, daß die Wirtschaft immer historisch bestimmt ist, daß die Produktion immer die »Produktion auf einer bestimmten Stufe der gesellschaftlichen Entwicklung, eine Produktion von gesellschaftlichen Individuen« ist, auch wenn ihnen ebenfalls mit Marx bewußt ist, daß eine Abstraktion auf einem hohen Niveau der Verallgemeinerung – zum Beispiel »Produktion im allgemeinen« – legitim ist. Aber sie müssen außerdem und wiederum mit Marx akzeptieren, daß diese Verallgemeinerungen, und seien sie noch so differenziert, nicht ausreichen, um eine wirkliche historische Stufe der Produktion oder das Wesen ihrer Umformung – einschließlich unserer eigenen – zu verstehen.

Allgemeiner ausgedrückt: Historiker benötigen Erklärungen ebenso wie Analysen. Die Wirtschaftswissenschaft zieht die letzteren, vielleicht aus begründeter Vorsicht, den ersteren vor. Was wir gern wissen möchten ist, warum auf die Situation A die Situation B und keine andere gefolgt ist. Als Historiker wissen wir, daß es immer ein und nur ein Ergebnis gegeben hat, auch wenn es wichtig ist, alternative mögliche Ergebnisse zu erörtern, vor allem wenn ihr Ausbleiben überraschend erscheint. Warum hat sich beispielsweise der Industriekapitalismus nicht in China statt in Europa entwickelt? Auch wenn das Ergebnis uns nicht überrascht, ist es keineswegs Zeitverschwendung, hypothetische Alternativen zu diskutieren, doch für Historiker ist die Hauptfrage, *warum* Eisenbahnen tatsächlich gebaut wurden, und nicht, wie man im 19. Jahrhundert ohne sie hätte auskommen können.

Auch hier sind es wieder die bewußte Abstraktion, Allgemeinheit und Eingeschränktheit der neoklassischen Ökonomie, die einem Gebrauch der ökonomischen Theorie von ihrer Art Grenzen setzen. Nehmen wir das Problem der Sklavenwirtschaft, das eingehend von Ökonomen erörtert worden ist. Man hat behauptet, der Kauf von Sklaven im 19. Jahrhundert in den Südstaaten der USA sei eine Investition wie jede andere und lohnender als der Erwerb von maschinellen Produktionsmitteln gewesen; das Sklavensystem habe 1860 in Blüte gestanden und wäre aus ökonomischen Gründen auf absehbare Zeit nicht

zu einem Ende gekommen; die mit Sklaven betriebene Plantagenwirt-
schaft sei im Vergleich zur übrigen Landwirtschaft nicht ineffizient
und die Sklaverei mit dem industriellen System nicht unvereinbar gewesen. Ich möchte auf die leidenschaftlich geführte Debatte um diese
Behauptungen nicht eingehen, doch wenn die Verfechter dieser Auffassung recht haben[2] und ihre Argumente für alle Sklavenwirtschaften
des 19. Jahrhunderts gelten und wenn dieser Typus einer Kosten-Nut-
zen-Analyse ausreicht, um die Sklavenwirtschaft zu analysieren, dann
müssen die Ursachen für das Verschwinden der Sklaverei völlig außerhalb der Wirtschaftsgeschichte zu suchen sein. Aber selbst wenn das
so wäre, dann müßten wir immer noch erklären, warum die Sklaverei
im 19. Jahrhundert *überall* in der westlichen Welt verschwunden ist.
Außerdem, auch wenn wir einmal annehmen, sie sei überall nur durch
äußeren Zwang abgeschafft worden wie in den Südstaaten der USA,
müßten wir immer noch erklären, warum die Sklaverei nicht durch ein
funktionales Äquivalent ersetzt wurde. Tatsächlich wurde sie vielfach
ersetzt, in Form der massenhaften Einwanderung von Tagelöhnern,
hauptsächlich Indern und Chinesen, deren Lage sich nicht wesentlich
vom Sklavendasein unterschied. Doch auch die Kontraktarbeit war
überall im Schwinden begriffen. Sind ökonomische Gründe auch hierfür irrelevant? Außerdem, um zu den USA zurückzukehren, der klio-
metrische Beweis für die Effizienz und den Fortschritt der Sklavenwirtschaft kann eine offensichtliche Anomalie in der Wirtschaftsgeschichte
der USA nicht erklären, daß nämlich das regionale Pro-Kopf-Einkom-
men in den Südstaaten sich nicht in derselben Weise und im selben
Umfang dem nationalen Durchschnittseinkommen annäherte wie das
der anderen Hauptregionen, jedenfalls nicht vor 1950, ein Phänomen,
das man nicht einfach als Nachwirkungen des Sieges der Nordstaaten
im Jahr 1865 abtun kann.[3] Kurzum, die Projektion der gegenwärtigen
ökonomischen Analyse in die Vergangenheit kann weite Teile des Problems, das sich dem Historiker stellt, nicht aufklären. Das ist kein
Grund für die Annahme, daß andere Formen der ökonomischen Analyse – zum Beispiel eine, bei der die rationale Wahl individueller Inve-
storen und Unternehmer nicht so sehr im Mittelpunkt steht – ebenso
irrelevant wären.

Das führt mich zur Frage der Kliometrie, jener Schule, die aus der
Wirtschaftsgeschichte eine retrospektive Ökonometrie gemacht hat.
Es wäre absurd, eine Quantifizierung und die Anwendung aller statistischen, mathematischen und anderer Instrumente abzulehnen, die
für jeden Bereich der Geschichte angemessen sind. Wer nicht rechnen
kann, kann keine Geschichte schreiben. Wie August Ludwig von

Schlözer, diese Zierde Göttingens im 18. Jahrhundert, bereits damals verkündete: Die Statistik ist statische Geschichte, die Geschichte ist Statistik in Bewegung. Man muß den bemerkenswerten Beitrag der Kliometriker zur Messung in der Geschichte begrüßen und, ganz bestimmt im Fall Robert Fogels, ihre beeindruckende Findigkeit und Originalität bei der Suche nach Quellen und mathematischen Verfahren sowie deren Verwendung. Ihre besondere Eigenart besteht jedoch nicht darin, sondern in der Überprüfung von Aussagen der ökonomischen Theorie, überwiegend aus der neoklassischen Schule.

Ihr Beitrag ist wertvoll, war bislang jedoch vorwiegend pädagogischer Art. Gewiß, wie Mokyr bemerkt hat, »allein schon die Begrenztheit der neuen Methoden hat sie auf einen eingeengten Bereich von Problemen beschränkt«.[4] Die Kliometrie hat in der Tat eine Reihe von Revisionen der Antworten auf bestimmte Fragen der Wirtschaftsgeschichte – hauptsächlich seit dem 18. Jahrhundert – vorgeschlagen oder vorgenommen. Dennoch könnte man sagen, daß sie hauptsächlich die Rolle einer Kritikerin übernommen hat. Ausgehend von der Beobachtung, daß frühere Wirtschaftshistoriker von Theoremen der ökonomischen Theorie ausgehen, häufig auf verworrene und unzureichend formulierte Weise, haben Kliometriker versucht, diese Theoreme explizit zu machen und, soweit sie stringent und sinnvoll formuliert werden können, anhand statistischer Daten zu überprüfen. Die erste Übung ist niemals überflüssig. Jedenfalls besteht anscheinend ein Großteil der volkswirtschaftlichen Literatur noch immer aus Klärungen dieser Art. Die zweite ist bewundernswert, soweit sie den Nachweis erbringen kann, daß allgemein und unkritisch übernommene historische Behauptungen falsch sind. Natürlich können sie gelegentlich auch durch einfache Rechenoperationen ohne besondere Inanspruchnahme der ökonomischen Theorie widerlegt werden, und umgekehrt kann es vorkommen, daß die Statistik nicht ausreicht, um eine Streitfrage definitiv zu klären. Während also »die *New Economic History* eine gewisse Übereinstimmung über den tatsächlichen Verlauf des [britischen] Lebensstandards nach Waterloo hergestellt hat«, daß er nämlich einen beträchtlichen Anstieg erfuhr, zeigen die wenigen Verbrauchsgüter, bei denen wir über zuverlässige Zahlen des Pro-Kopf-Verbrauchs für die gesamte Bevölkerung verfügen (Tee, Zucker, Tabak), bis zur Mitte der vierziger Jahre des vorigen Jahrhunderts keinen säkularen Anstieg, so daß diese Debatte noch immer »von Zweifeln überschattet« ist.[5] Zumindest soweit die Kliometrie den Historiker zu Klarheit nötigt und Unrichtigkeiten aufdeckt, erfüllt sie notwendige und wertvolle Aufgaben.

Im Unterschied zu manchen anderen Historikern bin ich auch bereit, die Exkursionen der Kliometriker in die imaginäre oder fiktive Geschichte, die sogenannten »kontrafaktischen Hypothesen« zu begrüßen, und zwar aus denselben Gründen. Die ganze Historiographie ist voll von unausgesprochenen oder ausgesprochenen Theorien. Sie reichen von Spekulationen über alternative Geschichtsverläufe wie die von Blaise Pascal über die Nase der Kleopatra bis zu Gedankenspielen von der Art: Was wäre gewesen, wenn die Schweizer Lenin 1917 nicht aus Zürich herausgelassen hätten? Was, wenn Neville Chamberlain sich 1938 den Forderungen Hitlers widersetzt hätte, als die deutschen Generäle, die einen Putsch gegen Hitler planten, ihn dazu drängten? Viele der Antworten auf solche Fragen nehmen für sich eine potentielle Realität in Anspruch, das heißt, sie gehen von der Annahme aus, wenn damals statt der Entscheidung A die Entscheidung B getroffen worden wäre, hätte dies den weiteren Verlauf der Ereignisse in einer bestimmten Weise geändert. Die Bedingungen für eine vernünftige Diskussion solcher »realen« kontrafaktischen Hypothesen sind von John Elster im Zusammenhang mit der Kliometrie erörtert worden.[6] Seltsamerweise ist die traditionelle Wirtschaftsgeschichte für derartige Spekulationen weniger empfänglich als die Politikgeschichte alter Schule. Sie und die Ökonomie befassen sich schließlich überwiegend mit Phänomenen, die aller Wahrscheinlichkeit nach von Änderungen dieses Typs allenfalls kurzfristig beeinflußt werden. Sie sind generalisierende Disziplinen.

Der Zweck der kontrafaktischen Gedankenexperimente in der Kliometrie besteht somit nicht darin, retrospektive Wahrscheinlichkeiten zu ermitteln, obwohl ich meine Zweifel habe, wieweit sich alle ihre Vertreter über diesen Punkt im klaren sind. Um den »ehrgeizigsten Versuch einer umfassenden kontrafaktischen Hypothesenkonstruktion, den je ein ernsthafter Historiker unternommen hat«[7], als Beispiel zu nehmen, Robert Fogels *Railroads and American Economic Growth*[8]: Die amerikanischen Eisenbahnen *wurden* gebaut, und Fogel hat auch nicht behauptet, es habe damals ebensogut die Möglichkeit bestanden, ihren Bau zu unterlassen. Er verfolgte vielmehr die Absicht, Erklärungen der Vergangenheit zu revidieren, die der Eisenbahn eine ungenaue, aber bedeutende Rolle für das wirtschaftliche Wachstum der Vereinigten Staaten beigemessen haben, indem er sie aus dem Szenario strich und dann berechnete, auf welche Weise die Bedürfnisse der Wirtschaft mit anderen damals verfügbaren Transportmitteln und -wegen hätten befriedigt werden können – zum Beispiel Schiffen auf Kanälen. Auch hier ist die eigentliche Leistung dieses Verfahrens eine pädagogische.

Was, so lautet seine Frage, ist logisch, methodologisch und auf der Ebene von Beweisen gewonnen, wenn man nachzuweisen versucht, daß – um zu einer traditionellen kontrafaktischen Hypothese zurückzukehren – die Weltgeschichte einen gänzlich anderen Verlauf genommen hätte, wenn die Nase der Kleopatra einen Zoll länger gewesen wäre? (Tatsächlich soll sie ohnedies schon ziemlich lang gewesen sein.) Oder mit der Behauptung, der Freihandel sei für die Weltwirtschaft des 19. Jahrhunderts gut (oder schlecht) gewesen? Historiker haben mit solchen Fragen wesentlich weniger praktische Erfahrung als Ökonomen, deren Gegenstand sie ihnen ständig aufnötigt.

Auf der anderen Seite sind die Beschränkungen der Kliometrie beträchtlich, auch wenn wir den sehr allgemeinen Vorbehalt eines anderen Nobelpreisträgers im Hinblick auf eine rein quantitative Wirtschaftsgeschichte beiseite lassen, daß wir, »wenn wir in die Vergangenheit zurückgehen, wahrscheinlich feststellen werden, daß die wirtschaftlichen Aspekte des Lebens weniger stark von anderen Aspekten unterschieden wurden, als dies heute der Fall ist«.[9] Vier Einschränkungen erscheinen mir wichtig. Erstens ist, soweit die Kliometrie auf die Vergangenheit eine zutiefst ahistorische Theorie projiziert, ihre Relevanz für die umfassenderen Probleme der historischen Entwicklung unklar oder minimal. Wirtschaftshistoriker, auch wenn sie Kliometriker sind, beklagen »die Unfähigkeit von Ökonomen, Modelle zu konstruieren, die große Ereignisse erklären, etwa die industrielle Revolution«.[10] Das ist der Grund, warum viele Wirtschaftshistoriker es verschmäht haben, sich auf das Trittbrett der Kliometrie zu schwingen. Historiker verbringen ihre ganze Zeit damit, Wirtschaften zu untersuchen, die sich nicht im Gleichgewicht befinden, ungeachtet der Tendenz von Marktsystemen, die Wirtschaft nach einer Erschütterung schnellstens wieder in ein Gleichgewicht zu bringen. Schließlich weisen Gleichgewichtszustände die Tendenz auf, in einen labilen Zustand überzugehen, was für die Erforschung des historischen Wandels und historischer Transformationen von Bedeutung ist. Doch die Wirtschaftstheorie hat sich für solche Wirtschaften nicht besonders interessiert. Wenn wir die Gleichgewichtsanalyse retrospektiv anwenden, begeben wir uns in die Gefahr, die großen Fragen der Historiker zu verfehlen.

Zm zweiten kann die Auswahl eines einzigen Aspekts der ökonomischen Realität, auf die eine solche Theorie angewandt werden kann, das Bild verfälschen. Wir können nicht berechnen, ob der Bau der Ely Cathedral oder der Kapelle des King's College nach der Theorie der rationalen Wahlhandlungen eine sinnvolle Möglichkeit war, Geld zu investieren, da eine materielle Dividende auf irdisches Kapital nicht sein Zweck war. Das Beste, was wir tun können – und das ist natürlich wichtig –, ist das Abschätzen der unbeabsichtigten Nebenwirkungen dieser Nutzung spezieller Ressourcen (hüten wir uns davor, sie anachronistisch als »Umlenkung sozialer Ressourcen« zu bezeichnen). Keynes schlug vor, sie als eine Form von Arbeitsplätze schaffender öffentlicher Arbeiten zu behandeln, und Robert S. Lopez meinte, je eindrucksvoller die Kirche einer Stadt, desto schlechter seien ihre Geschäfte gegangen und umgekehrt. Das mag sein. Sicherlich sollten die ökonomischen Effekte des Kirchenbaus korrekterweise im Licht der verfügbaren Theorie analysiert werden. Doch die Kliometrie, die *unmittelbar* für den Kirchenbau von Relevanz ist, müßte vermutlich – unter den Annahmen einer Art ewiger Wohlfahrtsökonomie – eine Einschätzung darüber abgeben, ob etwa das Seelenheil eines Spenders am besten erwirkt werden kann, wenn dieser Geld für den Bau von Gotteshäusern stiftet, Kreuzzüge oder ein anderes spirituelles Unternehmen organisiert, das natürlich ebenfalls mit wirtschaftlichen Aufwendungen und Nebeneffekten verbunden wäre. Die wenigsten von uns würden den Wert einer solchen Übung hoch veranschlagen. Doch im 14. Jahrhundert mochte die Wahl, zur Rettung des Seelenheils das eigene Vermögen einem Kloster zu hinterlassen, manchem Kaufmann als eine ebenso gute rationale Alternative erschienen sein wie die, es seinen Söhnen zu hinterlassen.

Solche Schwierigkeiten betreffen auch weit weniger abseitige Probleme. Untersuchungen über soziale Investitionen in das Bildungswesen des 19. Jahrhunderts gehen davon aus, daß ihr sozialer und individueller Ertrag im wesentlichen wirtschaftlicher Art war, das heißt, daß sie getätigt wurden, *als ob* die Entscheidung, Ressourcen in eine allgemeine Volksschulbildung zu investieren, die Absicht verfolgt hätte, zum Wachstum der Wirtschaft beizutragen. Lassen wir für den Augenblick die häufig willkürlichen Annahmen beiseite, die solchen kliometrischen Berechnungen zugrunde liegen (siehe unten). Die Einführung einer allgemeinen Volksschulbildung bedeutete zweifellos einen massiven Verbrauch sozialer Ressourcen, der mit wirtschaftlichen Kosten und dem Verzicht auf Alternativen verbunden war, und die ökonomischen Effekte ihrer Einführung waren offensichtlich und beträchtlich, für die einzelnen Individuen ebenso wie für die gesamte Gesellschaft. Natürlich können und sollten sie kliometrisch analysiert werden. Doch die Historiker sind sich ziemlich einig in der Auffassung, daß für den größten Teil Europas im 19. Jahrhundert die Behörden und Institutionen, die für eine allgemeine Schulbildung eingetreten sind, damit kein wirtschaftliches Ziel verfolgt haben, im Unterschied etwa zur Einführung von Berufsschulen. Sie verfolgten in erster Linie ideologische und politische Absichten: die Einpflanzung von Religion, Moral und Gehorsam unter den Armen, um ihnen beizubringen, bereitwillig die bestehende Gesellschaft hinzunehmen und ihre Kinder im selben Geist zu erziehen, die Bauern der Auvergne zu guten republikanischen Franzosen und die Bauern Kalabriens zu guten Italienern zu machen. Ob sie dieses Ziel wirklich erreicht haben oder ob es damals auch zweckmäßigere Methoden dafür gegeben hätte, ließe sich theoretisch vielleicht mit dem Instrumentarium der Kliometrie untersuchen. Doch die sozialen Kosten einer Grundschulbildung in diesem Sinne lassen sich nicht so berechnen, als wären sie Investitionen in eine höhere Produktivität für die Wirtschaft gewesen. Sie hatten mehr Ähnlichkeit mit den sozialen Kosten beispielsweise der Unterhaltung von Armeen. Soweit solche Schätzungen außerdem die (realen oder angenommenen) Ausgaben für ein Grundschulwesen mit denen für Teile des Bildungsgwesens, die damals schon unter dem Aspekt der wirtschaftlichen Produktivität gesehen wurden, wie etwa die Berufsschulen, in einen Topf werfen, vermischen sie zwei ganz verschiedene Formen des Gebrauchs sozialer Ressourcen. Kurzum, die kliometrischen Übungen in diesem Bereich laufen fortwährend Gefahr, sich außerhalb der historischen Realität zu bewegen.

Die dritte Schwäche der Kliometrie besteht darin, daß sie sich zwangsläufig nicht nur auf reale Daten stützen muß, die häufig unvollständig und unzuverlässig sind, sondern auch und weitgehend auf erfundene oder angenommene Daten. In vielen relevanten Bereichen fehlt es selbst in unserem zahlenmäßig gut erfaßten Zeitalter an Informationen, wie die Ökonomen sehr wohl wissen, wenn sie beispielsweise Vermutungen über den Umfang des informellen oder »schwarzen« ökonomischen Sektors von heute anstellen müssen. Selbst die nicht unbeträchtliche Findigkeit von Historikern zur Erschließung quantitativer Daten oder der Nutzung von vorhandenem Datenmaterial zu anderen Zwecken als denen, für die es ursprünglich erhoben wurde, hat ihre Grenzen. Der größte Teil der Geschichte bleibt in quantitativer Hinsicht eine Sphäre der Dunkelheit und der Vermutungen.

Deshalb findet ein Großteil der Kliometrie in einer Dunkelzone statt, die sich aus der Luft gleichsam nur so kartographieren läßt, daß man aus den Formen und Konstellationen der sichtbaren Teile der Landschaft mehr oder weniger gut begründete Rückschlüsse auf die ausgedehnten Landstriche zieht, die auf Dauer unter Kälte und Nebel verborgen liegen. Da die Kliometrie sich im Gegensatz zu einem Teil der traditionellen Geschichte nicht auf allgemeine Impressionen verlassen kann, sondern (in Grenzen) genaue Messungen erfordert, muß sie ihre Daten dort, wo diese nicht verfügbar sind, selber schaffen. Einige von ihnen haben möglicherweise in der Realität überhaupt nie existiert, etwa bei den kontrafaktischen Gedankenexperimenten. Selbst da, wo sie nicht hypothetisch sind, werden die von den Kliometrikern benötigten Informationen aus den Fakten, die verfügbar sind und für den vorliegenden Zweck aussagekräftig gemacht werden können, anhand von Beziehungen herausgefiltert, die aus einem theoretischen Modell abgeleitet wurden – das heißt also durch eine mehr oder weniger komplizierte Kette von Argumentationen und Annahmen über das Modell und über die unzureichenden Daten.

Vom Standpunkt des Historikers aus müssen diese Annahmen realistisch sein, sonst taugen sie nichts. Wenn wir Daten aufgrund der Annahme einer perfekten Voraussicht bei Geschäftsleuten konstruieren, dann ist die Frage ihrer empirischen Geltung entscheidend. Eine Änderung der Annahmen im Hinblick auf das Modell oder die Daten kann für die Daten wie für die Antworten einen wesentlichen Unterschied ausmachen. Nehmen wir beispielsweise an, wir weisen ebenso wie viele britische Wirtschaftshistoriker den Begriff einer britischen »industriellen Revolution« mit der Begründung zurück, das Gesamtwachstum der britischen Wirtschaft zwischen 1760 und 1820 sei bescheiden gewesen, eine andere Formulierung für den Sachverhalt, daß die Industrien, die während dieses Zeitraums eine umwälzende Veränderung erfuhren, in die zahlreichen, sich nur langsam verändernden, traditionell organisierten wirtschaftlichen Aktivitäten des Landes eingebettet waren. Wie Mokyr bemerkt hat, sind unter diesen Verhältnissen abrupte Veränderungen in der Industrie *als Ganzes* eine mathematische Unmöglichkeit.[11] (Hier erhebt sich eine interessante Frage: Wieweit können wir *überhaupt* ein signifikantes Wachstum während dieser Periode nachweisen, wenn wir in der Maßzahl für das Bruttosozialprodukt nicht nur die Güter und Dienstleistungen berücksichtigen, die in die Tauschbeziehungen des Marktes eingehen, sondern auch die riesige Menge an unbezahlter und nicht erfaßter Produktion von Gütern und Dienstleistungen wie die von Frauen und Kindern in der Familie? Mit anderen Worten: »Die Messung von aggregierten Wachstumsraten in der Nachfolge von Kuznets ist deshalb trotz ihrer Vorzüge vielleicht doch nicht die beste Vorgehensweise, wenn wir uns um ein Verständnis der industriellen Revolution bemühen.«[12] Und schließlich hat man gezeigt, daß es je nach den Annahmen über die indirekten ökonomischen Auswirkungen des Eisenbahnbaus (und entsprechend unterschiedlichen quantitativen Größen) möglich ist, sowohl auf einen bedeutenden als auch auf einen unbedeutenden Beitrag des Eisenbahnbaus zum Bruttosozialprodukt eines Landes zu schließen.

Diese Verfahren haben noch einen weiteren Nachteil, der die letzte Schwachstelle der Kliometrie bildet. Diese läuft Gefahr, einem Zirkelschluß zu erliegen, wenn sie die Daten vom Modell her interpretiert, und zwar um so mehr, je weniger sie diese Daten unabhängig erheben kann. Und natürlich kann sie den Rahmen ihrer Theorie, die ahistorisch ist, sowenig verlassen wie ihr spezifisches Modell, was ermüdend ist, wenn dieses Modell nichts hergibt. Der Beweis – den manche Historiker zu führen versucht haben –, daß die britische Wirtschaft zum Ende des 19. Jahrhunderts im großen und ganzen keine Schwierigkeiten hatte, läßt sich nicht durch den Nachweis erbringen, daß das wirtschaftliche Verhalten britischer Unternehmer unter den gegebenen Umständen höchst rational war. Auf diesem Weg können wir bestenfalls beweisen, daß *eine* Erklärung für den relativen wirtschaftlichen Niedergang Englands jedenfalls nicht stichhaltig ist, nämlich die Unfähigkeit der britischen Unternehmer, Gewinne zu machen. Kurzum, die Kliometrie kann die mit anderen Mitteln produzierte Historiographie kritisieren und modifizieren, aber sie bringt keine eigenen Antworten hervor. Ihre Funktion auf dem Viehmarkt der Geschichte gleicht eher der Aufgabe des Marktaufsehers, der die Waagen und Gewichte überprüft, als der des Bauern, der die Ochsen züchtet.

Welchen Nutzen können die Historiker demnach aus der ökonomischen Theorie ziehen? Selbstverständlich können sie sich von ihr anregen lassen, so wie Modezeichner sich inspirieren lassen, indem sie nach Marokko reisen und sich die Kleidung der Berber anschauen. Diese Art einer schwer zu definierenden heuristischen Wirkung sollte man nicht geringschätzen, da wir aus den Naturwissenschaften wissen, daß kühne Analogien und Anleihen von außen überaus fruchtbar sein können. Warum sollen wir zum Beispiel nicht die Bevölkerungsverteilung in Urgesellschaften nach der kinetischen Gastheorie untersuchen? Es könnte (und kann tatsächlich) zu interessanten Ergebnissen führen. Wir können natürlich von der ökonomischen Theorie auch einen eklektischen Gebrauch machen, wie und wann es uns zweckmäßig erscheint. Doch das löst das Problem nicht.

Wenn die Theorie für den Historiker (und, wie ich meine, für die soziale Praxis) mehr als nur von geringem Nutzen sein soll, dann muß sie auf eine Weise formuliert werden, die sie der sozialen Wirklichkeit näherbringt. Sie kann sich auch in ihren Modellen nicht gestatten, sich von den Mühen der Ebene loszusagen, beispielsweise den praktischen

Schwierigkeiten der Substitution. Hier fällt einem das Beispiel der Landwirtschaft ein. Wir wissen, obwohl es die Befürworter eines wirtschaftlichen Wachstums immer wieder überrascht hat, daß eine bestimmte Form der landwirtschaftlichen Struktur und Produktionsorganisation innerhalb des von der Politik geforderten Zeitrahmens nicht einfach durch eine andere substituiert werden kann, selbst dann nicht, wenn sich beweisen läßt, daß die letztere wirtschaftlich die produktivere ist. Die Welt der wirtschaftlichen Entwicklung ist geteilt in Länder, denen es geglückt ist, ihre Industrialisierung und Urbanisierung mit einer effizienten und hochproduktiven Landwirtschaft abzustützen, und anderen, die das nicht geschafft haben. Die wirtschaftlichen Auswirkungen des Erfolgs oder Mißerfolgs sind enorm: Insgesamt gesehen sind die Länder mit dem größten Prozentsatz an landwirtschaftlicher Bevölkerung diejenigen, die sich selbst oder auf jeden Fall ihre schnell anwachsende Bevölkerung außerhalb der Landwirtschaft nur mit Mühe ernähren können, während die Agrarüberschüsse der Welt im großen und ganzen von einer relativ winzigen Bevölkerung in einigen fortgeschrittenen Ländern stammen. Doch das, was man an Wirtschaftstheorie in den gängigen Lehrbüchern wie etwa dem von Samuelson findet, trägt zur Lösung dieses Problems nichts bei, weil, wie Paul Bairoch neben vielen anderen bemerkt hat, »die landwirtschaftliche Produktivität weit mehr von strukturellen Faktoren abhängt als die industrielle Produktivität«, was der Grund dafür ist, warum »das Unvermögen ... historische Unterschiede zu verstehen, um so gravierender ist«.[13] Das eigentliche Problem hier hat von Anfang an weniger darin bestanden, wie man ein allgemeines Rezept für eine »Agrarrevolution« formulieren soll. Der Erfolg war im allgemeinen, wie Milward bemerkt hat, das Ergebnis von Reformen, die an die spezifischen Bedingungen der regionalen Landwirtschaft angepaßt waren.[14]

Mit anderen Worten: Es ist völlig sinnlos zu behaupten, die deutsche Landwirtschaft im 19. Jahrhundert wäre produktiver gewesen, wenn sie insgesamt dem Vorbild Mecklenburgs gefolgt wäre, wo sich weniger als 36 Prozent der Agrarflächen im Besitz von Kleinbauern befanden, oder Bayerns, wo die Kleinbauern über 93 Prozent des Bodens im Besitz hatten, selbst wenn wir überzeugend nachweisen könnten, daß ein bestimmtes Muster des Bodenbesitzes absolut effizienter war als ein anderes. Die Analyse muß von der Koexistenz beider Muster und von den Schwierigkeiten ausgehen, jeweils das eine in das andere zu transformieren. Ebensowenig können wir eine Analyse a posteriori zu einer Kausalerklärung machen.

Die Wahrheit ist, daß selbst auf ziemlich lange Sicht ökonomische

Entscheidungen durch institutionelle und historische Zwänge möglicherweise stark eingeschränkt werden. Angenommen, wir akzeptieren, daß die Abschaffung einer traditionellen Bauernschicht, die im
wesentlichen aus Eigenwirtschaften im Familienbetrieb besteht, die
ein bestimmtes Mehrprodukt erwirtschaften, die beste Möglichkeit
sei, eine Agrarrevolution herbeizuführen, und nehmen wir des weiteren hypothetisch an, daß die Einzelbetriebe am besten durch landwirtschaftliche Großbetriebe oder Farmen ersetzt werden, die Lohnarbei-
ter beschäftigen. Es gibt Fälle, in denen das erreicht wurde.[15] Mir fällt
jedoch mindestens eine lateinamerikanische Region ein, in der rationale, kommerziell eingestellte Unternehmer mit dem Versuch, ein solches Programm durchzuführen, gescheitert sind, weil sie einfach keine
Möglichkeit hatten, sich der starken kleinbäuerlichen Bevölkerung zu
entledigen. Sie wurden durch die sozialen Realitäten genötigt, halb-
feudale Methoden zu ergreifen, von denen sie wußten, daß sie einen
geringeren wirtschaftlichen Ertrag bringen würden. Und da entgegen
Marx Fälle von kurzfristigen massenhaften Vertreibungen oder Enteig-
nungen relativ starker bäuerlicher Bevölkerungen vor dem grausamen
20. Jahrhundert selten waren, darf man die historische Kraft solcher
Zwänge nicht unterschätzen. Bei der Analyse des Wandels in der
Landwirtschaft und des wirtschaftlichen Wachstums im allgemeinen
kann man die außerökonomischen nicht von den ökonomischen Faktoren trennen – jedenfalls nicht bei der kurzfristigen Betrachtung. Wer
es dennoch tut, betreibt keine historische, das heißt dynamische Analyse der Wirtschaft mehr. Maurice Dobb hat hierzu schon vor Jahrzehnten bemerkt:

»Es dürfte ... einleuchtend sein, daß die Hauptfragen der wirtschaftlichen *Entwicklung*... nur beantwortet werden können, wenn wir den
Bereich der traditionellen ökonomischen Analyse überschreiten, die
den Realismus der Verallgemeinerung so unbedenklich opfert, und
wenn die Grenzen zwischen den ›ökonomischen Faktoren‹ und den
›sozialen Faktoren‹ (es handelt sich hierbei um zwei Modewörter) niedergerissen werden.«[16]

Ich bin keineswegs der Meinung, daß die Einführung der sogenannten außerökonomischen Faktoren sich nicht mit einer strengen theoretischen Analyse oder, wo die Fragen und Daten dies ermöglichen, mit
einer ökonometrischen Überprüfung vereinbaren ließe. Es bedeutet
nicht von vornherein, sich in den empiristischen Sumpf zu verirren, in
dem die Ökonomen der historischen Schule in Deutschland stecken-
geblieben sind, auch wenn sie ein Recht auf einen höflichen Nachruf
haben. Aber wenn wir denn theoretische Modelle benötigen und diese

abstrakt und vereinfacht sein müssen, dann sollten sie dies zumindest in einem historisch genauer bestimmten Rahmen sein.

Bislang haben die Historiker im allgemeinen nur in zwei theoretischen Lagern Unterstützung gefunden. Das erste ist das von Theoretikern, die am historischen Prozeß wirtschaftlicher Transformationen interessiert sind und ihn wenigstens zu einem Teil als einen endogenen Vorgang betrachten. Ob wir nun die für den Wandel ursächlichen Kräfte als wirtschaftliche, soziologische oder politische betrachten – und der Unterschied kann willkürlich sein –, sie werden im Anschluß an Denker wie Marx und Schumpeter am sinnvollsten als Produkte der Entwicklung des Systems aufgefaßt, die somit auch seine zukünftige Entwicklung beeinflussen. Andere Zugänge zur »Theorie der Wirtschaftsgeschichte« werfen ähnliche Fragen auf, wie auch J.R. Hicks sieht (»meine ›Geschichtstheorie‹ ... wird beträchtlich näher bei dem liegen, was Marx versucht hat«)[17]. Das zweite Lager, aus dem Historiker eine gewisse Schützenhilfe erhalten haben, ist das von Ökonomen, die auf Modelle angewiesen sind, die für ihre eigenen Zwecke auf konkrete Realitäten zugeschnitten sind. Die Erfahrungen in Ländern der dritten Welt spielen hier eine wichtige Rolle, denn sie verknüpfen die Theorie und die konkreten Realitäten in einem Kontext, der sowohl den Historikern als auch zumindest einigen Wirtschaftswissenschaftlern vertraut ist.

Ich halte es für bezeichnend, daß von den beiden Hauptvarianten der Wachstumstheorie Historiker mit den Weiterentwicklungen des bei den meisten Ökonomen so beliebten Harrod-Domar-Modells nicht allzuviel anfangen können. Sie fühlen sich viel mehr bei jenen Modellen zu Hause, die hinter die Neoklassik zu einer politischen Ökonomie und zu Marx zurückgehen, da sie Theorien anstreben, die auf einzelne Fälle anwendbar sind, und von einer desaggregierten Wirtschaft ausgehen, beispielsweise das dualistische Modell von Arthur Lewis, das in den fünfziger Jahren umrissen wurde, oder der Versuch Hla Myints, zu einem Verständnis des Handels in der dritten Welt zu gelangen. Ebenso wie Historiker der Handelsbeziehungen im vorindustriellen Europa gelangt er zu dem Schluß, daß das Modell der »komparativen Kosten« für den Handel für Zwei-Sektoren-Transaktionen weitaus weniger relevant ist als das alte Modell von Adam Smith einer »Öffnung für das Mehrprodukt« oder eine sogenannte »Produktivitätstheorie« des Handels.[18] Erklärungsmodelle dieses Typs wurden entwickelt, um eine realistische Basis für entwicklungspolitische Programme in Ländern zu schaffen, in denen Modelle auf der Grundlage einer universellen Markt- oder kapitalistischen Wirtschaft von der

Wirklichkeit zu weit entfernt sind. Samuelson führt sie mit Recht auf Marx und Ricardo zurück, auch wenn er sie nur in einer Fußnote erwähnt. Entwicklungsökonomen dieser Richtung und Historiker sprechen dieselbe Sprache.

Ausschlaggebend bei solchen Modellen, wie grob sie auch sein mögen, ist das Bestreben, eine beobachtbare gesellschaftliche Wirklichkeit zu vereinfachen, die in kein rein marktwirtschaftliches oder kapitalistisches Schema paßt. Außerdem – und das macht sie für den Historiker interessant – sind sie Modelle *zusammengesetzter* Wirtschaften. Sie sind Abbilder der Interaktion von zwei oder mehr Spielen mit jeweils eigenen Regeln, auch wenn man das Ganze sicherlich ebensogut als ein Superspiel mit umfassenden Regeln betrachten könnte. Einige Modelle sehen hauptsächlich Interaktionen zwischen Spielen vor, die nebeneinander gespielt werden. Andere, wie die marxistische *Théorie économique du système féodale* von Witold Kula[19] nehmen an, daß die Unternehmenseinheiten gleichzeitig in beiden Sektoren operieren und nach beiden Regelsystemen spielen, sofern sie dazu imstande oder genötigt sind. Mit diesem Modell analysiert Kula die Dynamik der großen polnischen Feudalgüter, doch da der Löwenanteil des vermarktungsfähigen Überschusses in den meisten vorkapitalistischen Gesellschaften wahrscheinlich von den Bauern kam, ist es auch auf sie anwendbar. Unter den Historikern, die sich auf die Lage der Bauern spezialisiert haben, wird tatsächlich eine heftige Debatte darüber geführt, von welcher Art die Beziehungen zwischen den nichtmarktwirtschaftlichen und den marktwirtschaftlichen Aspekten der bäuerlichen Wirtschaft waren.

Historiker sind mit solchen Situationen vertraut, da jeder Übergang von einer sozioökonomischen Formation zu einer anderen – etwa von der feudalen zur kapitalistischen Gesellschaft – irgendwann ein Stadium aufweist, in dem Elemente beider Formationen nebeneinander bestehen. Daß die ökonomischen Gurus der »Paukenschlag«-Transformation des Kommunismus zum Kapitalismus in der ehemaligen Sowjetunion dieser Tatsache nicht Rechnung getragen haben, hat seitdem eine riesige Region der Erde in eine unnötige soziale Katastrophe gestürzt. Wir haben die Möglichkeit, ein einzelnes Modell zu konstruieren, indem wir von den Besonderheiten der einzelnen Komponenten abstrahieren, allerdings um den Preis, daß wir uns von der Realität entfernen und das allgemeine Problem der modernen Wirtschaftsgeschichte umgehen, das darin besteht, wie man die Verwandlung der alten Wirtschaft in die mit einem anhaltend hohen Wachstum verbundene Wirtschaft des 19. und 20. Jahrhunderts erklären kann.

Das ist das, was die Kliometriker getan haben. Auf der anderen Seite können wir weitere sozial und institutionell spezifizierte ökonomische Modelle entwickeln, wie die Wirtschaftsanthropologen sie von Karl Polanyi oder aus Chayanovs »bäuerlicher Wirtschaft« abgeleitet haben. Aber unabhängig von der Triftigkeit oder Notwendigkeit dieses Verfahrens dürfte die Historiker und vermutlich auch die Wortführer einer wirtschaftlichen Entwicklung die allgegenwärtige *Verbindung* beider Elemente interessieren. Was einen Einfluß auf die Entwicklung des Kapitalismus hatte, war nicht, daß die Hudson's Bay Company ein Jahrhundert lang den Indianern ihre Pelze zu stets denselben Preisen abgekauft hat, weil die Indianer zwar eine Vorstellung vom Handel, nicht aber vom Markt hatten; und auch nicht der Umstand, daß die Pelze auf einem vermutlich neoklassischen Markt in London verkauft wurden, *sondern die Effekte dieser Verbindung.*[20] Und für unseren Zweck ist es auch unerheblich, ob wir solche Verbindungen als eine Mischung aus zwei verschiedenen Wirtschaftssystemen oder als komplexe Version eines einzigen Systems auffassen.

Für Historiker liegt das Interesse solcher Analysen in dem Licht, das sie auf die Mechanismen der wirtschaftlichen Transformation unter den spezifischen Umständen werfen, unter denen diese historisch stattgefunden hat oder ausgeblieben ist. Das schließt natürlich die lange Ära vor der industriellen Revolution ein, die für die meisten Ökonomen, auch für die Entwicklungsökonomen, aus verständlichen Gründen von untergeordnetem Interesse ist. Nichtsdestoweniger ist auch für Historiker die Periode, in der diese Art einer parallelen Entwicklung besonders deutlich hervortritt, die Zeit während der Jahrhunderte – und die Historiker sind sich noch immer nicht darüber einig, welches Datum diesen Wendepunkt bezeichnet –, als alle bisher bestehenden Wirtschaften der Welt in der einen oder anderen Weise von der ursprünglich regionalen kapitalistischen Wirtschaft erobert, durchdrungen, hineingezogen, modifiziert, ihr angepaßt und schließlich von ihr assimiliert wurden [ein Umstand, der seit der Niederschrift dieses Aufsatzes eindrücklich durch den Zusammenbruch der sozialistischen Wirtschaften demonstriert wurde, die jahrzehntelang nach der Russischen Revolution für sich reklamierten, eine globale wirtschaftliche Alternative zum Kapitalismus darzustellen]. Diese scheinbare Homogenisierung hat Sozialwissenschaftler und Ideologen dazu verleitet, die Geschichte auf ein einstufiges Modell der »Modernisierung« und der wirtschaftlichen Entwicklung zum »Wachstum« zu reduzieren. Historiker erliegen dieser Versuchung nur sehr selten. Wir wissen, daß die Entwicklung der Weltwirtschaft und erst recht die Entwicklung einzelner Regionen nicht einfach die Anhäufung der Vorbedingungen für ein »Wachstum« mit anschließendem Losrennen in konjunkturellen Zyklen ist, jener Rostowsche Marathonlauf, bei dem alle auf derselben Bahn demselben Zielpfosten entgegenlaufen, auch wenn sie zu unterschiedlichen Zeitpunkten gestartet sind und mit unterschiedlichen Geschwindigkeiten laufen. Und wir wissen, daß diese Entwicklung nicht nur davon abhängt, »die richtige Wirtschaftspolitik zu machen«, das heißt von der richtigen Anwendung einer zeitlosen »richtigen« Wirtschaftstheorie, eine Angelegenheit, über die sich die Ökonomen ohnedies nicht einig sind.

Eine derartige Verengung selbst einer strikten Wirtschaftsgeschichte auf eine einzige Dimension verbirgt die Nicht-Linearitäten des Prozesses der kapitalistischen Entwicklung – oder, wenn man so will, die qualitativen Unterschiede und wechselnden Zusammensetzungen aus partiellen Wirtschaftssystemen innerhalb dieses Prozesses. Die zeitliche Abfolge der Entwicklung läßt sich nicht auf eine Kurve von unterschiedlich stark ansteigenden Wachstumsraten reduzieren. In ihr erkennen Beobachter – wie impressionistisch auch immer – neue Phasen des Systems mit Merkmalen und Modi operandi, die sie in mancher Hinsicht von ihren Vorgängern unterscheiden, und auch die Augenblicke, die zumeist in der Rückschau als säkulare Wendepunkte innerhalb der Entwicklung erkannt werden – die Jahre nach 1848, nach 1873 [und, wie inzwischen erkennbar ist, die ersten Jahre nach 1970]. Und diese sind ihrerseits relevant – selbst für Ökonomen, Politiker und Wirtschaftsfachleute –, denn auch sie haben ein Interesse daran, die notorische Schwäche der Militärs zu vermeiden, die darin besteht, sich grundsätzlich auf den letzten statt auf den nächsten Krieg vorzubereiten.

Wenn wir entdecken wollen, in welche Richtung sie sich bewegt, benötigen wir eine echte historische Analyse der kapitalistischen Entwicklung statt einer Auflistung von »Stadien wirtschaftlichen Wachstums« à la Rostow. Dann kommen wir nicht ohne Denker wie Marx oder Schumpeter aus, die auf je eigene Weise erkannt haben, daß der kapitalistische Entwicklungsprozeß eine bestimmte Richtung aufweist. Und wer, selbst unter Leuten aus der Wirtschaft, sieht sich nicht genötigt, über die Zukunft des Systems nachzudenken?

Historiker, die diese Aufgabe auf sich nehmen, suchen bei den Ökonomen Modelle für die historische Dynamik des Kapitalismus und finden lediglich die Allgemeinplätze der Theorie der rationalen Wahlhandlungen, abgesehen von den Rändern oder besser der Front der wirtschaftshistorischen Disziplin. Ich glaube nicht, daß es den Historikern etwas ausmacht, daß die benötigten Theorien sich zum gegenwärtigen Zeitpunkt noch nicht auf mathematische Modelle reduzieren lassen oder exakt quantifizierbar sind. Unsere Bedürfnisse sind bescheiden, unsere Erwartungen niedriger als unsere Hoffnungen, und die Zeit, an Gleichungen zu denken, ist erst gekommen, wenn wir wenigstens eine annähernde Vorstellung von all den relevanten Variablen und den zwischen ihnen bestehenden Beziehungen haben. Für den Augenblick wird es genügen, wenn solche Theorien so ausgelegt werden, daß sie das für uns relevante Gebiet abdecken, nicht unsinnig und innerlich widersprüchlich, zumindest grob an der Realität überprüfbar und geeignet sind, den Geltungsbereich ihrer Theorie zu erweitern, wenn sich dies als notwendig erweisen sollte. Wir wären glücklich, die Unterstützung von Ökonomen zu erhalten, die ihre Talente und ihr Fachwissen auf Probleme der sozioökonomischen Transformation verwenden. Wir finden einige Hilfe, aber sie reicht nicht aus. Möglicherweise ist die Tatsache, daß die Ökonomie heute eine geschärftere Wahrnehmung für den möglichen Beitrag der Geschichtsforschung zu ihrer Disziplin hat als zu der Zeit, da diese Vorträge erstmals gehalten wurden, ein Zeichen dafür, daß die Ökonomen beginnen, ihre Aufmerksamkeit wieder der historischen Entwicklung zuzuwenden. Wenn sie das tun, steht für die Historiker zu hoffen, daß sie es im Geiste von Karl Marx, Joseph Schumpeter und John Hicks tun und sich nicht in das bewußt enge Korsett der Kliometrie zwängen.

9. Kapitel

Über Parteilichkeit

I

Während der Charakter oder auch nur die Möglichkeit von Objektivität in den Sozialwissenschaften in der Vergangenheit eingehend diskutiert wurde, hat das Problem der »Parteilichkeit« in diesen Wissenschaften einschließlich der Geschichtswissenschaft beträchtlich weniger Interesse gefunden. »Parteilichkeit« ist einer jener Begriffe, wie »Gewalt« oder »Nation«, die hinter einer scheinbar einfachen und homogenen Oberfläche eine Vielzahl von Bedeutungen verbergen. Er wird häufiger als Begriff der Mißbilligung oder (weitaus seltener) der Zustimmung gebraucht, als daß er definiert würde, und wenn er definiert wird[1], sind diese Definitionen vielfach entweder selektiv oder normativ. Hinter dem gängigen Sprachgebrauch des Begriffs verbirgt sich tatsächlich ein breites Spektrum der Bedeutungen, das von einem unzulässig verengten bis zu einem banal weiten Bedeutungsumfang reicht.

In seinem weitesten Sinne ist dieser Terminus vielleicht lediglich eine andere Weise, die Möglichkeit einer rein objektiven und wertfreien Wissenschaft zu bestreiten, eine Behauptung, der heute die meisten Historiker, Sozialwissenschaftler und Philosophen weitgehend zustimmen würden. Im anderen Extrem bezeichnet er die Bereitschaft des einzelnen Wissenschaftlers, die Prozesse und Ergebnisse der Forschung den Erfordernissen seiner weltanschaulichen oder politischen Bindung sowie allem, was sich daraus ergibt, ebenso zu unterwerfen wie den von ihm akzeptierten politischen oder weltanschaulichen Autoritäten – wie stark sie sich auch von den Prozessen und Ergebnissen unterscheiden mögen, die ohne eine solche Unterwerfung zustande kämen. Häufiger wird natürlich der Forscher diese Erfordernisse verinnerlichen, die auf diese Weise zu Merkmalen der Wissenschaft oder

Dieser Aufsatz, der das Problem der politischen und ideologischen Voreingenommenheit behandelt, wurde geschrieben für *Culture, science et développement: Mélanges en l'honneur de Charles Morazé*, Toulouse 1979, S. 267-279.

vielmehr (da Parteilichkeit einen Gegner voraussetzt) der »richtigen« gegenüber der »falschen« Wissenschaft werden – der Geschichte der Frauen gegenüber der chauvinistischen Geschichte der Männer, der proletarischen gegenüber der »bürgerlichen« Wissenschaft und so fort.

Tatsächlich gibt es wahrscheinlich zwei sich überschneidende Spektren, von denen das eine die verschiedenen Nuancen der objektiven politischen oder weltanschaulichen Dimension der Forschungsprozesse und -ergebnisse zum Ausdruck bringt und das andere die Konsequenzen, die sich vermutlich daraus für das subjektive Verhalten des Historikers ableiten lassen. Einfach ausgedrückt: Im einen Fall geht es um die Parteilichkeit der Tatsachen, im anderen um die von Menschen.

Am einen Extrem des ersten Spektrums steht die allgemeine und heute praktisch unumstrittene Behauptung, daß es eine rein objektive und wertfreie Wissenschaft nicht geben könne; am anderen die Behauptung, daß alles an der Wissenschaft, von ihren Methoden bis zu ihren konkreten Befunden und den Theorien, in die diese eingruppiert werden, primär so aufgefaßt werden müsse, daß sie eine bestimmte politische (oder allgemeiner eine ideologische) Funktion oder Aufgabe erfülle, die mit einer bestimmten sozialen oder politischen Gruppe verknüpft sei. Demnach bestand die eigentliche Bedeutung der heliozentrischen Weltbilder des 16. und 17. Jahrhunderts nicht darin, daß sie »wahrer« waren als die geozentrischen, sondern daß sie eine Legitimation für die absolute Monarchie lieferten (»der Sonnenkönig«). Obwohl dies vielleicht wie eine Reductio ad absurdum dieser Position klingen mag, sollten wir uns daran erinnern, daß die meisten von uns bei Gelegenheit eine kaum weniger extreme Haltung eingenommen haben, als wir etwa die verschiedenen Aspekte der Genetik und der Charakterkunde, die vom Nationalsozialismus propagiert wurden, diskutiert haben. Die möglichen Wahrheiten verschiedener Hypothesen auf diesen Gebieten schienen damals wesentlich weniger wichtig als ihr Gebrauch für die entsetzlichen politischen Zwecke des Regimes von Adolf Hitler. Selbst heute gibt es viele, die jede Forschung über mögliche Rassenunterschiede innerhalb des menschlichen Geschlechts oder – aus analogen Gründen – alle Forschungsbefunde ablehnen, aus denen Ungleichheiten zwischen verschiedenen Menschengruppen hervorgehen könnten.

Die Abstufungen des zweiten Spektrums verteilen sich ebenfalls sehr breit. Am einen Extrem steht die kaum strittige Behauptung, daß der Wissenschaftler, ein Kind seiner Zeit, die weltanschaulichen und anderen vorgefaßten Meinungen seines Milieus und seiner historisch oder sozial spezifischen Erfahrungen und Interessen spiegelt. Am anderen findet sich die Auffassung, daß wir uns nicht mit dem Willen begnügen dürfen, unsere Wissenschaft den Erfordernissen einer Organisation oder Autorität zu unterwerfen, sondern diese Unterwerfung aktiv betreiben müssen. Mit Ausnahme unserer rein psychologischen Sätze über Wissenschaftler ist das zweite Spektrum aus dem ersten abgeleitet. Menschen sind in ihrer Einstellung gegenüber den Wissenschaften parteilich oder sollten es sein, weil die Wissenschaften selbst parteilich sind. Es ist auch möglich, allerdings nicht gewiß, daß jeder Position auf dem zweiten Spektrum eine Position auf dem ersten Spektrum entspricht und als deren logische Folgerung betrachtet werden kann. Deshalb erscheint es in der folgenden Erörterung geraten, sich auf »Parteilichkeit« als eine subjektive oder notgedrungene Haltung von Historikern zu beschränken.

Dennoch muß eine wichtige Aussage über eine »objektive« Parteilichkeit an den Anfang gestellt werden, daß nämlich diese Parteilichkeit in jeder Wissenschaft auf einer Uneinigkeit nicht über bestätigte Tatsachen beruht, sondern über ihre Auswahl und Zusammenstellung sowie darüber, welche Schlüsse sich aus ihnen ziehen lassen.[2] Sie hält an allgemein anerkannten Verfahren zur Bestätigung oder Widerlegung von Belegmaterial ebenso fest wie an anerkannten Regeln der wissenschaftlichen Auseinandersetzung. Die Beobachtung von Thomas Hobbes, daß Herrscher die Theoreme der Geometrie unterdrücken oder gar in Frage stellen würden, wenn sie ihren politischen Interessen zuwiderliefen, mag zutreffen, doch eine Parteilichkeit dieser Art hat in der Wissenschaft keinen Platz.[3] Wenn jemand behaupten wollte, die Erde sei eine Scheibe oder der biblische Schöpfungsbericht sei Wort für Wort wahr, dann täte er gut daran, kein Astronom, Geograph oder Paläontologe zu werden. Umgekehrt widersetzen sich bestimmte Menschen der Aufnahme des biblischen Schöpfungsberichts in die Schulbücher des US-Bundesstaats Kalifornien als »eine mögliche Hypothese«[4] nicht deshalb, weil sie parteiliche Ansichten hätten (was durchaus der Fall sein kann), sondern weil sie sich auf eine universelle Übereinstimmung innerhalb der Wissenschaft verlassen, daß diese Aussage nicht nur tatsächlich falsch ist, sondern daß kein Argument zur Stützung dieser »Hypothese« einen wissenschaftlichen Rang für sich beanspruchen kann. Es handelt sich dabei jedenfalls nicht, soweit wir bis jetzt sehen können, um »eine mögliche *wissenschaftliche* Hypothese«. Wer die Widerlegung der These von der Scheibengestalt der Erde oder des Glaubens an die Erschaffung der Welt durch Gott in sieben Tagen in Frage stellt, der wendet sich gegen das, was wir als Vernunft und Wissenschaft kennen. Es gibt Menschen, die bereit sind, das ausdrücklich oder stillschweigend zu tun. Wenn sich durch einen unwahrscheinlichen Zufall herausstellen sollte, daß sie recht haben, wären wir Historiker, Sozial- oder andere Wissenschaftler unseren Job los.

Das schränkt den Umfang der legitimen wissenschaftlichen Auseinandersetzung nicht ein, in die Parteilichkeit führen kann und dies auch tut. Es kann beträchtliche Meinungsverschiedenheiten darüber geben, was die Tatsachen sind, und dort, wo sie niemals endgültig erhärtet werden können (wie in weiten Teilen der Geschichte), kann der Streit endlos andauern. Es kann Auseinandersetzungen darüber geben, was sie bedeuten. Hypothesen und Theorien mögen noch so sehr von allen Seiten mit Beifall bedacht werden, sie genießen nicht den unumstrittenen Status beispielsweise von überprüfbaren Tatsachen oder mathematisch-logischen Aussagen. Man kann vielleicht zeigen, daß sie mit den Tatsachen in Einklang stehen, aber nicht unbedingt, daß *sie allein* mit den Tatsachen vereinbar sind. Es kann keine wissenschaftliche Auseinandersetzung über die Tatsache der Evolution als solche geben, wohl aber sogar heute noch über die Darwinsche Erklärung dafür oder über eine spezifische Version dieser Erklärung. Und soweit die »Tatsache« als solche belanglos ist, sobald man sie aus dem Kontext der Fragen, die wir zu ihnen formulieren, und der Theorien, durch die wir sie mit anderen Tatsachen in einen Zusammenhang bringen wollen, herauslöst, bleibt sie ebenfalls im Netz einer möglichen Parteilichkeit gefangen. Dasselbe gilt sogar von mathematischen Sätzen, die allein durch die Verknüpfungen, die wir zwischen ihnen und anderen Bestandteilen unseres intellektuellen Universums herstellen, bedeutsam oder »interessant« werden.

Nichtsdestoweniger und auf die Gefahr hin, mich dem Vorwurf des Positivismus auszusetzen, beharre ich darauf, daß es bestimmte Aussagen und Methoden zur Feststellung ihres Wahrheitsgehalts gibt, die nicht mehr umstritten sind. Manche Aussagen sind jenseits aller vernünftigen Zweifel »wahr« oder »falsch«, auch wenn die Grenzen zwischen vernünftigen und unvernünftigen Zweifeln innerhalb einer Überschneidungszone je nach Parteilichkeit unterschiedlich gezogen werden. So werden die meisten Wissenschaftler alter Schule wahrscheinlich wesentlich stärkere und strenger überprüfte Belege fordern, wenn die Existenz verschiedener übersinnlicher Erscheinungen bewiesen werden soll, als wenn es um die Existenz einer bestimmten Tierart geht, die man seit langem für ausgestorben hielt; und das liegt daran, daß viele von ihnen von vornherein nicht bereit sind, die Möglichkeit der Existenz solcher Erscheinungen zu akzeptieren. Umgekehrt zeigen die

Fälschungen im Zusammenhang mit dem Piltdown-Menschen und andere Beispiele, daß eine a priori vorhandene Bereitschaft von Wissenschaftlern, die Bestätigung einer für sie plausiblen Hypothese zu akzeptieren, zu einer Schwächung ihrer eigenen Kriterien der Überprüfung führen. Dennoch ist das kein Beweis gegen die Auffassung, daß die Kriterien einer Überprüfung und Bestätigung von Untersuchungsergebnissen objektiv sind.

In welcher Weise stellt sich das Problem dem Historiker? Ich will die Frage an einem Beispiel erörtern. Die Tatsache, daß die materiellen Bedingungen der Bevölkerung in den »fortgeschrittenen« Ländern der Welt sich im Lauf der letzten 200 Jahre im Durchschnitt wesentlich verbessert haben, läßt sich nicht ernsthaft bestreiten, auch wenn die Meinungen darüber auseinandergehen mögen, wann diese Verbesserung eingesetzt hat, in welchem Tempo, mit welchen Schwankungen und welchen Abweichungen vom Durchschnittswert. Diese an sich neutrale Tatsache hat in den Augen vieler Historiker bestimmte ideologische und politische Konsequenzen, und soweit es historische Theorien gibt, die sich auf die Annahme stützen, daß eine solche Verbesserung nicht stattgefunden habe, sind sie falsch. Wenn Marx von einer dem kapitalistischen Prozeß immanenten Tendenz zur Verelendung des Proletariats überzeugt war, dann habe ich als Marxist drei Möglichkeiten. Ich kann mit Gründen bestreiten, daß Marx zumindest in seinen späteren Jahren eine Theorie der absoluten materiellen Verelendung oder Stagnation vertreten hat. In diesem Fall eliminiere ich dieses Element aus der Theorie der »absoluten Verelendung« auf eine Weise, die mich in den Stand setzt, andere, bislang unberücksichtigte Elemente einzubeziehen, die möglicherweise die Verbesserung wieder aufheben (zum Beispiel »Unsicherheit« oder psychische Krankheiten oder eine Verschlechterung der Umweltbedingungen). In diesem Fall kann es in zweierlei Weise zu einem parteilichen Streit kommen: über die Berechtigung, den Begriff der »Verelendung« in dieser Weise zu erweitern, und über die tatsächliche meßbare Bewegung der verschiedenen relevanten Indizes. Und schließlich kann ich am alten Argument festhalten und mich um den Nachweis bemühen, daß die zu beobachtende Verbesserung lediglich eine vorübergehende oder längerfristige Schwankung innerhalb eines säkularen Abwärtstrends ist. In diesem Fall kann ich *entweder* diese Behauptung ganz aus dem Bereich der Falsifizierbarkeit eliminieren, ähnlich den stets aufs neue revidierten Prophezeiungen eines Weltuntergangs, denen chiliastische Sekten anhängen, *oder* ich verlege die Möglichkeit einer Widerlegung auf einen späteren Zeitpunkt in der Zukunft. Ähnlich gestalten sich die Überlegungen, wenn ich die Verbesserung als eine regionale Erscheinung betrachte, die durch eine Verschlechterung in der übrigen Welt aufgehoben werden kann (oder auch nicht). Was ich auf keinen Fall tun kann ist, die Tatsache als solche zu bestreiten. Und als Historiker kann ich mich auch nicht begründet weigern, die Kriterien einer Überprüfung zu akzeptieren, soweit meine Meinungen sich auf Indizien und Beweise aus der Vergangenheit, Gegenwart oder Zukunft stützen.

Kurzum, für jeden, der sich an der wissenschaftlichen Debatte beteiligt, muß der Wahrheitsgehalt von Behauptungen anhand von Methoden und Kriterien überprüfbar sein, die im Prinzip keiner Parteilichkeit unterliegen, ungeachtet ihrer weltanschaulichen Weiterungen oder der hinter ihnen stehenden Motive. Aussagen, die nicht auf diese Weise überprüfbar sind, können zwar dennoch wichtig und wertvoll sein, gehören jedoch einem anderen Diskurs an. Sie werfen äußerst interessante und schwierige philosophische Probleme auf, vor allem wenn sie offenbar in bestimmter Hinsicht deskriptiv sind (zum Beispiel in der darstellenden Kunst oder einer Kritik an einem bestimmten schöpferischen Werk oder Künstler), können hier jedoch nicht erörtert werden. Ebensowenig können wir an dieser Stelle auf Sätze vom logisch-mathematischen Typ eingehen, da sie nicht (wie in der theoretischen Physik) durch Beobachtung und Experiment überprüft werden können.

II

Nunmehr komme ich zum Problem der subjektiven Parteilichkeit – aus Gründen der Vereinfachung, ohne auf die Frage der persönlichen Empfindungen einzugehen, auch wenn diese in der individuellen Psychologie des Forschers eine wichtige Rolle spielen. Wir befassen uns deshalb nicht mit dem Widerstreben von Professor X, die Theorie aufzugeben, mit der er sich einen Namen gemacht hat oder zu machen hofft oder die ihm besonders am Herzen liegt, weil sie das Ergebnis langwieriger Streitgespräche mit Kollegen ist. Ebensowenig sollen uns seine persönlichen Gefühle gegenüber Professor Y interessieren, den er schon immer für einen Karrieristen und Scharlatan gehalten hat. Wir wollen uns mit Professor X nur als einer Person befassen, die von weltanschaulichen oder politischen Ansichten und Vermutungen, die er mit anderen gemeinsam hat, motiviert und zu bestimmten Forschungsarbeiten angeregt wird; noch spezieller mit Professor X als einem überzeugten Parteigänger, der sich darüber im klaren ist und es hinnimmt, daß der Ursprung seiner Motivation direkte Auswirkungen auf seine Arbeit haben kann.

Zunächst müssen wir jedoch jene extreme Position einer Parteilichkeit ausschließen, wie sie in der stalinistischen Ära in der Sowjetunion und anderswo – nicht unbedingt ausschließlich von Marxisten – propagiert und praktiziert und auf den ständig umgeschriebenen Seiten der Großen Sowjet-Enzyklopädie jener Zeit ad absurdum geführt wurde. Diese Position unterstellte 1. eine vollkommene Übereinstimmung von politischen und wissenschaftlichen Behauptungen zu allen Zeiten und deshalb 2. die praktische Austauschbarkeit von Behauptungen in beiden Formen der wissenschaftlichen Debatte auf allen Ebenen[5] mit der Begründung 3., daß es keine spezialisierte Sphäre der wissenschaftlichen Debatte oder eine spezialisierte Öffentlichkeit für eine solche Debatte gebe. In der Praxis bedeutete das 4. die Überlegenheit der politischen Macht (erklärtermaßen die Quelle aller Wissenschaft) über wissenschaftliche Einzelaussagen. Nebenbei bemerkt unterscheidet sich diese von einer anderen ziemlich verbreiteten Position, derzufolge es – moralische oder politische – Erfordernisse geben könne, die höher stehen als die Anforderungen an wissenschaftliche Aussagen, oder von der beispielsweise innerhalb der katholischen Kirche vertretenen Auffassung, es gebe Wahrheiten, die vor der weltlichen Wissenschaft Vorrang hätten und vom Staat aufgezwungen werden könnten.

In der Theorie kann natürlich die Einheit von Wissenschaft und Politik als allgemeine Behauptung zumindest von denen aufrechterhalten werden, die überzeugt sind, daß die Politik auf eine wissenschaftliche Analyse (etwa den »wissenschaftlichen Sozialismus«) gegründet sein müsse. Daß die Wissenschaft von der übrigen Gesellschaft einschließlich der außerwissenschaftlichen Öffentlichkeit nicht zu trennen ist, wird ebenfalls von den meisten als eine allgemeine Aussage akzeptiert. Doch in der Praxis liegt es auf der Hand, daß eine bestimmte Teilung der Arbeit und der Aufgaben existiert und daß die Beziehungen zwischen Wissenschaft und Politik nicht als Übereinstimmung gestaltet werden können. Die Erfordernisse der Politik, selbst wenn diese selbst noch so sehr durch wissenschaftliche Analyse begründet ist, sind nicht identisch mit wissenschaftlichen Aussagen, auch wenn sie im Idealfall aus diesen mehr oder weniger mittelbar abgeleitet werden können. Die relative Autonomie der Politik (zu der Erwägungen der Zweckdienlichkeit, der zu ergreifenden Maßnahmen, des Willens und der Entscheidung gehören) schließt nicht nur eine Identität, sondern bereits eine schlichte Analogie zwischen den beiden Sphären aus. Deshalb kann jede Form der Parteilichkeit, die die Position vertritt, alles, was politisch zu einem bestimmten Zeitpunkt erforderlich ist, müsse sein Äquivalent auf der Ebene der wissenschaftlichen Debatte haben, nicht theoretisch begründet werden. In der Praxis kann man zudem beobachten, daß die Existenz von Autoritäten, die jeweils die Gültigkeit der Wissenschaft für ihre politische Analyse beanspruchen und infolgedessen allen ihren Mitgliedern, die an wissenschaftlichen Debatten beteiligt sind, bestimmte Pflichten aufzwingen, das Problem aufwirft, wie man zwischen solchen konkurrierenden wissenschaftlichen Behauptungen entscheiden soll.[6] Zu diesem Problem kann die Parteilichkeit als solche außer einem Gefühl der persönlichen Überzeugung wenig beitragen.

Das Dilemma von dem, was aus Zweckmäßigkeitsgründen als die Schdanowsche Version der Parteilichkeit bezeichnet werden kann, läßt sich an einem nichtmarxistisches Beispiel verdeutlichen: der Kartographie. Landkarten sind für Kartographen faktische Beschreibungen (nach unterschiedlichen Konventionen) von Aspekten der Erdoberfläche, doch für bestimmte Regierungen und politische Bewegungen sollen sie Aussagen der Politik sein, oder zumindest sollen sich aus ihnen Konsequenzen für die Politik ergeben. Das ist sogar ein unzweifelhafter Aspekt von politischen Karten, und im Prinzip kann nicht bestritten werden, daß im Fall einer politischen Auseinandersetzung die bloße Tatsache, daß das Einzeichnen beispielsweise einer Grenze an dieser und nicht an jener Stelle erfolgt, einer politischen Entscheidung gleichkommt. So bedeutet etwa die Kennzeichnung der Falkland-Inseln als britischen Besitz entweder die Ablehnung des argentinischen Anspruchs darauf oder zumindest, daß dieser Anspruch zu diesem Zeitpunkt als rein theoretisch betrachtet wird. Die Kennzeichnung des Landes im Osten der Bundesrepublik Deutschland [bis 1990] als Deutsche Demokratische Republik bedeutete zumindest eine faktische Anerkennung der Existenz der DDR als eines Staates innerhalb der Grenzen von 1945. Doch wie sehr auch der Kartograph Verständnis für die Ansprüche Argentiniens oder das Denken der westlichen Staatsmänner in Kategorien des Kalten Krieges haben mochte, man konnte von ihm nicht erwarten, daß er die tatsächliche Situation verschleierte. Es ist ebenso absurd, Länder auf Landkarten zu Unländern zu machen, wie Menschen in Geschichtsbüchern zu Unpersonen. Und der Grenzverlauf oder der Charakter der Deutschen Demokratischen Republik änderte sich auch nicht in dem Augenblick, als die politische Entscheidung getroffen wurde, sie von nun an so zu nennen und nicht mehr »Sowjetische Besatzungszone« oder »Mitteldeutschland« oder sie mit irgendeiner anderen Bezeichnung zu belegen, die keine Wirklichkeit, sondern Politik zum Ausdruck brachte. Soweit Kartographen nicht unter Zwang handeln, müssen sie einsehen, daß sie mit einer Kennzeichnung der Falkland-Inseln als argentinisch oder der DDR als Mitteldeutschland nicht als Kartographen, sondern als Politiker handeln. Sie können eine solche Entscheidung mit unterschiedlichen Gründen rechtfertigen, auch mit philosophischen und angeblich wissenschaftlichen, aber nicht mit geo- oder kartographischen. Der Verzicht auf diese Unterscheidung würde nicht nur zu einem Zusammenbruch der intellektuellen Kommunikation führen (der uns nur allzu vertraut ist), sondern auch zur Ersetzung der Kartographie als Beschreibung durch eine Kartographie als eine Form programmatischer Aussagen, das heißt zur Abschaffung der Kartographie.

Glücklicherweise, denn wir haben es hier mit einem Bereich zu tun, in dem die theoretische Phantasie gravierende praktische Konsequenzen hat, wird einer programmatischen Kartographie nicht oder nur am Rande gestattet, in reale Kartenwerke einzugreifen, es sei denn auf Spezialgebieten wie der Bildung und der Propaganda. Schließlich wäre es unklug, Flugzeugpiloten gegenüber zu behaupten, wenn sie in Kaliningrad landeten, befänden sie sich in der deutschen Stadt Königsberg, oder wenn man ihnen vor 1989 gesagt hätte, im Hinblick auf die Formalitäten bei der Abfertigung ihrer Passagiere sei es ziemlich gleichgültig, ob sie in Schönefeld oder in Tegel landeten.

Was man als stalinistische Parteilichkeit[7] bezeichnen könnte – auch wenn sich diese keineswegs auf Stalinisten oder auch Marxisten beschränkt –, kann deshalb aus einer wissenschaftlichen Debatte ausgeschlossen werden. Wenn Gelehrte und Wissenschaftler der Meinung sind, daß ihre politische Bindung es ihnen auferlege, ihre Wissenschaft ihren politischen Überzeugungen unterzuordnen, was unter bestimmten Umständen durchaus berechtigt sein mag, dann sollten sie das zumindest vor sich selbst eingestehen. Es ist wesentlich ungefährlicher für die Wissenschaft und für die wissenschaftlich fundierte politische Analyse, zu wissen, daß jemand die Wahrheit unterdrückt oder gar etwas Falsches behauptet, als sich einzureden, daß Lügen in einem komplexen Sinne wahr seien. Und wenn sie der Meinung sind, ihre politischen Überzeugungen erforderten es, daß sie ihre Tätigkeit als Gelehrte völlig aufgeben, was unter bestimmten Umständen ebenfalls legitim oder sogar notwendig sein kann, dann sollten sie auch hier klar sehen, was sie tun. Der Historiker, der die Redaktion einer Parteizeitung übernimmt, schreibt seine Leitartikel nicht als Historiker, sondern als politischer Kolumnist, auch wenn seine Kenntnisse und Interessen als Historiker dabei durchscheinen können. Das braucht ihn nicht daran zu hindern, nebenher seine Tätigkeit als Historiker fortzusetzen. Jean Jaurès verfaßte in seiner Zeit als Führer der französischen Sozialisten ziemlich gute (parteiliche) historische Arbeiten, aber nicht *während* er an Formulierungen arbeitete, um auf dem Parteitag zwischen den Parteiflügeln Einigkeit herzustellen.

Zwischen Wissenschaft und Politik verbleibt jedoch eine Grauzone, die sich auf Historiker möglicherweise stärker auswirkt als auf andere, weil man sie seit urdenklichen Zeiten dazu benutzt hat, um die – beispielsweise dynastischen oder territorialen – Ansprüche von Politikern zu legitimieren. Das ist die Zone der politischen Anwaltschaft. Es wäre völlig unrealistisch, von Wissenschaftlern zu erwarten, daß sie darauf verzichten, als Anwälte aufzutreten, vor allem wenn sie (was häufig der Fall ist) nicht nur überzeugt sind, daß man sich aus Patriotismus oder einer anderen politischen Überzeugung einsetzen sollte, sondern daß eine Sache wirklich gerecht ist. Es wird zwangsläufig bulgarische, jugoslawische und griechische Professoren geben, die auch ohne das Drängen von Regierungen, Parteien oder Kirchen bereit sind, bis zur letzten Fußnote für ihre Interpretation der Makedonienfrage zu kämpfen. Es gibt natürlich zahlreiche Fälle, in denen Historiker, auch wenn sie persönlich ganz unbeteiligt sind, ebenfalls die parteiliche Pflicht akzeptieren, für etwas einzutreten, zum Beispiel den Anspruch ihrer Regierung auf ein umstrittenes Grenzgebiet zu unterstützen oder einen Artikel über die traditionelle Freundschaft zwischen den Völkern Syldaviens und Ruritaniens zu einem Zeitpunkt zu schreiben, zu dem Syldavien daran interessiert ist, seine diplomatischen Beziehungen zu Ruritanien zu verbessern. Doch obwohl Hochschullehrer zweifellos auch weiterhin mit mehr oder weniger Überzeugung die Rolle von Anwälten übernehmen werden und obwohl das Element der Anwaltschaft von keiner Debatte zu trennen ist, müssen wir uns des Unterschieds zwischen ihr und einer – wie immer parteilichen – wissenschaftlichen Diskussion stets bewußt sein.

Um es so einfach wie möglich auszudrücken: Die Aufgabe eines Verteidigers besteht nicht darin, über die Schuld oder Unschuld seines Mandanten zu befinden, sondern auf einen Freispruch oder wenigstens mildernde Umstände zu plädieren; die Aufgabe einer Werbeagentur besteht nicht darin festzustellen, ob das Produkt ihres Kunden sein Geld überhaupt wert ist, sondern dessen Verkauf zu fördern. Kurzum, im Gegensatz zum (wie immer engagierten) Wissenschaftler betrachtet der Anwalt die Sache, die er vertreten wird, als etwas Vorgegebenes. In welchem Maße er hierzu seine Geisteskräfte einsetzt, ist für diese grundlegende Entscheidung belanglos. Selbst dort, wo wir völlig mit einer Sache und der Art, wie sie vertreten wird, übereinstimmen, bleibt diese Unterscheidung bestehen: Huxley war nicht Darwin, sondern sein Lobbyist. Wie sehr er auch in der Praxis davor zurückscheuen mag, in der Theorie muß jeder Teilnehmer an einer wissenschaftlichen Debatte die Möglichkeit offenhalten, sich in der Öffentlichkeit von den Argumenten oder Beweisen der Gegenseite überzeugen zu lassen. Natürlich macht ihn allein schon die Tatsache, daß diese Verhaltensnorm bekannt ist, als Anwalt wertvoll, so daß die Versuchung für ihn groß ist, aus der Rolle des wissenschaftlichen in die eines parteilichen Sachwalters zu schlüpfen. In einer liberalen und erst recht in einer parlamentarischen Gesellschaft, die beide dem Ideal einer »unabhängigen Wissenschaft« sowie der Überzeugung huldigen, daß im Wortgefecht zweier streitbarer Anwälte die Wahrheit obsiegen wird, führt diese Versuchung sehr wahrscheinlich mehr als alles andere zu einer illegitimen Parteilichkeit.

III

Nachdem wir die Grenzen bestimmt haben, jenseits deren eine Parteilichkeit wissenschaftlich nicht mehr legitim ist, möchte ich die Argumente vorbringen, die für eine legitime Parteilichkeit sprechen, sowohl unter dem Blickwinkel der wissenschaftlichen oder akademischen Disziplin als auch unter dem der Sache, der sich der Wissenschaftler verschrieben hat.

Letzteres ist etwas schwieriger als das erste, da hierbei unterstellt wird, daß die Sache von der Arbeit des Wissenschaftlers als Wissenschaftler profitiert, auch wenn dieser innerhalb der legitimen Grenzen parteilich ist. Doch das ist schlechterdings nicht immer der Fall. Es gibt Überzeugungen wie der christliche Glaube, die nicht nur keine wissenschaftliche oder akademische Unterstützung benötigen, sondern möglicherweise durch Versuche, Glauben und Lehre in Begriffen umzuformulieren, die erklärtermaßen das Gegenteil von beidem sind, sogar eher geschwächt werden. (Natürlich waren diese Versuche zumeist Abwehraktionen gegen Angriffe säkularer Kräfte.) Damit soll nicht der Wert christlicher Überzeugungen als Anreiz für eine akademische Tätigkeit beispielsweise als Philosoph oder Archäologe bestritten werden. Doch wir dürfen bezweifeln, daß diese Art von Wissenschaft jemals das Christentum als soziale Kraft gestärkt hat. Man könnte höchstens behaupten, daß sie etwa durch die richtige Übersetzung sakraler Texte all denen esoterische Dienste leistet, für die eine solche Übersetzung mehr als nur eine wissenschaftliche Bedeutung hat, oder sie liefert propagandistische Argumente oder das Prestige, das Wissenschaft und Forschung in den meisten Gesellschaften jenen Gruppen verleihen, mit denen sie verbunden werden. Dennoch ist das Urteil über solche Dinge bis zu einem gewissen Grad subjektiv. Zweifellos ist es für die Mormonen von großer Bedeutung, eine Fülle von genealogischen Informationen über Vorfahren zu sammeln, die nach ihrer Vorstellung durch dieses Verfahren irgendwie postum dem wahren Glauben nähergebracht werden. Für Nichtmormonen ist diese Übung nur deshalb von Interesse und Wert, weil sie zufällig eine der umfassendsten Sammlungen von Quellen für die historische Demographie hervorgebracht hat.

Doch es gibt genügend politische und weltanschauliche Überzeugungen, die offenkundig von der Wissenschaft und Gelehrsamkeit profitieren, auch wenn sie häufig der Versuchung erliegen, zu diesem Zweck eine Pseudowissenschaft und eine Pseudogelehrsamkeit zu entwickeln. Läßt sich denn bestreiten, daß nationalistische Bewegungen durch die hingebungsvollen wissenschaftlichen Erforschungen der Vergangenheit ihres Volkes gestärkt wurden, auch wenn diese Bewegungen selbst (im Unterschied zu den Wissenschaftlern, mit denen sie verbunden sind) Erfindungen und Fälschungen ebenso nützlich (oder sogar noch nützlicher) finden wie eine skeptische, wenngleich im Dienste der Sache stehende Untersuchung?[8] Außerdem gibt es Überzeugungen – unter denen der Marxismus eine herausragende Rolle spielt –, die sich in besonderem Maße als Produkte einer rationalen und wissenschaftlichen Analyse verstehen und folglich die Arbeit der wissenschaftlichen Forschung, die mit ihnen verbunden ist, als einen wesentlichen Bestandteil ihrer Entwicklung oder doch zumindest als etwas betrachten müssen, das mit dieser vereinbar ist, einmal abgesehen von den bereits erwähnten Reibungen zwischen gelehrter Forschung und politischer Zweckmäßigkeit. Jeder Staat benötigt die Wissenschaft zu bestimmten Zwecken. Regierungen brauchen eine echte Wirtschaftswissenschaft (im Unterschied zu einer Apologetik oder Propaganda), um eine sinnvolle Wirtschaftspolitik betreiben zu können. Sie beklagen sich nicht darüber, daß die Ökonomen ihnen zuwenig Loyalität erweisen, sondern daß sie beim gegenwärtigen Stand ihrer Wissenschaft nicht imstande sind, die Probleme zu lösen, deren Lösung von ihnen dringend erwartet wird. Hier hat der weltanschaulich gebundene Wissenschaftler einen großen Spielraum, seiner Sache zu dienen, ohne deshalb aufzuhören, ein Wissenschaftler zu sein.

Aber wieweit muß er überhaupt bestimmten Überzeugungen anhängen, um das zu tun? Ist es nicht im großen und ganzen belanglos für ein Regime, ob seine Ökonomen als Privatleute konservativ oder revolutionär eingestellt sind, solange sie seine Probleme lösen? Hätten der Sowjetunion antistalinistische Biologen, die etwas von ihrem Fach verstanden, nicht mehr genützt als die Anhänger und Schüler Lyssenkos, die als Biologen versagten? (Um einen vor kurzem verstorbenen führenden chinesischen Kommunisten zu zitieren: »Was spielt es für eine Rolle, ob eine Katze weiß oder schwarz ist, solange sie Mäuse fängt?«) Oder, um die Frage andersherum zu formulieren, kann nicht ein überzeugter Marxist und anerkannter Fachmann auf seinem Gebiet darauf setzen, daß seine wissenschaftlichen Ergebnisse selbst für diejenigen von Nutzen sind, die er eigentlich bekämpfen möchte?

Die Antwort auf die letzte Frage liegt auf der Hand: Bis zu einem gewissen Grad trifft das zu. Nichtsdestoweniger ist die persönliche Parteilichkeit des Wissenschaftlers höchst bedeutsam, und sei es auch nur deshalb, weil seine Weltanschauung unter Umständen nicht in der Lage ist, sich auf andere Wissenschaftler zu stützen als diejenigen, die ihr anhängen, und weil sie möglicherweise nicht in der Lage ist, von jenem Großteil der Wissenschaft – vor allem der Sozialwissenschaft – zu profitieren, in dem sich andere Parteilichkeiten spiegeln. Die SPD vor 1914 hatte von der überwältigenden Mehrheit der Akademiker des Deutschen Reiches kaum Unterstützung, Sympathie oder gar Unparteilichkeit zu erwarten. Sie mußte sich auf »ihre eigenen« Intellektuellen verlassen. Was noch wichtiger ist, parteiliche Intellektuelle sind möglicherweise als einzige bereit, Probleme oder Themen zu erforschen, denen (aus ideologischen oder anderen Gründen) die übrige akademische Gemeinschaft jede Aufmerksamkeit verweigert. Die Geschichte der britischen Arbeiterbewegung bis weit ins 20. Jahrhundert befand sich zum allergrößten Teil in der Hand von Forschern, die mit ihr sympathisierten – angefangen mit Sidney und Beatrice Webb –, weil sich bis in die Zeit nach dem Ersten Weltkrieg und später kaum ein »orthodoxer« Historiker ernsthaft für sie interessierte.

Diese Bereitschaft von parteilichen Gelehrten und Wissenschaftlern, Neuland zu betreten, führt uns zum zweiten Teil unseres Arguments: dem konkreten Wert einer Parteilichkeit für das natur- oder geisteswissenschaftliche Fach des parteilichen Wissenschaftlers. Das läßt sich selbst für manche Naturwissenschaften nicht bestreiten, am wenigsten vermutlich bei denen, die wie die Biologie schon immer relativ starke weltanschauliche Bindungen hatten. Wir können diesen Wert nicht auf eine bestimmte Art der Parteilichkeit beschränken. Die moderne

Genetik beispielsweise war mit ihren ständigen Auseinandersetzungen zwischen den Anhängern einer Theorie des menschlichen Verhaltens aufgrund von Erbfaktoren und den Milieutheoretikern zweifellos zu einem Großteil das Produkt einer elitären, antidemokratischen Weltanschauung – bis zurück zu Francis Galton und Karl Pearson.[9] Das macht die Genetik übrigens weder zu einer zutiefst reaktionären Wissenschaft, noch bedeutet es dauernde ideologische Festlegung dieses Fachs, zu dessen späteren herausragenden Vertretern auch Kommunisten (wie J. B. S. Haldane) gehörten. In der gegenwärtigen Phase der Auseinandersetzung zwischen Milieu- und Umwelttheoretikern, die sich bis zum Ersten Weltkrieg zurückverfolgen läßt, gehörten die Genetiker eher der »Linken« an, während die »Rechte« besonders unter den Psychologen stark vertreten war.[10] Jedenfalls haben wir hier ein Fachgebiet, das unbestritten den Naturwissenschaften angehört und dessen Fortschritte weitgehend der politischen Parteilichkeit ihrer Vertreter zu verdanken sind.

Wie immer die Sache sich in den Naturwissenschaften verhält – hier fühle ich mich nicht zuständig –, in den Sozialwissenschaften läßt sich die Streitfrage nicht beantworten. Es fällt schwer, sich einen der großen maßgeblichen Nationalökonomen vorzustellen, der keine starken politischen Überzeugungen vertreten hätte, so wie man sich auch kaum einen großen Mediziner vorstellen kann, der nicht zutiefst darauf verpflichtet wäre, menschliche Krankheiten zu heilen. Die Sozialwissenschaften sind im wesentlichen »angewandte Wissenschaften« in der Absicht, um die bekannte Wendung von Marx zu gebrauchen, die Welt zu verändern statt sie lediglich zu interpretieren (oder Erklärungen dafür zu liefern, warum sie nicht geändert werden muß). Es kommt hinzu, daß noch heute zumindest in der angelsächsischen Welt der typische Wirtschaftstheoretiker sich nicht so sehr als ein Produzent von »Wissenschaft« zum Nutzen seiner »Seite« versteht (wie es die antifaschistischen Wissenschaftler im Zweiten Weltkrieg taten, als sie ihre Regierungen überredeten, die Atombombe einzusetzen), sondern eher als einen Kreuzritter von eigenen Gnaden – ein Keynes oder ein Friedman – oder zumindest als einen aktiven und vernehmlichen Teilnehmer an öffentlichen politischen Debatten. Keynes leitete seine Politik nicht aus der *Allgemeinen Theorie* ab: Er schrieb dieses Werk, um seine politischen Empfehlungen auf ein solideres Fundament stellen und sie wirkungsvoller propagieren zu können. Die direkte Verbindung zur Politik ist bei den großen Soziologen weniger deutlich, da sich aufgrund der Natur der Sache ihre allgemeinen Rezepte weniger leicht als spezifische regierungspolitische Maßnahmen formulieren lassen – ausgenommen vielleicht zu propagandistischen (und pädagogischen) Zwecken. Doch die starke politische Bindung der Gründungsväter der Soziologie bedarf kaum eines Beweises, und es hat sogar Zeiten gegeben, zu denen die gesamte Disziplin als akademisches Fach von den unterschiedlichen politischen Überzeugungen ihrer Vertreter fast erdrückt wurde. Ähnliches läßt sich ohne besondere Mühe auch bei anderen Sozialwissenschaften nachweisen, einschließlich – wenn wir sie hinzurechnen wollen – der Geschichtswissenschaft.

Die Tatsache, daß die Entwicklung solcher Wissenschaften mit der Parteilichkeit ihrer Vertreter untrennbar verbunden war – daß es einige von ihnen ohne diese praktisch nicht gegeben hätte –, läßt sich nicht ernsthaft bestreiten. Die entgegengesetzte Vorstellung, der Gelehrte sei ein schlichter Sucher nach der reinen akademischen Wahrheit, die außer ihm selbst niemanden sonst interessieren muß, setzt sich vermutlich aus drei Komponenten zusammen. Sie ist ein Reflex auf das schiere zahlenmäßige Anwachsen und die damit verbundene Aufteilung in Einzeldisziplinen der Natur- und Geisteswissenschaften als Beruf, eine Reaktion auf die eigentümliche und neuartige soziale Situation von (akademischen) Intellektuellen, und sie ist eine Mystifikation. Zu einer Zeit, als es die Nationalökonomie als Beruf noch nicht gab, wäre die Behauptung sinnlos gewesen, daß Quesnay (Arzt), Galiani (königlicher Legationssekretär), Adam Smith (Hochschullehrer), David Ricardo (Bankier und Börsenmakler) oder Thomas Malthus (Pfarrer) nicht im wesentlichen von politischen Absichten geleitet seien. Die bloße Tatsache, daß die Ausdehnung der festangestellten Hochschulabsolventen als eine soziale Schicht die Kluft zwischen den meisten von ihnen und den maßgeblichen wirtschaftlichen und politischen Entscheidungsträgern verbreitert hat, hätte ausgereicht, sie in ihrer Neigung zu bestärken, sich als eine Klasse von unabhängigen »Fachleuten« zu verstehen.

Außerdem wurde die Macht des Status quo erheblich gefestigt, wenn die herrschenden Lehren der Sozialwissenschaften nicht als politisch begründete und orientierte Auffassungen, sondern als ewige Wahrheiten hingestellt wurden, deren Entdeckung allein der Tatsache zuzuschreiben sei, daß eine Gruppe von Männern in bestimmten Institutionen, die ihnen sowohl geistige Unabhängigkeit als auch weitgehende Befugnisse sicherten, nach der Wahrheit strebte. Die Professoren im deutschen Kaiserreich, eine für ihre Parteilichkeit berüchtigte Gruppe, mischten sich nicht direkt in die Politik ein, sondern stützten sie, indem sie ex cathedra verkündeten, was »unbestreitbar« war. Der Intellektuelle als Mitglied einer Berufsgruppe, als Angehöriger einer sozialen

Schicht und als weltlicher Theologe hatte ein starkes Interesse daran, von sich zu sagen, er stehe über dem »Hader«. Für den vorliegenden Zweck ist es jedoch weder nötig noch möglich, dieser Frage weiter nachzugehen.

Daß die Wissenschaften und vor allem die Sozialwissenschaften in der Vergangenheit grundsätzlich parteilich waren, beweist nicht, daß eine Parteilichkeit für sie vorteilhaft, sondern lediglich, daß sie unvermeidlich ist. Das Kriterium für den Nutzen einer Parteilichkeit muß sein, daß sie den Fortschritt der Wissenschaft befördert. Das ist und war möglich, soweit sie einen Anreiz schafft, um von außen die Konzepte in der wissenschaftlichen Debatte zu ändern, einen Mechanismus zur Einführung neuer Themen, neuer Fragestellungen und neuer Modelle für Antworten (»Paradigmen«, um den von Kuhn geprägten Begriff zu verwenden). Es dürfte kaum einem Zweifel unterliegen, daß eine solche Befruchtung der wissenschaftlichen Debatte durch Anreize und Herausforderungen von außen in den einzelnen Forschungsbereichen den wissenschaftlichen Fortschritt beträchtlich vorangebracht hat. Heute wird das allgemein so gesehen, auch wenn der von außen kommende Anreiz normalerweise als Anstoß von den übrigen Wissenschaften verstanden wird, und zum Teil aus diesem Grund werden die verschiedensten »interdisziplinären« Kontakte und Unternehmungen gefördert.[11] In den Sozialwissenschaften und wahrscheinlich in allen Wissenschaften, von denen man annimmt, sie hätten Konsequenzen für die menschliche Gesellschaft (vielleicht außer den rein technischen Disziplinen), ist nichtsdestoweniger »außen« weitgehend und sogar primär die Gesamtheit der Erfahrungen, Ideen und Handlungen des Wissenschaftlers als Person und als Bürger, als ein Kind seiner Zeit. Und parteiliche Wissenschaftler sind es, die am ehesten von den Erfahrungen »außerhalb« ihrer akademischen Arbeit Gebrauch machen.

Das erfordert nicht zwangsläufig eine konkrete politische oder gar eine weltanschauliche Bindung, auch wenn im 19. Jahrhundert und auch heute noch starke Abneigungen gegen die traditionelle Religion selbst in den »reinen« Naturwissenschaften die Debatten befruchtet haben. Es hat eine deutliche Rolle in so »unpolitischen« Teilbereichen wie der Kosmologie und der Molekularbiologie gespielt – durch die radikal agnostischen Motive von Wissenschaftlern, die hier revolutionierend gewirkt haben, wie Fred Hoyle und Francis Crick.[12] Schließlich hatte kein Geringerer als Charles Darwin, der es stets ablehnte, sich öffentlich zum kontroversen Thema Religion zu äußern, in diesem Punkt eine sehr entschiedene Meinung. Doch selbst starke weltanschauliche und/oder politische Überzeugungen haben zuweilen einen unmittelbaren

Einfluß auf die Entwicklung der Theorie in den Naturwissenschaften. Auf der Linken gibt es das Beispiel von A. R. Wallace, der gemeinsam mit Darwin das Prinzip der natürlichen Zuchtwahl entdeckte: zeitlebens ein politischer Radikaler, der seine Bildung in den unorthodoxen owenistischen »Halls of Science« und den chartistischen »Mechanics Institutes« empfangen hatte und sich spontan zu jener »Naturgeschichte« hingezogen fühlte, die für Männer mit jakobinischer Gesinnung besonders attraktiv war. Auf der Rechten gibt es das Beispiel von Werner Heisenberg.

Es ließen sich zahlreiche Beispiele dafür anführen, wie ein solcher politischer Anreiz in den Sozial- und Geschichtswissenschaften wirksam werden kann. Wir begnügen uns hier mit einem einzigen. Das Problem der Sklaverei hat sich in jüngerer Zeit zu einem wichtigen Thema der historischen Analyse und Debatte entwickelt. Da diese Frage die Gemüter stark erregt, ist es nicht überraschend, auch hier parteilichen Positionen zu begegnen, doch das wirklich Erstaunliche ist, welch große Rolle sie für die Wiederbelebung des Interesses an diesem Thema gespielt haben. Von den 33 seit 1940 erschienenen Titeln in der Bibliographie zum Artikel »Sklaverei« in der *International Encyclopedia of the Social Sciences* (1968) finden sich zwölf Arbeiten von marxistischen Autoren, auch wenn viele von ihnen sich inzwischen von dieser Position weit entfernt haben. In der hitzigen Debatte über die Sklaverei in den USA seit 1974 waren zwei der führenden Beteiligten (Fogel und Genovese) tatsächlich in den fünfziger Jahren militante Mitglieder der winzigen Kommunistischen Partei der USA. Man möchte fast behaupten, daß die heutige historische Debatte eine Entwicklung ist, die auf die unter Marxisten geführten Diskussionen früherer Jahrzehnte zurückgeht.

Das heißt nicht, daß starke politische Überzeugungen in der Regel eine innovative Wirkung auf die Geistes- und Naturwissenschaften ausüben. Ein großer Teil der parteilichen Geisteswissenschaft ist belanglos, scholastisch oder, soweit sie mit einer orthodoxen Lehre verbunden ist, damit beschäftigt, die von vornherein feststehende Wahrheit dieser Lehre zu beweisen. Vielfach werden Scheinprobleme von einem Typus aufgestellt, der an theologische Fragen erinnert, denen Lösungsversuche folgen, und zum Teil lehnen es diese Wissenschaftler sogar mit doktrinären Begründungen ab, sich echten Problemen zuzuwenden. Es ist müßig, das zu bestreiten, auch wenn sich solche Praktiken nicht auf Wissenschaftler beschränken, die sich ihrer eigenen Parteilichkeit bewußt sind. Auch hier gibt es gewöhnlich eine Grenze, hinter der weltanschauliche oder politische Überzeugungen gleich welcher Art den Wissenschaftler ernsthaft in Versuchung führen, etwas zu betreiben, was wissenschaftlich illegitim ist. Der Fall des verstorbenen Professors Cyril Burt belegt dies. Dieser berühmte Psychologe war so überzeugt von der minimalen Rolle von Umwelt- im Vergleich zu Erbfaktoren bei der Ausbildung der menschlichen Intelligenz, daß er seine Versuchsergebnisse fälschte, um sie überzeugender erscheinen zu lassen.[13] Doch die offensichtlichen Gefahren und Nachteile einer parteilichen Wissenschaft müssen wir kaum eigens betonen, ihre weniger offensichtlichen Vorteile dagegen schon.

Das ist heute sogar notwendiger denn je, weil die beispiellose Ausdehnung und der Umfang der akademischen Berufe sowie die wachsende Spezialisierung jedes Fachs und ihre sich vermehrenden Teildisziplinen zunehmend die Tendenz zeigen, das akademische Denken nach innen und auf sich selbst zu richten. Die Gründe sind einerseits soziologischer Natur und andererseits der Entwicklung der Wissenschaften selbst immanent. Beide wirken zusammen, um die meisten Wissenschaftler an Hochschulen auf ein kleines Gebiet zu beschränken, auf dem sie als Experten anerkannt sind und dessen Grenzen nur von besonders Unvorsichtigen oder Arrivierten unter ihnen überschritten werden. Denn mit der Zeit wissen sie einfach nicht mehr genug außerhalb ihres »Fachgebiets«, um sich überzeugt zu äußern – oder auch nur mit dem aktuellen Stand der Forschung vertraut zu sein –, während die Gruppen von Spezialisten, die andere Territorien besetzt halten und sie gegen Einfälle von Rivalen mit Barrikaden aus Geheimwissen und speziellen Methoden verteidigen, Streifzüge von relativen Laien zu immer gefährlicheren Unternehmungen machen. Die Zahl der speziellen Fachzeitschriften, Mitteilungsblätter und Konferenzen wird ständig größer, und die Debatten innerhalb der einzelnen Fächer werden für Außenstehende nur noch verständlich, wenn sie sich lange vorher durch eine entsprechende Lektüre darauf vorbereiten, was auf Kosten der Zeit geht, die sie für den Erwerb des eigenen Spezialistenwissens benötigen. Die erschöpfende Bibliographie der »Literatur«, die in wachsendem Maße nur noch den Doktoranden bekannt ist, stellt für jedes dieser Bollwerke einen Schutzwall dar. Im Jahr 1975 wirkten mindestens 380 Titel auf alle Bürger, die glaubten, sie hätten etwas zum Thema »soziale Bewegungen, Aufstände und Proteste« zu sagen, als Warntafeln vor unbedachten Ausflügen in die Sparte »kollektives Verhalten«, eine Teildisziplin der Soziologie, die inzwischen versucht, sich als eigener Fachbereich zu etablieren.[14]

Doch während der theoretisch und praktisch unqualifizierte Eindringling ferngehalten wird, verliert der Spezialist seinerseits das Gefühl für die umfassenderen Weiterungen seines Fachs. Ein gutes Beispiel hierfür, wie Lester Thurow vom Massachusetts Institute of Technology gezeigt hat, ist der Spezialbereich der Ökonometrie, die mathematische Modelle innerhalb der Nationalökonomie entwickelt. Mit diesen Modellen wollte man ursprünglich überprüfen, ob eine eindeutig formulierte Theorie statistisch bestätigt werden konnte, doch statt dessen kam es (weitgehend deshalb, weil dies nur in seltenen Fällen möglich ist) zu einer merkwürdigen Umkehrung in der Beziehung zwischen Theorie und empirischen Daten:

»Die Ökonometrie wurde aus einem Instrument zur Überprüfung von Theorien zu einem Instrument zur Darstellung von Theorien. Sie wurde zu einer deskriptiven Sprache... Eine gute ökonomische Theorie war besser als die Daten – zumindest im Bewußtsein der Nationalökonomen –, und deshalb mußte sie den Daten übergestülpt werden. Was als eine Technik zur stärkeren Gewichtung der Daten gegenüber der Theorie begonnen hatte, erwies sich zum Schluß als das exakte Gegenteil dieses Vorhabens.«

So ergaben die ökonometrischen Gleichungen keine Korrelation zwischen Investitions- und Zinsrate, wie ihn die klassische ökonomische Theorie behauptete, und es gab auch keine Möglichkeit, eine solche Korrelation nachzuweisen. Wie Thurow schreibt, griffen die Ökonometriker daraufhin zu der intellektuell legitimen Alternative, ihre Gleichungen so zu formulieren, daß die Zinsraten aus mathematischen Gründen nunmehr zwangsläufig das richtige Vorzeichen aufwiesen. »Die Gleichungen überprüften nicht die Theorie, sondern beschrieben, wie die Welt aussähe, wenn die Theorie korrekt wäre.« Kurz, um den Preis einer Verzögerung der Entwicklung der ökonomischen Theorie kapselte sich die Ökonometrie zunehmend gegenüber dem Einfluß der Außenwelt ab. Der Anreiz, die Theorie zu überdenken, statt sie in komplexerer Form weiterzuentwickeln, wurde schwächer.[15] Doch diese Selbstisolierung wird mit der Zeit um so weniger wahrgenommen oder sogar erträglicher, als einerseits die Zahl der Spezialisten zunimmt, die die zunehmend unverständlichen theoretischen Übungen ihrer Kollegen wertschätzen und sie sogar selber betreiben, und andererseits der Zeitaufwand für das erforderliche Literaturstudium in ihrem Fachgebiet vor allem seit 1960 zwangsläufig ungeheuer zugenommen hat. So wie die Gäste eines großen Hotels können die Spezialisten in einem bestimmten Bereich einen Großteil ihrer Bedürfnisse innerhalb des Gebäudes decken; weitere Kontakte mit der Außenwelt werden durch das Hotelpersonal vermittelt. Schließlich dürften heute mehr Wirtschaftswissenschaftler an einer der Hochschulen der Stadt Boston und Umgebung angestellt sein als die Gesamtzahl der Nationalökonomen an einer Universität in England zwischen der Veröffentlichung des *Wealth of Nations* [1776] und Keynes' *General Theory* [1936], und alle sind emsig damit beschäftigt, die Arbeiten ihrer Kollegen zu lesen und einer Kritik zu unterziehen. Wir brauchen nur eine ganz bescheidene und nicht besonders rasch expandierende Teildisziplin, die Wirtschafts- und Sozialgeschichte zu nehmen: Die Anzahl der Mitglieder der British Economic History Society stieg zwischen 1960 und 1975 etwa um das Dreifache. Rund 65 Prozent aller Arbeiten auf diesem Gebiet, die seit der Gründung dieser Gesellschaft im Jahr 1925 veröffentlicht wurden, erschienen in den Jahren 1960-1974.[16] Gemessen an den 430 000 Abhandlungen, die 1968 den Bestand der mathematischen Literatur ausgemacht haben, oder den 522 000 Abhandlungen in der Physik im selben Jahr nehmen sich die 20 000 Titel der Wirtschafts- und Sozialgeschichte mehr als bescheiden aus.[17] Doch jeder, der auf diesem Gebiet arbeitet, weiß, daß ein Großteil dieser Literatur seine Entstehung nicht bestimmten Problemen verdankt, sondern früheren Büchern und Aufsätzen; er weiß, daß das Leben eines Wirtschaftshistorikers zunehmend innerhalb der immer ausgedehnteren und mannigfaltigeren Einrichtungen seines Hotels gelebt wird.

Das ist die Situation, in der eine politische oder weltanschauliche Parteilichkeit dazu beitragen kann, der steigenden Tendenz, nur noch nach innen zu blicken, in extremen Fällen der Scholastik, der Tendenz, geistige Phantasie nur um ihrer selbst willen zu entfalten, der Selbstisolierung der Hochschulen entgegenzuwirken. Sie kann sogar ebendiesen Gefahren zum Opfer fallen, wenn sich ein genügend großes »Fachgebiet« einer selbstisolierten parteilichen Wissenschaft entwickelt. In solchen Disziplinen wie der Philosophie und Soziologie findet sich manche neomarxistische Scholastik, die uns zur heilsamen Warnung dienen kann. Nichtsdestoweniger sind Mechanismen zur Einführung neuer Ideen, neuer Fragestellungen, neuer Herausforderungen in die Wissenschaft von außen heute notwendiger denn je. Parteilichkeit ist ein höchst wirksamer Mechanismus dieser Art, gegenwärtig in den Humanwissenschaften vielleicht der wirksamste. Ohne ihn müßte man um die weitere Entwicklung dieser Wissenschaften ernsthaft fürchten.

10. Kapitel

Was haben Historiker Karl Marx zu verdanken?

Dem 19. Jahrhundert, dieser Ära der bürgerlichen Zivilisation, verdanken wir eine Reihe von großartigen intellektuellen Leistungen, doch die akademische Geschichtswissenschaft, die sich in dieser Epoche entwickelte, gehört nicht dazu. Im Gegenteil, außer auf dem Gebiet der Forschungstechniken fiel sie in allem deutlich hinter die oft schlecht dokumentierten, spekulativen und übermäßig allgemein gehaltenen Essays zurück, mit denen die Zeugen des zutiefst revolutionären Zeitalters – des Zeitalters der Französischen und der industriellen Revolution – die Transformationen von Gesellschaften zu begreifen suchten. Die akademische Geschichtswissenschaft, die sich durch die Lehren und das Beispiel Leopold von Rankes inspirieren ließ und in den gegen Endes des Jahrhunderts gegründeten Fachzeitschriften veröffentlichte, tat zwar gut daran, jeder Verallgemeinerung entgegenzutreten, die nur ungenügend durch Fakten abgestützt oder deren Fakten unzuverlässig waren. Auf der anderen Seite richtete sie aber ihre ganze Kraft auf die Aufgabe, den »Tatsachen« Geltung zu verschaffen, und trug auf diese Weise wenig zur Geschichtsforschung bei, außer daß sie eine Reihe von empirischen Kriterien zur Bewertung von bestimmten Formen schriftlicher Quellen (zum Beispiel Handschriften, in denen Ereignisse aufgezeichnet sind, an deren Zustandekommen die bewußte Entschei-

Die folgenden drei Kapitel, die einen Abschnitt über Kontroversen in der Geschichtswissenschaft einführen, beschäftigen sich vor allem mit dem Verhältnis von Marxismus und Geschichte. Die beiden ersten sind fünfzehn Jahre auseinanderliegende Versuche, den Einfluß von Marx auf heutige Historiker darzustellen. Das jetzt folgende Kapitel wurde zuerst für das Symposion »The Role of Karl Marx in the Development of Contemporary Scientific Thought«, das unter der Schirmherrschaft der UNESCO im Mai 1968 in Paris stattfand, geschrieben. Es ist in dem der Tagung gewidmeten Band des International Social Science Council, *Marx and Contemporary Scientific Thought/ Marx et la pensée scientifique contemporaine* (Den Haag und Paris 1969), S.197–211, in Diogenes 64, S.37–56, und an anderen Stellen veröffentlicht worden.

dung von einflußreichen Individuen beteiligt war) und die dazugehörigen Hilfstechniken entwickelte.

Diese Historiker haben nur selten bemerkt, daß solche Dokumente und Techniken nur auf einen begrenzten Bereich von historischen Phänomenen anwendbar waren, weil sie bestimmte Phänomene unkritisch einer Erforschung für wert befanden und andere nicht. Zwar trieben sie nicht nur »Ereignisgeschichte« – in manchen Ländern herrschte die Institutionengeschichte vor –, aber für die chronologische Erzählung bot sich ihre Methodik geradezu an. Sie beschränkten sich keineswegs auf Politik-, Militär- und Diplomatiegeschichte (oder, in der vereinfachten, aber für Geschichtslehrer nicht untypischen Version einer Geschichte von Königen, Schlachten und Verträgen), aber sie neigten zweifellos zu der Annahme, daß der damit bezeichnete Bereich von Ereignissen den eigentlichen Inhalt der Geschichte bildete. Das war Geschichte im Singular. Andere Themenkreise konnten, wenn sie gelehrt und methodisch behandelt wurden, zur Entstehung von mehreren Geschichten führen, die durch deskriptive Beiwörter genauer bezeichnet wurden (Verfassungs-, Wirtschafts-, Kirchen-, Kultur-, Kunst-, Wissenschaftsgeschichte oder die Geschichte der Philatelie usw.). Ihr Zusammenhang mit dem Hauptinhalt von Geschichte blieb dunkel oder gänzlich außer Betracht, abgesehen von einigen vagen Spekulationen über den »Zeitgeist«, deren sich die Vertreter der Allgemeingeschichte lieber enthielten.

In philosophischer und methodologischer Hinsicht zeigten die akademischen Historiker eine nicht minder erstaunliche Unbedarftheit. Zwar fiel diese in ihrem Ergebnis mit dem zusammen, was in den Naturwissenschaften eine bewußte, wenn auch umstrittene Methode war, die wir ungenau als Positivismus bezeichnen können, aber es steht dahin, ob (außerhalb der romanischen Länder) viele akademischen Historiker überhaupt wußten, daß sie Positivisten waren. In den meisten Fällen waren sie einfach Leute, die ebenso wie sie einen bestimmten Gegenstandsbereich (wie die Politik-, Militär- oder Diplomatiegeschichte) und ein bestimmtes geographisches Gebiet (zum Beispiel West- und Mitteleuropa) als besonders wichtig hinnahmen, neben anderen *idées reçues* auch solche popularisierten wissenschaftlichen Ideen übernahmen wie etwa die, daß Hypothesen sich aus der Untersuchung der »Tatsachen« gleichsam von selbst ergäben, daß eine Erklärung darin bestehe, Kausalketten zusammenzustellen, oder solche Begriffe gebrauchten wie Determinismus, Evolution usw. Sie nahmen an, daß ebenso wie wissenschaftliche Gelehrsamkeit die endgültige Textfassung und Abfolge der Urkunden, die sie in sorgfältig ausgeführten und unschätzbaren Reihen veröffentlichten, festlegen könne, so könne diese auch die endgültige historische Wahrheit erweisen. Lord Actons *Cambridge Modern History* war ein spätes, aber bezeichnendes Beispiel für diese Auffassung.

Selbst nach den bescheidenen Maßstäben der Human- und Sozialwissenschaften des 19. Jahrhunderts war die Geschichte demnach eine äußerst, fast möchte man sagen, bewußt rückständige Disziplin. Ihre Beiträge zum Verständnis der menschlichen Gesellschaft in Vergangenheit und Gegenwart waren gering an Zahl und unwesentlich. Da das Verständnis von Gesellschaft ein Verständnis von Geschichte voraussetzt, mußten früher oder später andere und erfolgversprechendere Wege zur Erforschung der Vergangenheit gefunden werden. Das Thema dieses Referats ist der Beitrag, den der Marxismus zu dieser Suche geleistet hat.

Hundert Jahre nach Ranke (1954) hat Arnaldo Momigliano die Veränderungen in der Geschichtsschreibung in vier Hauptpunkten zusammengefaßt:

(1) Politik- und Religionsgeschichte befanden sich deutlich auf dem Rückzug, und »Nationalgeschichten wirken altmodisch«. Dagegen war eine bemerkenswerte Hinwendung zur Sozial- und Wirtschaftsgeschichte zu verzeichnen.

(2) Es war nicht mehr üblich oder nicht mehr so einfach, »Ideen« als Erklärung für Geschichte zu benutzen.

(3) Die Erklärungen erfolgten jetzt in Form von »gesellschaftlichen Kräften«, obwohl sich damit noch schärfer als zu Rankes Zeit die Frage nach dem Verhältnis zwischen der Erklärung historischer Ereignisse und der Erklärung individueller Handlungen stellte.

(4) Es war mittlerweile schwierig geworden, von Fortschritt oder auch nur von einer signifikanten Entwicklung von Ereignissen in eine bestimmte Richtung zu sprechen.[1]

Die letzte Beobachtung Momiglianos – und wir zitieren ihn hier als Berichterstatter über den Stand der Geschichtsschreibung und nicht als Wissenschaftler – konnte man in den fünfziger Jahren wahrscheinlich häufiger machen als in den Jahrzehnten davor und danach, doch die drei anderen bezeichnen offenbar seit langem bestehende und anhaltende Trends in der gegen Ranke gerichteten Bewegung innerhalb der Geschichtswissenschaft. Seit der Mitte des 19. Jahrhunderts, wie schon 1910 festgestellt wurde[2], hatte man systematisch den Versuch unternommen, den idealistischen Bezugsrahmen durch einen materialistischen zu ersetzen, was zu einem Rückgang der politischen und einem Aufstieg der »Wirtschafts- und Sozialgeschichte« führte: zweifellos unter dem wachsenden Druck der »sozialen Frage«, die die Historiker in der zweiten Hälfte jenes Jahrhunderts »beherrschte«.[3] Allerdings dauerte es wesentlich länger, als die schwärmerischen Enzyklopädisten vermuteten, bis die Bastionen der Universitätsfakultäten und der zahlreichen Archive erobert waren. Bis 1914 hatten die Angreifer kaum mehr als die Vorposten der »Wirtschaftsgeschichte« und der historisch orientierten Soziologie besetzt, und erst nach dem Zweiten Weltkrieg wurden die Verteidiger zum vollständigen Rückzug gezwungen, wenn sie auch noch nicht vernichtend geschlagen waren.[4] Wie auch immer, am umfassenden Charakter und am Erfolg der Bewegung der Ranke-Gegner war nicht zu rütteln.

Die erste Frage, vor der wir jetzt stehen, ist die, wieweit diese neue Orientierung marxistischen Einflüssen zu verdanken war. Eine zweite Frage lautet, in welcher Weise dieser marxistische Einfluß auch heute noch anhält.

Es besteht kein Zweifel, daß der Einfluß des Marxismus von Anfang an beträchtlich war. Grob gesagt gab es nur noch eine einzige Schule oder Denkströmung, die auf die Rekonstruktion von Geschichte abzielte und im 19. Jahrhundert von Einfluß war: den Positivismus. Diesem späten Kind der Aufklärung des 18. Jahrhunderts blieb im 19. Jahrhundert unsere uneingeschränkte Bewunderung versagt. Sein hauptsächlicher Beitrag zur Geschichte bestand in der Einführung von Konzepten, Methoden und Modellen aus den Naturwissenschaften in die Sozialforschung und die Anwendung von naturwissenschaftlichen Entdeckungen auf die Geschichte, wo dies zweckmäßig erschien. Das waren zwar keine unbedeutenden Leistungen, aber sie waren begrenzt, um so mehr, als das Modell, das dem geschichtlichen Wandel am nächsten kam, eine Evolutionstheorie nach dem Vorbild der Biologie oder Geologie, die nach 1859 durch den Darwinismus Auftrieb erhielt und sich an ihm orientierte, nur ein sehr grober und unzulänglicher Wegweiser zur Geschichte ist. Daher ließen sich nur wenige Historiker von Comte oder Spencer inspirieren, und ihr Einfluß auf die Historiographie, wie das Beispiel Buckles oder selbst des größeren Taine oder Lamprechts zeigt, war begrenzt und nur von kurzer Dauer. Die Schwäche des Positivismus bestand darin, daß er trotz Comtes Überzeugung, die Soziologie sei die höchste aller Wissenschaften, wenig über die Phänomene zu sagen hatte, die eine menschliche Gesellschaft kennzeichnen, im Unterschied zu den Phänomenen, die sich unmittelbar auf nichtgesellschaftliche Faktoren zurückführen oder nach naturwissenschaftlichen Modellen beschreiben lassen. Soweit er eine Vorstellung vom menschlichen Charakter der Geschichte hatte, war diese spekulativ oder gar metaphysisch.

Der Hauptanstoß zu einer Veränderung der Geschichte kam daher von den historisch orientierten Sozialwissenschaften (zum Beispiel von der deutschen »historischen Schule« in der Nationalökonomie), vor allem aber von Marx, dessen Einfluß als so maßgeblich angesehen wurde, daß man ihm oft Errungenschaften zuschrieb, die er gar nicht für sich in Anspruch genommen hatte. Der historische Materialismus wurde gewöhnlich – manchmal selbst von Marxisten – als »ökonomischer Determinismus« beschrieben. Marx selbst hätte sich nicht nur von diesem Ausdruck distanziert, sondern darüber hinaus zweifellos auch bestritten, er habe als erster die Bedeutung der ökonomischen Basis der geschichtlichen Entwicklung hervorgehoben oder die Geschichte des Menschen als eine Abfolge von Gesellschaftsformationen beschrieben. Auf jeden Fall hat er bestritten, er habe als erster den Begriff der Klasse und des Klassenkampfs in die Geschichte eingeführt, aber vergeblich.

Ich habe hier nicht die Absicht, dem spezifischen Anteil des Marxismus an der Transformation der modernen Historiographie nachzugehen. Er war offenbar von Land zu Land verschieden. In Frankreich war er relativ gering, jedenfalls bis nach dem Zweiten Weltkrieg, weil marxistische Ideen bemerkenswert spät und nur langsam in das Geistesleben dieses Landes Eingang fanden.[5] Es gab zwar in den zwanziger Jahren einige marxistische Einflüsse auf dem hochpolitischen Gebiet der Geschichtsschreibung der Französischen Revolution – freilich, wie die Werke von Jaurès und Georges Lefebvre zeigen, in Verbindung mit Ideen aus heimischen Denktraditionen –, aber die hauptsächliche Neuorientierung der französischen Historiker ging von der Schule der *Annales* aus, die sicher keinen Marx brauchte, um ihre Aufmerksamkeit auf die wirtschaftlichen und sozialen Dimensionen der Geschichte zu lenken. (Die verbreitete Gleichsetzung eines Interesses an diesen Fragen mit dem Marxismus ist jedoch so stark, daß selbst die *Times Literary Supplement* vor kurzem[6] von Fernand Braudel behauptete, er sei durch den Marxismus beeinflußt worden.) Dagegen gibt es Länder in Asien oder Lateinamerika, wo die Transformation der modernen Historiographie oder sogar ihre Entstehung fast mit dem Eindringen des Marxismus gleichgesetzt werden kann. Wenn wir uns darauf einigen können, daß der Einfluß des Marxismus im Weltmaßstab beträchtlich war, brauchen wir dieser Frage hier nicht weiter nachzugehen.

Der Sinn dieser Frage bestand nicht so sehr in dem Nachweis, daß marxistische Einflüsse eine bedeutende Rolle bei der Modernisierung der Geschichtswissenschaft gespielt haben, sondern in der Verdeutlichung einer großen Schwierigkeit, vor der wir stehen, wenn wir den

Beitrag des Marxismus genau angeben wollen. Denn wie wir gesehen haben, wird der marxistische Einfluß auf die Historiker mit einigen wenigen relativ einfachen, wenn auch wirkungsvollen Ideen gleichgesetzt, die auf diese oder jene Weise mit Marx und den durch sein Denken inspirierten Bewegungen in Verbindung gebracht wurden, aber nicht notwendig marxistisch sind oder in der Form, die am einflußreichsten war, nicht unbedingt für das reife Denken von Marx stehen. Ich werde diesen Einflußtyp »vulgärmarxistisch« nennen, und das Hauptproblem besteht nun darin, die vulgärmarxistische von der marxistischen Komponente in der historischen Analyse zu trennen.

Ich will ein paar Beispiele geben. Meines Erachtens umfaßt der »Vulgärmarxismus« in der Hauptsache die folgenden Elemente:

(1) Die »ökonomische Interpretation der Geschichte«, das heißt die Überzeugung, daß »der ökonomische Faktor grundlegend ist und alle anderen Faktoren von ihm abhängen« (um R. Stammlers Formulierung zu übernehmen); auf dem, genauer gesagt, Phänomene beruhen, von denen bis dahin nicht angenommen wurde, daß sie mit wirtschaftlichen Dingen zusammenhängen. In diesem Punkt überschneiden sie sich mit

(2) dem Modell von »Basis und Überbau« (das allgemein benutzt wird, um die Ideengeschichte zu erklären). Trotz der Warnungen von Marx und Engels selbst und der besonnenen Hinweise von frühen Marxisten wie Labriola wurde dieses Modell gewöhnlich so verstanden, als bestehe eine einfache Beziehung der Über- und Unterordnung zwischen der »ökonomischen Basis« und dem »Überbau«, die bestenfalls noch vermittelt gedacht wurde durch

(3) »Klasseninteresse und Klassenkampf«. Man hat fast den Eindruck, daß manche vulgärmarxistischen Historiker nicht viel mehr als die erste Seite des Kommunistischen Manifests und den Satz, daß »die [geschriebene] Geschichte aller bisherigen Gesellschaft ... die Geschichte von Klassenkämpfen« sei, gelesen haben.

(4) »Historische Gesetzmäßigkeiten und die Unvermeidlichkeit des Geschichtsverlaufs«. Man war zu Recht der Ansicht, daß Marx auf einer systematischen und notwendigen Entwicklung der menschlichen Gesellschaft in der Geschichte bestand, aus der das Zufällige weitgehend ausgeschlossen war, zumindest auf der Ebene der Verallgemeinerung im Hinblick auf langfristige Bewegungen. Daher schlugen sich die frühen marxistischen Historiker ständig mit Problemen wie der Rolle des Individuums und des Zufalls in der Geschichte herum. Auf der anderen Seite konnten diese Begriffe so aufgefaßt werden – und wurden es vielfach auch –, als gäbe es in der Geschichte eine starre und

aufgezwungene Regelmäßigkeit, zum Beispiel in der Abfolge der Gesellschaftsformationen, oder gar einen Automatismus, der bisweilen
der Auffassung nahekam, daß es in der Geschichte keine Alternativen
gebe.

(5) Manche Themen der historischen Forschung, die sich aus Marx'
eigenen Interessen ergaben, zum Beispiel an der Geschichte der kapitalistischen Entwicklung und Industrialisierung, zum Teil aber auch
aus mehr oder weniger beiläufigen Bemerkungen.

(6) Andere Forschungsthemen, die weniger auf Marx zurückgingen,
sondern sich aus den Interessen der Bewegungen ergaben, die sich auf
seine Theorie beriefen, zum Beispiel Interessen an der Agitation der
unterdrückten Klassen (Bauern, Arbeiter) oder an Revolutionen.

(7) Verschiedene Annahmen über das Wesen und die Grenzen der
Geschichtsschreibung, die vor allem aus Punkt (2) abgeleitet waren
und dazu dienten, die Motive und Methoden von Historikern zu erklären, die beanspruchten, nichts als unparteiische Sucher der Wahrheit zu sein, und stolz darauf waren, einfach nur zu eruieren, »wie es
eigentlich gewesen«.

Wir können sofort sehen, daß es sich hierbei bestenfalls um eine
Auswahl aus Marx' Auffassungen von Geschichte und schlimmstenfalls
(wie häufig etwa bei Kautsky) um ihre Anpassung an zeitgenössische
nichtmarxistische – zum Beispiel evolutionistische oder positivistische –
Vorstellungen handelte. Ebenso sieht man sofort, daß einige von ihnen
mit Marx überhaupt nichts zu tun hatten, sondern Interessen zum Ausdruck brachten, wie sie wohl jeder Historiker entwickelt, der über
Volks-, Arbeiter- oder revolutionäre Bewegungen arbeitet, und die auch
ohne die Ideen von Marx entwickelt worden wären, zum Beispiel über
frühere Klassenkämpfe und sozialistische Ideen. So hat etwa die The-
menwahl der frühen Monographie Kautskys über Thomas Morus
nichts besonders Marxistisches an sich, und die Behandlung des Stoffs
ist vulgärmarxistisch.

Diese Auswahl von marxistischen oder pseudomarxistischen Elementen erfolgte jedoch nicht willkürlich. Die Punkte (1)–(4) und (7)
in meiner knappen Übersicht stellen konzentrierte Ladungen von in-
tellektuellem Sprengstoff dar, dazu bestimmt, wichtige Partien der Be-
festigungsanlagen, hinter denen sich die traditionelle Geschichtsforschung verschanzt hatte, sturmreif zu schießen, und als solche waren sie
äußerst wirkungsvoll – vielleicht wirkungsvoller, als es weniger vereinfachte Versionen des historischen Materialismus gewesen wären,
und zweifellos wirkungsvoll genug, um Licht auf bis dahin im dunkeln
liegende Stellen zu werfen und die Historiker für geraume Zeit mit

Befriedigung zu erfüllen. Heute ist nur noch schwer nachzuvollziehen, wie verblüfft ein intelligenter und gebildeter Sozialwissenschaftler am Ende des 19. Jahrhunderts gewesen sein mag, wenn er auf marxistische Feststellungen über die Vergangenheit stieß wie die, »daß selbst die Reformation ökonomischen Ursachen zuzuschreiben ist, daß die Länge des Dreißigjährigen Krieges auf ökonomische Ursachen, die Kreuzzüge auf den feudalen Landhunger, die Entwicklung der Familie auf ökonomische Faktoren zurückgeht und daß Descartes' Auffassung, Tiere seien Maschinen, mit dem Aufkommen des Manufaktursystems in Verbindung gebracht werden kann.«[7] Aber wer unter uns sich noch an seine erste Begegnung mit dem historischen Materialismus erinnert, kann vielleicht bezeugen, wie befreiend diese einfachen Entdeckungen auf uns gewirkt haben.

Wenn es also für seine Wirkung natürlich und vielleicht notwendig war, daß der Marxismus zunächst eine vereinfachte Form annahm, so kam in der konkreten Auswahl der Elemente aus dem Marxschen Werk doch auch eine historische Entscheidung zum Ausdruck. So erwiesen sich etwa einige Bemerkungen von Marx im *Kapital* über das Verhältnis von Protestantismus und Kapitalismus als überaus einflußreich, wahrscheinlich weil das Problem der gesellschaftlichen Basis von Ideologien im allgemeinen und des Wesens von religiösen Orthodoxien im besonderen ein Gegenstand von unmittelbarem und starkem Interesse war.[8] Auf der anderen Seite haben einige der Arbeiten von Marx, in denen er einer Historiographie am nächsten kam, wie der großartige *Achtzehnte Brumaire,* die Geschichtsschreibung erst viel später angeregt, vermutlich weil die Probleme, auf die sie das meiste Licht werfen, etwa des Klassenbewußtseins und der Bauernschaft, anscheinend von weniger unmittelbarem Interesse waren.

Der Löwenanteil von dem, was wir als den marxistischen Einfluß auf die Geschichtsschreibung ansehen, ist sicherlich von jener oben beschriebenen vulgärmarxistischen Art. Er besteht in der generellen Betonung der wirtschaftlichen und sozialen Faktoren in der Geschichte. Diese Auffassung hat sich seit dem Ende des Zweiten Weltkriegs in fast allen Ländern (erst seit kurzem auch in Westdeutschland und den Vereinigten Staaten) durchgesetzt und gewinnt weiter an Boden. Um es noch einmal zu sagen: Dieser Trend geht zwar im wesentlichen auf marxistische Einflüsse zurück, aber er steht in keinem besonderen Zusammenhang mit dem Denken von Marx.

Der größte Einfluß, den Marx' eigene Ideen auf die Geschichte und die Sozialwissenschaften überhaupt ausgeübt haben, dürfte von der Theorie von »Basis und Überbau« ausgegangen sein, das heißt von seinem Modell einer Gesellschaft, die sich aus verschiedenen, miteinander in Wechselwirkung stehenden »Ebenen« zusammensetzt. Marx' eigene Hierarchie der Ebenen oder der Modus ihrer Interaktionen (soweit er sich darüber geäußert hat[9]) muß nicht übernommen werden; der Nutzen des allgemeinen Modells ist davon nicht abhängig. Es wurde allgemein selbst von Nichtmarxisten als ein wertvoller Beitrag begrüßt. Das von Marx eingeführte spezifische Modell der geschichtlichen Entwicklung – zu dem auch die Rolle der Klassenkonflikte, die Abfolge der Gesellschaftsformationen und der Mechanismus ihres Übergangs gehören – ist wesentlich umstrittener geblieben, in einigen Punkten selbst unter Marxisten. Es ist richtig, darüber zu diskutieren und vor allem die üblichen Kriterien einer historischen Überprüfung darauf anzuwenden. Einige Teile davon, die auf mangelhaftem oder irreführendem Material beruhen, müssen zwangsläufig aufgegeben werden, zum Beispiel in der Erforschung orientalischer Gesellschaften, wo tiefe Einsichten von Marx und irrige Annahmen, etwa über die innere Stabilität einiger dieser Gesellschaften nebeneinanderstehen. Dennoch möchte ich behaupten, daß die wesentliche Bedeutung von Marx für heutige Historiker in seinen Aussagen zur Geschichte liegt, im Unterschied zu dem, was er über Gesellschaft allgemein zu sagen hat.

Der marxistische (und vulgärmarxistische) Einfluß, der bis heute am wirksamsten war, ist Bestandteil einer allgemeinen Tendenz, die Geschichtswissenschaft zu einer Sozialwissenschaft zu machen, einer Tendenz, der sich manche hier und da noch mit mehr oder weniger klugen Argumenten widersetzen, die sich aber ohne Frage im 20. Jahrhundert durchgesetzt hat. Der hauptsächliche Beitrag des Marxismus zu dieser Tendenz in der Vergangenheit war die Kritik des Positivismus, das heißt der Versuche, die Sozialwissenschaften den Naturwissenschaften oder das Menschliche dem Nichtmenschlichen anzupassen. Das setzt voraus, Gesellschaften als Systeme von Beziehungen zwischen Menschen aufzufassen, von denen diejenigen, die zum Zweck der Produktion und Reproduktion eingegangen werden, für Marx die wichtigsten sind. Dazu gehört auch die Untersuchung der Strukturen und Funktionsweisen dieser Systeme als sich selbst erhaltende Gebilde in ihren Beziehungen zur äußeren Umwelt – der menschlichen wie der nichtmenschlichen – und in ihren internen Beziehungen. Der Marxismus ist keineswegs die einzige strukturell-funktionale Theorie der Gesellschaft, obwohl er mit guten Gründen das Urheberrecht dafür beanspruchen könnte, aber er unterscheidet sich von den meisten dieser Theorien in zweierlei Hinsicht. Er besteht erstens darauf, daß gesellschaftliche Phänomene hierarchisch strukturiert sind (so wie »Basis«

und »Überbau«), und zweitens, daß es in jeder Gesellschaft innere Spannungen (»Widersprüche«) gibt, die beständig der Tendenz des Systems entgegenwirken, die bisherige Funktionsweise beizubehalten.[10]

Die Bedeutung dieser Besonderheiten des Marxismus liegt auf dem Gebiet der Geschichte, denn mit ihnen läßt sich – im Unterschied zu anderen strukturell-funktionalen Gesellschaftsmodellen – erklären, warum und wie Gesellschaften sich verändern und umgestalten: anders gesagt, sie erklären die Tatsachen der gesellschaftlichen Evolution.[11] Die große Stärke von Marx lag seit jeher in seinem Beharren auf der Existenz einer Struktur und zugleich ihrer Geschichtlichkeit, mit anderen Worten ihrer inneren Veränderungsdynamik. Heute, da die Existenz von sozialen Systemen allgemein anerkannt wird, wenngleich um den Preis ihrer ahistorischen, wenn nicht antihistorischen Analyse, ist das Schwergewicht, das Marx auf die Geschichtlichkeit als eine notwendige Dimension legte, vielleicht von größerer Bedeutung als jemals zuvor.

Daraus ergibt sich eine zweifache Kritik an den Theorien, die heute in den Sozialwissenschaften vorherrschen.

Die erste richtet sich gegen den Mechanismus, der vor allem in den Vereinigten Staaten einen Großteil der Sozialwissenschaften beherrscht und seine Stärke aus der bemerkenswerten Fruchtbarkeit komplexer mechanischer Modelle in der gegenwärtigen Phase des wissenschaftlichen Fortschritts sowie aus der Suche nach Methoden bezieht, mit denen sich gesellschaftliche Veränderungen auf nichtrevolutionärem Wege herbeiführen lassen. Man könnte vielleicht hinzufügen, daß der Reichtum an Geld und an neuen, in den reichsten Industrieländern heute verfügbaren Techniken, die für den Einsatz in den Sozialwissenschaften geeignet sind, diesen Typ der angewandten Sozialwissenschaft *(social engineering)* und die Theorien, auf denen sie beruht, in diesen Ländern besonders attraktiv macht. Derartige Theorien sind im wesentlichen Übungen im »Problemlösen«. Sie sind äußerst primitiv und wahrscheinlich noch schlichter als die meisten entsprechenden Theorien des 19. Jahrhunderts. So reduzieren viele Sozialwissenschaftler den historischen Prozeß bewußt oder faktisch auf einen einzigen Aspekt des gesellschaftlichen Wandels, nämlich den Übergang von einer »traditionellen« zu einer »modernen« oder »industriellen« Gesellschaft, wobei »modern« im Sinne der fortgeschrittenen Industrieländer oder auch nur der Vereinigten Staaten um die Mitte des 20. Jahrhunderts definiert wird und »traditionell« als das, was nicht »modern« ist. Auf der praktischen Ebene kann dieser einmalige große Schritt in kleinere Schritte unterteilt werden, wie Rostow es in seinem Buch *Stadien wirt-*

schaftlichen Wachstums getan hat. In diesen Modellen wird der größte Teil der geschichtlichen Entwicklung ausgeklammert, um sich auf eine einzige kleine, wenn auch zweifellos entscheidende Periode zu konzentrieren und die Mechanismen eines historischen Wandels selbst innerhalb dieser kleinen Zeitspanne grob zu vereinfachen. Sie beeinträchtigen die Historiker vor allem deshalb, weil der Umfang und das Prestige der Sozialwissenschaften, die solche Modelle entwickeln, sie zu Projekten ermutigen, die von ihnen beeinflußt sind. Es sollte eigentlich klar sein, daß sie kein adäquates Modell des geschichtlichen Wandels liefern können, doch wegen ihrer gegenwärtigen Popularität ist es wichtig, daß Marxisten uns immer wieder daran erinnern.

Die zweite Kritik betrifft die strukturell-funktionalen Theorien, die trotz ihrer weitaus stärkeren Differenzierung in mancher Hinsicht noch steriler sind, soweit sie überhaupt jede Geschichtlichkeit leugnen oder sie zu irgend etwas anderem umformen. Solche Theorien sind selbst innerhalb des Marxismus noch einflußreicher, weil es mit ihnen scheinbar möglich ist, diesen von dem für das 19. Jahrhundert charakteristischen Evolutionismus zu trennen, mit dem er so oft in Verbindung gebracht wurde. Allerdings wird er damit zugleich auch vom Begriff des »Fortschritts« losgelöst, der ebenfalls für das Denken des 19. Jahrhunderts wie auch für Marx wesentlich ist. Aber was hätten wir davon?[12] Marx selbst hätte das sicher nicht gewollt: Er wollte den zweiten Band des *Kapital* Darwin widmen und hätte sicher nichts gegen den berühmten Satz aus Engels' Rede an seinem Grab einzuwenden gehabt, daß ihm der Ruhm gebühre, die Entwicklungsgesetze der menschlichen Gesellschaft entdeckt zu haben, so wie Darwin die Entwicklungsgesetze der organischen Natur entdeckt habe. (Und er wäre ganz sicher dagegen gewesen, Fortschritt und Entwicklung zu trennen, und tadelte ja auch Darwin dafür, daß er den Fortschritt als ein lediglich zufälliges Nebenprodukt der Entwicklung behandelt hatte.)[13]

Das fundamentale Problem der Geschichtsforschung besteht darin, einen Mechanismus aufzufinden, der sowohl die Differenzierung in verschiedene gesellschaftliche Gruppen als auch die Transformation eines Gesellschaftstyps in einen anderen erklärt. Unter bestimmten, nicht nur von Marxisten als wesentlich erachteten Aspekten wie dem der Herrschaft des Menschen über die Natur beinhaltet dieser Mechanismus sicherlich einen gerichteten Wandel oder Fortschritt, zumindest über einen genügend langen Zeitraum hinweg. Solange wir nicht unterstellen, daß die Mechanismen einer solchen gesellschaftlichen Entwicklung dieselben wie die der biologischen Evolution oder ihnen ähnlich sind, sehe ich keinen Grund, den Begriff »Evolution« dafür nicht zu gebrauchen.

In der Wahl dieser Terminologie verbirgt sich natürlich noch mehr. In ihr verbergen sich zwei Streitfragen: über die Bewertung verschiedener Gesellschaftstypen oder die Möglichkeit, diese in eine hierarchische Rangreihe zu bringen, und über die Mechanismen der Veränderung. Die Strukturfunktionalisten haben sich bislang gescheut, Gesellschaften als »höher« oder »niedriger« entwickelt einzustufen, teils wegen der an sich begrüßenswerten Weigerung von Sozialanthropologen, einen Herrschaftsanspruch der »Zivilisierten« gegenüber den »Unzivilisierten« zu akzeptieren, da die ersteren den letzteren in der sozialen Evolution angeblich überlegen sind, und zum Teil, weil es nach den formalen Funktionskriterien eine solche Hierarchie überhaupt nicht gibt. Die Eskimos lösen die Probleme ihrer Existenz als soziale Gruppe[14] auf ihre Art ebenso erfolgreich – manche würden sagen, erfolgreicher – wie die weißen Einwohner Alaskas. Unter bestimmten Bedingungen und Voraussetzungen kann ein magisches Denken auf seine Weise ebenso logisch und seinen Zwecken angemessen sein wie eine wissenschaftliche Denkweise. Und so weiter.

Diese Feststellungen sind zwar zutreffend, bringen uns jedoch nicht viel weiter, weil der Historiker oder auch jeder andere Sozialwissenschaftler den spezifischen Inhalt eines Systems erklären will und nicht seine allgemeine Struktur.[15] Jedenfalls sind sie für die Frage des evolutionären Wandels irrelevant oder sogar tautologisch. Wenn menschliche Gesellschaften überdauern wollen, müssen sie in der Lage sein, ihre Existenzprobleme erfolgreich zu bewältigen, und daher müssen alle bestehenden Gesellschaften funktional äquivalent sein; wären sie das nicht, so wären sie ausgestorben wie die Shaker, weil ihnen ein System der biologischen Fortpflanzung oder eine Methode zur Anwerbung neuer Mitglieder von außen fehlte. Wenn man Gesellschaften im Hinblick auf ihr System der inneren Beziehungen zwischen ihren Mitgliedern vergleicht, dann vergleicht man zwangsläufig Gleiches mit Gleichem. Erst wenn wir sie im Hinblick auf ihre Fähigkeit der Naturbeherrschung vergleichen, springen die Unterschiede ins Auge.

Die zweite Streitfrage ist grundsätzlicherer Natur. Die meisten Versionen der strukturell-funktionalen Analyse gehen synchronisch vor, und je komplexer und differenzierter sie sind, desto mehr sind sie auf die soziale Statik beschränkt, in die, wenn der Gegenstand den Denker interessiert, ein dynamisierendes Element eingeführt werden muß.[16] Ob dies auf befriedigende Weise geschehen kann, ist selbst unter Strukturalisten umstritten. Daß *ein und dieselbe Analyse* nicht dazu benutzt werden kann, sowohl die Funktion als auch den historischen Wandel zu erklären, ist anscheinend nirgends mehr strittig. Ich behaupte nicht, daß es unzulässig sei, getrennte analytische Modelle für Statik und Dynamik zu entwickeln wie die Marxschen Schemata für die einfache und die erweiterte Reproduktion, sondern daß es für die historische Forschung wünschenswert wäre, die verschiedenen Modelle miteinander zu verbinden. Für einen Strukturalisten ist es am einfachsten, Veränderungen zu ignorieren und die Geschichte anderen zu überlassen oder gar, wie manche früheren britischen Sozialanthropologen, ihre Relevanz praktisch zu leugnen. Da es sie jedoch gibt, muß der Strukturalismus Mittel und Wege finden, um sie zu erklären.

Diese Wege müssen ihn nach meiner Überzeugung entweder dem Marxismus näherbringen oder zu einer Leugnung eines evolutionären Wandels führen. Die Ansätze von Claude Lévi-Strauss und von Louis Althusser deuten für mich auf die zweite Alternative. Hier wird der historische Wandel schlicht und einfach zur Permutation und Kombination bestimmter »Elemente« (die nach Lévi-Strauss analog zu den Genen in der Genetik zu verstehen sind), von denen zu erwarten ist, daß sie sich über genügend lange Zeiträume hinweg zu andersartigen Mustern zusammensetzen und bei ausreichend begrenzter Anzahl die möglichen Kombinationen erschöpfen.[17] Geschichte ist gleichsam der Prozeß des Durchspielens aller Varianten in einem Schachendspiel. Aber in welcher Reihenfolge? Hier läßt uns die Theorie im Stich.

Dennoch liegt genau hier das Problem der historischen Entwicklung. Natürlich stimmt es, daß Marx eine solche Kombination und Rekombination von Elementen oder »Formen«, wie Althusser betont, vor Augen hatte und daß er in dieser und anderer Hinsicht ein Strukturalist *avant la lettre* war oder, genauer, ein Denker, von dem ein Lévi-Strauss (wie er selbst zugibt) wenigstens zum Teil den Begriff entlehnen konnte.[18] Es ist wichtig, daß wir uns an einen Aspekt des Marxschen Denkens erinnern, den frühere Traditionen des Marxismus zweifellos vernachlässigt haben, wenn wir von einigen Ausnahmen absehen (zu denen merkwürdigerweise einige Entwicklungen des Sowjetmarxismus in der Stalin-Ära zu zählen sind, auch wenn dessen Vertretern kaum ganz klar gewesen sein dürfte, welche Folgen sich daraus ergeben sollten). Noch wichtiger für uns ist der Umstand, daß die Analyse der Elemente und ihrer möglichen Kombinationen (wie in der Genetik) uns eine heilsame Kontrollmöglichkeit über die Entwicklungstheorien verschafft, indem festgestellt wird, was theoretisch möglich ist und was nicht. Es ist außerdem möglich – obwohl diese Frage offenbleiben muß –, daß eine solche Analyse zu einer genaueren

Definition der verschiedenen gesellschaftlichen »Ebenen« (Basis und Überbau) und der Beziehungen zwischen ihnen führt, wie Althusser vorschlägt.[19] Aber sie erklärt nicht, warum das Britannien des 20. Jahrhunderts ein völlig anderes Bild zeigt als das Britannien des Neolithikums, oder die Abfolge der Gesellschaftsformationen oder den Mechanismus der Übergänge zwischen ihnen oder warum Marx einen Großteil seines Lebens darauf verwendet hat, diese Fragen zu beantworten.

Wenn wir sie beantworten wollen, dann müssen wir beide Besonderheiten, die den Marxismus von anderen strukturell-funktionalen Theorien unterscheiden, berücksichtigen: das Modell mehrerer Ebenen, von denen die der gesellschaftlichen Produktionsverhältnisse die primären sind, und das Bestehen innerer Widersprüche in den Systemen, unter denen der Klassenkonflikt nur ein Sonderfall ist.

Die Hierarchie von Ebenen ist erforderlich, um zu erklären, warum die Geschichte eine *Richtung* hat. Es sind die zunehmende Befreiung des Menschen von der Natur und seine wachsende Fähigkeit, sie zu beherrschen, was die Geschichte als ganze (freilich nicht jedes Gebiet und jede Periode in ihr) »gerichtet und unumkehrbar« macht, um noch einmal Lévi-Strauss zu zitieren. Eine Hierarchie von Ebenen, die nicht auf der Basis der gesellschaftlichen Produktionsverhältnisse ruht, wird dieses Merkmal nicht notwendig aufweisen. Da weiterhin der Prozeß und der Fortschritt der Naturbeherrschung durch den Menschen Veränderungen nicht nur in den Produktivkräften (zum Beispiel neue Techniken), sondern auch in den gesellschaftlichen Produktionsverhältnissen mit sich bringt, beinhaltet er eine bestimmte Ordnung in der Abfolge der Gesellschaftsformationen. (Das heißt nicht, daß man die Aufzählung der Formationen im Vorwort zur *Kritik der politischen Ökonomie* als chronologische Abfolge, die Marx wahrscheinlich gar nicht so gesehen hat, oder gar als eine Theorie einer universellen linearen Entwicklung übernehmen muß. Es heißt allerdings, daß theoretisch bestimmte gesellschaftliche Phänomene in der Geschichte nicht früher auftreten können als andere, zum Beispiel, daß Formationen mit einer Differenzierung von Stadt und Land nicht anderen Formationen vorangingen, denen diese Differenzierung fehlte.) Aus demselben Grund kann die Anordnung der einzelnen Formationen nicht nur unter einem einzigen Aspekt erfolgen, etwa dem technologischen (einfachere vor komplexere Technik) oder dem ökonomischen (Geldwirtschaft nach Naturalwirtschaft), sondern muß auch die entsprechenden Gesellschaftssysteme berücksichtigen.[20] Denn es ist ein wesentliches Merkmal des historischen Denkens von Marx, daß es weder »soziolo-

gisch« noch »ökonomisch«, sondern beides zugleich ist. Die gesellschaftlichen Produktions- und Reproduktionsverhältnisse (das heißt
die gesellschaftliche Organisation im weitesten Sinne) und die materiellen Produktivkräfte lassen sich nicht voneinander trennen.

Mit dieser »Orientierung« der historischen Entwicklung bilden die
inneren Widersprüche der einzelnen Gesellschaftsformationen den
Mechanismus der Veränderung, aus der eine Entwicklung hervorgeht. (Ohne diese, könnte man behaupten, würden sie nur zyklische
Schwankungen hervorbringen, einen endlosen Prozeß der Destabili-
sierung und Restabilisierung und natürlich Veränderungen von der
Art, wie sie durch die Kontakte und Konflikte zwischen unterschiedlichen Gesellschaften entstehen.) Das Wesentliche an diesen inneren
Widersprüchen ist, daß sie nicht einfach als »dysfunktional« definiert
werden können, es sei denn unter der Annahme, daß Stabilität und
Dauer die Norm und Wandel die Ausnahme sind, oder unter der noch
naiveren Annahme, der man häufig in den gewöhnlichen Sozialwissenschaften begegnet, daß *ein* bestimmtes System das Modell ist, auf das
alle Veränderungen zustreben.[21] Tatsächlich – wie von Sozialanthropologen heute viel mehr anerkannt wird als früher – ist ein strukturelles
Modell, das nur die Erhaltung eines Systems im Auge hat, unzulänglich. Ein solches Modell muß die Gleichzeitigkeit von stabilisierenden
und destabilisierenden Elementen berücksichtigen. Darauf beruht das
marxistische Modell im Unterschied zu seinen vulgärmarxistischen
Versionen.

Ein solches duales (dialektisches) Modell ist schwer zu entwickeln
und anzuwenden, denn in der Praxis ist die Versuchung groß, es je
nach Laune oder Anlaß als Modell eines stabilen Funktionalismus oder
aber umwälzender Veränderungen zu gebrauchen, während das Besondere an ihm gerade darin besteht, daß es beides ist. Außerdem ist
zu beachten, daß innere Spannungen manchmal von einem sich selbst
stabilisierenden Modell resorbiert werden können, indem man sie als
funktionale Stabilisatoren zurückleitet, manchmal aber auch nicht.
Klassenkonflikte können durch eine Art Überdruckventil reguliert
werden, was bei vielen Aufständen städtischer Plebejer in vorindustriellen Städten der Fall war, oder sie können als »Rituale der Rebellion«
(um Max Gluckmans treffenden Ausdruck zu gebrauchen) oder auf
andere Weise institutionalisiert werden, manchmal aber auch nicht.
Normalerweise legitimiert der Staat die gesellschaftliche Ordnung, indem er Klassenkonflikte innerhalb eines stabilen Rahmens von Institutionen und Werten kontrolliert, wobei er angeblich oberhalb und
außerhalb von ihnen steht (der ferne König als »Quelle des Rechts«)

und damit den Fortbestand einer Gesellschaft sichert, die andernfalls von inneren Spannungen zerrissen würde. Dies ist ja auch die klassische marxistische Theorie des Ursprungs und der Funktionsweise des Staates, wie sie im *Ursprung der Familie* dargelegt ist.[22] Aber es gibt auch Situationen, in denen der Staat diese Funktion und – selbst im Bewußtsein seiner Untertanen – diese Legitimationsfähigkeit verliert und nur noch als »eine Verschwörung der Reichen zu ihren Gunsten« (Thomas Morus) erscheint, wenn nicht sogar als unmittelbare Ursache von Armut und Elend.

Diese Zwitternatur des Modells kann dem Blick verstellt werden, wenn man auf die unbestrittene Existenz von *Einzelphänomenen* in einer Gesellschaft verweist, die einerseits für geregelte Stabilität und andererseits für Subversion stehen: gesellschaftliche Gruppen wie das »Kaufmannskapital«, die angeblich in eine feudale Gesellschaft integriert werden können, und andere wie das »Industriebürgertum«, bei denen das nicht möglich ist, oder soziale Bewegungen, die rein »reformistisch«, und solche, die bewußt »revolutionär« sind. Aber obwohl es solche Einzelphänomene geben kann und diese dann eine bestimmte Stufe in der Entwicklung der inneren Widersprüche einer Gesellschaft anzeigen (die für Marx *nicht* nur Klassenkonflikte sind)[23], ist zu beachten, daß dieselben Phänomene je nach den Umständen ihre Funktion ändern können – zum Beispiel, wenn Bewegungen für die Wiederherstellung der alten geregelten Ordnung einer Klassengesellschaft in Sozialrevolutionen umschlagen (wie bei manchen bäuerlichen Bewegungen), oder wenn bewußt revolutionäre Parteien vom Status quo absorbiert werden.[24]

Trotz der Schwierigkeiten haben Sozialwissenschaftler aus verschiedenen Bereichen (unter anderem auch Tierökologen, vor allem Forscher auf den Gebieten der Populationsdynamik und des Sozialverhaltens von Tieren) damit begonnen, Gleichgewichtsmodelle auf der Grundlage von Spannungen oder Konflikten zu entwickeln. Sie begeben sich damit in die Nähe des Marxismus und entfernen sich von den älteren soziologischen Modellen, die den Problemen der Ordnung gegenüber dem Problem des Wandels den logischen Vorrang eingeräumt und die integrativen und normativen Elemente des gesellschaftlichen Lebens betont haben. Gleichzeitig muß zugegebenermaßen Marx' eigenes Modell detaillierter herausgearbeitet und stärker differenziert werden, als es aus seinen Schriften hervorgeht, und bestimmte Spuren des für das 19. Jahrhundert typischen Positivismus, die in Engels' Formulierungen oft mehr zum Ausdruck kommen als bei Marx selbst, müssen getilgt werden.

Nun bleiben noch die *spezifischen* historischen Probleme des Charakters und der Abfolge der Gesellschaftsformationen und der Mechanismen ihrer inneren Entwicklung sowie der Wechselwirkungen zwischen ihnen. Auf diesem Gebiet hat es seit Marx gerade in den letzten Jahrzehnten eingehende Debatten gegeben[25], und in mancher Hinsicht sind die Fortschritte gegenüber Marx erstaunlich.[26] Hier haben auch jüngere Forschungen die Brillanz und die Tiefe des allgemeinen Ansatzes und der Betrachtungsweise von Marx bestätigt, auch wenn auf Lücken in seiner Darstellung vor allem der vorkapitalistischen Perioden hingewiesen worden ist. Doch eine Behandlung dieser Themen müßte auf der Basis konkreter historischer Erkenntnisse diskutiert werden. So kann ich nur meiner Überzeugung Ausdruck geben, daß der Ansatz von Marx noch immer der einzige ist, mit dem sich die ganze Spanne der menschlichen Geschichte erklären läßt und der auch für die gegenwärtige Diskussion der fruchtbarste Ausgangspunkt ist.

Nichts von alledem ist besonders neu, auch wenn einige Texte, in denen die reifsten Gedanken von Marx zu historischen Themen enthalten sind, erst seit den fünfziger Jahren zugänglich gemacht wurden, vor allem die *Grundrisse* von 1857/58. Außerdem haben die abnehmenden Erträge aus der Anwendung vulgärmarxistischer Modelle in den letzten Jahrzehnten zu einer erheblichen Weiterentwicklung der marxistischen Geschichtsschreibung geführt.[27] Die Kritik an den einfachen, mechanischen Schemata vom Typ des ökonomischen Determinismus ist geradezu eines der hervorstechenden Merkmale der zeitgenössischen Historiographie des westlichen Marxismus.

Ob nun marxistische Historiker wesentlich über Marx hinausgelangt sind oder nicht, wichtig ist, daß das, was sie zur gegenwärtigen Debatte beitragen, aufgrund der Änderungen in den Sozialwissenschaften eine neue Bedeutung gewonnen hat. Während im ersten halben Jahrhundert nach Engels' Tod die Hauptfunktion des historischen Materialismus darin bestand, die Geschichte den Sozialwissenschaften anzunähern und dabei die Übervereinfachungen des Positivismus zu vermeiden, sieht er sich heute einer rapide zunehmenden Historisierung der Sozialwissenschaften selbst gegenüber. Aus Mangel an Unterstützung durch die wissenschaftliche Geschichte sind diese immer mehr dazu übergegangen, ihre eigene Geschichte zu improvisieren – sie erforschen die Vergangenheit mit ihren eigenen Methoden und kommen dabei gelegentlich zu technisch anspruchsvollen Ergebnissen, die aber, wie bereits erwähnt, auf Modellen des historischen Wandels beruhen, die in mancher Hinsicht simpler sind als die des 19. Jahrhunderts.[28] Hier ist der Marxsche historische Materialismus von besonde-

11. Kapitel

Marx und Geschichte

Wir sind hier versammelt, um hundert Jahre nach dem Tod von Karl Marx Fragestellungen und Probleme der marxistischen Geschichtsauffassung zu erörtern. Dies ist zwar kein Ritual einer Hundertjahrfeier, aber ich halte es für wichtig, zunächst an die einzigartige Rolle von Marx innerhalb der Historiographie zu erinnern. Ich möchte dies einfach anhand von drei Beispielen illustrieren. Das erste stammt aus meiner Biographie. Als ich in den dreißiger Jahren in Cambridge studierte, traten viele der tüchtigsten jungen Männer und Frauen in die Kommunistische Partei ein. Doch da dies eine glänzende Ära in der Geschichte einer sehr berühmten Universität darstellte, waren viele dieser jungen Leute zutiefst beeinflußt von den großen Namen, zu deren Füßen wir saßen. Unter den dortigen Jungkommunisten ging ein Witz um: Die kommunistischen Philosophen waren Wittgensteinianer, die kommunistischen Ökonomen waren Keynesianer, und die kommunistischen Literaturstudenten waren Schüler von F. R. Leavis. Und die Historiker? Sie waren Marxisten, denn wir kannten keinen Historiker in Cambridge oder sonstwo – und wir kannten natürlich einige große Historiker wie Marc Bloch zum Beispiel –, der sich mit Marx, dem Lehrmeister und Anreger hätte messen können. Mein zweites Beispiel ist ähnlicher Art. Dreißig Jahre später, im Jahr 1969, veröffentlichte der Nobelpreisträger Sir John Hicks seine *Theory of Economic History*. Er schrieb: »Die meisten von denen [die eine umfassende Erklärung des allgemeinen Geschichtsverlaufs geben möchten] werden Marxsche Kategorien oder modifizierte Versionen davon gebrauchen, weil kaum geeignete Alternativen vorhanden sind. Es ist allerdings schwer verständlich, daß in den hundert Jahren nach dem Erscheinen von *Das Kapital* ... kaum etwas anderes hervorgebracht worden ist.«[1] Mein drittes Beispiel stammt aus Fernand Braudels glänzendem Buch *Sozialgeschichte des 15.–18. Jahrhunderts* – ein Werk, das schon in seinem

Der folgende Vortrag wurde vor einer Tagung zum 100. Todesjahr von Karl Marx, die 1983 von der Republik San Marino veranstaltet wurde, gehalten. Erschienen in *New Left Review* 143 (Februar 1984), S. 39–50.

französischen Titel *Civilisation matérielle, économie et capitalisme* eine Verbindung zu Marx herstellt. In diesem großartigen Werk wird Marx häufiger erwähnt als irgendein anderer Autor, sogar mehr als irgendein *französischer* Autor. Eine solche Huldigung aus einem Land, das seine eigenen Denker nicht gerade geringschätzt, ist für sich allein schon beeindruckend.

Dieser Einfluß von Marx auf die Historiographie ist keine Selbstverständlichkeit. Denn obwohl die materialistische Geschichtsauffassung den Kern des Marxismus bildet und obwohl alles, was Marx geschrieben hat, von Geschichte durchtränkt ist, hat er selbst kaum Geschichtsschreibung betrieben, wie Historiker sie verstehen. In dieser Hinsicht hatte Engels weit mehr von einem Historiker an sich, jedenfalls schrieb er mehr Werke, die in Bibliotheken durchaus als »Geschichte« firmieren könnten. Natürlich hat Marx historische Studien betrieben und war außerordentlich belesen. Aber in keinem seiner Werke kommt im Titel das Wort »Geschichte« vor, abgesehen von einer Reihe polemischer Artikel gegen das Zarenreich, die später als *Enthüllungen zur Geschichte der Diplomatie im 18. Jahrhundert* erschienen sind und zu seinen am wenigsten nützlichen Arbeiten gehören. Die Werke von Marx, die wir als seine historischen Schriften bezeichnen, bestehen fast ausschließlich aus politischen Gegenwartsanalysen und journalistischen Kommentaren mit einem gewissen historischen Hintergrund. Seine politischen Gegenwartsanalysen wie die *Klassenkämpfe in Frankreich* und *Der Achtzehnte Brumaire des Louis Bonaparte* sind wirklich bemerkenswert. In seinen umfangreichen journalistischen Arbeiten von ganz unterschiedlichem Interesse finden sich höchst bedeutsame Analysen – man denke etwa an die Artikel über Indien –, und sie sind auf alle Fälle Beispiele dafür, wie Marx seine Methode auf konkrete Fragen der Geschichte und einer Gegenwart, die seitdem Geschichte geworden ist, angewandt hat. Aber sie waren nicht als Geschichte im Verständnis der Leute geschrieben, die das Studium der Vergangenheit betreiben. Schließlich enthält Marx' Untersuchung des Kapitalismus eine enorme Menge von historischem Material, historischen Beispielen und anderen Dingen, die für den Historiker von Interesse sind.

Der größte Teil von Marx' historischem Werk ist demnach in seine theoretischen und politischen Schriften eingegangen. Sie alle erörtern geschichtliche Entwicklungen in einem mehr oder weniger langfristigen Rahmen, das heißt die gesamte Spanne der menschlichen Entwicklung. Sie müssen zusammen mit seinen Schriften gelesen werden, die sich auf kurze Perioden oder bestimmte Themen und Probleme oder auf die detaillierte Geschichte von Ereignissen konzentrieren.

Dessenungeachtet findet sich bei Marx keine vollständige Synthese des Geschichtsprozesses, und nicht einmal das *Kapital* kann als eine »Geschichte des Kapitalismus bis 1867« betrachtet werden.

Es gibt drei Gründe, zwei weniger wichtige und einen sehr wichtigen, warum das so ist – und warum marxistische Historiker Marx nicht nur kommentieren, sondern etwas tun, was er selbst nicht getan hat. Erstens hatte Marx bekanntlich große Schwierigkeiten, seine schriftstellerischen Projekte zu einem Abschluß zu bringen. Zweitens entwickelten sich seine Ansichten ständig weiter, wenn auch in einem Rahmen, der um die Mitte der vierziger Jahre feststand. Und schließlich – und das ist der wichtigste Grund – untersuchte Marx den geschichtlichen Prozeß bewußt nach rückwärts, wobei er den entwickelten Kapitalismus zum Ausgangspunkt wählte. Die Anatomie des »Menschen« war gleichsam der Schlüssel zur Anatomie des »Affen«. Das ist natürlich kein antihistorisches Verfahren. Es unterstellt, daß die Vergangenheit nicht ausschließlich oder primär aus ihren eigenen Kategorien verstanden werden kann: nicht nur, weil sie Teil eines historischen Prozesses ist, sondern auch, weil allein dieser Prozeß uns die Möglichkeit verschafft hat, bestimmte Aspekte dieses Prozesses und der Vergangenheit zu untersuchen und zu verstehen.

Nehmen wir den Begriff der *Arbeit*, der für die materialistische Geschichtsauffassung von zentraler Bedeutung ist. Vor dem Kapitalismus – oder vor Adam Smith, wie Marx genauer sagt – gab es das Konzept von »Arbeit als solcher« im Unterschied zu bestimmten, qualitativ verschiedenen und daher miteinander nicht vergleichbaren Formen der Arbeit nicht. Aber wenn wir die Menschheitsgeschichte in einem umfassenden, langfristigen Sinn als die fortschreitend effektivere Nutzbarmachung und Umwandlung der Natur durch den Menschen begreifen wollen, dann ist der Begriff der gesellschaftlichen Arbeit allgemein von zentraler Bedeutung. Über dieses Vorgehen von Marx kann man streiten, weil es offenläßt, ob künftige Untersuchungen auf der Grundlage künftiger historischer Entwicklungen nicht zu vergleichbaren analytischen Ergebnissen kommen, die es ermöglichen würden, die Geschichte im Rahmen eines ganz anderen zentralen Begriffsmodells zu interpretieren. Das ist eine mögliche Lücke in der Analyse, auch wenn ich nicht glaube, daß solch eine hypothetische künftige Entwicklung die zentrale Stellung von Marx' Analyse der Arbeit aufgeben wird, zumindest nicht im Hinblick auf bestimmte, offensichtlich zentrale Aspekte der Menschheitsgeschichte. Mir geht es nicht darum, Marx in Frage zu stellen, sondern nur darum zu zeigen, daß sein Ansatz vieles ausblenden mußte, was für seine Zwecke nicht unmittelbar relevant war, uns Historiker aber interessiert – zum Beispiel zahlreiche Aspekte des Übergangs vom Feudalismus zum Kapitalismus. Dies blieb späteren Marxisten überlassen, auch wenn sich Friedrich Engels, der schon immer mehr an dem interessiert war, »was eigentlich geschehen war«, sich mit diesen Dingen mehr beschäftigt hat.

Marx' Einfluß nicht nur auf marxistische Historiker beruht gleichwohl auf seiner allgemeinen Theorie (der materialistischen Geschichtsauffassung) mit ihren Skizzen und Hinweisen auf das allgemeine Muster der menschlichen Entwicklungsgeschichte vom frühen Urkommunismus bis zum Kapitalismus und auf seinen konkreten Beobachtungen zu bestimmten Aspekten, Perioden und Problemen der Vergangenheit. Zu diesen Arbeiten will ich hier nicht viel sagen, obwohl sie äußerst einflußreich waren und immer noch sehr anregend und erhellend sind. Im 1. Band des *Kapital* finden sich drei oder vier eher marginale Hinweise auf den Protestantismus, und dennoch hat sich die ganze Debatte über die Beziehung zwischen der Religion im allgemeinen und dem Protestantismus im besonderen und der kapitalistischen Produktionsweise an diesen wenigen Bemerkungen entzündet. Ebenso gibt es im *Kapital* eine Fußnote, in der Marx eine Verbindung herstellt zwischen Descartes' philosophischen Ansichten (das Tier als Maschine, das Wirkliche als Gegensatz des Gedachten, Philosophie als Mittel der Naturbeherrschung und der Vervollkommnung des menschlichen Lebens) und der »Manufakturperiode« und in der er die Frage aufwarf, warum die frühen Ökonomen Hobbes und Bacon als ihre philosophischen Gewährsleute bevorzugten und die späteren es mit Locke hielten. (Dudley North beispielsweise war der Meinung, die Methode Descartes' habe den Anfang gemacht, die politische Ökonomie von »ihren alten abergläubischen Vorstellungen ... zu befreien«.)[2] Schon in den neunziger Jahren des letzten Jahrhunderts galten diese beiläufigen Bemerkungen auch bei Nichtmarxisten als Beispiel für Marx' bemerkenswerte Originalität, und selbst heute gäben sie genug Seminarstoff für mindestens ein Semester her. Freilich muß kein Teilnehmer dieser Veranstaltung von Marx' Genie oder Umfang seines Wissens und seiner Interessen überzeugt werden; und was besondere Aspekte der Vergangenheit angeht, die er behandelte, so muß man dabei stets berücksichtigen, daß er notgedrungen nur mit den historischen Kenntnissen arbeiten konnte, die zu seiner Zeit verfügbar waren.

Auf die materialistische Geschichtsauffassung müssen wir etwas ausführlicher eingehen, weil sie heute nicht nur bei Nichtmarxisten und Marx-Gegnern umstritten ist und kritisiert wird, sondern auch von Marxisten selbst. Über Generationen hinweg war dies derjenige Teil des Marxismus, der am wenigsten in Frage gestellt und meines Erachtens zu Recht als sein Herzstück betrachtet wurde. Sie wurde im Zusammenhang mit Marx' und Engels' Kritik der deutschen Philosophie und Ideologie entwickelt und richtete sich im wesentlichen gegen die Überzeugung, daß »Ideen, Gedanken, Begriffe das wirkliche Leben d(er) Menschen, ihre materielle Welt, ihre reellen Verhältnisse produzier(en), bestimm(en), beherrsch(en)«.[3] Von 1846 an blieb diese Auffassung in der Hauptsache unverändert. Sie läßt sich in einem einzigen, mit leichten Abänderungen oft wiederholten Satz zusammenfassen: »Nicht das Bewußtsein bestimmt das Leben, sondern das Leben bestimmt das Bewußtsein.«[4] Schon in der *Deutschen Ideologie* ist diese Geschichtsauffassung ausgearbeitet worden:

»Diese Geschichtsauffassung beruht also darauf, den wirklichen Produktionsprozeß, und zwar von der materiellen Produktion des wirklichen Lebens ausgehend, zu entwickeln und die mit dieser Produktionsweise zusammenhängende und von ihr erzeugte Verkehrsform, also die bürgerliche Gesellschaft in ihren verschiedenen Stufen, als die Grundlage der ganzen Geschichte aufzufassen und sie sowohl in ihrer Aktion als Staat darzustellen, wie die sämtlichen verschiedenen theoretischen Erzeugnisse und Formen des Bewußtseins, Religion, Philosophie, Moral etc. etc., aus ihr zu erklären und ihren Entstehungsprozeß aus ihnen zu verfolgen, wo dann natürlich auch die Sache in ihrer Totalität (und darum auch die Wechselwirkung dieser verschiednen Seiten aufeinander) dargestellt werden kann.«[5]

Ich möchte hinzufügen, daß für Marx und Engels der »wirkliche Produktionsprozeß« nicht einfach »die materielle Produktion des wirklichen Lebens« ist, sondern etwas Umfassenderes. Um eine Formulierung von Eric Wolf zu zitieren, er ist »das komplizierte Geflecht wechselseitiger Beziehungen zwischen Natur, Betätigung, gesellschaftlicher Arbeit und gesellschaftlicher Organisation«.[6] Außerdem ist festzuhalten, daß die Menschen mit der Hand und mit dem Kopf produzieren.[7]

Diese Auffassung ist noch keine Geschichtserkenntnis, aber ein Wegweiser zur Geschichte, ein Forschungsprogramm. In der *Deutschen Ideologie* heißt es dazu:

»Da, wo die Spekulation aufhört, beim wirklichen Leben, beginnt also die wirkliche, positive Wissenschaft, die Darstellung der praktischen Betätigung, des praktischen Entwicklungsprozesses der Menschen ... Die selbständige Philosophie verliert mit der Darstellung der Wirklichkeit ihr Existenzmedium. An ihre Stelle kann höchstens eine Zusammenfassung der allgemeinsten Resultate treten, die sich aus der Betrachtung der historischen Entwicklung der Menschen abstrahieren lassen. Diese Abstraktionen haben für sich, getrennt von der wirklichen Geschichte, durchaus keinen Wert. Sie können nur dazu dienen, die Ordnung des geschichtlichen Materials zu erleichtern, die Reihenfolge seiner einzelnen Schichten anzudeuten. Sie geben aber keineswegs, wie die Philosophie, ein Rezept oder Schema, wonach die geschichtlichen Epochen zurechtgestutzt werden können.«[8]

Die vollständigste Formulierung erscheint dann im Vorwort zur *Kritik der politischen Ökonomie* von 1859. Man muß natürlich fragen, ob es möglich ist, diese Geschichtsauffassung abzulehnen und dennoch Marxist zu bleiben. Andererseits steht ganz außer Frage, daß diese überaus konzentrierte Formulierung entfaltet werden muß: Die Mehrdeutigkeit ihrer Begriffe hat viele Debatten darüber entfacht, was die »Produktivkräfte« und die »Produktionsverhältnisse« denn nun genau sind, woraus die »ökonomische Basis« und woraus der »Überbau« besteht usw. Außerdem versteht sich von selbst, daß die materialistische Geschichtsauffassung, da Menschen ein Bewußtsein haben, zwar die *Basis* der historischen Erklärung, aber nicht diese selbst ist. In der Geschichte geht es nicht zu wie in der Ökologie: Menschen treffen Entscheidungen und denken darüber nach, was geschieht. Es ist nicht so ganz klar, ob sie in dem Sinne determiniert ist, daß wir die Möglichkeit haben, zu entdecken, was zwangsläufig geschehen wird, oder nur die allgemeinen Mechanismen des historischen Wandels. Denn allein in der Rückschau läßt sich die Frage nach der Unvermeidlichkeit der Geschichte klären und auch dann nur als eine Tautologie: Was geschehen ist, war unvermeidlich, weil nichts anderes geschehen ist; deshalb ist die Frage, was sonst hätte geschehen können, rein akademisch.

Marx wollte a priori beweisen, daß ein bestimmtes historisches Ergebnis, der Kommunismus, das unvermeidliche Resultat der geschichtlichen Entwicklung sei. Aber es ist keineswegs klar, daß dies mit den Mitteln der wissenschaftlichen historischen Analyse bewiesen werden kann. Dagegen war von Anfang an deutlich, daß der historische Materialismus kein *ökonomischer* Determinismus ist: Nicht alle außerökonomischen Phänomene in der Geschichte lassen sich aus spezifisch ökonomischen Phänomenen ableiten, und bestimmte Ereignisse oder Daten sind nicht in diesem Sinne determiniert. Selbst die unbeugsamsten Verfechter des historischen Materialismus haben ausführlich die Rolle des Zufalls und des Individuums in der Geschichte diskutiert (Plechanow), und Engels war – trotz aller möglichen philosophischen Kritik an seinen Formulierungen – in seinen späten Briefen an Bloch, Schmidt, Starkenburg und andere in diesem Punkt sehr eindeutig. Marx selbst läßt in so spezifischen Texten wie dem *Achtzehnten Brumaire* und seinen journalistischen Arbeiten aus den fünfziger Jahren keinen Zweifel, daß er im Grunde derselben Auffassung war.

Tatsächlich ging die entscheidende Auseinandersetzung über die materialistische Geschichtsauffassung um die fundamentale Beziehung zwischen dem gesellschaftlichen Sein und dem Bewußtsein. In ihrem Mittelpunkt standen weniger philosophische Begriffe (wie »Idealismus« gegen »Materialismus«) oder moralisch-politische Fragen (»welche Rolle spielen der ›freie Wille‹ und das bewußte menschliche Handeln?« oder: »Wenn die Situation noch nicht reif ist, wie können wir dann handeln?«) als empirische Probleme der vergleichenden Historiographie und der Ethnosoziologie. Ein typisches Argument lautete, es sei unmöglich, die Produktionsverhältnisse von Ideen und Begriffen (das heißt die Basis vom Überbau) zu unterscheiden, zum Teil, weil dies eine nachträgliche historische Unterscheidung sei, und zum Teil, weil die Produktionsverhältnisse durch Kultur und Begriffe strukturiert seien, die nicht auf jene reduziert werden könnten. Ein weiterer Einwand lautete, da eine gegebene Produktionsweise mit *n* Typen von Begriffen vereinbar sei, könnten diese nicht durch eine Reduktion auf die »Basis« erklärt werden. So kennen wir Gesellschaften, die zwar dieselbe materielle Basis, aber zugleich ganz andere Weisen haben, ihre gesellschaftlichen Beziehungen, Ideologien und sonstigen Aspekte des Überbaus zu strukturieren. Bis zu einem gewissen Grad bestimmen die Anschauungen der Menschen vom Universum die Formen ihres gesellschaftlichen Daseins mindestens ebenso sehr wie umgekehrt. Wodurch diese Anschauungen bestimmt werden, müsse daher ganz anders analysiert werden: zum Beispiel, nach Lévi-Strauss, als ein Ensemble von Variationen über eine begrenzte Anzahl von intellektuellen Konzepten.

Wir wollen die Frage beiseite lassen, ob Marx von der Kultur abstrahiert. (Ich persönlich bin der Auffassung, daß er in seinen eigentlichen historischen Schriften das genaue Gegenteil von einem Ökonomisten ist.) Grundsätzlich gilt, daß die Untersuchung einer Gesellschaft ungeachtet ihres jeweiligen Entwicklungsstandes mit der Analyse ihrer Produktionsweise beginnen muß, das heißt (a) der technisch-ökonomischen Form des »Austauschs des Menschen mit der Natur« (Marx), also der Art und Weise, wie die Menschen sich der Natur anpassen und diese durch Arbeit verändern; und (b) der gesellschaftlichen Organisation, innerhalb deren die Arbeit eingesetzt und auf bestimmte Bereiche verteilt wird.

Das ist auch heute noch so. Wenn wir etwas über Großbritannien oder Italien im späten 20. Jahrhundert wissen wollen, dann müssen wir

offensichtlich mit den massiven Veränderungen in der Produktionsweise beginnen, die in den fünfziger und sechziger Jahren stattgefunden
haben. Im Fall der primitivsten Gesellschaften hängen Verwandtschafts-
organisation und Ideensystem (von dem die erstere unter anderem ein
Aspekt ist) davon ab, ob wir es mit einer Gesellschaft von Sammlern
oder von Lebensmittelproduzenten (Viehzüchter und Ackerbauern) zu
tun haben. Wie Wolf gezeigt hat[9], sind in einer Sammlerökonomie Ressourcen für jeden reichlich vorhanden, der in der Lage ist, sie sich zu beschaffen, während in einer Nahrungsmittel produzierenden Ökonomie
der Zugang zu diesen Ressourcen eingeschränkt ist. Dieser muß genau
definiert werden, und zwar nicht nur hier und jetzt, sondern über die
Generationen hinweg.

Das Modell von Basis und Überbau ist also wichtig, um Forschungsprioritäten festzulegen. Aber die materialistische Geschichtsauffassung muß sich noch mit einer anderen, schwerwiegenderen
Kritik auseinandersetzen. Marx vertritt nicht nur die Auffassung, daß
die Produktionsweise das Primäre ist und der Überbau den sich aus
ihr ergebenden »wesentlichen Unterschieden zwischen den Menschen« (das heißt den Produktionsverhältnissen) in gewissem Sinne
entsprechen muß, sondern auch, daß die materiellen Produktivkräfte
einer Gesellschaft eine unvermeidliche Tendenz aufweisen, sich weiterzuentwickeln, und dadurch mit den bestehenden Produktionsverhältnissen und den Ausdrucksformen ihres relativ unflexiblen Überbaus in Widerspruch geraten, so daß diese sich ändern müssen. Wie
G. A. Cohen behauptet hat, ist diese Tendenz zu einer ständigen Fort-
entwicklung also im weitesten Sinne technologisch begründet.

Die Frage ist nicht so sehr, warum es eine solche Entwicklungsten-
denz geben sollte, denn wenn man die gesamte Weltgeschichte betrachtet, so hat es sie zweifellos bis heute gegeben. Die eigentliche
Schwierigkeit liegt darin, daß dieser Trend offensichtlich nicht universell ist. Wir können zwar viele Fälle von Gesellschaften, in denen diese
Tendenz fehlt oder an einem bestimmten Punkt unterbrochen scheint,
wegerklären, aber das reicht nicht aus. Wohl können wir eine allgemeine Tendenz der Evolution von Nahrungsmittelsammlern zu Nah-
rungsmittelproduzenten behaupten (sofern sie nicht aus ökologischen
Gründen unmöglich oder unnötig ist), aber dasselbe geht nicht mehr
bei den modernen Entwicklungen der Technik und Industrialisierung,
die von einer einzigen regionalen Basis aus nach und nach die Welt erobert haben.

Damit scheinen wir uns in einer Catch-22-Situation zu befinden.
Entweder gibt es keine allgemeine Tendenz der materiellen Produktiv-

kräfte, sich zu entwickeln oder über einen bestimmten Punkt hinaus-
zuentwickeln – dann muß die Entwicklung des westlichen Kapitalismus ohne die grundlegende Bezugnahme auf eine solche allgemeine
Tendenz erklärt werden, und die materialistische Geschichtsauffassung
kann bestenfalls dazu dienen, einen Sonderfall zu erklären. (Nebenbei
bemerkt wäre eine Abkehr von der Auffassung, daß Menschen sich
fortwährend in einer Weise verhalten, daß sie die Herrschaft über die
Natur vergrößern, nicht nur unrealistisch, sondern würde auch zu beträchtlichen historischen und anderen Komplikationen führen.) *Oder
aber* es gibt eine derartige allgemeine historische Tendenz – dann müssen wir erklären, warum sie sich nicht überall durchgesetzt hat oder
warum man ihr in einigen Fällen (wie in China) offensichtlich entge-
gengearbeitet hat. Das hieße dann, daß die Bewegung der materiellen
Basis durch nichts anderes als durch die Stärke, die Trägheit oder
irgendeine andere Kraft der Sozialstruktur und des Überbaus aufgehal-
ten werden konnte.

Ich glaube nicht, daß dieses Dilemma für die materialistische Geschichtsauffassung als eine Weise der Weltinterpretation ein unüber-
windliches Problem darstellt. Marx selbst, der weit davon entfernt war,
den historischen Prozeß als eine Einbahnstraße aufzufassen, hat eine
Erklärung dafür angeboten, warum sich einige Gesellschaften von der
Antike über den Feudalismus bis zum Kapitalismus entwickelt haben,
während dies bei anderen (eine große Gruppe, die er grob unter den
Begriff der asiatischen Produktionsweise subsumierte) nicht der Fall
war. Aber es ist tatsächlich ein Problem, wenn die materialistische Geschichtsauffassung ein Mittel sein soll, um die Welt zu *verändern*. Der
zentrale Punkt in der Argumentation von Marx in dieser Hinsicht ist
ja, daß die Revolution kommen muß, weil die Produktivkräfte einen
Punkt erreicht haben oder erreichen müssen, an dem sie mit der »kapitalistischen Hülle« der Produktionsverhältnisse unvereinbar werden.
Aber wenn gezeigt werden kann, daß es in anderen Gesellschaften
keine Tendenz zur Entfaltung der materiellen Produktivkräfte gegeben
hat oder daß ihre Entfaltung durch die Gewalt der gesellschaftlichen
Organisation und des Überbaus beherrscht, abgelenkt oder sonstwie
daran gehindert wurde, eine Revolution im Sinne des Vorworts von
1859 auszulösen, warum sollte dann nicht dasselbe in der bürgerlichen
Gesellschaft passieren? Es ist natürlich möglich und vielleicht sogar relativ einfach, eine bescheidenere historische Begründung für die Notwendigkeit oder gar Unvermeidlichkeit einer Transformation des Kapitalismus zum Sozialismus zu formulieren. Aber damit würden wir
zwei Dinge verlieren, die für Marx und seine Anhänger (einschließlich

meiner selbst) wichtig waren und sind: (a) die Überzeugung, daß der Triumph des Sozialismus das folgerichtige Ende aller bisherigen geschichtlichen Entwicklung ist; und (b) die Überzeugung, daß dieser insofern das Ende der »Vorgeschichte« bezeichnet, als er keine »antagonistische Gesellschaft« sein kann und sein wird.

Dies schmälert nicht die Nützlichkeit des Begriffs der »Produktionsweise«, der im Vorwort definiert wird als »die Gesamtheit« der »Produktionsverhältnisse«, die »die ökonomische Struktur der Gesellschaft« bildet und »die Produktionsweise des materiellen Lebens bedingt«. Wie immer die Produktionsverhältnisse beschaffen sein und welche sonstigen Funktionen sie in einer Gesellschaft haben mögen, so bildet doch die Produktionsweise die Struktur, die darüber entscheidet, welche Formen das Wachstum der Produktivkräfte und die Verteilung des Mehrprodukts annehmen, ob und wie eine Gesellschaft ihre Strukturen verändern kann und in welcher Weise zum geeigneten Zeitpunkt der Übergang zu einer anderen Produktionsweise erfolgen kann oder wird. Außerdem bestimmt sie den Bereich der Möglichkeiten des Überbaus. Kurzum, die Produktionsweise ist die Grundlage für ein Verständnis der vielfältigen menschlichen Gesellschaften und ihrer Wechselwirkungen sowie ihrer historischen Dynamik.

Die Produktionsweise ist nicht identisch mit einer Gesellschaft: »Gesellschaft« ist ein System von Beziehungen zwischen Menschen oder genauer zwischen Gruppen von Menschen. Mit dem Begriff der »Produktionsweise« (Pw) lassen sich, je nachdem, um welche Art von Gesellschaft es sich handelt, die Kräfte bestimmen, die die Anordnung und die Verhältnisse dieser Gruppen untereinander bewirken. Bilden die Pw eine Abfolge von chronologisch oder sonstwie geordneten Entwicklungsstufen? Allem Anschein nach hat Marx selbst sie sich als eine Abfolge vorgestellt, in deren Verlauf die zunehmende Emanzipation des Menschen von der Natur sowie deren Beherrschung sowohl die Produktivkräfte als auch die Produktionsverhältnisse beeinflussen. Nach diesen Kriterien könnte man sich die verschiedenen Pw in einer aufsteigenden Reihe angeordnet vorstellen. Aber während bestimmte Pw anderen offenbar unmöglich vorhergehen können (zum Beispiel können Pw, die eine Warenproduktion oder Dampfmaschinen erfordern, nicht anderen, für die dies nicht gilt, vorgeordnet sein), so ist Marx' Aufzählung der Pw nicht so gedacht, daß sie eine unilineare zeitliche Abfolge bilden. Die historische Beobachtung zeigt uns vielmehr, daß außer auf den frühesten (hypothetischen) Stufen der menschlichen Entwicklung immer verschiedene Pw nebeneinander und im Austausch miteinander bestanden haben.

Eine Produktionsweise umfaßt ein bestimmtes Produktionsprogramm (auf der Grundlage eines bestimmten Standes der Technik und einer Arbeitsteilung in der Produktion) und »ein spezifisches historisch vorfindliches System gesellschaftlicher Beziehungen, das die Verausgabung von Arbeit regelt, um der Natur mittels Werkzeugen und handwerklicher Fertigkeiten sowie organisatorischer und intellektueller Fähigkeit ein Quantum Energie abzuringen«, auf einer bestimmten Stufe ihrer Entwicklung, durch welche das gesellschaftlich erwirtschaftete Mehrprodukt zur Akkumulation oder für sonstige Zwecke in Umlauf gebracht, verteilt und verbraucht wird. Eine marxistische Geschichtsschreibung muß beide Funktionen berücksichtigen.

Hier liegt die Schwäche eines ansonsten höchst originellen und wichtigen Buches des Sozialanthropologen Eric Wolf: *Die Völker ohne Geschichte*. Er versucht zu zeigen, in welcher Weise die globale Ausdehnung und der Triumph des Kapitalismus die vorkapitalistischen Gesellschaften, die er in sein Weltsystem hineingezogen hat, beeinflußt haben und wie der Kapitalismus dadurch, daß er in eine Vielzahl von Produktionsweisen gewissermaßen eingesenkt wurde, seinerseits eine Modifikation und Umformung erfahren hat. In dem Buch geht es mehr um Zusammenhänge als um Ursachen, auch wenn Zusammenhänge für die kausale Analyse wichtig sein mögen. Es bietet einen glänzenden Einstieg in die Diskussion »der strategischen Merkmale ... der Verschiedenartigkeit« von Gesellschaften, das heißt der unterschiedlichen Weisen, wie sie durch den Kontakt mit dem Kapitalismus verändert wurden oder auch nicht. Nebenbei vermittelt es erhellende Einblicke in die Beziehungen zwischen verschiedenen Pw und den entsprechenden Gesellschaften und ihren Ideologien oder »Kulturen«.[10] Was der Autor jedoch nicht anbietet – oder sich gar nicht erst vorgenommen hat –, ist eine Erklärung der Bewegungen der materiellen Basis und der Arbeitsteilung und damit der Transformationen der Produktionsweisen. Dem Werk von Wolf widmet sich detailliert das folgende Kapitel.

Die Analyse von Produktionsweisen muß auf der Grundlage einer Untersuchung der verfügbaren materiellen Produktivkräfte erfolgen, das heißt einer Untersuchung der jeweiligen Technik und ihrer Organisation und des wirtschaftlichen Systems. Denn schließlich hat Marx in demselben Vorwort, dessen späterer Absatz so oft zitiert wird, gesagt, die politische Ökonomie sei die Anatomie der bürgerlichen Gesellschaft. In einer Hinsicht muß allerdings die traditionelle Analyse von Produktionsweisen und ihren Veränderungen weiterentwickelt werden – und in neueren marxistischen Arbeiten ist das auch geschehen. Die jeweilige Umformung einer Produktionsweise in eine andere ist häufig in kausalen und unilinearen Kategorien dargestellt worden: In jeder Produktionsweise sei ein »Grundwiderspruch« enthalten, der die Dynamik und die Kräfte hervorbringe, die zu seiner Veränderung führen. Es ist höchst zweifelhaft, ob dies – mit Ausnahme der kapitalistischen Produktionsweise – Marx' eigene Auffassung war, und es führt in jedem Fall zu großen Schwierigkeiten und endlosen Debatten, besonders im Zusammenhang mit dem Übergang vom westlichen Feudalismus zum Kapitalismus.

Weiter kommen wir wahrscheinlich, wenn wir von den beiden folgenden Annahmen ausgehen. Erstens, daß jene fundamentalen Elemente einer Produktionsweise, die eine destabilisierende Wirkung haben, wohl das Potential zu ihrer Umgestaltung aufweisen, ohne sie zwangsläufig herbeizuführen, daß sie jedoch je nach der Form der Produktionsweise den möglichen Veränderungen gleichzeitig bestimmte Grenzen setzen. Zweitens, daß die Mechanismen, die zur Transformation einer Produktionsweise führen, unter Umständen nicht ausschließlich zu dieser gehören, sondern sich auch aus Verbindungen und Wechselwirkungen zwischen unterschiedlich strukturierten Gesellschaften ergeben können. In diesem Sinn ist jede Entwicklung eine *gemischte* Entwicklung. Daher sollten wir nicht nur auf die spezifischen regionalen Bedingungen achten, die beispielsweise zu dem besonderen System des klassischen Altertums im Mittelmeerraum oder zur Transformation des Feudalismus zum Kapitalismus, wie er sich in den Gutsherrschaften und Städten Westeuropas abspielte, geführt haben, sondern wir sollten unser Augenmerk auf die verschiedenen Wege richten, die zu den Knotenpunkten und Kreuzungen führten, an denen sich diese Regionen auf einer bestimmten Entwicklungsstufe befunden haben.

Mit diesem Ansatz – der für mich ganz auf der Linie von Marx liegt, was sich nötigenfalls auch mit einigen Textstellen belegen ließe – ist es leichter möglich, das Nebeneinander von Gesellschaften, die auf dem Weg zum Kapitalismus weiter voranschreiten, mit anderen, die sich erst dann in dieser Richtung entwickeln konnten, als der Kapitalismus sie durchdrungen und erobert hatte, zu erklären. Darüber hinaus lenkt er die Aufmerksamkeit auf die von Historikern des Kapitalismus zunehmend beachtete Tatsache, daß die Evolution dieses Systems wiederum eine gemischte Entwicklung darstellt: daß es auf Material aufbaut, das bereits vorhanden ist und das es benutzt, dem es sich anpaßt und durch das es selbst umgeformt wird. Neuere Untersuchungen über die Entstehung und Entwicklung der Arbeiterklasse haben diesen

Punkt verdeutlicht. Überhaupt liegt ein Grund, warum wir in den letzten 25 Jahren im weltgeschichtlichen Maßstab so tiefgreifende gesellschaftliche Umwälzungen erlebt haben, doch darin, daß solche vorkapitalistischen Elemente, die bislang zur Wirkungsweise des Kapitalismus wesentlich beigetragen haben, schließlich durch seine weitere Entwicklung zu sehr zerrüttet wurden, um die wichtige Rolle, die sie einst gespielt habenen, noch weiter spielen zu können. Ich denke hier natürlich an die Familie.

Ich möchte nun auf die Beispiele für die einzigartige Bedeutung zurückkommen, die Marx für die Historiker hat und von der ich anfangs gesprochen habe. Marx ist und bleibt die Grundlage für jede angemessene Erforschung der Geschichte, weil er bislang als einziger versucht hat, einen methodischen Zugang zur Geschichte als Ganzes zu formulieren und die gesamte gesellschaftliche Entwicklung der Menschheit in den Blick zu bekommen und zu erklären. In dieser Hinsicht ist er Max Weber überlegen, seinem einzigen Rivalen, was theoretische Einflüsse auf die Historiker anbelangt, während er in anderer Hinsicht eine wichtige Ergänzung und ein Korrektiv Webers darstellt. Eine Geschichte, die auf Marx aufbaut, ist auch ohne die Weberschen Ergänzungen vorstellbar, während eine von Weber angeleitete Historiographie nicht denkbar ist, ohne Marx oder wenigstens die marxistische Fragestellung als Ausgangspunkt zu nehmen. Wenn man den Prozeß der gesellschaftlichen Entwicklung der Menschheit erforschen will, muß man zumindest die Fragen stellen, die schon Marx gestellt hat, auch wenn man nicht alle seine Antworten übernehmen will. Dasselbe gilt für die Beantwortung der zweiten großen Frage, die in der ersten enthalten ist, nämlich warum diese Entwicklung nicht gleichmäßig und geradlinig, sondern außerordentlich ungleichmäßig und gemischt erfolgt ist. Die einzigen Antworten außer den von Marx entlehnten Kategorien der biologischen Evolutionstheorie (etwa die Soziobiologie) sind jedoch offensichtlich unzulänglich. Marx hat hierzu sicher nicht das letzte Wort, aber er hat das erste Wort gesprochen, und es ist immer noch an uns, den Diskurs, den er eingeleitet hat, fortzuführen.

Das Thema dieses Gesprächs ist Marx und die Geschichte, und es ist nicht meine Aufgabe, die Diskussion darüber vorwegzunehmen, welches heute die Hauptthemen für marxistische Historiker sind oder sein sollten. Aber bevor ich zum Schluß komme, möchte ich noch auf zwei Punkte hinweisen, die mir äußerst dringlich scheinen. Vom ersten war schon die Rede, nämlich der gemischten und zusammengesetzten Natur der Entwicklung aller Gesellschaften oder sozialen Systeme, ihren

Wechselwirkungen mit anderen Systemen und mit der Vergangenheit. Es handelt sich, wenn man so will, um die Entfaltung des berühmten Diktums von Marx, daß die Menschen zwar ihre eigene Geschichte machen, aber nicht unter selbstgewählten, sondern geschichtlich vorgefundenen Umständen. Der zweite betrifft den Begriff der Klasse und des Klassenkampfs.

Beide Begriffe sind, wie wir wissen, für Marx von zentraler Bedeutung, zumindest was die Diskussion der Geschichte des Kapitalismus angeht, aber wir wissen auch, daß sie in seinen Schriften zu knapp definiert sind und viele Debatten ausgelöst haben. Die traditionelle marxistische Historiographie hat es größtenteils unterlassen, sie weiterzudenken, und hat sich daher in Schwierigkeiten verwickelt. Ich will Ihnen nur ein Beispiel nennen. Was ist eine »bürgerliche Revolution«? Können wir uns eine »bürgerliche Revolution« in der Weise vorstellen, daß sie von einer Bourgeoisie »gemacht« wird, weil sie das Ziel ihres Kampfes um die Macht ist, den sie gegen ein altes Regime oder eine herrschende Klasse führt, die dem Aufbau einer bürgerlichen Gesellschaft im Weg steht? Oder *wann* können wir uns sie in dieser Weise vorstellen? Die gegenwärtige Kritik an marxistischen Interpretationen der Englischen und der Französischen Revolution war berechtigt, vor allem weil sie zeigen konnte, daß ein derartiges traditionelles Bild der Bourgeoisie und der bürgerlichen Revolution unzulänglich ist. Wir hätten das wissen müssen. Als Marxisten oder überhaupt als realistische Beobachter der Geschichte werden wir den Kritikern nicht darin folgen, daß wir die Existenz solcher Revolutionen bestreiten oder in Abrede stellen, daß die englischen Revolutionen des 17. Jahrhunderts und die Französische Revolution grundlegende Veränderungen und »bürgerliche« Neuorientierungen ihrer Gesellschaften mit sich brachten. Aber wir müssen genauer darüber nachdenken, was wir meinen.

Wie können wir also den Einfluß von Marx auf die Geschichtsschreibung hundert Jahre nach seinem Tod zusammenfassen? Ich möchte vier wesentliche Punkte nennen.

(1) Der Einfluß von Marx auf die Historiographie in den nichtsozialistischen Ländern ist heute zweifellos größer als je zuvor in meiner Lebenszeit – und mein Gedächtnis reicht fünfzig Jahre zurück – und wahrscheinlich auch größer denn je seit seinem Tod. (Die Situation in Ländern, die sich offiziell zu seinen Ideen bekennen, ist selbstverständlich damit nicht vergleichbar.) Ich betone das, weil sich zur Zeit viele Intellektuelle vor allem in Frankreich und Italien von Marx abwenden. Sein Einfluß ist nicht nur an der Zahl der Historiker zu erkennen, die sich als Marxisten bezeichnen, auch wenn deren Zahl ziemlich groß

ist, oder die seine Bedeutung für die Historiographie anerkennen (wie Braudel in Frankreich oder die Bielefelder Schule in Deutschland), sondern auch an der großen Zahl von oft bedeutenden, ehemals marxistischen Historikern, die den Namen von Marx dennoch hochhalten (wie Postan). Außerdem gibt es zahlreiche Elemente, die vor fünfzig Jahren hauptsächlich von Marxisten betont wurden und mittlerweile in den Hauptstrom der Historiographie eingegangen sind. Das war natürlich nicht nur das Verdienst von Karl Marx, aber der Marxismus hatte vermutlich den größten Anteil an der »Modernisierung« der Historiographie.

(2) Die marxistische Geschichte, wie sie heute in den meisten Ländern geschrieben und diskutiert wird, betrachtet Marx als ihren Ausgangspunkt und nicht als ihr Ziel. Das heißt nicht unbedingt, daß sie mit den Texten von Marx nicht einverstanden ist, obwohl dies auch der Fall sein kann, wenn diese sachlich falsch oder überholt sind. Das gilt zum Beispiel zweifellos für seine Ansichten über orientalische Gesellschaften und die »asiatische Produktionsweise«, ungeachtet seiner immer wieder brillanten und profunden Einsichten auf diesen Gebieten, und für seine Sicht von Urgesellschaften und ihrer Entwicklung. In einem gerade erschienenen Buch von einem marxistischen Anthropologen über Marxismus und Anthropologie heißt es: »Die Kenntnisse von Marx und Engels über Urgesellschaften wären als Grundlage für die moderne Anthropologie völlig unzureichend.«[11] Auch will ich nicht sagen, sie wolle unbedingt die Hauptlinien der materialistischen Geschichtsauffassung revidieren oder aufgeben, auch wenn sie bereit ist, diese nötigenfalls kritisch zu betrachten. Ich für meinen Teil habe nicht die Absicht, die materialistische Geschichtsauffassung aufzugeben. Doch da, wo die marxistische Historiographie heute besonders fruchtbar ist, macht sie Gebrauch von Marx' Methoden, statt lediglich seine Texte zu kommentieren – es sei denn, sie verdienen es wirklich, kommentiert zu werden. Wir versuchen das zu tun, was Marx nicht getan hat oder tun konnte.

(3) Marxistische Geschichtsforschung heute ist pluralistisch. Eine einzige »richtige« Interpretation der Geschichte ist kein Vermächtnis, das Marx uns hinterlassen hätte: Sie wurde zu einem Bestandteil des Erbes des Marxismus, vor allem etwa seit 1930, doch das ist nicht mehr verbindlich oder akzeptabel – zumindest dort nicht, wo die Menschen in dieser Sache eine Wahl haben. Freilich hat ein solcher Pluralismus seine Nachteile. Sie zeigen sich eher bei Leuten, die über Geschichte theoretisieren, als bei denen, die sie schreiben, aber auch hier machen sie sich bemerkbar. Wie auch immer, ob unserer Ansicht nach die

Nachteile die Vorteile überwiegen oder umgekehrt, der Pluralismus in der marxistischen Historiographie heute ist zu einer unumstößlichen Tatsache geworden. Und das ist auch gar nicht verkehrt. Wissenschaft ist ein Dialog zwischen verschiedenen Auffassungen, die auf einer gemeinsamen Methode beruhen. Wissenschaftlich ist dieser Dialog nur dann nicht mehr, wenn es keine Methode gibt, um zu entscheiden, welche der widerstreitenden Ansichten falsch oder weniger ertragreich sind. Dies ist leider in der Geschichte oft der Fall, aber keineswegs nur in der marxistischen.

(4) Marxistische Geschichtsforschung heute ist nicht isoliert vom übrigen historischen Denken und Forschen und kann es auch nicht sein. Diese Feststellung hat zwei Seiten. Einerseits lehnen Marxisten heute – es sei denn als Primärquellen für ihre Arbeit – nicht mehr die Arbeiten von Historikern ab, die sich nicht als Marxisten verstehen oder sogar Antimarxisten sind. Wenn sie gut sind, müssen sie zur Kenntnis genommen werden. Das hält uns freilich nicht davon ab, sie zu kritisieren und uns selbst mit guten Historikern, die aber ideologisch vorgehen, ideologisch auseinanderzusetzen. Auf der anderen Seite hat der Marxismus die Hauptströmung der Historiographie so verändert, daß es heute oft unmöglich ist zu sagen, ob eine bestimmte Arbeit von einem Marxisten oder einem Nichtmarxisten geschrieben wurde, solange der Autor seinen ideologischen Standpunkt nicht preisgibt. Das ist kein Grund zum Klagen. Ich würde es sehr begrüßen, wenn eines Tages niemand mehr danach fragt, ob ein Autor Marxist ist oder nicht, denn das würde bedeuten, daß Marxisten Grund zur Genugtuung hätten, weil die Historiographie sich durch die Ideen von Marx derart verändert hätte. Aber von solchen utopischen Zuständen sind wir noch weit entfernt: Die ideologischen und politischen Auseinandersetzungen, die Klassen- und Befreiungskämpfe des 20. Jahrhunderts sind so beschaffen, daß daran überhaupt nicht zu denken ist. Auf absehbare Zeit müssen wir Marx und den Marxismus innerhalb und außerhalb der Geschichtswissenschaft gegen politische und ideologische Angriffe verteidigen. Wenn wir das tun, verteidigen wir auch die Geschichtswissenschaft und die Fähigkeit der Menschen, zu verstehen, wie die Welt zu dem geworden ist, was sie heute ist, und wie die Menschheit einer besseren Zukunft entgegengehen kann.

12. Kapitel

Alle Menschen haben eine Geschichte

In dem berühmten Ausruf eines Kindes in Andersens Märchen »Des Kaisers neue Kleider«, daß dieser ja gar nichts anhabe, steckt noch eine weitere Botschaft: Er hätte eigentlich etwas anhaben müssen. Aber was eigentlich? Es braucht nicht mehr als den gesunden Menschenverstand eines Laien, um im Angesicht eines modischen historiographischen Skeptizismus festzustellen, daß die Sozialwissenschaften und die Geschichte selbst eine Geschichte benötigen, »die Aufschluß darüber geben könnte, auf welche Weise die Gesellschaftssysteme der modernen Welt entstanden sind, und die sich um eine plausible analytische Erklärung aller Gesellschaften, einschließlich unserer eigenen, zu bemühen hätte«.[1] Es braucht die außergewöhnliche Anstrengung eines gebildeten Geistes, ein hohes Maß an Hellsichtigkeit, ganz zu schweigen von einem breitangelegten Literaturstudium und Courage, um die Möglichkeiten zu umreißen, wie eine solche Geschichte sich konstruieren ließe, und dazu die gesamte Entwicklung des Globus etwa seit 1400 als illustrierendes Beispiel zu wählen. Nichts Geringeres hat sich Eric Wolf mit seinem neuen Buch vorgenommen.

Wolf ist für diese Aufgabe ungewöhnlich gut qualifiziert. Anders als die meisten angloamerikanischen Anthropologen verdankt er seinen Ruf nicht so sehr »seinem« Stamm oder seiner Region, sondern seinem Thema: Menschen in der Landwirtschaft. Sein Buch *Peasants* (1966) ist bei weitem die beste Einführung auf diesem Gebiet, und einem breiteren Publikum ist er durch eine Untersuchung über das bäuerliche Element in den Revolutionen unserer Zeit, *Peasant Wars of the Twentieth Century*, bekannt geworden. Er hat nicht nur über sein eigenes Gebiet Zentralamerika, über Landgüter, Plantagen und Bauern publiziert, sondern auch über die Ursprünge des Islams und die Bildung von Nationen. Er ist Mitautor von *The Hidden Frontier* (1974), einer glänzen-

---

Das Folgende ist eine ausführlichere Besprechung der bedeutenden Untersuchung von Eric Wolf, *Die Völker ohne Geschichte. Europa und die andere Welt seit 1400*, auf die ich mich im vorangegangenen Kapitel bezogen habe. Sie erschien in *Times Literary Supplement* vom 28. Oktober 1983.

den historisch-anthropologischen Untersuchung über zwei benachbarte, aber ethnisch verschiedene Gemeinden in Tirol, das eine Pflichtlektüre für alle darstellt, die sich mit modernem Nationalgefühl beschäftigen. Es ist kein Zufall, daß er seit langem mit der ersten modernen interdisziplinären Zeitschrift ihrer Art, *Comparative Studies in Society and History*, in Verbindung steht.

Die anthropologische Tradition, gegen die Wolf aufbegehrt, behandelt menschliche Gesellschaften (das heißt in der Praxis die kleinen Völker, die zum Gegenstand von Feldstudien und Monographien wurden) als autarke, sich selbst reproduzierende und im Idealfall selbststabilisierende Systeme. Tatsächlich jedoch, so lautet sein Einwand, ist keine Stammes- oder sonstige Gemeinschaft eine Insel und ist dies nie gewesen, und die Welt, eine Totalität aus miteinander verknüpften Prozessen oder Systemen, war weder in der Vergangenheit noch ist sie in der Gegenwart ein Komplex von abgekapselten menschlichen Gruppen und Kulturen. Was uns als unveränderlich und sich wiederholend erscheint, ist nicht nur das Ergebnis einer Bewältigung des konstanten, komplexen Prozesses innerer und äußerer Spannungen, sondern häufig das Produkt eines historischen Wandels. Was den am Amazonas lebenden Mundurucú widerfuhr, die unter dem Einfluß des brasilianischen Kautschukbooms von einer patrilokalen und patrilinearen Ordnung zu der ungewöhnlichen Kombination aus Matrilokalität und Patrilinearität übergingen, geschah vermutlich mit vielen »Stämmen«, die von Ethnographen des 19. Jahrhunderts aufgesucht und als »primitive« vorgeschichtliche oder geschichtslose Überreste betrachtet wurden, als wären sie so etwas wie Ansammlungen menschlicher Quastenflosser. Es gibt keine Völker, die keine Geschichte hätten oder sich ohne diese verstehen ließen. Ihre Geschichte ist wie die unsrige außerhalb ihrer Einbettung in eine umfassendere Welt (die gleichbedeutend mit der bewohnten Erde geworden ist) unbegreiflich und läßt sich jedenfalls für die letzten fünfhundert Jahre nur verstehen durch die Überschneidungen verschiedener Typen der gesellschaftlichen Organisation, die jeweils durch Wechselwirkungen mit den übrigen modifiziert werden.

Dieser Ansatz hat für Historiker, die sich mit der gegenwärtigen Weltgeschichte beschäftigen, den Vorteil, daß er ihnen eine glaubhafte Rechtfertigung für ihre Bemühungen an die Hand gibt, die in der Regel aus keinem besseren Grund unternommen werden als dem, der die Hersteller bestimmter Produkte dazu veranlaßt, die zugehörigen Gebrauchsanweisungen auf Arabisch und Japanisch zu schreiben, oder in denen die Vorstellung der heutigen Politik (etwa in der zweifach irreführenden Bezeichnung »Vereinte Nationen«) und der heutigen, offensichtlich globalen Wirtschaft zum Ausdruck kommt. Außerdem macht es alle Argumente für oder gegen einen Eurozentrismus gegenstandslos. Daß die Kräfte, die die Welt seit dem 15. Jahrhundert verwandelt haben, geographisch europäischen Ursprungs waren, steht außer Zweifel. Wieviel Platz in einem Schulbuch der neueren Weltgeschichte dieser oder jener außereuropäischen Region eingeräumt werden sollte, ist eine relativ triviale Frage, nur nicht in den Klassenzimmern der Staaten dieser Regionen oder für die Kulturattachés ihrer Botschaften im Ausland. Der entscheidende Punkt ist, daß die Geschichte aus den Wechselwirkungen zwischen unterschiedlich strukturierten (und geographisch verteilten) sozialen Gebilden besteht, die sich gegenseitig umformen. Europa und Außereuropa können ebensowenig voneinander getrennt werden wie die Beduinen- und die seßhaften Stämme Ibn Chalduns: Jedes ist die Geschichte des anderen.

In Wirklichkeit, so lesen wir bei Wolf, ist die geographische Form der Interaktion lediglich ein spezieller Aspekt eines allgemeineren Musters. Die Geschichte der arbeitenden Klassen in der Industriegesellschaft wirft exakt dieselben Probleme auf wie das Studium der Auswirkungen des Kapitalismus auf die sogenannten traditionellen Gesellschaften, »die angeblich auf irgendeinem zeitlosen Evolutionsniveau stehengeblieben sind. Aber bei diesen beiden Zweigen der Geschichtsschreibung handelt es sich in Wirklichkeit um eine einzige Sache.« (dt. Ausg. S. 490) Oder noch allgemeiner ausgedrückt, ob eine Gesellschaft den Kapitalismus exportiert oder importiert, ob sie zum »Kernland« oder zur »Peripherie« gehört, in jedem Fall hat sie sich bis heute aus einer Vielfalt gesellschaftlicher Ordnungen entwickelt. Insofern sind Makrokosmos und Mikrokosmos in der Geschichte ein und dasselbe.

Wie läßt sich diese Vermischung von Ordnungen analysieren? Das Hauptverdienst von Wolfs Buch liegt nicht in der Fähigkeit des Autors, kritisch die Literatur über die Welt seit 1400, auf einer 45seitigen Bibliographie aufgelistet, zu einer kritischen Synthese zusammenzufassen. Dazu sind andere auch imstande, wobei sie zwangsläufig Gefahr laufen, sich dem Flankenfeuer spezialisierter Heckenschützen auszusetzen. Es liegt in dem Versuch, eine Möglichkeit zu erschließen, die strategischen Züge der Variabilität in den verschiedenen gesellschaftlichen Systemen und kulturellen Verständnissen zu erfassen, auf die der europäische Kapitalismus bei seiner Expansion traf, und folglich die zentralen Prozesse, die bei der Wechselwirkung zwischen Europäern und der Mehrheit der Weltbevölkerung am Werk waren.

Das kritische Urteil über ein Buch wie dieses bemißt sich somit nicht an der Frage, ob wir sein konkretes Verständnis des historischen Materials oder die wissenschaftlichen Autoritäten akzeptieren, deren Ergebnisse Wolf übernimmt, verändert oder uminterpretiert. Es verlöre nur wenig von seinem Interesse, wenn sich beispielsweise das von ihm übernommene Konzept der »langen Wellen« in der kapitalistischen Entwicklung als unhaltbar erweisen oder wenn sich herausstellen sollte, daß sein Material über die Mundurucú fehlerhaft ist. Die Frage muß vielmehr lauten, ob sein analytischer Ansatz anderen überlegen ist.

Bei dieser Frage geht es zwangsläufig um einen Marxschen Zugang zur Geschichte, da Wolf zwei für Marx fundamentalen Konzepten einen zentralen Ort zuweist: der Produktion als dem Komplex gegenseitig abhängiger Beziehungen zwischen Natur, gesellschaftlicher Arbeit und gesellschaftlicher Organisation und der Kultur oder Systemen von Ideen, die innerhalb der determinierten Grenzen einer Produktionsweise aufkommen, die dazu eingesetzt wird, die Natur für den menschlichen Gebrauch verfügbar zu machen. Das Denken verfolgt für Wolf keine unabhängige, eigene Bahn. Für die Zwecke seines Buches sind die langfristige Evolution der Menschheit oder die mögliche Abfolge von Gesellschaftsformationen ohne Belang und bleiben aus der Diskussion ausgeklammert, von einigen Feststellungen abgesehen, die für sein Argument nebensächlich sind. Der bekannte »Widerspruch« zwischen den sich entwickelnden materiellen Produktivkräften der Gesellschaft und den bestehenden Produktionsverhältnissen interessiert ihn nur insofern, als strukturelle Spannungen dieser Art innerhalb einer der »Produktionsweisen« und Spannungen, die sich aus der Wechselwirkung zwischen verschiedenen Produktionsweisen ergeben, sein Problem berühren oder auch nicht. Marxsche Vorstellungen werden hier primär dazu benutzt, die globalen Wechselwirkungen organisierter großer Menschengruppen in den letzten fünfhundert Jahren zu erklären, auch wenn sie offensichtlich dazu gedacht sind, sie auch für jede andere Periode zu erklären.

Die besondere Position, die Wolf in den lebhaften internationalen marxistischen Debatten über Theorie und Geschichte einnimmt, dürfte den Laien auf diesem Gebiet ebensowenig interessieren wie seine spezielle Kritik an einzelnen anthropologischen Schulen. Die ausführlichen (in der deutschen Ausgabe nicht enthaltenen) bibliographischen Anmerkungen, in denen er seine Quellen und Autoritäten erörtert, werfen einiges Licht auf diese Fragen. Man könnte höchstens anmerken, daß sein Hauptinteresse nicht Kausalverbindungen gilt, sondern sich wandelnden Ausgestaltungen und Kombinationen. Von daher erklärt sich die zentrale Bedeutung seiner Analyse unterschiedlicher Produktionsweisen, das heißt der sozialen Mobilisierung, des Einsatzes und der Allokation von Arbeitskräften. Der Wert dieses Begriffs liegt gerade darin, daß er »als vergleichende Kategorie angewandt... auf wichtige Veränderungen der politisch-ökonomischen Ordnung aufmerksam (macht) und uns deren Auswirkungen vor Augen (führt). Vor allem aber können wir mit Hilfe dieses Begriffes ermitteln, was sich beim Zusammmentreffen von unterschiedlich konstituierten Interaktions-Systemen abspielt, also von Gesellschaften, die auf unterschiedlichen Produktionsweisen beruhen.« (S. 117)

Drei Produktionsweisen sind unmittelbar von Bedeutung für seinen Untersuchungsansatz, der durchaus vernünftig nicht an einer erschöpfenden Klassifikation interessiert ist und – wie man hinzufügen könnte – sich ausdrücklich gegen jedes evolutionäre Erklärungsschema richtet: eine »kapitalistische«, eine »tributäre« und eine »verwandtschaftlich strukturierte« Produktionsweise. Keine von ihnen ist mit der Vorstellung von einer Gesellschaft identisch, denn diese gehört einer anderen Abstraktionsebene an und hat einen anderen Erklärungsumfang. Ergänzend könnte man noch sagen, daß für Wolf jede Produktionsweise ihre eigenen Typen einer »Kultur« oder symbolische Universen erzeugt, die in ihren unterschiedlichen Spielarten die »wesentlichen Unterschiede zwischen menschlichen Wesen«, die mit jeder Produktionsweise verbunden sind, verallgemeinern.

Sein analytisches Modell der »kapitalistischen Produktionsweise« entspricht mehr oder weniger dem klassischen Modell von Marx. Die »tributäre Produktionsweise« ist ein Kontinuum von Systemen, in denen den ursprünglichen Produzenten »mit politischen oder militärischen Mitteln ein Tribut abgenommen wird«. (S. 121) Diese Systeme unterscheiden sich darin, wieweit die Macht in den Händen einer zentralen Elite liegt oder aber auf lokale Machtträger verteilt ist, sowie in der Art und Weise, wie der Tribut eingetrieben, in Umlauf gebracht und verteilt wird. Die »feudale« und die »asiatische« Produktionsweise der klassischen marxistischen Debatte gehören zu den möglichen Varianten einer Produktionsweise, bei der das gesellschaftliche Mehrprodukt im wesentlichen mit außerökonomischen Mitteln abgeschöpft wird. Die durch die politischen und wirtschaftlichen Interaktionen tributärer Gesellschaften entstehenden Großräume »finden auf kultureller Ebene ihre Entsprechung in ›kulturellen Sphären‹« (S. 124) oder Zonen eines dominanten Modells der kosmischen Ordnung, »die sich um die jeweils hegemoniale Gesellschaft gruppieren«.

Die historische Dynamik solcher Gesellschaften war zumindest in der Alten Welt eng mit dem Auf und Ab der Hirten- und Viehzüchterbevölkerungen verbunden – die scharfsinnig analysiert werden –, aber auch mit der Erweiterung und Beschränkung der Übertragung des Mehrprodukts durch den Landhandel. Denn mit äußerst seltenen Ausnahmen (beispielsweise dort, wo das Mehrprodukt an Ort und Stelle verbraucht wird, oder wie vielleicht bei den Inka, wo der Handel praktisch ganz fehlt) beruht die Verteilung des Mehrprodukts normalerweise zu einem Teil auf dem Kauf und Verkauf sowie auf besonderen Gruppen, die als Kaufleute auftreten. Das und die Aktivität von Kaufleuten, die einen festen Bestandteil des tributären Modus bildet, erfordert eine Kontrolle, wenn die Vermarktung der Güter und Dienstleistungen, auf denen die tributbeziehende Macht beruht, die Stellung der Kaufleute auf Kosten der Machthaber zu sehr zu stärken droht. Unter bestimmten Umständen, etwa im mittelalterlichen Europa und später, als westliche Kaufleute im Schutz ihrer Herrscher auf außereuropäische Gesellschaften trafen, wurde eine solche Kontrolle schwierig. Dennoch besteht Wolf gegen Max Weber und »Weltmarkt-Marxisten« wie André Gunder Frank und Immanuel Wallerstein auf der fundamentalen Symbiose von Handel und vorkapitalistischen Produktionsweisen. Erst mit der Industrialisierung wird der Kapitalismus dominierend. Solange tributäre oder verwandtschaftlich strukturierte Produktionsweisen vorherrschen, führen Handelsaktivitäten nicht zwangsläufig zum Kapitalismus, auch wenn sie in diese Richtung tendieren können, indem sie die unmittelbaren Produzenten vom Markt abhängig machen wie in der »Protoindustrie« oder indirekt, indem sie das System der Sklavenhaltung ausdehnen. Für Wolf stellte die Sklavenarbeit nie eine bedeutende eigene Produktionsweise dar, spielte jedoch eine Hilfsrolle, indem sie in allen Produktionsweisen zur Beschaffung von Arbeitskräften beitrug, ganz besonders für den Kapitalismus während seiner Ausdehnung außerhalb Europas.

Verwandtschaftsverhältnisse in der »verwandtschaftlich strukturierten« Produktionsweise werden weder als Mechanismus zur sozialen Steuerung biologischer Prozesse aufgefaßt noch als ein System symbolischer Konstruktionen (obwohl sie offensichtlich beides auch sind), sondern als »ein bestimmtes Mittel, um Rechte auf Menschen geltend zu machen und somit den Beitrag des einzelnen zur gesellschaftlichen Arbeit in Anspruch zu nehmen«. (S. 137) Die Art und Weise, wie diese Rechte wahrgenommen werden, kann zwar sehr unterschiedlich sein, ist jedoch wesentlich weniger komplex, wo »die natürlichen Ressourcen reichlich vorhanden und für jeden da sind, der sich ihrer bemächtigen kann« (S. 138) (zum Beispiel die »Horden« von Nahrungsmittelsammlern), als dort, wo sie eingeschränkt sind (wie beim Ackerbau oder der Herdenwirtschaft).

Diese zweite Konstellation geht nicht nur einher mit einer wesentlich komplexeren gesellschaftlichen Arbeitsteilung, sondern auch mit einem »generationsübergreifenden Grundstock von Ansprüchen und Gegenansprüchen auf gesellschaftliche Arbeit« durch reale oder fiktive Ahnenreihen sowie den Elementen einer ungleichen politisch-sozialen Ordnung, welche die Bande der Verwandtschaft zu sprengen droht. Sie läßt sich einschränken, solange es keinen anderen Mechanismus zur Zusammenfassung und Mobilisierung von Arbeitskräften außerhalb der besonderen Beziehungen gibt, die durch die Verwandtschaft aufgestellt werden, das heißt, solange Bündnisse und Gegensätze nicht zwischen *Klassen* von Menschen auftreten und die potentiellen Herrscher auf keine äußeren Ressourcen zurückgreifen können. Es sieht aus, als würde aus der Gesellschaft mit einer verwandtschaftlich strukturierten Produktionsweise eine Klassengesellschaft und somit eine Gesellschaft mit einem Staat, entweder durch die Umformung von »Häuptlings«-*lineages* in eine herrschende Klasse, vor allem wenn »Aristokratien dieses Typs ... Familiezweige (austreiben), die dann fremde Bevölkerungen unterwerfen und beherrschen«, (S. 148) oder wenn verwandtschaftsstrukturierte Gruppen in Beziehungen zu tributären oder kapitalistischen Produktionsweisen eintreten, die den Häuptlingen unter Umständen externe Ressourcen und damit »eine neue Gefolgschaft verschaffen, die von verwandtschaftlichen Beziehungen – da außerhalb ihrer Struktur stehend – unbelastet blieb«. (S. 145) Von daher erklärt sich für Wolf auch, daß sich Häuptlinge »als notorische Kollaborateure der europäischen Pelzhändler in Amerika und der Sklavenjäger in Afrika erwiesen (haben)«. (ibid.)

Weder »Europa« noch die »Völker ohne Geschichte« mit ihren mannigfaltigen Ausprägungen vorkapitalistischer Produktionsweisen hätten sich ohne die übrigen in der Weise entwickelt, wie sie es tatsächlich getan haben. Doch obwohl die Beziehung zwei Seiten hat, ist sie dennoch offensichtlich asymmetrisch. Wolf kann der ausgedehnten Literatur über die europäische Expansion und ihre Bedeutung für die Entwicklung des Kapitalismus höchstens Nuancen hinzufügen. Was den meisten Lesern neu sein wird, vor allem wenn sie ein konventionelles Geschichtsstudium absolviert haben, ist seine Behandlung der außereuropäischen Gesellschaften und ihre Anpassung unter dem Einfluß der kapitalistischen Durchdringung. Das einleitende Kapitel über »Die Welt um das Jahr 1400« sei dem Leser nachdrücklich ans Herz gelegt. Es ist nicht nur eine ausgezeichnete Einführung für den Laien – nicht zuletzt wegen seines Gespürs für menschliche Geographie –, sondern zugleich eine erhellende und kritische Analyse nicht ohne originelle rem Wert, auch wenn historisch denkende Sozialwissenschaftler nicht mehr eigens auf die Bedeutung wirtschaftlicher und gesellschaftlicher Elemente in der Geschichte hingewiesen werden müssen, wie es bei den Historikern zu Anfang dieses Jahrhunderts der Fall war; und umgekehrt lassen sie sich vielleicht durch bestimmte Aspekte der Marxschen Theorie anregen, die auf Historiker der ersten Generationen nach Marx keinen besonderen Eindruck gemacht haben.

Ob das die unbestrittene große Bedeutung von Marxschen Ideen in den gegenwärtigen Diskussionen auf bestimmten Gebieten der historisch orientierten Sozialwissenschaften erklärt, ist eine andere Frage.[29] Die ungewöhnlich große Rolle von marxistischen oder marxistisch ausgebildeten Historikern zum gegenwärtigen Zeitpunkt ist sicherlich zum großen Teil der Radikalisierung von Intellektuellen und Studenten im letzten Jahrzehnt, den Auswirkungen der Revolutionen in der dritten Welt, dem Aufbrechen marxistischer Orthodoxien, die einer originellen wissenschaftlichen Arbeit feindselig gegenüberstehen, und auch einem so ganz einfachen Faktor wie der Generationenfolge zuzuschreiben. Denn die Marxisten, die in den fünfziger Jahren soweit waren, viel beachtete Bücher zu veröffentlichen und auf Lehrstühle an Universitäten berufen zu werden, waren oft die radikalen Studenten der dreißiger und vierziger Jahre, die nunmehr den normalen Höhepunkt ihrer Laufbahn erreicht hatten. Wie auch immer, da wir nun den 150. Geburtstag von Marx und das hundertste Erscheinungsjahr des *Kapital* feiern, können wir nur – und, wenn wir Marxisten sind, mit Genugtuung – eine Koinzidenz feststellen, nämlich einen bedeutenden marxistischen Einfluß auf die Historiographie und eine bedeutende Anzahl von Historikern, die von Marx inspiriert sind oder in ihren Arbeiten die Auswirkungen einer Ausbildung in den marxistischen Schulen erkennen lassen.

Interpretationen vor allem zu Indien, über die Stärken und Schwächen nomadisierender Hirtengesellschaften, das indische Kastenwesen, Ost- und Südostasien sowie aus verständlichen Gründen etwas ausführlicher über das präkolumbische Amerika.

Ein Großteil von dem, was Wolf über die Umformung von Gesell- schaften unter dem Einfluß europäischer Händler und Eroberer sagt, wird für jeden neu sein, der die erstaunlichen Fortschritte der Ethno- historie in jüngster Zeit und die Geschichte Afrikas und des präkolum- bischen Amerika nicht verfolgt hat. Praktisch alles davon ist spannend zu lesen. Allein schon die historische Neuartigkeit scheinbar »primiti- ver« kultureller Konfigurationen wie die der Plains-Indianer (die im Lauf weniger Jahre von bislang unberittenen Wildbeutern und nomadi- sierenden Viehzüchtern übernommen wurden, die sich das aus Europa eingeführte Pferd und das Gewehr zunutze machten); die Auswirkung des europäischen Pelzhandels auf die Wirtschaft, Politik und Kultur der Huronen, Irokesen und Cree; und die unterschiedlichen Auswirkun- gen des russischen Pelzhandels in Asien und Amerika: Damit werden für die meisten von uns ganz neue Perspektiven eröffnet. Wolfs eigene Spezialkenntnisse über Lateinamerika kommen ihm natürlich gut zu- statten. Seine anthropologischen Kollegen werden zweifellos bald zu erkennen geben, ob sie seine »Historisierungen« des einen oder anderen der Völker übernehmen, die der Gegenstand einiger der berühmteren Monographien in der Literatur ihres Fachs waren.

Die Hauptstärke von Wolfs Buch – seine Konzentration auf Interak- tion, Vermischung und gegenseitige Veränderung – ist zugleich seine Hauptschwäche, da es dazu neigt, die Natur der Dynamik, welche die Welt von der Vorgeschichte bis ins späte 20. Jahrhundert befördert hat, für etwas Selbstverständliches zu halten. In diesem Buch geht es um Zusammenhänge statt um Ursachen. Oder anders ausgedrückt, der Autor hat die Probleme der Entstehung und Entwicklung des Kapita- lismus weniger grundlegend neu durchdacht als die der gegenseitigen Verknüpfungen, die für ihn wesentlich sind. Das ist zweifellos eine Aufgabe, bei der eher der Historiker als der Anthropologe gefordert ist. Seine Darstellung der kapitalistischen Entwicklung ist ein nützlicher Beitrag zu einer keineswegs nur unter Marxisten geführten Debatte, die unlängst wieder an Heftigkeit zugenommen hat, und sie ist haupt- sächlich wertvoll, weil sie deutlich auf Fragen verweist, die in der Re- gel nicht erkannt werden, wie etwa die, warum sich die Arbeitskräfte des Kapitalismus als »freie Arbeitskräfte« und nicht in einer anderen Form herausgebildet haben. Wolfs interessantester Beitrag zur Debatte liegt seinem Hauptinteresse besonders nahe. Es ist der »Prozeß, der neue Arbeiterklassen erzeugt und gleichzeitig immer schon in Segmente zerlegt« (S. 527), da die Arbeitskräfte »aus sehr verschiedenartigen gesellschaftlichen und kulturellen Zusammenhängen herausgelöst und in fluktuierende politische und ökonomische Hierarchien hineingestellt« werden. (S. 530) »Wir sind ... Zeugen einer Entwicklung, wie sich innerhalb einer immer stärker zu einer Einheit zusammenwachsenden Welt zugleich immer disparatere ethnische Gruppen einer proletarischen Diaspora ausbreiten.« (ibid.) Dieses Fazit eines sehr beeindruckenden Buchs bildet einen ebenso anregenden wie offenen Abschluß.

Die Völker ohne Geschichte bietet tiefgründige theoretische Einsichten, die durch eine Fülle lebendiger Beispiele aus der sozialen Wirklichkeit untermauert werden. Hinter der Analyse Wolfs, verfaßt in einem disziplinierten Stil und mit einer beachtlichen Fähigkeit für knappe und klare Darlegungen, liegt ein persönlicher und intellektueller Weg, der den Autor von Wien und den nordböhmischen Arbeitergemeinden, die durch die Große Depression zerstört wurden, in die Vereinigten Staaten und zu den Plantagenwirtschaften und Bauern der dritten Welt geführt hat. Wie alle guten Anthropologen ist er ein »teilnehmender Beobachter« – in diesem Fall der Weltgeschichte, die sein Thema darstellt. Dieses Buch konnte nur von einem »Sohn der wankenden Erde« geschrieben werden, wie der Titel eines der Werke Wolfs lautet. Es ist ein wichtiges Buch, das ein breites Echo finden wird. Noch sind keine hundert Jahre seit Marx' Tod vergangen, doch in all diesen Jahren dürfte wohl kaum ein originelleres Werk erschienen sein, das den lebendigen Einfluß dieses großen Denkers so beispielhaft zum Ausdruck bringt wie dieses.

13. Kapitel

Britische Geschichtswissenschaft und die *Annales*

Zur Rezeption der *Annales* in England möchte ich ein oder zwei Anmerkungen machen.

Die erste Anmerkung bezieht sich auf den Einfluß in England, sofern es einen gegeben hat, der meiner Meinung nach weniger von den *Annales* speziell ausging, sondern von der französischen *nouvelle vague* in der Geschichte, wenn der Ausdruck erlaubt ist. Die *Annales* sind ein Teil davon und dank der dreifachen Bedeutung Fernand Braudels zunehmend ein sehr wichtiger Teil. Zum ersten war er einflußreich als Autor eines großen Buchs, das – hier bin ich wohl mit Peter Burke nicht einer Meinung – von vielen von uns mit großer Erregung gelesen wurde, fast sofort nach seinem Erscheinen, und er war in einer Weise von Einfluß, die sich sehr schwer definieren läßt. Zum zweiten hat er uns von einer bestimmten Periode an als Direktor der *Annales* selbst geprägt. Und zum dritten und vielleicht am wichtigsten, er ist der Mann, der die VIe *Section* der Ecole Pratique, die heutige Schule für höhere Studien in den Sozialwissenschaften, im Verlauf einer Generation zum Hauptkraftwerk und Zentrum der französischen Sozialwissenschaften ausgebaut hat. Dabei integrierte er nach und nach den größten Teil dessen, was ich gerade als die *nouvelle vague* in der französischen Geschichte bezeichnet habe, und brachte sie in den Umkreis der *Annales* und dieser Gruppe.

Ich sage das nicht einfach, um – was ich nebenbei gern tun möchte – meine persönliche Wertschätzung für Fernand Braudel und meine Dankbarkeit für lange Jahre der Freundschaft mit ihm zum Ausdruck zu

1978 gründete Immanuel Wallerstein ein »Fernand Braudel Center« an der State University of New York in Binghamton und organisierte anläßlich eines persönlichen Besuchs von Braudel an der Universität ein Kolloquium über den Einfluß dieses großen Historikers und der Zeitschrift *Annales: Economies, Sociétés, Civilisations*, die deren Gründer Marc Bloch und Lucien Febvre ihm hinterlassen hatten. Meine Ausführungen über den Einfluß der französischen Historiographie in England wurden erstmals abgedruckt in *Review* 1 (1978/79), S. 157–162. Sie bilden eine Brücke zwischen den vorangegangenen und den folgenden Kapiteln.

bringen, sondern als Erklärung dafür, warum wir über den Einfluß der *Annales* sprechen, während wir es tatsächlich mit dem Einfluß eines umfassenderen Phänomens in der französischen Geschichtsschreibung zu tun haben. Wir haben beispielsweise gehört, daß in Polen Labrousse und Braudel und solche Leute in einem Atemzug genannt wurden. In den Augen der Polen gab es überhaupt keinen erkennbaren Unterschied zwischen ihnen. Dasselbe gilt im großen und ganzen auch für England. In mancher Hinsicht war es Labrousse ebenso wie Marc Bloch und mehr als Lucien Febvre; es war Georges Lefebvre ebenso wie Braudel. Sie alle wurden von uns als Teil einer französischen Schule angesehen, die wir bewunderten und die viele von uns in England für das Interessanteste in der Historiographie hielten. Aber natürlich konzentrierte sich diese Historiographie zunehmend in den *Annales*.

Das ist der eine Punkt. Es gibt noch einen zweiten. Meiner Meinung nach hat Peter Burke die Verspätung der Rezeption der *Annales* und der wichtigsten französischen Historiker in England etwas übertrieben. Ich glaube, einigen von uns, zumindest in Cambridge, hat man bereits in den dreißiger Jahren empfohlen, die *Annales* zu lesen. Und als dann Marc Bloch nach Cambridge kam und mit uns gesprochen hat – ich weiß noch wie heute, daß mir das als ein großer Augenblick erschien, und er war es ja auch –, wurde er uns als der größte lebende Mediävist vorgestellt, durchaus mit Recht, wie ich meine. Vielleicht hatte das vor allem etwas mit einem lokalen Phänomen zu tun, der Existenz von Michael Postan in Cambridge, der damals den Lehrstuhl für Wirtschaftsgeschichte innehatte, ein Mann von außergewöhnlichen kosmopolitischen Neigungen und umfassenden Kenntnissen. Aber es hing auch noch mit einem anderen Phänomen zusammen, das von einigen auf dieser Konferenz bereits angesprochen wurde, nämlich dem eigenartigen Zusammenfließen von Marxismus und der französischen Schule auf dem Umweg über die Wirtschaftsgeschichte. Es war der Boden der Wirtschafts- und Sozialgeschichte – natürlich das Banner an der Spitze der ursprünglichen *Annales* –, auf dem wir uns trafen. Die jungen Marxisten damals waren der Meinung, daß der einzige Teil der offiziellen Geschichte, der ihnen irgend etwas zu sagen hatte oder ihnen zumindest von Nutzen war, die Wirtschaftsgeschichte oder auch die Wirtschafts- und Sozialgeschichte war. Die Verbindung kam somit durch sie zustande.

Ich könnte noch hinzufügen, daß es dann wiederum die Wirtschafts- oder die Wirtschafts- und Sozialgeschichte war, durch die bis zur Generation von Peter Burke die *Annales*-Schule ihren Einfluß auf die

britische Geschichte ausgeübt hat und mit dieser eine Verbindung eingegangen ist. In mancher Hinsicht war die Organisation der Wirtschaftsgeschichte in der Welt durch die Organisation der Internationalen Kongresse zur Wirtschaftsgeschichte und der *International Economic
History Association* lange Zeit hindurch ein anglo-französisches Kondo-
minium, und die Franzosen wurden darin weitgehend von ebenjenen
Historikern repräsentiert, mit denen die englischen Wirtschaftshistoriker jeder Art die wenigsten Probleme einer Zusammenarbeit hatten,
nämlich Fernand Braudel und seinen Kollegen und Schülern.

Ich erwähne das nur nebenbei, möchte aber noch etwas anderes kurz
zur Sprache bringen, nämlich den merkwürdigen Umstand, den auch
frühere Redner angesprochen haben, daß auch eine Beziehung zwischen den *Annales* und Marxisten bestanden hat. Wie Peter Burke sagt,
sahen die Marxisten sich im allgemeinen im Kampf auf derselben Seite
wie die *Annales*, auch wenn es Zeiten gab wie im Frankreich der fünfziger Jahre, als die Nichtfranzosen unter uns von unseren Genossen in
den sektiererischen Flügeln der Kommunistischen Partei Frankreichs
kritisiert wurden, weil wir mit Reaktionären zusammenarbeiteten.
Merkwürdigerweise herrschte dieser Eindruck in England selbst jedoch nie vor. Das ist deshalb ungewöhnlich, weil in der historischen
Vergangenheit Marxisten eher dazu geneigt haben, sich von nichtmarxistischen Schulen fernzuhalten und hervorzuheben, wie sehr sie sich
von diesen unterschieden und warum die anderen unrecht hatten, als
nach Gemeinsamkeiten mit ihnen zu suchen oder zumindest parallel
mit ihnen zu arbeiten. Wie andererseits K. Pomian erwähnt und Peter
Burke ebenso bestätigt hat, wie Rodney Hilton und ich und andere bestätigen können, war das Verhältnis zwischen der marxistischen Linken
in verschiedenen Ländern und den *Annales* aus Gründen, die vielleicht
eine nähere Untersuchung lohnten, zu einem Großteil freundschaft-
licher und stärker von der Bereitschaft zu einer Kooperation geprägt.
Wahrscheinlich war das der Grund, warum wir bei der Gründung von
Past and Present in unserer ersten Nummer auf die *Annales* Bezug genommen haben; in anderer Hinsicht glaube ich nicht, daß die *Annales*
uns besonders beeinflußt haben. Wir haben versucht, unser Fach auf
eine andere Art zu betreiben, und trotzdem empfanden wir eine große
Hochachtung gegenüber diesem Vorläufer auf dem Gebiet einer – wie
man sagen könnte – »Oppositionsgeschichte« oder einer Geschichte
»gegen das Establishment«, und wir wollten diese Achtung auch zum
Ausdruck bringen. Natürlich standen sie zum Zeitpunkt der Gründung unserer Zeitschrift nicht mehr in Opposition zum Establishment;
sie hatten gewonnen. Doch das ist eine andere Geschichte.

Es gibt jedoch noch einen konkreteren Grund, warum die *Annales* und die mit ihnen verbundenen Wissenschaftler in England einen beträchtlichen Einfluß ausgeübt oder zumindest höchst anregend gewirkt haben, vielleicht mehr als Peter Burke zuzugeben bereit wäre. In den Jahren nach dem Krieg war Frankreich nach meinem Eindruck das einzige Land, in dem es einen konsequenten, systematischen Versuch gab, etwas zu erforschen, von dem wir heute wissen – Wallerstein wird mir darin als erster zustimmen –, daß es eine entscheidende Periode in der Entwicklung der modernen Welt war, nämlich die Wirtschaft des 16. und 17. Jahrhunderts. Natürlich ist Braudels großartiges Buch nicht nur ein Denkmal seines Forschungsinteresses; er hat dieses Thema außerdem gewissermaßen literarisiert. Aber er war nicht der einzige. Es gab eine Vielzahl weiterer Forscher in Frankreich, die sich ebenfalls damit beschäftigt haben – ich denke an Pierre Vilars berühmten damaligen Aufsatz »Le Temps de Quichotte«, der sich auf eine andere Weise mit dem ähnlichen Problem im 16. Jahrhundert beschäftigte, der Krise, dem Wechsel zum 17. Jahrhundert. Und es steht außer Zweifel, daß es die *Annales* waren, in denen und durch die diese Konzentration der französischen historischen, wenn man so will, geistigen, Energien, diese historische Phase ihren bedeutsamsten und konzentriertesten Ausdruck gefunden hat. Das hatte zweifellos mit den Interessen Febvres und Braudels für das 16. Jahrhundert zu tun.

Das war etwas verhältnismäßig Neues. In den ersten Heften der *Annales* in den dreißiger Jahren ging es noch nicht um ihr späteres zentrales Thema. Und der Grund, warum sie dazu gefunden haben, lohnte vielleicht ebenfalls eine Untersuchung. Ich weiß, warum es unter Marxisten aufgekommen ist. Es kam Anfang der fünfziger Jahre im Verlauf der Diskussionen um Maurice Dobbs *Studies in the Development of Capitalism* (dt.: *Entwicklung des Kapitalismus*) auf. Die berühmte Debatte zwischen Sweezy und Dobb drehte sich im wesentlichen um die Frage, wo wir uns zwischen dem 15. und 18. Jahrhundert eigentlich genau befanden, worin die Bedeutung dieser Epoche für die Entwicklung einer modernen Weltwirtschaft bestand. Und während wir uns mit diesem schwierigen Problem beschäftigten, fühlten sich viele von uns spontan zu Historikern in Frankreich hingezogen, die von einem anderen Standpunkt aus – und ich hoffe, Fernand Braudel wird mir verzeihen, wenn ich den Umstand hervorhebe, daß er kein Marxist ist – begannen, sich ebenfalls damit zu beschäftigen. Ich selbst sah mich für kurze Zeit zu einer Abschweifung von meinem eigenen Jahrhundert zur Krise des 17. Jahrhunderts verlockt, und bei einem Rückblick auf meine Artikel stelle ich fest, wie häufig ich mich damals auf die *An-*

nales, auf Beiträge in den *Annales,* auf Mitarbeiter der *Annales,* auf Braudel, auf Meuvret und andere dieser Kollegen bezogen habe. Wo sonst hätte man damals die einschlägigen Stellen finden können? Und als wir das Thema damals diskutierten, sagte Hugh Trevor-Roper – ich habe noch seine Stimme im Ohr –, das ist überhaupt nichts Neues, die Franzosen sitzen schon eine ganze Zeit an dieser Sache.

Damit hatte er durchaus recht. Die Franzosen saßen schon die ganze Zeit daran, und die Bemerkung von Trevor-Roper zeigte, daß das Interesse an diesem Problem sich nicht einfach auf eine Schule britischer Historiker beschränkte, sondern mehrere betraf. Warum? Auch hier kommt es mir im Rückblick so vor, als könnten wir zwar feststellen, daß das 16. und 17. Jahrhundert tatsächlich eine wichtige Periode in der Entwicklung der modernen Welt waren, aber warum wir uns damals gerade auf diesen Zeitraum konzentriert haben, ist mir auch heute noch nicht ganz klar. Natürlich haben wir in den ersten Jahren von *Past and Present* festgestellt, daß von den Aufsätzen, die auf unseren Schreibtischen landeten, die meisten das 16. und 17. Jahrhundert zum Gegenstand hatten. Es war damals sozusagen ein heißes Thema. Und ich glaube, es war die Beschäftigung mit diesem Problem, das in der undurchsichtigen Weise, in der geistes- und naturwissenschaftliche Disziplinen ihren Weg nehmen, ins Zentrum des Interesses zumindest von Historikern mit langfristigen wirtschafts- und sozialgeschichtlichen Intentionen gerückt ist, eine gewisse Verbindung zwischen Marxisten und den *Annales* zustande gekommen ist.

Soviel zu Ausflügen in die historische Vergangenheit und zu Erinnerungen an die Aufnahme der *Annales* in England. Lassen Sie mich jetzt einige Worte darüber sagen, was diese Zeitschrift heute tut, genauer gesagt, was sie heute eigentlich tun müßte. Es ist nicht an uns, den *Annales* zu sagen, was sie tun sollten. Auch zur gegenwärtigen Krise in den *Annales* möchte ich mich nicht näher äußern. Ich glaube, es ist nicht übertrieben, sie so zu bezeichnen. Revel hat sie in einer Form angesprochen. Peter Burke hat darauf angespielt, als er sagte, die *Annales* sprächen nicht eine, sondern viele Sprachen, zwischen denen nicht immer eine vollkommene Verständigung möglich sei. Jedenfalls habe ich den Eindruck, daß diese große Zeitschrift gegenwärtig eine Art Midlife-crisis durchmacht, doch welcher Art diese Krise ist, kann man vielleicht bei einer anderen Gelegenheit erörtern.

Ich möchte statt dessen etwas im Zusammenhang mit Peter Burkes sehr interessanten und, wie ich meine, nützlichen Bemerkungen über das Problem der Mentalitätsgeschichte sagen. Es spielt eigentlich keine Rolle, wie man diese Teildisziplin nennen will. Wir nennen sie Mentalitätsgeschichte, um noch einmal unsere Schuld gegenüber den Franzosen kenntlich zu machen, die sich systematisch damit beschäftigt haben, auch wenn ich nicht der Meinung bin, daß die französischen Historiker auf diesem Gebiet mehr getan hätten als andere. Trotz des unschätzbaren Werts der Beiträge von Historikern, die den *Annales* verbunden sind, glaube ich aber nicht, daß die Mentalitätshistoriker in England den *Annales* unmittelbar viel zu verdanken haben, ausgenommen für die Zeit des Mittelalters, wo Bloch für mich grundlegend ist. Ich würde zum Beispiel sagen, daß selbst einige Historiker in Frankreich, die zumindest in jüngerer Zeit auf diesem Gebiet besonders erfolgreich waren, nicht der Gruppe der *Annales* angehören, auch wenn es da gewisse Annäherungen gegeben hat. Michel Vovelle ist ein Mann, der heute zweifellos »integriert« ist, dessen Anfänge jedoch von den *Annales* weit entfernt lagen. Dasselbe gilt für Agulhon, dessen Name ebenfalls in diesem Zusammenhang genannt werden sollte. Daran ist nichts auszusetzen. Ich glaube, eine der größten Stärken der Schule der *Annales* liegt genau darin, daß sie groß genug war, um jeden aufzunehmen, der solche originären Beiträge leistete. In England hat jedenfalls Georges Lefebvres *La Grande Peur* in unverhältnismäßig hohem Maße die Aufmerksamkeit derjenigen von uns auf sich gezogen, deren Interesse der »Geschichte von unten« und dem Problem der Mentalitäten galt.

Doch neben diesen Einflüssen von außen hat es auch wichtige lokale oder, wenn Sie so wollen, internationale Einflüsse gegeben. Es gab Marx und den Marxismus, einschließlich Antonio Gramsci. Dieser hat erstens die absolut wesentliche Beziehung zwischen der Welt der Ideen und Meinungen und der ökonomischen Basis hervorgehoben, wenn man will die Art und Weise, wie Menschen in der Produktion ihren Lebensunterhalt sichern. Zum zweiten bedeutet schließlich das Marxsche Modell von Basis und Überbau, was immer man davon halten mag, neben einer Basis auch die Berücksichtigung des Überbaus, das heißt der Rolle von Ideen. Es wird vielfach nicht gesehen, daß es in der Diskussion über die Revolution im England des 17. Jahrhunderts Marxisten wie Christopher Hill waren, die gegenüber den rein ökonomistischen Ansätzen auf der Bedeutung des Puritanismus bestanden haben als etwas, woran die Menschen damals geglaubt haben, das mehr war als einfach nur ein Schaum auf der Oberfläche der Klassenstrukturen oder ökonomischer Bewegungen.

Und es waren Marxisten, die auf dem von Peter Burke angesprochenen Punkt beharrt haben, nämlich der entscheidenden Bedeutung der Klassenverhältnisse, der Macht, des Interessenunterschieds zwischen

Herrschenden und Beherrschten und auch auf den zwischen ihnen bestehenden Beziehungen im Reich der Ideen und Vorstellungen. Neben diesem marxistischen Element gibt es noch den zweifachen Einfluß, auf den Peter Burke angespielt hat. Erstens haben wir eine ureigene Tradition der Untersuchung von Kultur in gewissermaßen anthropologischem Sinne, vertreten etwa durch Forscher wie Raymond Williams oder auch Edward Thompson in ihren Veröffentlichungen über die Kultur des 19. Jahrhunderts in der Ober- und Mittelschicht. Sie haben ihre Ergebnisse zu einer Mentalitätsgeschichte verallgemeinert. Doch etwas spezieller ist auch die Bedeutung der Ethnosoziologie zu erwähnen, wie Peter Burke sie betrieben hat. In England war die Ethnosoziologie in den Sozialwissenschaften die maßgebliche Disziplin, zumindest die einzige, die bei manchen Historikern, mich selbst eingeschlossen, ein nie erlahmendes Interesse gefunden hat und von der wir immer wieder profitiert haben. Ich meine nicht nur Evans-Pritchard, sondern auch alle anderen. Max Gluckman und seine Gruppe, Ethnosoziologen der unterschiedlichsten Richtungen, die uns belehrt oder inspiriert haben, auch wenn ich glaube, daß die wenigsten Historiker die ethnosoziologischen Modelle in Bausch und Bogen übernommen haben. Wir haben sie sogar häufig kritisiert und tun das immer noch, weil ihnen der Sinn für die historische Evolution fehlt. Trotzdem war die Vorstellung von einer Gesellschaft und ihren Interaktionen, auch auf der Ebene der Mentalitäten, für uns äußerst anregend.

Und das führt mich zu meinem letzten Punkt. Vielleicht liegt es an diesem, sagen wir einmal Faible für die Ethnosoziologie (im britischen Verständnis), daß meiner Meinung nach die Mentalitätsstudien künftig anderer Art sein werden, als sie zumindest von einigen unserer französischen Kollegen betrieben worden sind. Es ist nicht einfach die Untersuchung der Andersartigkeit der Mentalität, von der Peter Burke gesprochen hat. Sie müssen nicht an den Lévy-Bruhlschen Dualismus glauben, um überzeugt zu sein, daß die Menschen im 16. Jahrhundert offensichtlich ganz anders gedacht haben müssen. Diese Entdeckung des Andersseins ist wichtig. Es ist zum Beispiel wichtig, zu sehen, wie andersartig das Zeitgefühl in der vorindustriellen Welt war, wie Edward Thompson und andere zu zeigen versucht haben, oder wie anders das Gefühl historischer Abläufe war, wofür Moses Finley in seiner Analyse der Klassiker den Nachweis liefern wollte. Das ist sehr wichtig, und solange wir das nicht entdeckt haben, können wir mit der Vergangenheit eigentlich nicht viel anfangen.

Für weit weniger hilfreich halte ich allerdings die Suche nach Tiefenstrukturen und vor allem die Suche nach dem Bewußten, bzw. Unbewußten in der Geschichte. Es kann sein, daß ich völlig danebenliege, aber ich kann mir einfach nicht vorstellen, daß Historiker viel von Freud lernen können, der ein miserabler Historiker war, sobald er sich daranmachte, etwas über Geschichte zu Papier zu bringen. Ich habe keine Meinung zu Freuds Psychologie, aber ich betrachte die verspätete Entdeckung Freuds in Frankreich um rund vierzig Jahre gegenüber der übrigen Welt keineswegs als einen reinen Vorteil. Ich halte es sogar für einen Nachteil, da es die Aufmerksamkeit zu den unbewußten oder Tiefenstrukturen hinlenkt und vielleicht nicht gerade vom Bewußten, aber doch auf jeden Fall vom logischen Zusammenhang ablenkt. Es vernachlässigt den Systemgedanken. Für mich scheint das Problem der Mentalitäten nicht einfach in der Entdeckung zu liegen, daß Menschen anders und auf welche Art sie anders sind und daß man den Lesern ein *Gefühl* davon vermitteln muß, wie es Richard Cobb so gut gelungen ist. Sie liegt darin, eine logische Verknüpfung zwischen verschiedenen Formen des Verhaltens, Denkens und Meinens zu finden und sie als wechselseitig stimmig zu sehen. Sie besteht, wenn man so will, darin, zu untersuchen, warum es für Menschen beispielsweise sinnvoll ist, der Vorstellung anzuhängen, berühmte Räuber seien unsichtbar und unbesiegbar, obwohl sie das offensichtlich nicht sind. Wir dürfen derlei nicht einfach als eine emotionale Reaktion verstehen, sondern als Teil eines zusammenhängenden Systems von Vorstellungen über die Gesellschaft, über die Rolle derjenigen, die solche Überzeugungen hegen, sowie derer, denen diese Überzeugungen gelten. Nehmen wir beispielsweise die Frage der Bauern. Warum fordern Bauern nur Land, auf das sie einen bestimmten rechtlichen oder moralischen Anspruch zu haben glauben? Welcher Art sind diese Ansprüche? Warum hören sie nicht auf Menschen, die sie dazu aufrufen, Boden aus anderen Gründen für sich zu fordern, Gründen, wie sie beispielsweise von modernen politischen Radikalen vorgetragen werden? Wie kommt es, daß sie anscheinend gleichzeitig mehrere Argumente für ihre Forderungen vorbringen, die in unseren Augen einander widersprechen? Es hat nichts damit zu tun, daß sie dumm wären. Es liegt auch nicht daran, daß sie es nicht besser wissen. Es muß irgendeine Logik dahinterstecken.

Meiner Meinung nach stehen für die Mentalitätsgeschichte künftig weniger neue Entdeckungen als vielmehr Analysen auf dem Programm. Was ich gern tun würde, ist nicht einfach, wie Edward Thompson es tut, den Strumpfwirker und den Bauern, sondern auch den Adligen und den König früherer Zeit vor der Herablassung heutiger Historiker in Schutz zu nehmen, die glauben, sie wüßten es besser, die glauben, sie wüßten, was eine logische und theoretische Darlegung ist. Was ich gern täte und was wir meiner Meinung nach alle tun müßten, besteht darin, Mentalität nicht als ein Problem der historischen Einfühlung oder Archäologie oder meinetwegen auch der Sozialpsychologie zu sehen. Es müßte um die Entdeckung des inneren logischen Zusammenhangs von Denk- und Verhaltenssystemen gehen, die zu der Art und Weise passen, wie Menschen in der Gesellschaft in ihrer besonderen Klasse und ihrer besonderen Lage des Klassenkampfs – gegen die da oben oder auch die da unten – leben. Ich würde gern den Menschen der Vergangenheit und vor allem den Armen der Vergangenheit die Gabe der Theorie zurückgeben. Ähnlich wie der Held bei Molière haben sie die ganze Zeit über vernünftig geredet. Während der Held Molières es jedoch nicht wußte, haben sie es meiner Meinung nach immer gewußt, nur wir nicht. Und ich denke, das sollten wir eigentlich.

14. Kapitel

Die Wiederbelebung der narrativen Geschichte

Lawrence Stone ist der Meinung, es gebe eine Wiederbelebung der »narrativen Geschichte«, weil es eine rückläufige Bewegung in der Geschichtsforschung gibt, die sich den »den großen Warums« widmet, die generalisierende »wissenschaftliche Geschichte«. Dieser Rückgang sei wiederum auf eine Ernüchterung über die weitgehend ökonomistischen Modelle einer historischen Erklärung marxistischer oder sonstiger Observanz zurückzuführen, die in den Nachkriegsjahren die Szene beherrschten; ferner auf das schwindende ideologische Engagement westeuropäischer Intellektueller, auf die gegenwärtige Erfahrung, die uns daran erinnert habe, daß politische Handlungen und Entscheidungen die Geschichte formen könnten, und schließlich auf die »quantitative Geschichte« (eine weitere Anwärterin auf einen »wissenschaftlichen« Rang), der es nicht gelungen sei, die an sie geknüpften Erwartungen zu erfüllen.[1] Dieses Argument wirft zwei Fragen auf, die ich radikal vereinfacht habe: Was ist in der Historiographie geschehen, und wie lassen sich diese Entwicklungen erklären? Da allgemein Einigkeit darüber besteht, daß in der Geschichte die »Tatsachen« vom Historiker, der sie feststellt, stets ausgewählt, in eine Form gebracht und möglicherweise entstellt werden, enthält die Behandlung beider Fragen durch Stone ebenso wie meine Anmerkungen dazu ein Element der Parteinahme, um nicht zu sagen der intellektuellen Biographie.

Ich glaube, wir dürfen davon ausgehen, daß es in den zwanzig Jahren nach dem Zweiten Weltkrieg in politik- und religionsgeschichtlichen Untersuchungen einen deutlichen Rückgang im Gebrauch von »Ideen« als Erklärung für geschichtliche Abläufe gegeben hat und zugleich eine

Dieser Aufsatz war ein kritischer Beitrag zu einer Debatte, die wie so viele andere in der Geschichtswissenschaft von Lawrence Stone angestoßen wurde, meinem langjährigen Kollegen in der Redaktion der Zeitschrift *Past and Present*, über die Neubelebung der narrativen Geschichtsschreibung. Veröffentlicht wurde er im Februarheft 1980 derselben Zeitschrift, S. 2–8.

erstaunliche Hinwendung zur Wirtschafts- und Sozialgeschichte und zu historischen Erklärungen durch »soziale Kräfte«, wie Momigliano bereits 1954 festgestellt hat.[2] Ob wir sie als »ökonomistisch« bezeichnen oder nicht, diese Strömungen der Historiographie gewannen in den Hauptzentren westlicher Geschichtsschreibung einen zum Teil dominierenden Einfluß, ebenso in den östlichen Zentren, dort allerdings aus anderen Gründen. Wir können außerdem in den letzten Jahren eine beträchliche Themenvielfalt und eine deutliche Wiederbelebung des Interesses an Gegenständen feststellen, die eher am Rand der Hauptarbeitsgebiete der historischen Außenseiter lagen, die in diesen Jahren zu Insidern der Zunft wurden, auch wenn diese Themen niemals völlig vernachlässigt wurden. Immerhin schrieb Braudel über Philipp II. und den Mittelmeerraum, und Le Roy Laduries Monographie über *Le Carnaval de Romans* im Jahr 1580 wird von einer wesentlich kürzeren, aber scharfsinnigeren Darstellung derselben Episode in seinem Buch *Les Paysans du Languedoc* vorweggenommen.[3] Während marxistische Historiker in den siebziger Jahren ganze Bücher über die Rolle radikalnationaler Mythen wie die walisische Madoc-Legende veröffentlichten, schrieb zumindest Christopher Hill schon zu Beginn der fünfziger Jahre einen zukunftsweisenden Aufsatz über den Mythos des normannischen Jochs.[4] Trotzdem hat vermutlich ein Wandel stattgefunden.

Ob das auf eine Wiederbelebung der »narrativen Geschichte« hinausläuft, wie Stone sie definiert hat (im wesentlichen eine chronologische Anordnung des Materials in »einer einzigen, zusammenhängenden Geschichte, wenngleich mit Nebenhandlungen« und eine Konzentration »auf den Menschen und nicht auf die Umstände«), ist schwer zu entscheiden, da Stone bewußt einen quantitativen Überblick vermeidet und sich auf »ein ganz kleines, aber unverhältnismäßig prominentes Segment der historischen Zunft insgesamt« beschränkt.[5] Nichtsdestoweniger spricht einiges dafür, daß die alte historische Avantgarde die »Ereignisgeschichte« oder gar die biographische Geschichte alter Schule nicht mehr ablehnt, verachtet und bekämpft, wie einige ihrer Anhänger es einmal getan haben. Fernand Braudel selbst hat einer bemerkenswert traditionellen Übung in allgemeinverständlicher narrativer Geschichte uneingeschränktes Lob gespendet, dem Versuch Claude Mancerons, die Ursprünge der Französischen Revolution durch eine Abfolge sich überschneidender Biographien bedeutender und unbedeutender Zeitgenossen darzustellen.[6] Andererseits ist die Minderheit jener Historiker, deren angeblich gewandelte Interessen Stone kommentiert, tatsächlich nicht dazu übergegangen, eine narrative Geschichtsschreibung zu betreiben. Wenn wir einmal von bewußten konservativen oder neokonservativen Historiographen absehen, etwa den britischen »altertümlichen Empiristen«, so finden sich unter den von Stone angeführten Veröffentlichungen nur wenige rein erzählende Darstellungen. Für fast alle von ihnen sind das Ereignis, das Individuum, selbst das Einfangen einer Stimmung oder einer Denkweise im Rückblick nicht Selbstzweck, sondern Mittel zur Erhellung einer umfassenderen Frage, die weit über die jeweilige Handlung und ihre Personen hinausgeht.

Kurzum, die Historiker, die nach wie vor von der Möglichkeit überzeugt sind, allgemeine Aussagen über menschliche Gesellschaften und ihre Entwicklung zu machen, sind auch immer noch an den »großen Warums« interessiert, auch wenn sie sich heute manchmal mit anderen Fragen beschäftigen als vor zwanzig oder dreißig Jahren. Es gibt wirklich keine Hinweise darauf, daß solche Historiker – auf die Stone sich in erster Linie bezieht – den Versuch aufgegeben hätten, »eine einheitliche … Erklärung des Wandels in der Vergangenheit« zu entwickeln.[7] Ob sie (oder wir) ihren Versuch zudem als »wissenschaftlich« ansehen, wird zweifellos von unserer Definition von »Wissenschaft« abhängen, aber auf diese Frage brauchen wir hier nicht einzugehen. Außerdem bin ich keineswegs überzeugt, daß die besagten Historiker selber der Meinung sind, sie seien »auf die Unschärferelation zurückgeworfen«[8], sowenig wie Marx der Meinung war, seine Schriften über Louis Napoléon seien mit seiner materialistischen Geschichtsauffassung unvereinbar.

Natürlich gibt es Historiker, die solche Versuche aufgegeben haben, und natürlich gibt es einige, die sie bekämpfen, möglicherweise mit einem Eifer, der durch ihre ideologischen Überzeugungen noch gesteigert wird. (Ob der Marxismus intellektuell im Niedergang begriffen ist oder nicht, jedenfalls gibt es kaum Anzeichen für ein Nachlassen der ideologischen Debatte zwischen westlichen Historikern, auch wenn die Teilnehmer und die umstrittenen Themen vielleicht nicht mehr dieselben sind wie vor zwanzig Jahren.) Wahrscheinlich hat die neokonservative Geschichtsschreibung an Boden gewonnen, jedenfalls in England, sowohl in Gestalt der »jungen altertümlichen Empiristen«, die »ausführliche politische Darstellungen verfassen, aus denen indirekt hervorgeht, daß sie der Geschichte jede tiefere Bedeutung absprechen außer den zufälligen Launen des Schicksals und einzelner Persönlichkeiten«[9], als auch in Form von Arbeiten wie Theodore Zeldins (und Richard Cobbs) bemerkenswerten Vorstößen in jene Schichten der Vergangenheit, für die »so gut wie jeder Aspekt der traditionellen Geschichte«, auch das Beantworten von Fragen, belanglos ist.[10] Dasselbe gilt vermutlich auch für das, was man als antiintellektuelle linkslastige

Geschichtsforschung bezeichnen könnte. Doch das ist es nicht, was Stone in erster Linie beschäftigt.

Wie haben wir uns also die Veränderungen der historischen Themen und Interessen zu erklären, soweit sie tatsächlich festzustellen waren und sind?

Ein Element in ihnen bringt wohl die erstaunliche Ausweitung der historischen Disziplin in den letzten zwanzig Jahren zum Ausdruck, wie sie typisch am Aufstieg der »Sozialgeschichte« abzulesen ist, jenem unförmigen Sammelbehälter für alles und jedes, von den Veränderungen im menschlichen Körperbau bis zu Symbolen und Ritualen und insbesondere für das Leben *aller* Menschen, vom Kaiser bis zum Bettelmann. Wie Braudel festgestellt hat, ist diese »obskure Allerweltsgeschichte« *(histoire obscure de tout le monde)* »die Geschichte, auf die gegenwärtig alle Historiographie zustrebt«.[11] Hier ist nicht der Ort, um über die Gründe für diese enorme Ausdehnung des Gegenstandsbereichs unseres Fachs zu spekulieren, die nicht unbedingt dem Versuch im Wege stehen muß, eine in sich schlüssige Erklärung der Vergangenheit zu liefern. Sie erhöht allerdings die technische Schwierigkeit beim Schreiben von Geschichte. Wie lassen sich diese Komplexitäten darstellen? Es ist kein Zufall, daß Historiker mit unterschiedlichen Formen einer solchen Darstellung experimentieren, einschließlich vor allem solcher, die sich der uralten Techniken der Literatur bedienen (die ihre eigenen Versuche angestellt hat, *la comédie humaine* in eine Form zu bringen), und natürlich der modernen audiovisuellen Medien, von denen wir alle bis auf die Ältesten unter uns durchdrungen sind. Was Stone als »pointillistische« Techniken bezeichnet, sind zumindest zum Teil Versuche, solche technischen Probleme der Darstellung zu lösen.

Derartige Experimente sind besonders für den Teil der Geschichte vonnöten, der sich nicht unter die »Analyse« (oder ihre Ablehnung) subsumieren läßt und den Stone weitgehend außer acht läßt, nämlich die Synthese. Das Problem, die verschiedenen Bekundungen menschlichen Denkens und Handelns in einer bestimmten Periode zu einem Ganzen zusammenzufügen, ist weder neu noch unerkannt. Keine Geschichte Englands unter Jakob I. ist hinreichend, die Bacon ausläßt oder in ihm ausschließlich den Juristen, Politiker oder eine Persönlichkeit der Wissenschafts- oder Literaturgeschichte sieht. Das wird auch von den konventionellsten Historikern eingeräumt, selbst wenn ihre Lösungen (ein oder zwei Kapitel über Wissenschaft, Literatur, Bildung oder alles mögliche, die an den Hauptteil einer Politik- und Institutionengeschichte angehängt sind) unbefriedigend bleiben. Doch je weiter der Bereich menschlicher Tätigkeiten, der als legitimer Gegenstand des

Historikers akzeptiert wird, desto klarer erkennbar die Notwendigkeit, systematische Zusammenhänge zwischen ihnen herzustellen, desto größer die Schwierigkeit, eine Synthese zu erreichen. Das geht natürlich über ein technisches Problem der Darstellung – das es auch ist – weit hinaus. Selbst diejenigen, deren Analyse nach wie vor etwas Ähnlichem wie dem »Dreistufenmodell« von Basis und Überbauten verpflichtet ist, das von Stone abgelehnt wird[12], finden darin vielleicht keine geeignete Anleitung für die Darstellung, wenn es auch vermutlich weniger ungeeignet ist als das Prinzip eines streng chronologischen Berichts.

Neben den Problemen der Darstellung und der Synthese lassen sich noch zwei weitere wesentliche Gründe für einen Wandel anführen. Der erste ist der besondere Erfolg der »neuen Historiker« in den Nachkriegsjahrzehnten. Erreicht wurde dieser durch eine bewußte methodologische Vereinfachung, die Konzentration auf das, was als die sozioökonomische Basis und die Determinanten der Geschichte angesehen wurde, auf Kosten der traditionellen narrativen Historiographie und manchmal, wie in dem französischen Kampf gegen die »Ereignisgeschichte«, in direkter Frontstellung gegen diese. Zwar gab es einige extreme Ökonomisten und andere, die Menschen und Ereignisse lediglich als nebensächliche Kräuselungen auf der *longue durée* von *structure* und *conjoncture* ansahen, doch solche extremen Ansichten wurden nicht allgemein geteilt, weder von den Historikern der Schule der *Annales* noch von den Marxisten, die – vor allem in England – weder jemals das Interesse an Ereignissen oder der Kultur verloren noch den »Überbau« als etwas betrachteten, was grundsätzlich und ausschließlich von der »Basis« abhängig war. Doch allein schon der Triumph der Arbeiten beispielsweise von Braudel, Goubert und Le Roy Ladurie, die von Stone hervorgehoben werden, verschaffte nicht nur den »neuen Historikern« die Möglichkeit, sich jenen Aspekten der Geschichte zuzuwenden, die bislang bewußt vernachlässigt wurden, sondern sorgte auch dafür, daß diese Themen auf dem Programm der »neuen Historiker« die vorderen Plätze einnahmen. Wie der renommierte *Annalist* Jacques Le Goff vor einigen Jahren bemerkte, »sollte die Politikgeschichte gestärkt zurückkehren, indem sie sich der Methoden, des Geistes und des theoretischen Instrumentariums gerade jener Sozialwissenschaften bediente, von denen sie in den Hintergrund gedrängt worden war«.[13] Die neue Geschichte von Menschen und Mentalitäten, Ideen und Ereignissen kann die Analyse sozioökonomischer Strukturen und Tendenzen durchaus sinnvoll ergänzen; es wäre jedoch falsch, in ihr einen Ersatz für die letztere zu sehen.

Doch wenn Historiker sich einmal diesen Themen auf ihrem Programm zugewandt haben, ziehen sie es vielleicht vor, sich ihrer »einheitlichen Erklärung des Wandels in der Vergangenheit« gleichsam als Ökologen und nicht als Geologen zu nähern. Vielleicht ziehen sie es vor, mit der Untersuchung einer »Lage« zu beginnen, welche die geschichtete Struktur einer Gesellschaft in sich schließt und beispielhaft verkörpert, das Denken jedoch auf die Komplexitäten und Verflechtungen der wirklichen Geschichte richtet, statt als erstes die Struktur selbst zu untersuchen, vor allem dann, wenn sie sich zu diesem Zweck zum Teil auf frühere Arbeiten stützen können. Diese Tatsache liegt nach Stone der Bewunderung mancher Historiker zugrunde, die sie für Arbeiten wie Clifford Geertz' »Anmerkungen zum balinesischen Hahnenkampf« hegen.[14] Es bedeutet keinen Zwang, sich zwischen Monokausalität und Multikausalität zu entscheiden, und sicherlich keinen Konflikt zwischen einem Modell, in dem manche historischen Determinanten als maßgeblicher angesehen werden als andere, und der Anerkennung vertikaler und horizontaler Verflechtungen. Eine »Lage« kann ein zweckmäßiger Ausgangspunkt sein, wie in Carlo Ginzburgs Untersuchung einer in der Bevölkerung verankerten Vorstellung am Beispiel eines einzelnen Dorfatheisten im 16. Jahrhundert oder einer einzelnen Gruppe friaulischer Bauern, die man der Hexerei angeklagt hatte.[15] Diesen Themen könnte man sich auch auf andere Weise nähern. Sie kann aber auch ein notwendiger Ausgangspunkt sein wie zum Beispiel in Agulhons schöner Untersuchung darüber, wie zu einer bestimmten Zeit und an einem bestimmten Ort französische Dorfbewohner aus traditionellen Katholiken zu militanten Republikanern wurden.[16] Jedenfalls werden Historiker für bestimmte Zwecke diese Form der Annäherung wählen.

Demnach besteht kein notwendiger Widerspruch zwischen Le Roy Laduries *Les Paysans du Languedoc* und seinem *Montaillou*, sowenig wie zwischen Dubys allgemeinen Studien über die Feudalgesellschaft und seiner Monographie über die Schlacht bei Bouvines oder zwischen E. P. Thompsons *The Making of the English Working Class* (dt.: *Die Entstehung der englischen Arbeiterklasse*) und seinem Buch *Whigs and Hunters*.[17] Es ist keineswegs neu, sich dafür zu entscheiden, die Welt durch ein Mikroskop statt durch ein Fernrohr zu betrachten. Solange wir uns einig sind, daß wir denselben Kosmos untersuchen, ist die Entscheidung zwischen Mikro- und Makrokosmos eine Frage der Wahl der geeigneten Technik. Es ist bezeichnend, daß gegenwärtig die Mehrheit der Historiker das Mikroskop für nützlich hält, doch das heißt nicht unbedingt, daß sie Fernrohre als überholt ablehnen. Selbst die Mentalitätshistoriker, jener unbestimmte Sammelbegriff, den Stone, möglicherweise gut beraten, nicht zu klären versucht, vermeiden nicht allesamt oder überwiegend die makroskopische Perspektive. Das ist zumindest eine Lektion, die sie von den Anthropologen gelernt haben.

Erklären diese Beobachtungen die von Stone konstatierte »breite Häufung von Veränderungen im Charakter des historischen Diskurses«?[18] Nicht unbedingt. Sie zeigen jedoch, daß es möglich ist, einen Großteil von dem zu erklären, was sich für ihn als die Fortsetzung früherer historischer Unternehmungen mit anderen Mitteln und nicht als Beweis für deren Scheitern darstellt. Man kann schlecht bestreiten, daß manche Historiker sie als gescheitert oder als nicht wünschenswert ansehen und infolgedessen deren Diskurs ändern möchten, und zwar zum Teil aus fragwürdigen, zum Teil aber auch aus Gründen, die man ernst nehmen muß. Zweifellos legen heute manche Historiker den Schwerpunkt nicht mehr auf die »Umstände«, sondern auf »Menschen« (Männer wie Frauen), oder sie haben entdeckt, daß ein einfaches Modell aus Basis und Überbau und die Wirtschaftsgeschichte nicht ausreichen oder – da der Ertrag solcher Ansätze sehr beträchtlich war – nicht mehr ausreichen. Einige sind vielleicht selber zu der Erkenntnis gelangt, daß ihre »wissenschaftlichen« sich mit ihren »literarischen« Aufgaben nicht mehr vereinbaren lassen. Aber es ist nicht erforderlich, die augenblicklichen Moden in der Geschichte einzig als eine Ablehnung der Vergangenheit zu analysieren, und soweit sie sich nicht ausschließlich unter diesem Aspekt analysieren lassen, wird das nicht ausreichen.

Wir alle wüßten gern etwas darüber, in welche Richtung die Historiker sich bewegen. Stones Essay ist als ein Versuch, etwas darüber zu erfahren, zu begrüßen. Dennoch bleibt er unbefriedigend. Obwohl er das abstreitet, verbindet der Essay die Darstellung von »beobachteten Veränderungen in der historischen Mode« mit »Werturteilen darüber, was gute und was weniger gute Formen der historischen Darstellung sind«, vor allem über das letztere.[19] Ich finde das schade, nicht weil ich nun einmal über die »Unschärferelation« und historische Verallgemeinerungen anderer Meinung bin als er, sondern weil, wenn das Argument falsch ist, eine Diagnose der »Veränderungen im historischen Diskurs« in den Begriffen dieses Arguments ebenso unzulänglich sein muß. Man könnte fast wie der legendäre Ire, den ein Reisender nach dem Weg nach Ballynahinch fragte, eine Weile sinnend innehalten und ihm dann antworten: »Ich an Ihrer Stelle würde überhaupt nicht von hier aus losgehen.«

15. Kapitel

Postmoderne im Regenwald

Bald nachdem die ersten Spanier sich in der eroberten Neuen Welt als Siedler niedergelassen hatten, kam bei ihnen das Wort *cimarrón* auf, dessen Etymologie umstritten ist und mit dem sie eingeführte europäische Haustiere bezeichneten, die ihren Eigentümern entlaufen und in die natürliche Freiheit zurückgekehrt waren. Aus naheliegenden Gründen wurde der Begriff in Sklavenhaltergesellschaften auch für entflohene Sklaven gebraucht, die außerhalb der Welt ihrer Herren in Freiheit lebten. In den Sprachen anderer Herren wurden daraus *marrons* oder *maroons*, im Deutschen Maron- oder »Buschneger«. Daß das Wort von karibischen Piraten auch für Matrosen gebraucht wurde, die von der Besatzung ihres Schiffs an der Küste einer Insel ausgesetzt und dort zu einem Leben in der freien Natur gezwungen wurden, läßt vermuten, daß diese Freiheit nicht als Zuckerschlecken angesehen wurde.

Das Leben der Maronneger, ob als (meist für kurze Zeit) vereinzelte Flüchtlinge *(petit marronnage)* oder in größeren Gemeinschaften entflohener Sklaven *(grand marronnage)*, war eine zwangsläufige Begleiterscheinung von auf Sklavenarbeit beruhenden Plantagenwirtschaften. Man kann zwar nicht behaupten, daß die Geschichte der »Buschneger« vernachlässigt worden wäre – zumindest nicht in Brasilien und Jamaika –, aber erst in den letzten zwanzig Jahren hat es auf diesem Gebiet enorme Fortschritte gegeben. Die *New Social History* der sechziger und siebziger Jahre konnte ein Thema kaum übersehen, das so offensichtlich den methodischen und politischen Interessen so vieler ihrer Vertreter entgegenkam: Es verband gesellschaftlichen Protest mit der Untersuchung der anonymen kleinen Leute, der Befreiung der Schwarzen und dem Antiimperialismus oder doch wenigstens den Problemen der Dritten Welt und schien ideal dafür geeignet,

In diesem Kapitel habe ich anhand der faszinierenden und wichtigen Forschungsarbeit *Alabi's World* von Richard Price über die Saramakas im südamerikanischen Surinam versucht, den Nutzen einiger »postmoderner« Ansätze, die heute in Mode sind, für den Historiker zu erschließen. Diese Buchrezension erschien unter dem Titel »Escaped Slaves of the Forest« in der *New York Review of Books* vom 6. Dezember 1990, S. 46–48.

jene Verknüpfung von Geschichte und Ethnosoziologie zu illustrieren, die damals so erregende Ergebnisse erbrachte. Und das neue Interesse an der Geschichte der Maronneger konnte gar nicht anders, als sich auf Surinam zu richten.

Denn in Surinam, einer ehemaligen niederländischen Kolonie an der Küste von Guyana, heute eine enttäuschende unabhängige Minirepublik, machen sechs alte Maronnegergemeinschaften noch immer zehn Prozent der Bevölkerung eines kleinen und außerordentlich gemischten Landes aus. Das ist bemerkenswert. Denn die »Buschneger«-Gemeinschaften hatten große Mühe, sich zu behaupten, auch wenn der letzte echte entlaufene Sklave lange genug gelebt hat, um in den sechziger Jahren einem kubanischen Schriftsteller seine Lebensgeschichte zu erzählen.[1] Da die meisten Sklaven die Gelegenheit zur Flucht bald nach ihrer Ankunft aus Afrika ergriffen, wurden freie Maronnegergemeinschaften außerhalb der kolonialen Gesellschaft am häufigsten in der Frühzeit dieser Gesellschaften, also im 16. und 17. Jahrhundert gegründet. Der größte der brasilianischen *quilombos*, Palmares, erlebte seine Blütezeit im letzten Jahrzehnt des 17. Jahrhunderts, kurz vor seinem Untergang nach sechzig Jahren Krieg. Selbst dort, wo sich die Kolonialmächte genötigt sahen, Verträge zu schließen, in denen sie die Unabhängigkeit der Maronneger anerkannten, wie es von Zeit zu Zeit in einigen Ländern vorkam, waren sie selten von Dauer. Es ist zweifelhaft, ob außerhalb Surinams heute noch freie schwarze Gemeinschaften existieren, die noch immer die um die Mitte des 18. Jahrhunderts geschlossenen Verträge, in denen ihre Freiheit anerkannt wird, als bindend betrachten.

Richard Price, dessen *Maroon Societies* zusammen mit einem Kapitel aus Eugene Genoveses *From Rebellion to Revolution* die beste Einführung in das Thema bietet[2], ist die zur Zeit führende Autorität über die Maronneger im allgemeinen und in Surinam im besonderen, genauer gesagt eine ihrer Gemeinschaften, die Saramakas, denen er eine jahrelange Forschungstätigkeit gewidmet hat. Unter seinen zahlreichen Veröffentlichungen über diese Arbeit ist wohl die wichtigste *First Time: The Historical Vision of an Afro-American People*[3], ein Bericht über die Gründung der Saramakas und ihren Unabhängigkeitskrieg, der auf schriftlichen Aufzeichnungen und auf ihrem eigenen, mündlich überlieferten »ausgeprägt linearen, kausalen Geschichtsverständnis« beruht, das für ihre Identität von zentraler Bedeutung ist und sie nebenbei bemerkt für den Historiker faszinierend macht. *Alabi's World* läßt die Geschichte in der Zeit nach der Unabhängigkeit beginnen, als die Saramakagesellschaft sich fest niedergelassen hatte, und das Buch tut dies in der Art eines Lebens- und Zeitbildes eines gewissen Alabi (1740–1820), der fast vierzig Jahre lang Oberhäuptling seines Volkes war. Es enthält jedoch ausreichendes Einführungsmaterial über die Ursprünge der Maronneger in Surinam, um den Leser ins Bild zu setzen, denn wie die Saramakas sagen: »Wenn wir die Taten unserer Vorfahren vergessen, wie können wir dann darauf hoffen, nie mehr in die Sklaverei der Weißen zurückgeschickt zu werden?«

Price hat sich eines Themas angenommen, das für Historiker und Ethnosoziologen gleichermaßen von Bedeutung ist, ganz abgesehen vom Heroismus der Kämpfe der Maronneger. Denn deren Gemeinschaften stellen uns vor fundamentale Fragen: Wie kommen zufällige Ansammlungen von Flüchtlingen ganz unterschiedlicher Herkunft, die nichts miteinander gemeinsam haben als die Erfahrung des Transports auf Sklavenschiffen und der Arbeit auf Sklavenplantagen dazu, strukturierte Gemeinschaften zu bilden? Wie, so könnte man die Frage allgemeiner formulieren, werden Gesellschaften aus dem Nichts heraus gebildet? Welcher Art sind die Beziehungen zwischen den Gesellschaften ehemaliger Sklaven, die jede Knechtschaft ablehnen, und der dominanten Gesellschaft, an deren Rändern sie in einer merkwürdigen Form der Symbiose leben? Denn, wie Price an anderer Stelle ausführt[4], die Existenz der Maronneger war nicht einfach eine Flucht, eine Rückkehr zu einem bäuerlichen Leben in der Wildnis, sondern auch auf eine merkwürdige Weise »eine Art Verwestlichung«. Was genau haben solche Flüchtlingsgemeinschaften – zumindest in den Tagen, als die meisten ihrer Mitglieder afrikanischer Herkunft waren – vom alten Kontinent hinübergerettet, was konnten sie überhaupt hinüberretten? Denn obwohl die Maronnegergemeinschaften auf Beobachter den Eindruck machten, als empfänden sie afrikanisch – und, historisch neuartig, als wären sie sich eines gemeinsamen Afrikanertums *bewußt*, wie sie es in der alten Welt unmöglich hätten sein können –, lassen sich afrikanische Vorbilder und Präzedenzfälle für ihre Institutionen nur schwer nachweisen.

Leider hat der Autor, der sich solcher Fragen durchaus bewußt ist, nicht den Versuch unternommen, sie unmittelbar zu beantworten. In seinem faszinierenden, aber verwirrenden Buch geht es eigentlich um kulturelle Zusammenstöße, Konfrontationen und Dialoge zwischen den Harthörigen, nicht zuletzt zwischen Richard Prices Ansichten darüber, wie Geschichte geschrieben werden sollte, und denen der traditionelleren Historiker und Ethnologen.

Da die Hauptperson in diesem Buch, Alabi, schließlich Christ wurde, während es wesentlich zur Existenz eines Saramakas gehörte, die

Werte der Weißen – darunter auch das Christentum – abzulehnen oder zumindest nicht zu übernehmen, muß der Zusammenprall von Kulturen im Zentrum eines Buches über ihn stehen. Die Christen stellen noch immer eine kleine Minderheit unter den Maronnegern Surinams dar. Da ein Großteil, ja das meiste der Informationen Prices über das Leben der Maronneger im 18. Jahrhundert aus der umfangreichen Korrespondenz der Böhmischen Brüder stammt, die als einzige Weiße mit den Samarakas in ständiger Berührung standen, sind zwei Formen eines kulturellen Mißverständnisses in diesem Buch ebenfalls zentral: das der Böhmischen Brüder und Schwestern, deren Unverständnis gegenüber dem, was um sie herum vorging, anscheinend grandiose Ausmaße hatte, und das der modernen Forscher, denen die Weltsicht pietistischer Eiferer des 18. Jahrhunderts wie der Böhmischen Brüder mit ihrem sinnlichen, fast schon erotischen Kult um die Wunden Jesu Christi mit Sicherheit unverständlicher sein muß als der der ehemaligen Sklaven. Das (freilich vergebliche) Bemühen, »ihr« auserwähltes Volk zu verstehen, ist das, was man von allen ethnologischen Feldforschern erwartet; doch die geläufigste Reaktion der noch so rationalen Modernen auf die extremen Randerscheinungen westlicher Religionen ist noch immer eine Mischung aus fasziniertem Mitleid und Abscheu.

Doch die kulturelle Unsicherheit ist noch auf eine dritte Weise in dem Buch von Price enthalten. In den letzten Jahren wurden die Ethnosoziologie-Ethnographie und in weitaus geringerem Umfang die Geschichtswissenschaft (unter so allgemeinen Überschriften wie »Postmoderne«) von Zweifeln an der Möglichkeit einer objektiven Erkenntnis oder einheitlichen Interpretation, das heißt an der Legitimität einer Forschung, wie sie bisher verstanden wurde, geplagt und erschüttert. Die unterschiedlichen und widersprüchlichen Rechtfertigungen für einen solchen Rückzug sind sowohl epistemologischer und politischer als auch gesellschaftlicher Art (ist die Ethnosoziologie »ein ethnozentrischer Versuch, andere einzuverleiben« oder »Bestandteil der hegemonialen Praxis des Westens«, ganz zu schweigen von der Männerherrschaft?)[5], doch für den praktischen Vertreter dieser Disziplinen haben sie alle ihre Schwierigkeiten. Gewiß, wenn die »angeborne Farbe der Entschließung von des Gedankens Blässe angekränkelt wird«, kann die Rede noch immer weitgehend das Handeln ersetzen, wie wir von Hamlet wissen und wie die »literarische Wendung der Anthropologie« bestätigt.[6] Doch »ein selbststilisierter ethnographischer Historiker« wie Richard Price ist noch immer verpflichtet, die Aufgabe, die er sich gestellt hat, auch auszuführen.

Denn sosehr wir auch die modischen und das Problem umgehenden Begriffe der literarischen Schöpfung auf die Ethnographie oder Geschichte anwenden, »das Fundament einer Fiktion bei jedem Projekt des ethnographischen Schreibens ist die Konstruktion eines Ganzen, das die Faktizität der Fakten gewährleistet«.[7] Kurzum, sie ist keine Fiktion und kann auch keine sein. Und soweit ein Versuch einer anthropologischen Beschreibung die »Faktizität der Fakten« akzeptiert, kann er nicht einmal völlig dem furchtbaren Vorwurf des »Positivismus« entgehen.

Aber läuft nicht *jedes* »Ganze« auf die »Auferlegung einer willkürlichen Ordnung« hinaus? Price läßt keinen Zweifel, daß er die Abneigung gegenüber einer solchen Ordnung teilt, der viele seiner Fachkollegen heute folgen. Deshalb meidet er »moderne westliche Kategorien wie Religion, Politik, Ökonomie, Kunst oder Verwandtschaft als organisierende Prinzipien« und lehnt es zum Bedauern von Lesern und Kollegen sogar ab, einen Index zu erstellen, »der zu einem Nachschlagen unter solchen Kategorien ermutigen könnte«, da er überzeugt ist, daß diese Praxis »einen verderblich verwirrenden Einfluß auf das Verständnis zwischen den Kulturen hat«. Für ihn sind anscheinend nur zwei Prinzipien bei der Organisation des Materials unbedenklich: der chronologische Bericht, vor allem in der linearen Form der Biographie, und eine Art Polyphonie, in der die einzelnen Stimmen der Quellen neben der des Autors zu Wort kommen, jede in diesem Fall durch eine eigene Schrifttype hervorgehoben. Läßt sich dieser Relativismus oder der Verzicht auf die – westliche, imperialistische, männliche, kapitalistische oder wie auch immer – Autorität des Autors noch weitertreiben?

Das Ergebnis ist jedenfalls ein glänzender Versuch, die Vergangenheit von Menschen jener Art zurückzugewinnen, die als Individuen keine Stimme haben und in der Regel undokumentiert bleiben, so daß ihre Vergangenheit normalerweise nicht mehr zurückzuholen ist. Es ist zudem die Vorstellung einer äußerst bewegenden Erfahrung: die eines Volkes, dessen Identität selbst heute, während seine Mitglieder auf der französischen Raumfahrtstation oder für Alcoa arbeiten, auf den Erinnerungen an einen bewaffneten Kampf gegen Außenstehende vor zwei oder drei Jahrhunderten beruht, den sie bis heute wiederaufzunehmen bereit sind. Doch wie hilfreich ist das als eine Geschichte oder Ethnographie, wenn es mehr sein will als Rohmaterial für beide? Und wieweit erfüllt es die postmodernen Ansprüche, an denen Price selbst anscheinend soviel gelegen ist?

Die beabsichtigte Polyphonie erweist sich zwangsläufig als eine Arie mit Begleitung. Es gibt nur eine einzige Stimme und nur eine Konzeption: die des Autors. Von seinen Quellen sprechen die niederländischen »Posthalter«, Kolonialbeamte, die mit den freien »Buschnegern« des Waldes zu tun hatten, keineswegs für sich selbst. Sie kommen hier primär als Zeugen für Ereignisse und Daten zu Wort, die dem Autor in seinen Bericht passen, und weil sie immer wieder ihre Enttäuschung äußern. Der Leser wird im dunkeln gelassen über die Strategien von Pflanzern und Behörden, obwohl es nicht schwierig ist zu vermuten, daß aufgrund der Unmöglichkeit, in einer kontinentalen Gesellschaft von Plantagenbesitzern die Sklaven an einer Flucht in den Regenwald zu hindern, die logische Politik früher oder später die sein mußte, die Unabhängigkeit der Maronnegergemeinschaften im Hinterland vertraglich anzuerkennen, als Gegenleistung für das Versprechen, künftige Flüchtlinge zurückzubringen, für die sie eine Prämie und kostenlose Waren (»Tribut«) von der Küste erhielten, wodurch die Wirtschaft der Maronneger an die der Kolonie gebunden wurde. Wir entnehmen dem, daß eine solche Politik verfolgt wurde und daß man die Anführer der Maronnegergemeinschaft ausfindig gemacht und dazu bewogen hat, Vereinbarungen zu schließen. Wie haben sich die Siedler in der Kolonie das Funktionieren solcher Abkommen vorgestellt? Auch darüber erfahren wir nichts. Waren sie möglicherweise zufrieden, während sie sich gleichzeitig bitter darüber beklagten, daß die Maronneger sich nicht an die Verträge hielten, daß auf diese Weise immerhin die Zahl der entsprungenen Sklaven zurückging? Tat sie das überhaupt? Wir erfahren es nicht.

Dann die Böhmischen Brüder. Während sie ausführlich für sich selbst sprechen, dienen ihre wortreichen Briefe dem Autor überwiegend als eine ethnographische Quelle alten Stils. Ihr Verdienst besteht darin, daß sie vor zwei Jahrhunderten am Ort des Geschehens waren, aber anders als Price, der sie belehren kann, verstanden sie nicht, was sie zu sehen bekamen. Die heutigen Saramakas sprechen natürlich buchstäblich für sich, da der Autor mit ihnen gesprochen und ihre eigenen Versuche aufgezeichnet hat, die Vergangenheit anhand der Geschichten zu beschreiben, die ihnen überliefert wurden; Price teilt außerdem einen Teil früherer schriftlicher Dokumente der Saramakas mit. Aber man kann getrost behaupten, daß diese Worte dem uninformierten Leser für sich allein, ohne den vom Autor gelieferten Kontext und Kommentar sehr wenig sagen würden. Denn selbst wenn wir einmal annehmen, daß die Texte von den Saramakas mühelos verstanden werden, sind sie doch nicht »historische Dokumente« in unserem Sinne, und außerdem liegt es in der Natur des Schreibens über andere Kulturen, daß es etwas erklären muß, das in der Heimat keiner Erklärung bedarf. Die einzige Stimme, die wirklich zu uns spricht, ist die von Richard Price.

Doch die Natur seines Projekts ist alles andere als klar, wenn man einmal von dem modischen Beharren auf einer ethnologischen Feldarbeit als Selbstanalyse absieht (»auch wenn ich diesem Buch die Form einer Biographie statt einer Autobiographie gebe«) und der bewundernswerten Absicht, uns daran zu erinnern, daß die Kämpfe seines Volkes und unsere eigenen keineswegs vorbei sind. Auf der einen Seite ist *Alabi's World* »unter anderem als eine Ethnographie des frühen afroamerikanischen Lebens angelegt«. Auf der anderen Seite teilt Price die Ansicht, daß »das primäre Ziel der historischen Analyse die Wiederentdeckung ... der gelebten Wirklichkeit von Menschen in ihrer Vergangenheit« ist, ein Ziel, in dem sich für viele von uns die historische Analyse nicht erschöpft, und eine Behauptung, die bedeutungsleer ist, solange kein vorgängiges Einverständnis darüber erzielt wurde, über welche Bruchstücke einer »gelebten Wirklichkeit« wir eigentlich sprechen.

Das ist natürlich genau die Schwierigkeit einer historisch verfahrenden Ethnosoziologie, die dem alten Glauben an die Methoden und Beschäftigungen beider Disziplinen abgeschworen hat, so unzureichend sie sub specie aeternitatis sein mögen, vor allem für jene Art von intellektuellen Modellen, wie sie die literaturwissenschaftlichen Fakultäten heimgesucht haben. Es wird sehr schwierig, den eigenen Texten sowohl eine intellektuelle als auch eine erklärende oder literarische Struktur zu verleihen, ganz abgesehen von dem Risiko, daß der Gegenstand des Buches in einzelne Fragmente zerfällt, die allein durch die gemeinsame Erfahrung einer nicht kommunizierbaren Identitätskrise zusammengehalten werden.[8]

Diese Schwierigkeit wird deutlich sichtbar an der Entscheidung des Autors, sein Buch in einen Haupttext und einen ausführlichen und in sich unstrukturierten Anhang »Anmerkungen und Kommentare« aufzuteilen, »der fast ebensolang wie der Haupttext ist«. Es ist nicht übertrieben zu behaupten, daß dieser zweite Teil rund 90 Prozent von dem enthält, was die meisten Historiker und vielleicht auch Ethnologen alter Schule interessieren könnte. Außer einigen flüchtigen Hinweisen im Haupttext entdecken wir ausschließlich hier, wie die Gruppen und Clans, aus denen die Saramakagesellschaft besteht, entstanden sind »und ihre jeweilige gemeinsame Identität von einer Mischung aus mutmaßlicher Plantagenherkunft und einer mutmaßlichen matrilinearen Verwandtschaft abgeleitet haben«. Wie dieses matrilineare System sich in Maronnegergesellschaften in der Zeit nach dem Verbot der

Sklaverei entwickelt hat, liegt offenbar im dunkeln, doch Price geht in seinen Anmerkungen der Frage nach, warum bestimmte Frauen (manchmal spät Hinzugekommene) in der Rückschau zu Gründerinnen neuer Clans gewählt wurden. Die Anmerkungen, aber nicht der Haupttext, untersuchen außerdem den Synkretismus einer Gesellschaft, in der ein junger Saramaka schon um die Mitte des 18. Jahrhunderts möglicherweise Großeltern hatte, »die von nicht weniger als acht verschiedenen afrikanischen Gruppen abstammten«, und die Koexistenz afrikanischer Riten unterschiedlicher Herkunft, die bis zu einem gewissen Grad von allen Saramakas geteilt, aber von speziellen Gruppen von Adepten bewahrt wurden. Hier finden wir Informationen über Demographie, Siedlungsweise, die Verteilung und selbst die angesichts der besonderen Situation natürliche Form, in der die Saramakas ihr Territorium in linearen Begriffen beschrieben wie »stromaufwärts«, »stromabwärts«, »landeinwärts«, »zum Fluß hin«.

Die Anmerkungen allein vermitteln uns mehr als nur indirekte Aufschlüsse darüber, wie die Saramakas im Regenwald für ihren Lebensunterhalt sorgten, welche Feldfrüchte sie anbauten, welches Wild sie jagten (33 Arten nach Angaben der Böhmischen Brüder) und welches sie bei bestimmten rituellen Anlässen nicht jagen wollten (insgesamt 25 Arten). Und in welchem Umfang sie Handel trieben, was sie verkauften und was sie kauften (Erdnüsse, Kanus, Holz und Reis gegen Salz, Zucker, Haushaltswaren, Werkzeuge, Schmuck und verbotene Gewehre). Es erscheint merkwürdig, daß solche offensichtlichen Aspekte der »gelebten Wirklichkeit« nur als Teil des wissenschaftlichen Apparats aufgenommen wurden.

Ferner finden wir allein in den Anmerkungen etwas über die komplexen und mehrdeutigen Beziehungen der Maronneger zu den Indianern, von denen sie soviel darüber gelernt haben, wie man im Hinterland überlebte, sowie eine Menge anderer Dinge, die nach Meinung des Autors »die Ausgewogenheit des abwechselnd narrativen und deskriptiven Haupttexts beeinträchtigt hätte«. Dieses Verfahren kann in der Tat »textlich reicher sein als alles, was bislang versucht wurde«, aber es erschwert zweifellos die Lektüre von etwas, das wie ein bedeutender Beitrag zu einem bedeutenden Thema aussieht.

Was den Text angeht, so mögen einige Leser sich fragen, was sie (außer der blanken Neugier auf weit entfernte und exotische Gegenden) dazu motivieren soll, die Lektüre der ausführlichen Biographie eines Mannes durchzustehen, der nach der eigenen Darstellung des Autors bestenfalls ein nicht besonders wagemutiger oder einflußreicher Häuptling von vielleicht viertausend guyanischen Waldbewohnern in wenig aufregenden Zeiten war. Für den Autor selbst ist die Geschichte natürlich wichtig, nicht weil er zwanzig Jahre damit zugebracht hat, die Saramakas zu erforschen, sondern weil er nur so das außerordentliche historische Gedächtnis dieser Gemeinschaft demonstrieren kann, einen Schatz an mündlich überliefertem Wissen, zum Teil in ritueller Heimlichkeit bewahrt, der es ihnen ermöglicht, sich detailliert an Menschen, Ereignisse und Zusammenhänge des 18. Jahrhunderts zu erinnern. Prices Quellenvergleich macht dies ohne jeden Zweifel deutlich und liefert damit eine wissenschaftliche Begründung für sein Verfahren.

Aber auch wenn es den Autor befriedigt, hilft es denn auch dem Leser, »existentielle Wörter zu durchdringen, die anders sind als seine eigenen, und ihre Textur plastisch wiederzugeben?« Das ist nicht klar. Zentral für jeden Versuch eines Verständnisses über Kulturen und Jahrhunderte hinweg ist die Einstellung der Maronneger zur Sklaverei und zur Nichtsklaverei. (Nach meiner eigenen Zählung erscheint ein Wort, das Price mit »Freiheit« übersetzt, nur ein einziges Mal in allen zitierten Saramaka-Texten, die 80 Prozent des gesamten relevanten schriftlichen Materials für die Periode ausmachen.) Die Frage ist komplex und undurchsichtig. Unsere Annahmen und die ihrigen haben nur einen Berührungspunkt: Beide stimmen vermutlich überein über den Status der Sklaven von weißen Eigentümern als Stücke lebenden Eigentums wie Vieh zur uneingeschränkten Verfügung ihrer Eigentümer. Selbst hier ist nicht klar, ob Maronneger, die manchmal selbst Sklaven aussuchten und manchmal auch entflohene Plantagensklaven jagten und ihren Eigentümern zurückbrachten, jede Form der Sklaverei samt dem Recht auf Eigentum als grundsätzlich theoretisch unakzeptabel betrachteten, oder ob sie lediglich manche Situationen einer absoluten Abhängigkeit ablehnten, zum Beispiel solche, in denen der Eigentümer durch übertriebene Grausamkeit oder auf andere Weise die Grenzen dessen überschritt, was stillschweigend als die »moralische Ökonomie« der Macht über Menschen akzeptiert war. Doch obwohl dieses Buch natürlich viele Hinweise zu diesem Thema enthält, kann ich nicht sehen, wie es selbst einem aufmerksamen Leser möglich sein sollte, aus der Darstellung Prices einen Sinn dafür zu gewinnen, wie die Saramakas solche Dinge wie die Sklaverei und das Eigentum an Menschen und an Land gesehen haben. Mit der von ihm gewählten Form der Darstellung läßt sich das einfach nicht erreichen.

Dennoch wurde es natürlich erreicht, für Perioden und Gesellschaften, die zumindest ebensoweit entfernt waren wie die der Saramakas: Analytische Mediävisten von F. W. Maitland bis Georges Duby, ohne ein Bewußtsein von den Ansprüchen der Postmoderne, dafür jedoch im vollen Bewußtsein, daß die Vergangenheit ein anderes Land ist, wo die Dinge anders getan werden, daß wir es verstehen müssen, selbst wenn die besten Dolmetscher immer voreingenommene Fremde bleiben werden, haben es erreicht. Nach der Sensibilität und Qualität seiner Forschung zu urteilen, ist Price durchaus in der Lage, in ihre Fußstapfen zu treten, allerdings ohne die Hemmnisse eines Projekts, das mehr mit Dekonstruktion als mit Konstruktion zu tun hat.

Was *Alabi's World* dagegen lebendig vermitteln kann, ist das Unverständnis. Wie und warum es den Schwarzen in den Wäldern nicht in den Kopf wollte, daß die Weißen nicht besonders reich waren. Wie das Christentum jede Überzeugungskraft verlor, sobald die Saramakas ihre praktische, instrumentelle Sicht spiritueller Kräfte darauf anwandten. Ein Mensch, der nicht gesündigt hatte, so lautete ihre Schlußfolgerung, brauchte offensichtlich keinen Christus, der für die Erlösung der Menschen von ihren Sünden auferstanden war. Aber selbst wenn jemand ein Sünder war, dann hatten die Götter bestimmt schon vor langer Zeit etwas für ihn unternommen. »Die Menschen hier beten jeden Tag. Wird ihr Gott nicht aufgebracht werden, wenn sie ihm soviel zumuten?« Sie beobachteten die Böhmischen Brüder mit einem klaren Verständnis für Statistik, wenn sie feststellten: »Christen werden häufiger krank.« Es war kein überzeugendes Argument für Jesus.

Voltaire, der die Qualen der Sklaven in Surinam anprangerte, hätte von den Angelegenheiten der Saramakas nicht viel verstanden, doch in diesem Punkt hätte er ihnen beigepflichtet – ebenso wie andere Beobachter dieses Zeitalters der Vernunft und der Aufklärung, stets auf der Suche nach Beweisen für den Ausspruch des deutschen Dichters aus dem 18. Jahrhundert: »Seht, wir Wilden sind doch bess're Menschen.«

»Es ist eine große Freude [schrieb ein ehemaliger Missionar], ein Volk zu sehen, das so zufrieden mit seinem Schicksal ist. Sie genießen die Früchte ihrer Arbeit, und das Gift des Hasses ist ihnen unbekannt.«

Gewiß war die Sache nicht ganz so einfach, doch nachdem wir durch *Alabi's World* die Bekanntschaft dieser unabhängigen, selbstbewußten, entspannten und stolzen Männer und Frauen gemacht haben, die mit sich und der Welt im Einklang waren, können wir besser verstehen, was er gemeint hat.

Wir wollen jedoch noch einen letzten Gedanken jenen zuwenden, deren eigenartige »gelebte Wirklichkeit« durch das von Price gewählte Verfahren lebendig vor uns ersteht: den Böhmischen Brüdern. Sie kamen zu den unwissenden Heiden, die unter Bedingungen lebten, die häufig als »ein Vorgeschmack [erschienen], wie es in der Hölle zugehen muß«. Ohne Vorbereitung auf den Regenwald und unerfahren, litten sie und starben wie die Fliegen – aufrechte, verständnislose deutsche Schneider, Schuhmacher oder Leinenweber in unzweckmäßiger europäischer Kleidung, die höchstens ein paar Monate oder Wochen durchhalten würden, inmitten der Skorpione und Jaguare den gekreuzigten Jesus mit einem Haupt voll Blut und Wunden predigten, bevor sie glücklich zu IHM eingingen. Sie waren vollkommen abhängig von den Maronnegern, die für sie – schon weil sie Weiße waren – nichts übrig hatten, sich über sie lustig machten und sie gelegentlich sogar verfolgten. Sie machten Musik und fühlten sich unbehaglich, wenn die Schwarzen dazu tanzten. Sie scheiterten in allen ihren Bemühungen bis auf das heroische Unternehmen, in neun schmerzerfüllten Monaten Bruder Schumanns saramaka-deutsches Wörterbuch fertigzustellen. Ihre Nachfolger sind immer noch dort und noch immer die einzigen Mittler der Saramakas zum Lesen und Schreiben.

Sie sind unserem Verständnis bis heute ebenso unzugänglich, wie sie es für die Maronneger des Regenwaldes waren. Aber wir können unsere Bewunderung den Männern und Frauen nicht versagen, die auf ihre eigene Weise wußten, wozu sie auf der Welt waren.

16. Kapitel

Geschichte von unten

Die Geschichte der einfachen Leute *(grassroots history)* oder die Geschichte von unten, die in George Rudé ihren herausragenden Pionier hatte, braucht heute keine Werbung mehr. Trotzdem kann es nichts schaden, einige Überlegungen zu ihren technischen Problemen anzustellen, die ebenso schwierig wie interessant sind, wahrscheinlich mehr als die der traditionellen akademischen Geschichtsforschung. Diese Überlegungen sind der Gegenstand dieses Aufsatzes.

Doch bevor ich mich meinem eigentlichen Thema zuwende, bewegt mich die Frage, warum die Geschichte der einfachen Leute in jüngster Zeit zu einer solchen Modeerscheinung geworden ist – das heißt, warum der größte Teil der von zeitgenössischen Chronisten und späteren Gelehrten von der Einführung der Schrift bis etwa gegen Ende des 19. Jahrhunderts geschriebenen Geschichte uns so wenig über die große Mehrheit der Bewohner der Länder oder Staaten zu sagen weiß, über die sie berichtet, warum Brechts Frage: »Wer baute das siebentorige Theben?« eine typische Frage des 20. Jahrhunderts ist. Die Antwort führt uns zum Wesen der Politik – bis vor kurzem das ureigene Thema der Geschichte – und zu den Motivationen von Historikern.

In der Vergangenheit wurde Geschichte ganz überwiegend zur Verherrlichung und vielleicht auch für die praktischen Zwecke der Herrschenden geschrieben. Einige ihrer Formen erfüllen auch heute noch diese Aufgabe. Die dickleibigen neoviktorianischen Biographien von Politikern, die seit kurzem wieder in Mode gekommen sind, werden von der breiten Masse zweifellos nicht gelesen. Wer sie tatsächlich liest, abgesehen von einer Handvoll Historikern an Universitäten und ein paar Dutzend Studenten, die sie für ein Referat benötigen, ist nicht ersicht-

Dieses Kapitel war ursprünglich ein Beitrag zu einer Festschrift zu Ehren meines Freundes, Genossen und Mitarbeiters, des verstorbenen George Rudé. Erschienen ist er in Fredrick Krantz (Hrsg.), *History from Below: Studies in Popular Protest and Popular Ideology*, Oxford 1988, S. 13–28. Der Text wurde erstmals an der Concordia University in Montreal, wo Rudé einen Lehrstuhl innehatte, als Vortrag gehalten.

lich. Ich war doch sehr verblüfft über diese angeblichen Bestsellerlisten, in denen anscheinend stets die neuesten Knüller von diesem Typ zu finden sind. Aber auf jeden Fall werden sie von Politikern, zumindest, wenn sie gebildet sind, wie Popcorn verschlungen. Das ist nur naheliegend. In ihnen geht es nicht nur um Menschen wie sie und um Aktivitäten, die ihnen aus ihrer alltäglichen Arbeit vertraut sind, sondern es geht auch um herausragende Vertreter ihrer eigenen Zunft, von denen – wenn es gute Bücher sind – sie etwas lernen können. Roy Jenkins sieht sich immer noch als einen Mann, der in derselben Welt lebt wie Asquith, so wie Harold Macmillan Menschen wie Salisbury oder Melbourne in mancher Hinsicht zweifellos wie seine Zeitgenossen betrachtete.

Nun konnte das praktische Geschäft einer Politik der herrschenden Klasse während des größten Teils der Geschichte bis zum Ende des 19. Jahrhunderts und in den meisten Staaten in der Regel ohne eine mehr als gelegentliche Berücksichtigung der Masse der Untertanen betrieben werden. Ihre Zustimmung konnte man als selbstverständlich voraussetzen, ausgenommen in Zeiten außergewöhnlicher Umstände, etwa großer sozialer Revolutionen oder Aufstände. Das bedeutet weder, daß sie zufrieden waren, noch daß man auf sie keine Rücksicht zu nehmen brauchte. Es bedeutet lediglich, daß die Bedingungen der Beziehung zwischen Herrschern und Untertanen so gestaltet waren, daß die Unzufriedenheit innerhalb erträglicher Grenzen gehalten wurde, daß also Unruhen unter den Armen normalerweise keine Bedrohung der gesellschaftlichen Ordnung darstellten. Außerdem blieben sie meistens auf eine lokale oder regionale Ebene beschränkt, auf der nicht die große Politik gemacht wurde. Umgekehrt nahmen die einfachen Leute ihren Untertanenstatus während der meisten Zeit hin und beschränkten ihre Auseinandersetzungen, wo es diese gab, auf den Kampf gegen jene Unterdrücker, mit denen sie unmittelbar zu tun hatten. Wenn überhaupt eine gesicherte allgemeine Aussage über die normale Beziehung zwischen Bauern und Königen oder Kaisern in der Zeit vor dem 19. Jahrhundert möglich ist, dann die, daß sie den König oder Kaiser per definitionem als gerecht ansahen. Wenn dieser wüßte, was der grundbesitzende Adel – oder, noch wahrscheinlicher, ein bestimmter, beim Namen genannter Adliger – tatsächlich trieb, dann würde er ihm untersagen, die Bauern zu drangsalieren. Er gehörte gewissermaßen ihrer Welt der Politik ebensowenig an wie sie der seinen.

Es gibt natürlich Ausnahmen von dieser Verallgemeinerung. Ich möchte vermuten, daß China die wichtigste ist, denn das ist ein Land, in dem selbst in den Tagen des Reichs des Himmels Bauernaufstände keine seltenen, außergewöhnlichen Erscheinungen wie ein Erdbeben oder eine Pestepidemie waren, sondern Phänomene, von denen man wußte, daß sie den Sturz von Dynastien zur Folge haben konnten. Im großen und ganzen hatten sie das allerdings nicht. Die Geschichte von unten wird deshalb für jene Art Geschichte, die traditionell geschrieben wurde – die Geschichte großer politischer Entscheidungen und Ereignisse – erst von der Zeit an von Bedeutung oder zu einem Teil von ihr, als die einfachen Leute zu einem konstanten Faktor für die Entstehung solcher Entscheidungen und Ereignisse werden. Nicht nur zu Zeiten einer außergewöhnlichen Mobilisierung der Bevölkerung wie etwa einer Revolution, sondern immer oder während der meisten Zeit. Im großen und ganzen trat diese neue Entwicklung erst mit dem Zeitalter der Revolutionen zum Ende des 18. Jahrhunderts ein. Doch in der Praxis gewann sie ihre Bedeutung natürlich erst später. Außerhalb der Vereinigten Staaten stellten selbst die grundlegenden Institutionen des bürgerlichen Staates – Wahlen nach dem allgemeinen Männerwahlrecht (das Frauenwahlrecht kam sogar noch später) – bis ins späte 19. Jahrhundert die Ausnahme dar. Die Produktion für den Massenbedarf ist zumindest in Europa erst eine Erscheinung unseres Jahrhunderts. Und die beiden charakteristischen Methoden zur Erhebung der Meinungen der Bevölkerung – Markt- und Verbraucherforschung durch repräsentative Stichproben und ihr Ableger, die öffentliche Meinungsumfrage – sind im historischen Maßstab unglaublich jung; sie wurden nicht früher als in den dreißiger Jahren entwickelt.

Die Geschichte der kleinen Leute als eine eigene Forschungsdisziplin beginnt demnach mit der Geschichte der Massenbewegungen im 18. Jahrhundert. Der erste große Vertreter dieser Form der Geschichtsschreibung dürfte Jules Michelet gewesen sein: Die Große Französische Revolution steht im Zentrum seiner Schriften. Und seitdem war die Geschichte der Französischen Revolution, vor allem seit der Wiederbelebung des Jakobinertums durch den Sozialismus und der Aufklärung durch den Marxismus, der Prüfstein für diese Art der Geschichte. Wenn es einen einzelnen Historiker gibt, der die meisten Themen der gegenwärtigen Arbeit vorweggenommen hat, dann ist es Georges Lefebvre, dessen *Grande Peur*, nach vierzig Jahren auch ins Englische übersetzt, bis heute bemerkenswert ist. Allgemeiner ausgedrückt: Es war die französische Tradition der Historiographie als Ganzes, erfüllt von der Geschichte nicht der französischen herrschenden Klasse, sondern des französischen *Volkes*, die den größten Teil der Themen und selbst die Methoden der Geschichte von unten vorgegeben hat. Marc Bloch und Georges Lefebvre waren hier führend. Doch in anderen Ländern setzte die eigentliche Blüte dieser Disziplin erst nach dem Zweiten Weltkrieg ein, genauer gesagt um die Mitte der fünfziger Jahre, als der Marxismus die Möglichkeit fand, einen wesentlichen Beitrag zu ihr zu leisten.

Für einen Marxisten oder allgemeiner einen Sozialisten entwickelte sich das Interesse an der Geschichte von unten mit dem Anwachsen der Arbeiterbewegung. Und obwohl dies einen höchst wirksamen Anreiz zur Erforschung der Geschichte des einfachen Volkes – mit dem Schwergewicht auf der Arbeiterklasse – bot, legte es den sozialistischen Historikern zugleich höchst wirksame Scheuklappen an. Für sie lag es natürlich nahe, nicht irgendwelche einfachen Leute zu untersuchen, sondern jene Menschen, in denen man die Vorläufer der Bewegung sehen konnte: nicht so sehr Arbeiter als solche, sondern Chartisten, Gewerkschafter, »klassenbewußte« Arbeiter. Und es war – aus ebenso verständlichen Gründen – für sie naheliegend anzunehmen, daß die Geschichte der Bewegungen und Organisationen, die den Kampf der Arbeiter führten und demnach in einer gewissen realen Hinsicht die Arbeiter »repräsentierten«, an die Stelle der Geschichte des einfachen Volkes selbst treten könne. Doch das ist nicht der Fall. Die Geschichte der irischen Revolution von 1916-1921 ist nicht identisch mit der Geschichte der IRA, der Citizen Army, der Irischen Transportarbeitergewerkschaft oder der Sinn Fein. Man braucht nur Sean O'Caseys großartige Stücke über das Leben in den Slums von Dublin während dieser Zeit zu lesen, um zu sehen, was sich da in der einfachen Bevölkerung sonst noch getan hat. Erst in den fünfziger Jahren hat die Linke begonnen, von dieser verengten Sichtweise Abschied zu nehmen.

Wie immer ihre Ursprünge und anfänglichen Schwierigkeiten beschaffen waren, die Geschichte von unten ist ihren Kinderschuhen entwachsen. Und wenn wir auf die Geschichte des einfachen Volkes zurückblicken, dann geht es mehr als nur darum, ihr nachträglich eine politische Bedeutung anzudichten, die sie nicht immer gehabt hat, sondern wir versuchen allgemeiner, eine unbekannte Dimension der Vergangenheit zu erkunden. Und das führt mich zu den methodischen Problemen, die dabei auftreten.

Jede Art von Geschichte hat ihre methodischen Probleme, doch in den meisten Fällen nehmen ihre Vertreter an, daß es die Interpretation eines Bestandes an gebrauchsfertigem Quellenmaterial ist, die diese Probleme aufwirft. Die klassische Disziplin historischer Wissenschaft, wie sie im 19. Jahrhundert von deutschen und anderen akademischen Historikern entwickelt wurde, traf diese Annahme, die zufälligerweise bequem zur vorherrschenden Mode des wissenschaftlichen Positivismus paßte. Diese Art eines wissenschaftlichen Problems nimmt in einigen sehr altmodischen akademischen Disziplinen wie der Literaturgeschichte noch immer eine beherrschende Position ein. Wer Dante studieren will, muß hochspezielle Kenntnisse erworben haben, um Handschriften deuten zu können und herauszufinden, welche Fehler vorkommen können, wenn Manuskripte mehrfach voneinander abgeschrieben wurden, da der Text Dantes auf der Kollationierung mittelalterlicher Handschriften beruht. Um Shakespeare zu studieren, der keine Manuskripte, dafür jedoch eine Fülle verfälschter gedruckter Ausgaben hinterlassen hat, muß man so etwas wie ein Sherlock Holmes auf dem Gebiet des Druckereiwesens im frühen 17. Jahrhundert werden. Doch in beiden Fällen steht der Hauptgegenstand unserer Untersuchung, nämlich die Gesamtheit der Werke Dantes oder Shakespeares, außer Zweifel.

Nun unterscheidet sich die Geschichte von unten von solchen Gegenständen und überhaupt vom Löwenanteil der traditionellen Geschichte, da über sie einfach kein fix und fertiges Quellenmaterial vorliegt, das nur noch aufgearbeitet werden müßte. Gewiß, manchmal haben wir Glück. Einer der Gründe, warum ein Großteil der heutigen Geschichte von unten sich aus dem Studium der Französischen Revolution entwickelt hat, besteht darin, daß dieses große Ereignis in der Geschichte zwei Merkmale in sich vereint, die bis zu diesem Zeitpunkt kaum gemeinsam aufgetreten sind. Zum einen setzte es – als eine große Revolution – mit einem Schlag in großer Zahl Menschen jener Kategorie in Aktion und brachte sie der Öffentlichkeit zu Bewußtsein, die bislang außerhalb ihrer Familie und näheren Umgebung nur sehr wenig Aufmerksamkeit auf sich gezogen hatten. Und zum zweiten dokumentierte es diese Menschen mit Hilfe einer ausgedehnten und pflichtbewußten Bürokratie, die in den zentralen und regionalen Archiven Frankreichs zum Nutzen späterer Historiker über sie genauestens Buch führten. Die Historiker der Französischen Revolution, von Georges Lefebvre bis Richard Cobb, haben anschaulich die Freuden und Leiden ihrer Reisen durch die französische Provinz auf der Suche nach den Franzosen von 1789 und danach geschildert, in der Hauptsache allerdings die Freuden, denn sobald der Forscher in Montpellier oder Angoulême angekommen war und die richtige Archivreihe ausfindig gemacht hatte, tat sich vor ihm in Gestalt verstaubter Packen von altem Papier – säuberlich beschrieben, im Unterschied zu den krakeligen, kaum leserlichen Schriften des 16. oder 17. Jahrhunderts – eine Goldader auf. Historiker der Französischen Revolution haben in diesem Fall Glück – mehr Glück als beispielsweise ihre Kollegen, die die Verhältnisse in England in jener Zeit erforschen.

In den meisten Fällen ist der Historiker, der über die Geschichte der einfachen Bevölkerung schreibt, darauf angewiesen, sein Material selbst ausfindig zu machen. Die meisten Quellen auf diesem Gebiet sind nur deshalb als Quellen erkannt worden, weil jemand eine Frage gestellt und sich dann verzweifelt nach einer Möglichkeit – gleich welcher Art – umgesehen hat, sie zu beantworten. Wir können keine Positivisten sein, die der Überzeugung anhängen, daß die Fragen und ihre Antworten sich auf gleichsam natürliche Weise aus dem Studium des Materials ergeben. Im allgemeinen gibt es hier kein Quellenmaterial, solange unsere Fragen es nicht dazu gemacht haben. Nehmen wir die inzwischen blühende Disziplin der historischen Demographie, die auf der Tatsache beruht, daß die Geburten, Eheschließungen und Todesfälle von Menschen etwa seit dem 16. Jahrhundert in Kirchenbüchern festgehalten wurden. Das war seit langem bekannt, und viele dieser Register wurden sogar nachgedruckt, um den Genealogen ihre Arbeit zu erleichtern, den einzigen Forschern, die sich dafür besonders interessiert haben. Doch sobald die Sozialhistoriker darauf angesetzt und Methoden zu ihrer Analyse entwickelt wurden, stellte sich heraus, daß hier grandiose Entdeckungen zu machen waren. Wir können heute feststellen, in welchem Umfang Menschen des 17. Jahrhunderts Geburtenkontrolle betrieben haben, in welchem Ausmaß sie von Hungersnöten oder anderen Katastrophen heimgesucht wurden, wie hoch ihre Lebenserwartung zu unterschiedlichen Zeiten war, wie groß die Wahrscheinlichkeit der Wiederverheiratung von Frauen und Männern war, wie früh oder wie spät Ehen geschlossen wurden und vieles andere – alles Fragen, über die wir bis zur Mitte der fünfziger Jahre im Hinblick auf die Zeit vor der Einführung von Volkszählungen nur Vermutungen anstellen konnten.

Sobald wir mit unseren Fragen neue Materialquellen erschlossen haben, regen diese wiederum zum Nachdenken über technische Probleme an: manchmal zuviel, manchmal zuwenig. Ein Großteil der Zeit historischer Demographen ist einfach für die immer komplexeren technischen Abläufe ihrer Analyse verbraucht worden, was der Grund dafür ist, daß viele ihrer Veröffentlichungen gegenwärtig nur für andere historische Demographen von Interesse sind. Die Zeitspanne zwischen Forschung und Ergebnis ist ungewöhnlich lang. Wir müssen lernen, daß ein Gutteil der Geschichte von unten keine raschen Resultate erbringt, sondern eine komplizierte, zeitraubende und teure Bearbeitung der Quellendaten erfordert. Es ist nicht so, als suche man in einem Flußbett nach Diamanten, sondern eher wie bei den modernen Methoden der Gold- oder Diamantenförderung, die hohe Kapitalinvestitionen und den Einsatz modernster Technik notwendig machen.

Auf der anderen Seite gibt es hier Quellenmaterial, das bislang zuwenig Nachdenken über Methodenprobleme ausgelöst hat. Die »Oral History« ist hierfür ein gutes Beispiel. Dank moderner Tonbandgeräte wird auf diesem Gebiet sehr viel Material erhoben. Und die meisten auf Tonträgern festgehaltenen Erinnerungen erscheinen so interessant oder sind von solch nostalgischem Reiz, daß sie an sich schon den Forscher belohnen. Doch meiner Meinung nach werden wir von der Oral History niemals einen zureichenden Gebrauch machen können, solange wir nicht ebenso zuverlässig herausgefunden haben, welche Fehler sich in die Erinnerung einschleichen können, so wie wir inzwischen die Fehlerquellen beim Kopieren von Handschriften kennen. Ethnologen und Afrikahistoriker haben diese Arbeit für die Überlieferung von Tatsachen von Mund zu Mund zwischen den Generationen in Angriff genommen. Wir wissen zum Beispiel, wie groß die Zahl der Generationen ist, zwischen denen bestimmte Informationsarten mehr oder weniger genau übermittelt werden können (zum Beispiel Ahnenreihen), und daß bei der Weitergabe historischer Ereignisse stets die Tendenz zu beobachten ist, zeitliche Abstände zu verkürzen.

Doch der größte Teil der Oral History heute beruht auf dem persönlichen Gedächtnis, einem ziemlich unzuverlässigen Medium zur Bewahrung von Fakten. Der Punkt ist, daß das Gehirn bereits bei der Erfassung von Informationen selektiv arbeitet und daß die Selektion innerhalb gewisser Grenzen nach Kriterien erfolgt, die sich fortwährend ändern. Das, woran ich mich heute von meinem Leben als Studienanfänger in Cambridge erinnere, ist etwas anderes als das, woran ich mich mit dreißig oder fünfundvierzig Jahren erinnert habe. Und solange ich es nicht in eine konventionelle Form umgearbeitet habe, um damit andere Leute zu langweilen (wir kennen das alle von älteren Männern, die ihre Kriegserlebnisse entsprechend frisiert haben), wird es wahrscheinlich morgen oder nächstes Jahr noch einmal anders sein. Gegenwärtig sind unsere Kriterien zur Beurteilung von mündlichen Quellen fast ausschließlich intuitiver Art oder fehlen völlig. Entweder klingt es für uns richtig oder nicht. Natürlich können wir sie auch mit einer überprüfbaren unabhängigen Quelle vergleichen und sie gutheißen, weil sie durch eine solche Quelle bestätigt werden kann. Aber das bringt uns dem entscheidenden Problem nicht näher, das darin besteht, wie wir feststellen sollen, was wir glauben können, wenn es nichts gibt, das eine solche Überprüfung ermöglicht.

Die Methodologie der Oral History ist nicht einfach von Bedeutung, um zu überprüfen, wie zuverlässig Bandaufnahmen mit den Erinnerungen alter Damen und Herren sind. Ein bedeutsamer Aspekt der

Geschichte von unten ist das, was einfache Menschen von großen Ereignissen im Gedächtnis behalten, im Unterschied zu dem, was sie nach Meinung von geistig Höherstehenden erinnern sollten oder was Historiker als tatsächliche Ereignisse erhärtet haben; und soweit sie aus Erinnerungen Mythen machen, wäre es wichtig zu wissen, wie solche Mythen gebildet werden. Was hat die britische Bevölkerung im Sommer 1940 tatsächlich empfunden? Die Aufzeichnungen des Informationsministeriums bieten ein etwas anderes Bild als das, was die meisten von uns heute annehmen. Wie können wir entweder die ursprünglichen Empfindungen oder die Herausbildung des Mythos rekonstruieren? Können wir beides voneinander trennen? Das sind keine unwichtigen Fragen. Ich persönlich bin der Meinung, daß sie nicht nur die Tonaufzeichnung von Antworten auf Fragen über die Vergangenheit sowie deren Interpretation erfordern, sondern auch Experimente – notfalls in Zusammenarbeit mit Psychologen. Hier gibt es im Hinblick auf Methoden, Hypothesenbildung und anderes noch manches Willkürliche. Die Kurve der Unterstützung für die Koalition aus Liberalen und Sozialdemokraten, die sich aus den monatlichen Befragungen darüber ergibt, wie die Leute wählen würden, wenn am nächsten Sonntag Wahlen stattfänden, sagt nichts über deren politisches Verhalten aus, sondern höchstens etwas darüber, wie sie diese bestimmte Frage beantworten, sowie über unsere Annahme, eine beabsichtigte Wahlentscheidung sei eine maßgebliche Variable in der Politik. Ihr liegt kein Modell darüber zugrunde, wie Menschen tatsächlich ihre Meinung über Politik bilden, und sie untersucht nicht ihr politisches Verhalten, sondern nur ihre momentane Einstellung zu einem einzigen politischen Akt unter hypothetischen Umständen. Doch wenn es uns gelingen sollte, das Äquivalent zu retrospektiven Meinungsumfragen aufzufinden, würden wir das untersuchen, was die Menschen tatsächlich gedacht oder getan haben.

Manchmal ist das möglich, indem ihre Meinungen wirklich erhoben werden. So hat zum Beispiel Hanak Meinungen über den Ersten Weltkrieg in den verschiedenen ethnischen Gruppen des Habsburgerreichs ermittelt, indem er die zensierten Feldpostbriefe von und an Soldaten an der Front auswertete, und Kula in Polen hat eine Sammlung von Briefen von ausgewanderten Verwandten polnischer Bauern im ausgehenden 19. Jahrhundert veröffentlicht, die von der zaristischen Polizei abgefangen und nicht weitergeleitet wurden. Doch das ist der seltene Fall, denn die meisten Menschen in der Vergangenheit waren ohnedies Analphabeten. Weitaus häufiger entnehmen wir ihr Denken und Meinen ihren Handlungen. Mit anderen Worten, wir gründen unsere historische Arbeit auf die realistische Entdeckung Lenins, daß eine Abstimmung mit den Füßen ein ebenso wirksames Mittel sein kann, die eigene Meinung zum Ausdruck zu bringen, wie die Abgabe eines Stimmzettels an der Wahlurne. Manchmal befinden wir uns natürlich irgendwo in der Mitte zwischen Meinung und Handlung. So hat Marc Ferro die Einstellung unterschiedlicher Gruppen zum Krieg und zur Revolution in Rußland untersucht, indem er die Telegramme und Resolutionen auswertete, die in den ersten Wochen der Februarrevolution nach Petrograd geschickt wurden – das heißt, bevor öffentliche Versammlungen, Arbeiter-, Bauern- oder Soldatenräte oder was immer den Charakter von Parteiveranstaltungen oder -organisationen angenommen hatten. Eine Resolution an die Hauptstadt zu schicken, ist politisches Handeln – auch wenn es zu Beginn einer großen Revolution vermutlich häufiger zu beobachten ist als zu anderen Zeiten. Doch der Inhalt eines Telegramms ist eine Meinung, und die Unterschiede zwischen den Meinungen von Arbeitern, Bauern und Soldaten sind beträchtlich. So »forderten« die Bauern wesentlich häufiger, als daß sie »ersuchten«. Sie standen dem Krieg ablehnender gegenüber als die Arbeiter, die überdies weniger Selbstbewußtsein zeigten. Die Soldaten waren zu diesem Zeitpunkt überhaupt nicht gegen den Krieg, sondern beklagten sich lediglich über ihre Offiziere. Und so weiter.

Doch die angenehmsten Quellen sind solche, die einfach Handlungen festhalten, aus denen bestimmte Meinungen *hervorgehen müssen*. Sie sind fast immer das Ergebnis einer Suche nach irgendwelchen Möglichkeiten, eine Frage zu stellen, die der Historiker bereits in seinem Kopf hat. Außerdem sind sie im allgemeinen sehr schlüssig. Nehmen wir beispielsweise an, jemand möchte herausfinden, in welcher Weise sich die Französische Revolution auf die monarchistische Gesinnung in Frankreich ausgewirkt hat. Marc Bloch, der den über Jahrhunderte hinweg stark verbreiteten Glauben näher untersucht hat, daß die Könige von Frankreich und England Wunder wirken könnten, macht darauf aufmerksam, daß bei der Krönung Ludwigs XVI. im Jahr 1774 noch 2400 an Skrofulose Erkrankte vortraten, um durch Handauflegung des Königs geheilt zu werden. Doch als Karl X. in Reims 1825 die alte Krönungszeremonie wiederbelebte und sich nur widerwillig dazu bewegen ließ, auch die Zeremonie des Handauflegens zu erneuern, erwarteten nur noch 125 Kranke eine Heilung durch den König. Zwischen dem letzten vorrevolutionären König und 1825 war der Shakespearesche Glauben an eine »Göttlichkeit«, die »einen König (schirmt)« (Hamlet, IV, v. 127), in Frankreich praktisch verschwunden. An diesem Befund ist nicht zu rütteln.

Der Niedergang der traditionellen religiösen Überzeugungen und das Aufkommen säkularer Vorstellungen sind in ähnlicher Weise durch die Auswertung von testamentarischen Verfügungen und Grabinschriften untersucht worden. Denn auch wenn Dr. Johnson gesagt hat, beim Verfassen von in Stein gehauenen Inschriften stehe ein Mensch nicht unter Eid, so gilt doch um so mehr, daß er seine wahren religiösen Überzeugungen eher bei dieser Gelegenheit als bei einer anderen äußern wird. Und nicht nur diese. Vovelle hat sehr hübsch den Verfall des Glaubens an eine geschichtete hierarchische Gesellschaft in der Provence im 18. Jahrhundert demonstriert, indem er die Häufigkeit der testamentarischen Formel gezählt hat: »Zu bestatten nach seinem Rang und Stand«. Sie ging im Untersuchungszeitraum ständig und deutlich zurück – interessanterweise allerdings nicht stärker als beispielsweise die Anrufung der Jungfrau Maria in diesen Testamenten.

Angenommen, wir suchen nach anderen Möglichkeiten, Änderungen in der Einstellung zur traditionellen Religion zu entdecken, und beschließen, uns vom Begräbnis der Taufe zuzuwenden. In katholischen Ländern liefern die Heiligen den Grundbestand an geläufigen Vornamen. In Wirklichkeit tun sie das in der Mehrzahl erst seit der Zeit der Gegenreformation, so daß dieses Verzeichnis uns zugleich etwas über die Evangelisierung der einfachen Bevölkerung in der Zeit der Reformation und Gegenreformation sagt. In manchen Landesteilen werden dagegen im 19. Jahrhundert rein weltliche Namen üblich, manchmal sogar bewußt nichtchristliche oder sogar antichristliche Namen.

Ein Florentiner Kollege ließ seine Kinder ein wenig Forschung für ihn betreiben und in toskanischen Telefonbüchern die Häufigkeit von Vornamen bewußt weltlicher Herkunft – aus der italienischen Oper und Literatur (zum Beispiel Spartaco) – auszählen. Dabei stellte sich heraus, daß solche Namen in jenen Bezirken besonders häufig vorkamen, die früher unter anarchistischem Einfluß gestanden hatten, und zwar häufiger als in sozialistisch geprägten Gegenden. Daraus können wir schließen – was auch aus anderen Gründen wahrscheinlich ist –, daß der Anarchismus mehr war als eine rein politische Bewegung und gewisse Züge einer aktiven Bekehrung an sich hatte, eine Veränderung in der gesamten Lebensweise seiner militanten Anhänger. Es ist möglich, daß die Sozial- und Ideengeschichte von Eigennamen auch in England untersucht worden ist, auch wenn mir bislang noch keine entsprechende Studie begegnet ist. Ich vermute allerdings eher, daß es keine gibt, jedenfalls nicht von Historikern.

So können die »kurzen und schlichten Annalen der Armen«, wie der Dichter Thomas Gray geschrieben hat – die nackten Vermerke über

Geburt, Eheschließung und Tod –, findigen Historikern überraschend reichhaltige Aufschlüsse liefern. Und jeder kann sich selbst in diesem Spiel versuchen und nach Wegen Ausschau halten, wie man jenseits bloßer Spekulationen darüber, »welches Lied die Sirenen gesungen haben« (Sir Thomas Browne), an indirekte Aufzeichnungen dieser Lieder gelangen könnte. Ein Großteil der Geschichte von unten läßt sich mit dem Wiederauffinden der Spuren früherer Pflugbahnen vergleichen. Sie sind scheinbar zusammen mit den Männern, die vor langen Jahrhunderten das Feld gepflügt haben und gestorben sind, verschwunden. Doch jeder Luftfotograf weiß, daß bei einem bestimmten Licht und unter einem bestimmten Winkel betrachtet die Schatten längst vergessener Ackerfurchen immer noch zu erkennen sind.

Trotz alledem bringt uns reine Findigkeit nicht weit genug. Was wir benötigen, um dahinterzukommen, was die Sprachlosen gedacht haben, und um unsere Hypothesen darüber zu bestätigen oder zu verwerfen, ist ein zusammenhängendes Bild oder ein Modell. Denn unser Problem besteht weniger darin, die eine gute Quelle zu entdecken. Selbst die besten dieser Quellen – etwa die demographischen über Geburten, Eheschließungen und Sterbefälle – beleuchten lediglich bestimmte Bereiche von dem, was die Menschen damals getan, gemeint und gedacht haben. Was wir normalerweise tun müssen, ist das Zusammensetzen einer Vielzahl häufig bruchstückhafter Informationen, und zu diesem Zweck müssen wir praktisch das Puzzlespiel selbst bauen, das heißt herausarbeiten, in welcher Weise solche Informationen zusammenpassen *müßten*. Das ist eine andere Möglichkeit, etwas auszudrükken, das ich bereits angesprochen habe, daß nämlich ein Praktiker der Geschichte von unten kein Positivist sein kann. Er muß gewissermaßen schon wissen, wonach er sucht, und nur wenn er es weiß, kann er erkennen, ob seine Funde sich mit seiner Hypothese vereinbaren lassen oder nicht; und wenn nicht, dann muß er versuchen, ein neues Modell zu entwickeln.

Wie konstruieren wir unsere Modelle? Natürlich spielt hierbei ein gewisses Moment des Wissens, der Erfahrung, einer ausreichend umfassenden und konkreten Vertrautheit mit dem jeweiligen Gegenstand eine große Rolle. Um ein absurdes Beispiel zu nennen, ein nigerianischer Prüfling bei einem externen Londoner Bakkalaureatsexamen antwortete auf eine Frage über die industrielle Revolution in Lancashire, die dortige Baumwollindustrie habe sich entwickelt, weil Lancashire sich besonders gut für den Anbau von Baumwolle eigne. Unsereiner weiß nun einfach, daß das nicht zutrifft, und hält die Antwort deshalb für unsinnig, auch wenn es in Calabar nicht diesen Anschein haben mochte. Aber es gibt eine Fülle von Antworten, die ebenso sinnlos sind und bei einem vergleichbar elementaren Informationsstand vermieden werden könnten. Wenn wir zum Beispiel einfach nicht wissen, daß der Begriff »artisan« (heute: »Kunsthandwerker«) im England des 19. Jahrhunderts fast ausschließlich dazu benutzt wurde, einen Handwerker oder Facharbeiter zu bezeichnen, und daß mit dem Begriff »peasant« im allgemeinen ein Landarbeiter gemeint war, dann würden wir bei einer Darstellung der englischen Sozialstruktur im 19. Jahrhundert wahrscheinlich einige kapitale Böcke schießen. Solche Fehler sind gemacht worden – Übersetzer auf dem Kontinent übersetzen den Begriff »journeyman« (»Handwerksgeselle«) hartnäckig mit »Tagelöhner« –, und wer weiß, wie viele Diskussionen über die Gesellschaft des 17. Jahrhunderts unter dem Handikap leiden, daß wir nicht genau wissen, welche Bedeutung oder welche Bedeutungen im allgemeinen die Begriffe »servant« oder »yeoman« eigentlich genau hatten. Es gibt einfach Dinge, die man über die Vergangenheit wissen muß, und das ist auch der Grund, warum die meisten Soziologen schlechte Historiker abgeben: Sie wollen sich nicht die Zeit nehmen, hier dazuzulernen.

Außerdem brauchen wir Phantasie – vor allem in Verbindung mit Informationen –, um der größten Gefahr für den Historiker zu entgehen, dem Anachronismus. Praktisch alle populärwissenschaftlichen Darstellungen der viktorianischen Sexualität leiden unter dem Unvermögen zu verstehen, daß unsere eigenen Einstellungen zur Sexualität einfach nicht dieselben sind wie die anderer Perioden. Es ist schlichtweg falsch anzunehmen, die Viktorianer – abgesehen von einer kleinen und ziemlich untypischen Minderheit – hätten dieselbe Einstellung zur Sexualität gehabt, wie wir sie haben, und sie lediglich unterdrückt oder versteckt. Aber es ist mit großen Schwierigkeiten verbunden, selbst unter Aufbietung unserer ganzen Vorstellungskraft, ein Verständnis davon zu gewinnen, um so mehr, als Sexualität sich offenbar kaum verändert und wir uns alle für Fachleute auf diesem Gebiet halten.

Doch Wissen und Phantasie allein reichen nicht aus. Was wir für unsere Konstruktion oder Rekonstruktion benötigen, ist im Idealfall ein zusammenhängendes, am besten widerspruchsfreies *System* des Verhaltens oder Denkens – und eines, das in mancher Hinsicht abgeleitet werden kann, sobald wir die grundlegenden sozialen Annahmen, Parameter und Aufgaben der Situation kennen, noch bevor wir sehr viel über diese Situation selber wissen. Ich will ein Beispiel geben. Wenn Gemeinschaften indianischer Kleinbauern in Peru das Land besetzten, auf das sie ihrer Meinung nach ein Recht hatten, vor allem zu Beginn der sechziger Jahre, gingen sie dabei fast immer auf eine höchst schematische Weise vor: Die ganze Gemeinschaft versammelte sich mit Frauen, Kindern, Vieh und Gerätschaften zur Begleitung von Trommeln, Trompeten und anderen Musikinstrumenten. Zu einem bestimmten Zeitpunkt – gewöhnlich in der Morgendämmerung – überschritten sie alle die Grenzlinie, rissen die Zäune ein, gingen bis zur Grenze des von ihnen beanspruchten Landes und begannen sogleich, möglichst nahe an der Grenze kleine Hütten zu bauen, ihr Vieh zu weiden und den Boden umzugraben. Das Merkwürdige daran ist, daß andere Landbesetzungen durch Bauern zu anderen Zeiten und an anderen Orten – beispielsweise in Süditalien – nach genau demselben Muster abgelaufen sind. Warum? Mit anderen Worten, welche Annahmen können diesem stark schematisierten und offenbar nicht kulturell determinierten Verhalten einen Sinn geben?

Angenommen, wir sagen uns: Zunächst einmal muß die Besetzung kollektiv erfolgen, weil a) das Land der Gemeinschaft gehört und b) nur durch eine Beteiligung aller Mitglieder der Gemeinschaft die Bestrafung einzelner auf ein Mindestmaß begrenzt und verhindert werden kann, daß die Gemeinschaft unter potentiellen Streitigkeiten zwischen denen, die ihren Kopf hingehalten haben, und den anderen zu leiden hat. Denn schließlich verstoßen sie gegen das Gesetz, und wenn es nicht zu einer erfolgreichen Revolution kommt, haben sie mit Sicherheit eine Strafe zu erwarten – selbst wenn ihre Forderungen erfüllt werden sollten. Können wir diese Annahme begründen? Was die Begrenzung von Repressalien durch die Obrigkeit angeht, gibt es eine Fülle von Belegen, die für eine große Bedeutung dieses Motivs sprechen. So wurden beispielsweise bei Aufständen japanischer Bauern vor der Meiji-Restauration zahlreiche Dörfer gewohnheitsmäßig »gezwungen«, sich dem Aufstand anzuschließen, das heißt, die Bauern hatten gegenüber den Dorfvorstehern auf diese Weise einen Vorwand für ihre Beteiligung. Ähnliche Beobachtungen machte Georges Lefebvre bei französischen Dörfern 1789. Wenn jeder sagen kann: »Es tut mir leid, aber ich hatte keine andere Wahl, als mitzumachen«, haben die Behörden ihrerseits einen offiziellen Vorwand, um die Bestrafung einzuschränken, zu der sie sich gegen die Rebellen genötigt sehen. Denn sie müssen natürlich ebenso mit den Bauern weiterleben wie diese mit ihnen. Die Tatsache, daß der eine Teil regiert und der andere regiert wird, heißt ja nicht, daß die einen auf die anderen keine Rücksicht nehmen müßten.

So weit, so gut. Welches ist nun das vertrauteste Mittel, die gesamte Gemeinschaft zu mobilisieren? Es ist die dörfliche *fiesta* oder ihr Äquivalent – die Verbindung von kollektivem Ritual und kollektiver Unterhaltung. Und eine Landbesetzung ist natürlich beides: Sie ist einerseits eine sehr ernste und zeremonielle Angelegenheit, bei der Land reklamiert wird, das dem Dorf gehört, und zugleich ist sie wahrscheinlich die aufregendste Sache, die sich seit langem im Dorf ereignet hat. So liegt es nahe, daß der Aufstand der Bauern auch etwas von einem Jahrmarkt an sich hat. Von daher die Musik – die auch dazu dient, die Bevölkerung zu mobilisieren und »zusammenzutrommeln«. Können wir das beweisen? Nun, wir haben zahlreiche Belege dafür, daß bei solchen Aufständen die Leute – vor allem die jungen Leute – ihren Sonntagsstaat anlegen; und wir haben Belege, daß vor allem in Regionen mit hohem Alkoholkonsum bei solchen Anlässen beträchtliche Mengen an berauschenden Getränken konsumiert werden.

Warum beginnt die Aktion in der Morgendämmerung? Vermutlich aus guten militärischen Gründen – um den Gegner zu überrumpeln und selbst zumindest ein Minimum an Tageslicht zu haben. Aber warum bauen sie Hütten und bringen Hausvieh und Gerätschaften mit, statt erst die Grundbesitzer oder die Polizei zu erwarten und zu vertreiben? Tatsächlich versuchen sie in den seltensten Fällen ernsthaft, die Polizei oder die Armee zurückzuschlagen, einfach weil sie nur zu gut wissen, daß sie dafür zu schwach sind. Bauern sind häufig realistischer als viele ultralinke Rebellen. Sie wissen ganz genau, wer wen töten wird, wenn es zu einer Konfrontation kommt. Und was noch wichtiger ist, sie wissen, wer nicht davonlaufen kann. Sie wissen, daß Revolutionen eintreten können, aber sie wissen auch, daß deren Erfolg nicht von ihnen in ihrem besonderen Dorf abhängt. Deshalb sind massenhafte Landbesetzungen in der Regel ein Schwindelmanöver. Im allgemeinen gibt es etwas an der politischen Situation, das bis zu den Dörfern durchgesickert ist und sie überzeugt hat, daß die Zeiten im Begriff stehen, sich zu ändern: Die normale Strategie der Passivität kann dabei vielleicht durch Aktivität ersetzt werden. Wenn sie im Recht sind, wird niemand kommen und sie von ihrem Land vertreiben. Sind sie im Unrecht, ist es am vernünftigsten, sich wieder zurückzuziehen und auf den nächsten geeigneten Augenblick zu warten. Aber dessenungeachtet müssen sie nicht nur einen Anspruch auf den Boden erheben, sie müssen tatsächlich auf ihm leben und ihn *bearbeiten*, weil ihr Recht nichts mit dem bürgerlichen Eigentumsrecht zu tun hat, sondern mehr mit dem Lockeschen Eigentumsrecht im Naturzustand. Es beruht darauf, die Ressourcen der Natur mit eigenen Händen zu bearbeiten. Haben wir dafür Belege? Die haben wir, denn wir wissen aus dem Rußland des 19. Jahrhunderts vom Glauben der Bauern an das sogenannte »Arbeitsprinzip«. Und in Cilento, südlich von Neapel, gin-

gen vor der Revolution von 1848 »die Bauern an jedem Weihnachts-
abend auf die Felder hinaus, die sie für sich beanspruchten, um auf
ihnen Feldarbeiten zu verrichten und auf diese Weise die ideale Besitz-
grundlage ihrer Rechte zu wahren«. Wer das Land nicht bearbeitet,
kann es nicht rechtmäßig besitzen.

Ich könnte noch weitere Beispiele anführen. Ich habe eine Konstruktion dieser Art – die ich zugegebenermaßen von den Ethnosoziologen
übernommen habe – auch bei anderen Problemen versucht: zum Beispiel beim Problem der Sozialbanditen, einem weiteren Phänomen,
das sich für eine Analyse dieser Art eignet, weil sie weitgehend standar-
disiert ist.

Sie erfordert drei analytische Schritte: Erstens müssen wir das identifizieren, was in der Medizin als Syndrom bezeichnet wird – nämlich
alle »Symptome« oder Teilstücke des Puzzles, die zusammengesetzt
werden müssen, oder zumindest eine ausreichende Zahl von ihnen, um
damit weiterzumachen. Zum zweiten müssen wir ein Modell entwerfen, das alle diese Verhaltensformen sinnvoll miteinander verknüpft, das
heißt, wir müssen eine Reihe von Annahmen treffen, welche die Kombination dieser verschiedenen Verhaltensformen nach einem rationalen
Schema miteinander in Einklang bringt. Und drittens müssen wir herausfinden, ob es unabhängige Belege zur Bestätigung unserer Vermutungen gibt.

Nun ist der verzwickteste Teil davon der erste, da er auf einer Mischung aus dem Vorverständnis des Historikers, seiner Theorien über
die Gesellschaft und manchmal seiner Ahnung, seines Instinkts oder
seiner inneren Stimme beruht, und in den meisten Fällen ist er sich
selbst noch nicht völlig darüber im klaren, wie er die erste Auswahl treffen soll. Bei mir selber war das jedenfalls so, auch wenn ich mich immer
sehr bemühe, mir bewußtzumachen, was ich tue. Zum Beispiel, aus
welchem Grund sucht man sich eine Vielfalt von ungleichartigen sozialen Erscheinungen heraus, die im allgemeinen als merkwürdige Fußnoten zur Geschichte behandelt werden, und ordnet sie einer Kategorie
»primitive Rebellion« zu, einer quasi vorpolitischen Politik: Banditen-
tum, städtische Aufstände, bestimmte Formen von Geheimgesellschaf-
ten, bestimmte Formen von chiliastischen und anderen Sekten und
ähnliches? Als ich das zum erstenmal gemacht habe, hatte ich eigentlich
keine Antwort auf diese Frage. Warum fällt mir unter zahlreichen anderen Dingen, die mir ebenfalls auffallen könnten (von denen mir dennoch einige offensichtlich entgehen), ausgerechnet der Umstand auf,
daß die Kleidung bei bäuerlichen Bewegungen eine wichtige Rolle
spielt; Kleidung als Symbol des Klassenkampfs, wie in der sizilianischen

Feindschaft zwischen den »Mützen« und den »Hüten« oder in den bolivianischen Bauernaufständen, bei denen die Indianer, die die Städte besetzen, die Stadtbewohner zwingen, ihre Hosen auszuziehen und bäuerliche (das heißt indianische) Kleidung zu tragen? Kleider als Symbole der Rebellion an sich wie im Fall der britischen Landarbeiter, die 1830 ihren Sonntagsstaat anlegten, um mit ihren Forderungen bei den adligen Grundbesitzern vorzusprechen und anzuzeigen, daß sie sich nicht im normalen Zustand der Unterdrückung befinden, dem die Arbeit entspricht, sondern im Zustand der Freiheit, dem der Feiertag und das Vergnügen entsprechen. (Erinnern wir uns daran, daß selbst in den Anfängen der Arbeiterbewegung der Begriff des Streiks und der des Feiertags nicht klar voneinander getrennt waren: Bergarbeiter »feiern«, wenn sie sich im Streik befinden, und die chartistischen Pläne zu einem Generalstreik 1839 richteten sich auf einen »Nationalfeiertag«.) Ich weiß es nicht, und diese Unwissenheit ist gefährlich, denn sie kann mich blind dafür machen, daß ich meine eigenen, gegenwartsbezogenen Annahmen in das Modell einführe oder etwas Wichtiges auslasse.

Die zweite Phase der Analyse ist ebenfalls verzwickt, da es sein kann, daß wir den Tatsachen eine willkürliche Konstruktion überstülpen. Soweit das Modell allerdings überprüfbar ist – im Unterschied zu vielen schön anzusehenden Modellen, wie sie beispielsweise von den Strukturalisten aufgestellt werden –, braucht uns das nicht besonders zu beunruhigen. Problematischer ist dagegen eine gewisse Unklarheit im Hinblick darauf, was wir gern beweisen möchten. Denn wenn wir annehmen, daß eine bestimmte Verhaltensweise unter bestimmten Annahmen einen Sinn ergibt, behaupten wir damit noch nicht, sie sei vernünftig, sie lasse sich mit rationalen Gründen rechtfertigen. Die große Gefahr bei diesem Vorgehen – der zahlreiche Feldanthropologen erlegen sind – besteht darin, jedes Verhalten als gleich »rational« einzustufen. Zu einem Teil ist das zwar richtig. So war beispielsweise das Verhalten des braven Soldaten Schwejk, dem die Militärbehörden bescheinigt hatten, er sei ein ausgemachter Schwachkopf, alles andere als schwachsinnig. Es war zweifellos die wirksamste Form des Selbstschutzes für jemanden in seiner Position. Wenn man das politische Verhalten von Bauern in einem Zustand der Unterdrückung untersucht, stößt man immer wieder auf den praktischen Wert der Dummheit und einer Weigerung, irgendwelche Neuerungen zu übernehmen: Das größte Kapital von Bauern besteht darin, daß es viele Dinge gibt, zu denen man sie einfach nicht bewegen kann, und im großen und ganzen ist das Ausbleiben von Veränderungen das, was einer traditionellen Bauernschaft am meisten zusagt. (Dennoch dürfen wir natürlich nicht vergessen, daß viele dieser Bauern sich nicht einfach dumm stellen, sondern wirklich dumm *sind*.) Manchmal war das Verhalten unter bestimmten Umständen vernünftig und ist es nicht mehr, wenn die Umstände sich geändert haben. Aber es gibt auch zahlreiche Verhaltensweisen, die überhaupt nicht rational, das heißt keine tauglichen Mittel sind, um angebbare praktische Ziele zu erreichen, sondern lediglich nachvollziehbar. Das ist offensichtlich der Fall bei der Wiederbelebung von Glaubensvorstellungen im Hinblick auf Astrologie, Hexerei, verschiedene marginale Religionen sowie irrationale Vorstellungen im Westen heute oder bei bestimmten Formen der Gewalttätigkeit, etwa – um ein besonders verbreitetes Beispiel zu nehmen – die Raserei, die so viele Männer befällt, sobald sie hinter dem Steuer ihres Wagens sitzen. Der Historiker einer Geschichte von unten muß oder sollte stets auf sein Urteilsvermögen vertrauen.

Was ist der Zweck all dieser Übungen? Es geht nicht einfach darum, die Vergangenheit zu entdecken, sondern sie zu *erklären* und auf diese Weise eine Verbindung mit der Gegenwart herzustellen. In der Geschichtswissenschaft ist die Versuchung sehr groß, Dinge zu entdecken, die bislang unbekannt waren, und sich an dem Aufgefundenen einfach nur zu freuen. Und da so viele Einzelheiten der Lebensumstände und mehr noch der Gedanken und Meinungen der einfachen Leute bislang völlig unbekannt waren, ist diese Versuchung in der Geschichte von unten um so stärker, da viele von uns sich mit den unbekannten einfachen Männern und Frauen – den sogar noch unbekannteren Frauen – der Vergangenheit identifizieren. Ich möchte niemanden davon abbringen. Doch Neugier, Gesinnung und die Begeisterung für Altertümer sind nicht genug. Im besten Fall ergibt eine solche Geschichte von unten eine wunderbare Lektüre, aber das ist dann schon alles. Was wir wissen möchten ist nicht nur das *Was*, sondern auch das *Warum*. Die Entdeckung, daß im 17. Jahrhundert in puritanischen Dörfern in Somerset oder in viktorianischen Kirchenvereinen zur Armenpflege in Wiltshire junge Frauen mit unehelichen Kindern nicht als Sünderinnen oder »nicht achtbar« betrachtet wurden, wenn sie ernsthaft Grund zu der Überzeugung gehabt hatten, der Vater des Kindes habe beabsichtigt, sie zu heiraten, ist interessant und gibt uns Anlaß zum Nachdenken. Was wir jedoch wirklich wissen wollen ist, warum solche Überzeugungen gehegt wurden, wie sie sich mit dem übrigen Wertesystem dieser Gemeinschaften (oder der größeren Gesellschaft, deren Bestandteil sie waren) vertrugen und warum sie sich geändert oder nicht geändert haben.

Die Verbindung zur Gegenwart ist ebenfalls offensichtlich, denn der Prozeß, sie zu verstehen, hat viel gemeinsam mit dem Prozeß, die Vergangenheit zu verstehen, ganz abgesehen von der Tatsache, daß ein Verständnis davon, wie aus der Vergangenheit die Gegenwart geworden ist, uns dazu verhilft, die Gegenwart und vermutlich auch einen Teil der Zukunft zu verstehen. Ein Großteil des Verhaltens der Menschen *aller Gesellschaftsschichten* heute ist tatsächlich ebenso unbekannt und undokumentiert wie ein großer Teil des Lebens der einfachen Bevölkerung in der Vergangenheit. Soziologen und andere, die die Entwicklungen des Alltagslebens verfolgen, spüren fortwährend ihrem Wild hinterher. Und selbst wenn wir uns bewußt sind, was wir als Mitglieder unserer Gesellschaft und Epoche tun, haben wir vielleicht doch kein Bewußtsein von der Rolle, die unsere Handlungen und Überzeugungen dabei spielen, das Bild von dem zu erzeugen, was wir alle als eine geordnete soziale Welt ansehen möchten – selbst diejenigen, die sich als außerhalb von ihr stehend betrachten – oder dabei, unseren Versuch auszudrücken, mit ihren Veränderungen fertig zu werden. Vieles von dem, was heute über Familienbeziehungen geschrieben, gesagt und szenisch dargestellt wird, gehört zweifellos in die Kategorie der Symptome und nicht der Diagnose.

Und wie in der Vergangenheit besteht eine unserer Aufgaben darin, das Leben und Denken der einfachen Leute aufzudecken und sie vor der »ungeheuren Herablassung der Nachwelt« zu retten, wie Edward Thompson geschrieben hat, so daß unser Problem in der Gegenwart auch darin besteht, die ebenso anmaßenden Annahmen derer auszuräumen, die überzeugt sind, sie wüßten genau, welches die Fakten und welches die Lösungen seien, die sie den Menschen aufnötigen wollen. Wir müssen aufdecken, was die Menschen wirklich von einer guten oder auch nur erträglichen Gesellschaft erwarten, und, was keineswegs dasselbe ist – weil sie es möglicherweise nicht wirklich wissen –, was sie von einer solchen Gesellschaft *brauchen*. Das ist nicht einfach, zum Teil, weil es mühselig ist, sich von den herrschenden Annahmen darüber zu befreien, wie die Gesellschaft funktionieren sollte, von denen einige (zum Beispiel ein Großteil der liberalen) als Anleitung wenig hilfreich sind, und zum Teil, weil wir eigentlich nicht wissen, was den Mechanismus einer Gesellschaft im wirklichen Leben in Gang hält: sogar den einer schlechten und ungerechten Gesellschaft. Bislang sind alle mir bekannten Länder im 20. Jahrhundert an der Aufgabe gescheitert, durch überlegte Planung ein Problem zu lösen, das seit vielen Jahrhunderten die Menschheit vor keine allzu großen Schwierigkeiten zu stellen schien, nämlich wie man eine funktionierende Stadt bauen sollte, die zugleich eine Gemeinschaft von Menschen darstellte. Das müßte uns nachdenklich stimmen.

Die Vertreter einer Geschichte von unten gehen einen Großteil ihrer Zeit der Frage nach, wie Gesellschaften funktionieren, wann sie es nicht tun und auf welche Weise sie sich ändern. Sie können gar nicht anders, da ihr Gegenstand, die einfachen Leute, den Großteil jeder Gesellschaft ausmacht. Am Anfang ihrer Arbeit kommt ihnen ihr Wissen zugute, daß sie weder die Fakten noch die Lösungen für ihre Probleme kennen. Außerdem haben sie als Historiker gegenüber den Sozialwissenschaftlern, die sich der Geschichte zuwenden, den beträchtlichen Vorteil, zu wissen, wie wenig wir von der Vergangenheit wissen, wie wichtig es ist, diese Lücke zu schließen, und wieviel harte Arbeit in einer spezialisierten Disziplin hierfür erforderlich ist. Sie haben noch einen dritten Vorteil. Sie wissen, daß das, was Menschen gewollt und nötig gebraucht haben, nicht immer identisch war mit dem, was Bessergestellte oder diejenigen, die gebildeter oder einflußreicher waren als sie, ihnen zubilligen wollten. Das sind äußerst bescheidene Ansprüche unserer Zunft. Doch Bescheidenheit sollte man als Tugend nicht geringschätzen. Es ist wichtig, uns von Zeit zu Zeit daran zu erinnern, daß wir nicht alle Antworten über die Gesellschaft kennen und daß das Verfahren zu ihrer Entdeckung nicht einfach ist. Diejenigen, die die Gesellschaft planen und lenken, werden jetzt wahrscheinlich weghören. Diejenigen, die die Gesellschaft verändern und möglicherweise ihre Entwicklung planen wollen, sollten dagegen zuhören. Wenn einige von ihnen das tun, dann wird dies zu einem Teil der Arbeit von Historikern wie George Rudé zu verdanken sein.

17. Kapitel

Die merkwürdige Geschichte Europas

Können Kontinente eine Geschichte als Kontinente haben? Wir sollten vermeiden, Politik, Geschichte und Geographie durcheinanderzubringen, vor allem mit jenen Gebilden in Atlanten vor Augen, die keine natürlichen geographischen Einheiten sind, sondern lediglich von Menschen gegebene Namen für Teile der Landmasse der Erde tragen. Außerdem war von Anfang an klar, also seit dem Altertum, als die Erdteile der Alten Welt erstmals ihre Namen erhielten, daß diese mehr als nur eine geographische Bedeutung hatten.

Nehmen wir zum Beispiel Asien. Seit 1980, wenn ich mich nicht irre, haben die Bürger der Vereinigten Staaten bei einer Volkszählung die Möglichkeit, sich als »Asioamerikaner« einzustufen, vermutlich eine Klassifikation nach dem Muster der »Afroamerikaner«, ein Begriff, den schwarze Amerikaner gegenwärtig als Bezeichnung für sich vorziehen. Ein Asioamerikaner ist vermutlich ein US-Amerikaner, der in Asien geboren wurde oder von asiatischen Eltern abstammt. Aber was hat es für einen Sinn, Einwanderer aus der Türkei unter dieselbe Rubrik einzuordnen wie die aus Kambodscha, Korea, den Philippinen oder Pakistan, ganz zu schweigen von dem zweifellos ebenso asiatischen Territorium Israels, auch wenn dessen Einwohner an diese geographische Tatsache nicht gern erinnert werden wollen? Praktisch haben diese Gruppen nichts miteinander gemeinsam.

Wenn wir die Kategorie »asiatisch« näher betrachten, dann sagt sie uns mehr über uns selbst als über Landkarten. Sie wirft zum Beispiel ein Licht auf die US-amerikanischen oder allgemein »westlichen« Einstellungen gegenüber jenen Teilen der Menschheit, die ihren Ursprung in Regionen haben, die früher einmal als »der Osten« oder »der Orient« bekannt waren. Westliche Beobachter und nach ihnen Eroberer, Herrscher, Siedler und Unternehmer suchten nach einem gemeinsamen

Diesem Text liegt ein Vortrag über Europa und seine Geschichte zugrunde, der unter der Schirmherrschaft des Fischer Taschenbuch Verlags gehalten wurde, als dieser anläßlich des Deutschen Historikertags in München 1996 eine neue Taschenbuchreihe unter dem Titel »Europäische Geschichte« ankündigte.

Nenner für Bevölkerungen, die offenbar nicht imstande waren, sich gegen sie zu erheben, aber ebenso offenbar festgefügten, alten Kulturen und politischen Gebilden angehörten, denen Respekt gebührte oder die nach den Maßstäben des 18. und 19. Jahrhunderts zumindest ein Recht darauf gehabt hätten, ernst genommen zu werden. Sie waren in der damals üblichen Terminologie keine »Wilden« oder »Barbaren«, sondern gehörten einer anderen Kategorie an. Sie waren »Orientalen«, deren charakteristische Merkmale unter anderem ihre Unterlegenheit gegenüber dem Westen begründeten. Das vielbeachtete Buch *Orientalism* des Palästinensers Edward Said hat den typischen Ton der europäischen Arroganz gegenüber dem »Orient« eingefangen, auch wenn es die Komplexität westlicher Einstellungen in diesem Bereich eher unterschätzt.[1]

Auf der anderen Seite hat »asiatisch« heute eine zweite und geographisch eingeschränktere Bedeutung. Wenn Lee Kwan Yew in Singapur einen »asiatischen Weg« und ein »asiatisches Wirtschaftsmodell« verkündet, ein Thema, das von westlichen Managementfachleuten und Ideologen nur zu gern aufgegriffen wird, haben wir es nicht mit Asien insgesamt zu tun, sondern mit den wirtschaftlichen Auswirkungen des geographisch umgrenzten Erbes des Konfuzius. Kurzum, wir befinden uns wieder in der alten, von Marx eröffneten und von Max Weber weitergeführten Debatte über den Einfluß bestimmter Religionen und Weltanschauungen auf wirtschaftliche Entwicklungsprozesse. Früher einmal war es der Protestantismus, der den Motor des Kapitalismus antrieb. Heute ist Calvin »out«, und Konfuzius ist »angesagt«, weil zum einen die protestantischen Tugenden im westlichen Kapitalismus nicht besonders gut nachweisbar sind und zum anderen die wirtschaftlichen Triumphe Südostasiens in Ländern erreicht wurden, die durch das konfuzianische Erbe geprägt sind – China, Japan, Korea, Taiwan, Hongkong, Singapur und Vietnam – oder von einer chinesischen Unternehmerdiaspora getragen werden. Wie die Dinge liegen, beherbergt Asien heute die Zentren aller Weltreligionen mit Ausnahme des Christentums, einschließlich der Überreste des Kommunismus, doch die nichtkonfuzianischen Kulturregionen des Kontinents sind für die gegenwärtige Mode in der Weberschen Debatte belanglos. Sie gehören nicht zu *diesem* Asien.

Dasselbe gilt natürlich für die westliche Verlängerung Asiens, die als Europa bekannt ist. Geographisch hat es, wie jedermann weiß, keine östlichen Grenzen, und deshalb existiert dieser Erdteil *ausschließlich* als eine gedankliche Konstruktion. Selbst die kartographische Scheidelinie der traditionellen Schulatlanten – Uralgebirge, Uralfluß, Kaspisee und

Kaukasus, die sich im Deutschen mnemotechnisch weitaus besser einprägen als in anderen Sprachen – beruht auf einer politischen Entscheidung. Der polnische Historiker Bronislaw Geremek hat kürzlich daran erinnert, daß die Bezeichnung »Uralgebirge« als der östlichen Begrenzung Europas durch Wassilij Tatischtschew im 18. Jahrhundert bewußt mit dem »Stereotyp« brechen wollte, demzufolge der Moskauer Staat und seine Erben zu Asien gehörten.[2] »Es bedurfte also des Entschlusses eines Geographen und Historikers und der Annahme einer Konvention.« Das ändert allerdings nichts an der Tatsache, daß die ursprüngliche Grenze zwischen Hellenen und den von Hellenen als solchen definierten »Barbaren« nördlich des Schwarzen Meeres verlief. Südrußland gehört schon viel länger zu Europa als manche Gebiete, die wir heute ohne weiteres dazuzählen, über deren Zugehörigkeit aber die Geographen noch im späten 19. Jahrhundert uneinig waren, zum Beispiel Island und Spitzbergen.

Daß Europa eine Konstruktion ist, bedeutet natürlich nicht, daß es nicht existiert oder existiert hätte. Ein Europa gibt es, seitdem die alten Griechen ihm einen Namen gaben. Nur ist es ein veränderlicher, dehnbarer Begriff, wenn auch vielleicht nicht ganz so dehnbar wie »Mitteleuropa«, das klassische Beispiel für in Geographie eingekleidete politische Programme. Kein Teil Europas außer dem Territorium der gegenwärtigen Tschechischen Republik und ihrer Nachbarregionen erscheint auf *allen* Karten Mitteleuropas; aber einige von ihnen erstrecken sich über den gesamten Kontinent mit Ausnahme der Iberischen Halbinsel. Die Dehnbarkeit des Begriffs Europa ist allerdings weniger geographisch – alle Atlanten akzeptieren praktisch die Uralgrenze – als politisch und ideologisch. Während des Kalten Krieges erstreckte sich die Teildisziplin »europäische Geschichte« in den USA in der Hauptsache auf Westeuropa. Seit 1989 erstreckt sie sich auch auf Mittel- und Osteuropa, da »sich die politische und ökonomische Geographie Europas in einem Wandlungsprozeß befindet«.[3]

Der ursprüngliche Begriff von Europa beruhte auf einer doppelten Konfrontation: der militärischen Verteidigung der Griechen gegen den Vormarsch eines östlichen Reiches in den Perserkriegen und dem Aufeinandertreffen der griechischen »Zivilisation« und den skythischen »Barbaren« in den Steppen Südrußlands. Wir sehen darin im Licht der weiteren Geschichte einen Prozeß der Konfrontation und Differenzierung, aber ebenso leicht könnte man darin eine Symbiose und einen Synkretismus erkennen. Tatsächlich brachte er, woran uns Neal Acherson in seinem herrlichen Buch *Black Sea* im Anschluß an Rostovtzeffs *Iranians and Greeks in Southern Russia* erinnert, in dieser Region, in der sich asiatische, griechische und – auf dem Weg donauabwärts – westliche Einflüsse überschnitten, »gemischte Kulturen [hervor], die ebenso eigenartig wie interessant waren«.[4]

Mit derselben Berechtigung könnte man die gesamte Zivilisation des Mittelmeerraumes zur Zeit des klassischen Altertums als eine einzige Mischkultur auffassen. Schließlich führte sie ihre Schrift ebenso wie später ihre imperiale Weltanschauung und Staatsreligion aus dem Vorderen und Mittleren Orient ein. Überhaupt hatte die heutige Aufteilung zwischen Europa, Asien und Afrika keine – oder zumindest gegenüber heute keine vergleichbare – Bedeutung in einer Region, in der die Griechen in allen drei Kontinenten gleichermaßen lebten und sich wirtschaftlich mit Erfolg betätigten. (Erst in unserem tragischen Jahrhundert der Extreme wurden sie schließlich aus Ägypten, Kleinasien und dem Pontus vertrieben.) Welche Bedeutung hätte sie in der Blütezeit des ungeteilten Römischen Reiches haben sollen, das sich seiner Ausdehnung auf drei Kontinente erfreute und sich bereitwillig alles Nützliche zu eigen machte, was von außen kam?

Einwanderungen und militärische Einfälle aus den Regionen barbarischer Völker waren nichts Neues. Alle Reiche im Gürtel der Zivilisation, der sich von Ostasien in westlicher Richtung bis zum Mittelmeer erstreckte, sahen sich ihnen ausgesetzt. Allerdings hinterließ der Untergang des Römischen Reiches im Westen und einige Zeit später im Osten keine Reiche oder Herrscher mehr, die in der Lage gewesen wären, sich ihrer zu erwehren. Seit dieser Zeit wird es für uns möglich, die Geschichte der Region zwischen dem Kaukasus und Gibraltar als ein Jahrtausend des Kampfes gegen Eroberer aus dem Osten, Norden und Süden aufzufassen – von Attila bis Süleyman dem Prächtigen oder selbst bis zur zweiten Belagerung Wiens 1683.

Es ist wohl kein Zufall, daß die Ideologie, die den Kern der »europäischen Idee« von Napoleon über die paneuropäische Bewegung der zwanziger Jahre unseres Jahrhunderts und Goebbels bis zur Europäischen Gemeinschaft gebildet hat – eine Idee von Europa, die auf dem bewußten *Ausschluß* von Teilen des geographischen Kontinents beruht –, sich gern auf Karl den Großen beruft. Dieser Karl der Große herrschte über den einzigen Teil des europäischen Kontinents, bis zu dem zumindest seit dem Aufstieg des Islams die Eindringlinge *nicht* vorgedrungen waren und der deshalb von sich sagen konnte, er sei »die Vorhut und der Retter des Abendlands« gegen das Morgenland – um die Worte des österreichischen Präsidenten Karl Renner 1946 zu zitieren, der damit die angebliche »historische Mission« seines eigenen Landes gerühmt hatte.[5] Da Karl der Große selbst ein Eroberer war, der die

Grenzen des Reiches gegen Sarazenen und östliche Barbaren vorschob, hätte man von ihm in der Sprache des Kalten Krieges sagen können, er sei vom »Containment« zum »Roll-back« übergegangen.

Gewiß, in diesen Jahrhunderten dachte niemand außerhalb eines kleinen Kreises von klassisch gebildeten Geistlichen an ein »Europa«. Die erste echte Gegenoffensive des Westens gegen Sarazenen und Barbaren stand nicht im Zeichen des »regnum Europaeum« der karolingischen Lobredner, sondern im Zeichen des (römischen) Christentums: als südöstliche und südwestliche Kreuzzüge gegen den Islam, nordöstliche Kreuzzüge gegen die Heiden an der Ostsee. Und noch im 16. Jahrhundert, als die Europäer mit der wirklichen Eroberung des Globus begannen, war die Kreuzzugsideologie der spanischen *reconquista* in der Ideologie der *conquistadores* der Neuen Welt zu erkennen. Erst im 17. Jahrhundert verstanden die Europäer Europa als einen Kontinent und nicht mehr als einen Glauben. Spätestens als sie zum Ende dieses Jahrhunderts in der Lage waren, die Macht der großen Reiche in Asien herauszufordern, konnte die Bekehrung von Ungläubigen zum wahren Glauben ideologisch nicht mehr mit der doppelten Buchführung konkurrieren. Die wirtschaftliche und militärische Überlegenheit festigte jetzt die Überzeugung, daß die Europäer allen übrigen nicht als Träger einer Zivilisation der Moderne, sondern kollektiv als Menschenschlag überlegen seien.

Ein Jahrtausend hindurch hatte sich »Europa« in der Defensive befunden. Jetzt eroberte es ein halbes Jahrtausend lang die Welt. Beide Beobachtungen machen es umöglich, die europäische von der Weltgeschichte zu trennen. Was für Wirtschaftshistoriker, Archäologen und andere Forscher über die Alltagsgeschichte der Vergangenheit offensichtlich war, sollte jetzt allgemein akzeptiert werden. Selbst der bloße Gedanke einer kartographisch definierten Geschichte Europas wurde erst mit dem Aufstieg des Islam möglich, der zwischen den südlichen und östlichen Küsten des Mittelmeers und seinen nördlichen Küsten einen dauerhaften Trennungsstrich zog. Welcher Historiker des klassischen Altertums würde schon darauf beharren, die Geschichte allein der am nördlichen Mittelmeer gelegenen Provinzen des Römischen Reiches zu schreiben, es sei denn aus einer Marotte oder aus ideologischen Gründen?

Dennoch ist die Trennung Europas von der übrigen Welt weniger gefährlich als die Praxis, Teile des geographischen Kontinents aus einem ideologischen Konzept »Europa« auszuklammern. Die letzten fünfzig Jahre müßten uns gelehrt haben, daß solche Neudefinitionen des Kontinents nichts mit Geschichte, sondern etwas mit Politik und Ideologie zu tun haben. Bis zum Ende des Kalten Krieges war dies leicht zu erkennen. Nach dem Zweiten Weltkrieg bedeutete Europa für die Amerikaner »das östliche Grenzgebiet dessen, was als ›westliche Zivilisation‹ bezeichnet wurde«.[6] »Europa« hörte an den Grenzen zu der Region auf, die von der Sowjetunion kontrolliert wurde, und wurde durch den Nicht- oder den Antikommunismus seiner Regierungen definiert. Natürlich wurde der Versuch unternommen, diesem Rumpfgebilde einen positiven Inhalt zu verleihen, indem man es beispielsweise als die Zone von Demokratie und Freiheit beschrieb. Das erschien jedoch selbst der Europäischen Wirtschaftsgemeinschaft erst um die Mitte der siebziger Jahre einleuchtend, nachdem die unverhohlen autoritären Regime in Südeuropa verschwunden waren – Spanien, Portugal, Griechenland unter der Junta –, und auch England, von unzweifelhaftem demokratischen, aber fragwürdigem »europäischen« Charakter, schließlich beigetreten war. Heute ist es sogar noch offensichtlicher, daß programmatische Definitionen Europas zu nichts führen. Die Sowjetunion, deren Existenz »Europa« zusammenschweißte, gibt es nicht mehr, während die Unterschiedlichkeit der Regime zwischen Gibraltar und Wladiwostok auch nicht durch die Tatsache verdeckt wird, daß sie sich alle ausnahmslos zur Demokratie und zur freien Marktwirtschaft bekennen.

Die Suche nach einem einzigen, programmatischen »Europa« führt demnach nur zu endlosen Debatten über die bislang ungelösten und vielleicht unlösbaren Probleme, in welcher Form eine Erweiterung der Europäischen Union erfolgen soll, das heißt, wie man einen Kontinent, der während seiner gesamten Geschichte wirtschaftlich, politisch und kulturell heterogen gewesen ist, zu einem mehr oder weniger einheitlichen Gebilde machen soll. So etwas wie ein *einziges* Europa hat es nie gegeben. Die Unterschiede können aus unserer Geschichte nicht eliminiert werden. Das war schon immer so, selbst wenn die Ideologie es vorzog, »Europa« einen religiösen Mantel umzuhängen anstelle eines geographischen. Gewiß, Europa war der spezifische Erdteil der Christenheit, zumindest zwischen dem Aufstieg des Islam und der Eroberung der Neuen Welt. Doch kaum waren die letzten Heiden bekehrt worden, da zeigte sich, daß sich mindestens zwei alles andere als brüderliche Spielarten des Christentums auf dem Territorium Europas gegenüberstanden, und die Reformation im 16. Jahrhundert fügte ihnen noch einige weitere hinzu. Für manche Europäer (allerdings überwiegend in Polen und Kroatien) ist die Grenze zwischen dem katholischen und dem orthodoxen Christentum »noch heute eine der dauerhaftesten Zivilisationsgrenzen der Erde«.[7] Noch heute demonstriert Nordirland, daß die alte Tradition der blutigen innereuropäischen Konfessionskriege nicht ausgestorben ist. Das Christentum ist aus der europäischen Geschichte nicht wegzudenken, aber es hat zur Einigung unseres Kontinents nicht mehr beigetragen als andere, noch typischere europäische Begriffe wie etwa »Nation« oder »Sozialismus«.

Die Tradition, die Europa nicht als einen Erdteil, sondern als einen Verein betrachtet, dessen Mitgliedschaft nur Anwärtern offensteht, denen ein Vereinsausschuß ihre Eignung bescheinigt hat, ist fast so alt wie der Name »Europa« selbst. Wo »Europa« aufhört, hängt natürlich vom jeweiligen Standpunkt ab. Bekanntlich fing »Asien« für Metternich gleich hinter Wien an, eine Auffassung, die noch am Ende des 19. Jahrhunderts in einer Serie von Artikeln in der Wiener *Reichspost*, die sich gegen die »barbarisch-asiatischen« Ungarn richteten, ihren Nachhall fand. Für die Einwohner Budapests verlief die Grenze des wahren Europas fraglos zwischen Ungarn und Kroaten, für Präsident Tudjman verläuft sie ebenso eindeutig zwischen Kroaten und Serben. Zweifellos verstehen sich stolze Rumänen als untadelige Europäer und innerlich als Pariser, die man unter rückständige Slawen verbannt hat, auch wenn Gregor von Rezzori, der in der Bukowina geborene österreichische Schriftsteller, sie in seinen Büchern als »Maghrebinier«, also Nordafrikaner bezeichnet.

Die wirkliche Grenze ist demnach keine geographische, aber auch nicht unbedingt eine ideologische. Sie trennt eine subjektive Überlegenheit von einer zugeschriebenen Unterlegenheit, definiert von denen, die sich selbst für »besser« halten und in der Regel überzeugt sind, einer geistig, kulturell oder gar biologisch höherstehenden Schicht anzugehören als ihre Nachbarn. Die Grenze ist auch nicht unbedingt ethnischer Natur. In Europa wie anderswo verlief die von den meisten anerkannte Grenze zwischen Zivilisation und Barbarei zwischen den Reichen und den Armen, das heißt zwischen denen, die einen Zugang zu Luxusgütern, Bildung und der Welt da draußen hatten, und allen übrigen. Folglich verlief die offensichtlichste Spaltung dieser Art quer durch die einzelnen Gesellschaften und nicht zwischen ihnen, das heißt primär zwischen Stadt und Land. Bauern waren zweifellos Europäer – wer wäre heimatbewußter gewesen als sie? –, doch wie oft kam es vor, daß die gebildeten Romantiker, Volkskundler und Sozialwissenschaftler des 19. Jahrhunderts, selbst wenn sie häufig ihr archaisches Wertesystem bewunderten oder sogar idealisierten, die Bauern als einen »Überrest« einer früheren und folglich primitiveren Kulturstufe behandelten, der sich aufgrund ihrer Rückständigkeit und Isolation in die Gegenwart erhalten habe? Nicht die Städter, sondern die Landleute bevölkerten die neuen ethnographischen Museen, die von den Bildungsbürgern in mehreren Städten Osteuropas zwischen 1888 und 1905 eröffnet wurden, etwa in Warschau, Sarajevo, Helsinki, Prag, Lemberg (heute Lwow), Belgrad, St. Petersburg und Krakau (heute Kraków).

Nichtsdestoweniger verlief die Linie allzuoft zwischen Völkern und Staaten. In jedem Land Europas gab es diejenigen, die über eine Grenze hinweg auf barbarische Nachbarn oder zumindest auf technisch oder intellektuell zurückgebliebene Bevölkerungen herabsahen. Das übliche kulturell-ökonomische Gefälle auf unserem Erdteil verläuft von der Ile de France und der Champagne nach Osten oder Südosten und macht es dadurch leichter, unliebsame Nachbarn, vor allem die Russen, als »Asiaten« einzustufen. Wir sollten darüber jedoch nicht das Nord-Süd-Gefälle vergessen, dem die Spanier entnehmen konnten, daß sie »eigentlich« mehr zu Afrika als zu Europa gehörten, eine Auffassung, die von den Bewohnern Norditaliens im Hinblick auf ihre Mitbürger südlich von Rom geteilt wurde. Nur die Barbaren des Nordens, die im 10. und 11. Jahrhundert Europa unsicher machten und nichts als das arktische Eis im Rücken hatten, konnten keinem anderen Kontinent zugeordnet werden. Jedenfalls sind aus ihnen die reichen und friedfertigen Skandinavier geworden, und ihre Barbarei hat sich nur noch in der blutrünstigen Mythologie Wagners und des deutschen Nationalismus erhalten.

Und dennoch konnten die Gipfel der europäischen Zivilisation, von denen es zu den übrigen Kontinenten nur noch abwärts ging, erst entdeckt werden, als Europa als Ganzes aufgehört hatte, dem Reich der Barbarei anzugehören. Denn noch im ausgehenden 14. Jahrhundert hatten hochgebildete Gelehrte wie der große Ibn Chaldun nur geringes Interesse am christlichen Europa gezeigt. »Weiß Gott, was dort vorgeht«, bemerkte er zwei Jahrhunderte nach Said Ibn Achmed, dem Kadi von Toledo, der überzeugt war, daß von den Barbaren des Nordens nichts zu lernen sei. Sie hätten mehr Ähnlichkeit mit wilden Tieren als mit Menschen.[8] In diesen Jahrhunderten verlief das kulturelle Gefälle offenbar in entgegengesetzter Richtung.

Doch genau hier liegt das Paradox der europäischen Geschichte. Diese historischen Kehrtwendungen oder Unterbrechungen sind ihre spezifische Eigenart. Während ihres langen Verlaufs erfuhr der Gürtel der Hochkulturen, der sich von Südostasien bis nach Ägypten erstreckte, trotz aller Invasionen, Eroberungen und Umbrüche keine dauerhaften Rückfälle in die Barbarei. Ibn Chaldun sah die Geschichte als einen ewigen Zweikampf zwischen den Hirtennomaden und der Kultur der Seßhaften – doch bei diesem ewigen Konflikt blieben die

Nomaden, auch wenn sie gelegentlich den Sieg davontrugen, doch die Herausforderer und nicht die Sieger. China unter den Mongolen und den Mandschukaisern und Persien, das von den unterschiedlichsten Eindringlingen aus Innerasien erobert wurde, blieben in ihren Regionen die Leuchtfeuer der Hochkultur. Dasselbe gilt für Ägypten und Mesopotamien unter den Pharaonen, Babyloniern, Griechen, Römern, Arabern oder Türken. Ein Jahrtausend lang unter der Herrschaft von Völkern der Steppen und Wüsten, überlebten alle großen Reiche der alten Welt mit einer einzigen Ausnahme. Allein das Römische Reich wurde für immer zerstört.

Ohne einen solchen Zusammenbruch kultureller Kontinuität, der sich selbst auf der bescheidenen Ebene der Garten- und Blumenkultur bemerkbar machte[9], wäre eine »Renaissance« – die versuchte Rückkehr nach tausend Jahren zu einem vergessenen, aber angeblich höheren kulturellen und technischen Erbe – weder notwendig noch vorstellbar gewesen. Wer hätte in China zu den Klassikern zurückkehren müssen, wo jeder Kandidat ihre Texte für die Beamtenprüfungen auswendig lernen mußte, die ununterbrochen Jahr für Jahr lange vor unserer Zeitrechnung abgehalten wurden? Die irrige Überzeugung westlicher Philosophen, Marx nicht ausgenommen, eine Dynamik historischer Entwicklung sei nur in Europa nachzuweisen, aber nicht in Asien oder Afrika, hängt wenigstens zum Teil mit diesem Unterschied zwischen der Kontinuität der übrigen Schrift- und Stadtkulturen und der Diskontinuität in der Geschichte des Westens zusammen.

Aber nur zum Teil. Denn seit dem Ende des 15. Jahrhunderts wurde die Weltgeschichte unstreitig eurozentrisch und blieb es bis ins 20. Jahrhundert. *Alles*, was die Welt von heute von der Welt der Ming- und Mogulkaiser und der Mamelucken unterscheidet, entstand in Europa – in der Wissenschaft und Technik, der Ökonomie, den Ideensystemen und der Politik ebenso wie in den Institutionen und Praktiken des öffentlichen und privaten Lebens. Selbst der Begriff der »Welt« als einem System menschlicher Austauschbeziehungen, das die gesamte Erdkugel umfaßt, konnte vor der europäischen Eroberung der westlichen Hemisphäre und der Entfaltung einer kapitalistischen Weltwirtschaft gar nicht existieren. Das ist es, was den Platz Europas in der Weltgeschichte und die Probleme der europäischen Geschichte bestimmt und überhaupt eine eigene Geschichte Europas notwendig macht.

Zugleich ist es aber auch das, was der Geschichte Europas ihre Eigenart verleiht. Ihr Gegenstand ist kein geographischer Raum oder ein menschliches Kollektiv, sondern ein Prozeß. Wenn Europa nicht sich selbst und damit die Welt verändert hätte, dann gäbe es so etwas wie eine einzige, einheitliche Geschichte Europas gar nicht erst, denn »Europa« hätte es dann als Begriff und Geschichte ebensowenig gegeben wie »Südostasien« (zumindest nicht bis zur Ära der europäischen Reiche). Und in der Tat entsteht ein »Europa«, das sich seiner als solches bewußt ist und mehr oder weniger mit dem geographischen Kontinent zusammenfällt, erst in der Neuzeit. Ein solches Europa konnte erst entstehen, als es nicht mehr möglich war, Europa defensiv als »Christentum« gegen die Türken zu definieren, und andererseits die religiösen Konflikte innerhalb des christlichen Bekenntnisses vor der Säkularisierung staatlicher Politik und der Kultur der modernen Natur- und Geisteswissenschaften in den Hintergrund traten. Deshalb erscheint ab irgendeinem Zeitpunkt im 17. Jahrhundert das neue und selbstbewußte »Europa« in dreifacher Gestalt.

Zum ersten entstand es als ein internationales Staatensystem, in dem die staatliche Außenpolitik der Vorstellung zufolge dauerhaften »Interessen« unterlag; definiert wurden diese durch eine »Staatsräson«, die sich von religiösen Erwägungen fernhielt. Im Lauf des 18. Jahrhunderts erwarb Europa dann seine moderne kartographische Definition, als das System die Form einer faktischen Oligarchie der später sogenannten »Mächte« oder Großmächte mit Rußland als festem Bestandteil annahm. Europa wurde definiert durch die Beziehungen zwischen den »Großmächten«, die bis zum 20. Jahrhundert ausschließlich auf Europa beschränkt waren. Doch dieses Staatensystem existiert heute nicht mehr.

Zum zweiten bestand »Europa« aus einer nunmehr möglichen Gemeinschaft von Gelehrten oder Intellektuellen, die jenseits geographischer Grenzen, unterschiedlicher Sprachen, staatlicher Loyalitäten, Verpflichtungen oder religiöser Bekenntnisse am Bau eines gemeinsamen Bauwerks arbeiteten, nämlich jener modernen Wissenschaft, die den gesamten Bereich geistiger Tätigkeit, der Natur- und Geisteswissenschaften umfaßt. »Wissenschaft« in diesem Sinne entstand in der Region der europäischen Kultur und blieb bis zum Beginn unseres Jahrhunderts praktisch auf das geographische Gebiet zwischen Dublin und Kasan beschränkt – allerdings mit gewissen Lücken in den südöstlichen und südwestlichen Teilen des Kontinents. Das, was zu dem »globalen Dorf« geworden ist, in dem wir heute leben oder zumindest einen Teil unseres Lebens verbringen, war damals das »europäische Dorf«. Doch heute hat das globale das europäische Dorf geschluckt.

Zum dritten entstand »Europa« vor allem im Lauf des 19. Jahrhunderts als ein weitgehend städtisches Modell der Bildung und Erziehung, Kultur und Weltanschauung, das freilich von Anfang an als etwas verstanden wurde, das man in außereuropäische Gemeinschaften europäischer Siedler exportieren konnte. Jede Weltkarte der Universitäten, Opernhäuser und öffentlich zugänglichen Museen und Bibliotheken im 19. Jahrhundert machte diesen Punkt sogleich deutlich, und dasselbe gälte für eine Karte, auf der die in Europa entstandenen Ideensysteme des 19. Jahrhunderts verzeichnet wären. Die Sozialdemokratie als politische und (seit dem Ersten Weltkrieg) staatstragende Bewegung war und ist bis heute fast ausschließlich europäisch, ebenso die Zweite (marxistisch-sozialdemokratische) Internationale – nicht jedoch der marxistische Kommunismus der Dritten Internationale nach 1917. Der Nationalismus des 19. Jahrhunderts, vor allem in seinen sprachlich begründeten Formen, ist selbst heute noch außerhalb Europas kaum anzutreffen, obwohl Spielarten mit einer vorwiegend konfessionellen oder rassischen Färbung in den letzten Jahrzehnten leider in andere Teile der Alten Welt vorzudringen scheinen. Diese Ideen lassen sich bis zur Aufklärung des 18. Jahrhunderts zurückverfolgen. Wenn überhaupt, dann finden wir hier das beständigste und charakteristischste europäische geistige Erbe.

Das alles sind freilich keine primären, sondern sekundäre Merkmale der europäischen Geschichte. Es gibt kein historisch homogenes Europa, und diejenigen, die danach Ausschau halten, befinden sich auf einer falschen Fährte. Wie immer wir »Europa« definieren, seine Vielfältigkeit, das Auf und Ab, das Nebeneinander, das dialektische Wechselspiel seiner Bestandteile, das alles ist für seine Existenz grundlegend. Ohne all dies ist es ein Ding der Unmöglichkeit, die Entwicklungen zu verstehen und zu erklären, die zur Schaffung und Beherrschung der modernen Welt durch Prozesse geführt haben, die nirgendwo anders als in Europa zur Reife gediehen sind. Die Fragen, wie der Okzident sich vom Orient gelöst hat, wie und warum der Kapitalismus und die moderne Gesellschaft allein in Europa zur vollen Entfaltung gelangt sind, sind die fundamentalen Fragen der europäischen Geschichte. Ohne sie bräuchten wir keine eigene Geschichte dieses Erdteils, die sich von der der übrigen Welt unterscheidet.

Doch ebendiese Fragen führen uns zurück in das Niemandsland zwischen Geschichte und Ideologie oder, genauer, zwischen Geschichte und kultureller Voreingenommenheit. Denn die Historiker müssen ihre liebgewordene Gewohnheit ablegen, nach spezifischen, nur in Europa aufzufindenden Faktoren zu suchen, die unsere Kultur zu etwas qualitativ Besonderem und damit anderen Überlegenem gemacht hat – zum

Beispiel die einzigartige Rationalität des europäischen Denkens, die christliche Tradition, diese oder jene besondere Einzelheit, die aus dem klassischen Altertum auf uns überkommen ist wie etwa das römische Eigentumsrecht. Erstens sind wir nicht mehr überlegen, wie es einmal den Anschein hatte, als sogar alle Weltmeister des unstreitig aus dem Orient stammenden Schachspiels ausnahmslos dem europäischen Kulturkreis angehörten. Zweitens wissen wir inzwischen, daß es nichts spezifisch »Europäisches« oder »Westliches« an jenem Mechanismus gibt, der in Europa den Kapitalismus, die wissenschaftlich-technische Revolution und alles übrige nach sich zog. Drittens haben wir gelernt, daß wir den Fallstricken des Fehlschlusses »post hoc, ergo propter hoc« entgehen müssen. Als Japan eine Zeitlang die einzige außerwestliche Industriegesellschaft war, durchforsteten Historiker die japanische Geschichte nach Ähnlichkeiten mit Europa – zum Beispiel die Struktur des japanischen Feudalismus –, aus denen sich die Einzigartigkeit der japanischen Entwicklung erklären ließ. Heute, da es zahlreiche weitere erfolgreiche außerwestliche Industriegesellschaften gibt, fällt die Unangemessenheit solcher Erklärungen sofort auf.

Und dennoch bleibt die Geschichte Europas einzigartig. Wie Marx bemerkte, ist die Geschichte der Menschheit die einer wachsenden Beherrschung der Natur, in der und durch die wir leben, durch den Menschen. Wenn wir uns diese Geschichte als eine Kurve vorstellen, wird es eine Kurve mit zwei deutlichen Gipfelpunkten sein. Der erste bezeichnet die »neolithische Revolution« des verstorbenen Gordon Childe, in deren Verlauf Ackerbau, Metallbearbeitung, Städte, gesellschaftliche Klassen und die Schrift aufkamen. Der zweite kennzeichnet die Revolution, der wir die moderne Wissenschaft, Technik und Wirtschaft verdanken. Die erste Revolution hat sich vermutlich unabhängig und in unterschiedlichem Maße in verschiedenen Teilen der Welt ereignet. Die zweite fand nur in Europa statt und machte somit für einige Jahrhunderte Europa zum Zentrum der Welt und eine Handvoll europäischer Staaten zu den Herren des Erdballs.

Diese Ära, »das Zeitalter Vasco da Gamas«, wie der indische Diplomat und Historiker Sardar Panikkar sie genannt hat, ist heute an ihrem Ende angelangt. Wir wissen nicht mehr genau, was wir mit einer europäischen Geschichte anfangen sollen in einer Welt, die nicht mehr eurozentrisch ist. »Europa« – um noch einmal John Gillis zu zitieren – »hat seine räumliche und zeitliche zentrale Bedeutung verloren.«[10] Manche unternehmen den irregeleiteten und vergeblichen Versuch, die besondere Rolle zu bestreiten, die von der europäischen Geschichte in der Weltgeschichte eingenommen wurde. Andere verschanzen sich »hinter einem Denken von der ›Festung Europa‹, das anscheinend um sich greift« und auf der anderen Seite des Atlantiks weitaus deutlicher erkennbar ist als hier. Welche Richtung wird die europäische Geschichte nehmen? Am Ende des ersten posteuropäischen Jahrhunderts seit Kolumbus müssen wir als Historiker ihre Zukunft als Regionalgeschichte und zugleich als Teil der Geschichte des Globus neu überdenken.

18. Kapitel

Die Gegenwart als Geschichte

Jemand hat einmal gesagt, alle Geschichte sei historisch kostümierte Zeitgeschichte. Wie wir alle wissen, ist das nicht ganz von der Hand zu weisen. Der große Theodor Mommsen schrieb über das Römische Reich als deutscher Liberaler von 1848, der gleichzeitig über das [kommende] Deutsche Reich nachsann. Hinter Julius Cäsar erkennen wir den Schatten Bismarcks. Dasselbe gilt sogar noch offensichtlicher von Ronald Syme. Hinter *seinem* Cäsar steht der Schatten der faschistischen Diktatoren. Doch es ist eine Sache, die Geschichte des klassischen Altertums, der Kreuzzüge oder Englands unter den Tudors als ein Kind des 20. Jahrhunderts zu schreiben, wie es alle Historiker dieser Zeit tun müssen, und eine ganz andere, die Geschichte der eigenen Lebenszeit zu schreiben. Die Probleme und Möglichkeiten eines solchen Projekts sind der Gegenstand meines heutigen Vortrags. Ich werde hauptsächlich auf drei dieser Probleme eingehen: das Problem des eigenen Geburtsdatums des Historikers oder allgemeiner der Generationen; das Problem, in welcher Weise sich der eigene Blick auf die Vergangenheit mit dem weiteren Fortschreiten der Geschichte ändern kann, und das Problem, wie man den Ansichten und Vorurteilen der Zeit entrinnen kann, die von den meisten von uns geteilt werden.

Ich spreche als jemand, der sich während der längsten Zeit seiner beruflichen Laufbahn als Historiker hauptsächlich des 19. Jahrhunderts bewußt, zumindest in seinen fachlichen, wenn auch nicht in seinen sonstigen Veröffentlichungen, von der Welt nach 1914 ferngehalten hat. Ebenso wie Sir Edward Greys Lichter in Europa sind auch für mich nach Sarajevo – oder wie wir es nach den jüngsten Erfahrungen bezeichnen müssen, nach der ersten Sarajevokrise, der von 1914, an die

Dieses Kapitel, zu einer Zeit geschrieben, als ich kurz davor stand, eine Geschichte des »kurzen 20. Jahrhunderts« (1914–1991) zu veröffentlichen, das fast mit meiner eigenen Lebenszeit zusammenfällt, inzwischen als Buch unter dem Titel »The Age of Extremes« (dt. Das Zeitalter der Extreme) erschienen, wurde 1993 als Creighton Lecture an der Universität London vorgetragen. Der Text wurde von der Universität unter dem Titel »The Present as History: Writing the History of One's Own Times« als Broschüre veröffentlicht.

Präsident François Mitterrand die Welt zu erinnern versuchte, als er diese Stadt am 28. Juni 1992 besuchte, dem Jahrestag der Ermordung des Erzherzogs Franz Ferdinand – die Lichter ausgegangen. Leider hat, soweit ich sehen kann, kein einziger Journalist auf das Datum des Besuchs von Mitterrand Bezug genommen, das für alle gebildeten Europäer meines Alters eine offensichtliche Anspielung war.

Dennoch finde ich mich aus unterschiedlichen Gründen schließlich beim Schreiben einer Geschichte »des kurzen 20. Jahrhunderts« wieder – der Periode, die in Sarajevo beginnt und (wie wir inzwischen traurig erkennen) auch in Sarajevo endet oder vielmehr mit dem Zusammenbruch der sozialistischen Regime der Sowjetunion und folglich der östlichen Hälfte Europas. Das ist es, was mich zu einigen Gedanken darüber bewogen hat, was es heißt, die Geschichte der eigenen Lebenszeit zu schreiben, denn da ich 1917 geboren bin, fällt mein eigenes Leben praktisch mit der Periode zusammen, über die ich gerade zu schreiben versuche.

Doch allein schon die Wendung »die eigene Lebenszeit« umgeht eine wesentliche Frage. Sie unterstellt, daß eine individuelle Lebenserfahrung auch eine kollektive ist. In mancher Hinsicht trifft das offensichtlich zu, wenn es auch paradox ist. Wenn die meisten von uns die wesentlichen Einschnitte der Welt- oder der eigenen Nationalgeschichte in unserer Lebenszeit erkennen, dann nicht deshalb, weil wir alle sie erlebt haben, auch wenn einige von uns das tatsächlich getan oder sie als Wendepunkte erkannt haben, sondern weil wir uns dem allgemeinen Konsens anschließen, daß es Wendepunkte waren. Doch wie kommt ein solcher Konsens zustande? Ist er wirklich so allgemein, wie wir von unserem britischen, europäischen oder westlichen Standpunkt aus annehmen? Es gibt vermutlich nicht mehr als ein halbes Dutzend Daten, die gleichzeitig Einschnitte in den einzelnen Geschichten *aller* Weltregionen darstellen. Das Jahr 1914 gehört nicht dazu, das Ende des Zweiten Weltkriegs und die Große Depression von 1929 bis 1933 dagegen wahrscheinlich schon. Es gibt andere, die zwar in dieser oder jener nationalen Geschichte nicht besonders hervorstechen, aber einfach wegen ihrer weltweiten Auswirkungen dennoch dazugehören. Die Oktoberrevolution ist ein solches Ereignis. Wenn denn hier ein Konsens besteht, wieweit ist er von Dauer, wieweit unterliegt er Änderungen, Erosionen oder Umgestaltungen und in welcher Weise oder warum? Ich werde versuchen, auf einige dieser Fragen noch zurückzukommen.

Doch wenn wir von diesem Rahmen der Zeitgeschichte absehen, der für uns errichtet wurde und in den wir unsere eigenen Erfahrungen einpassen, dann sind sie unsere eigenen. Jeder Historiker hat seine eigene Lebenszeit, einen privaten Thron, von dem aus er die Welt überblicken kann. Vielleicht teilt er ihn mit anderen in einer vergleichbaren Situation, doch bei einer Weltbevölkerung von sechs Milliarden Menschen zum Ende unseres Jahrhunderts sind solche Peer-groups statistisch unbedeutend. Mein eigener Thron wurde unter anderem errichtet aus einer Kindheit im Wien der zwanziger Jahre, den Jahren von Hitlers Aufstieg zur Macht in Berlin, die meine politische Einstellung prägten und mein Interesse an Geschichte wachriefen, und meinem schließlichen Aufenthalt im England der dreißiger Jahre – vor allem im Cambridge –, der mich in beidem bestärkte. Ich weiß, daß mein Blickwinkel vermutlich weitgehend aufgrund dieser Vergangenheit nicht derselbe ist wie der anderer Historiker, die ansonsten meine Art der historischen Interpretation teilen oder geteilt haben und über dasselbe Gebiet – die Geschichte der Arbeiterbewegung im 19. Jahrhundert – wie ich gearbeitet haben, selbst wenn wir bei denselben Problemen zu denselben Schlußfolgerungen gelangt sind. Auf seine Weise hat wahrscheinlich jeder andere Historiker mit einer Neigung zu einer gewissen analytischen Introspektion vermutlich dasselbe Gefühl. Und wenn man nicht über das klassische Altertum oder das 19. Jahrhundert schreibt, sondern über seine eigene Zeit, dann formen unweigerlich die persönlichen Erfahrungen in dieser Zeit die Art und Weise, wie wir sie sehen, und selbst noch die Art und Weise, wie wir das Quellenmaterial einschätzen, auf das wir uns alle, unabhängig von unseren Meinungen, berufen und an das wir uns halten müssen. Wenn ich über den Zweiten Weltkrieg schreiben müßte, in dem ich als einfacher Soldat gedient habe, der keinen einzigen Schuß im Zorn abgegeben hat, dann müßte ich in mancher Hinsicht die Dinge anders sehen als meine Freunde, deren Kriegserfahrung eine andere war – zum Beispiel die des verstorbenen E. P. Thompson, der als Panzerkommandeur am Italienfeldzug teilgenommen hat, oder die des Afrikanisten Basil Davidson, der bei den Partisanen in der Wojwodina und in Ligurien mitgekämpft hat.

Wenn das bei Historikern gleichen Alters und gleicher Herkunft so ist, dann reicht der Unterschied zwischen Generationen aus, um eine tiefe Kluft zwischen Menschen entstehen zu lassen. Wenn ich meinen US-amerikanischen Studenten erzähle, daß ich mich noch an den Tag in Berlin erinnern kann, an dem Hitler deutscher Reichskanzler wurde, dann sehen sie mich an, als hätte ich ihnen gesagt, ich sei im Ford's Theatre dabeigewesen, als Präsident Abraham Lincoln 1865 ermordet wurde. Beide Ereignisse gehören für sie gleichermaßen der Vorgeschichte an. Doch für mich ist der 30. Januar 1933 ein Teil der

Vergangenheit, die noch immer ein Teil meiner Gegenwart ist. Der Gymnasiast, der an diesem Tag zusammen mit seiner Schwester nach Hause ging und die Schlagzeile las, steckt bis heute irgendwo in mir. Ich kann das Bild noch vor mir sehen, wie in einem Traum. Diese Trennlinien zwischen verschiedenen Altersgruppen gelten auch für Historiker. Die Debatte um das vor kurzem erschienene Buch von John Charmley, *Churchill, the End of Glory: A Political Biography*, hat das eindrücklich vor Augen geführt. Der Streit geht nicht um Fakten, auch nicht um die Fakten, daß Churchill als Politiker und Stratege ein sehr schlechtes Urteilsvermögen hatte. Sie werden seit langem von niemandem ernsthaft bestritten. Er geht unter anderem darum, ob Neville Chamberlain mehr im Recht war als diejenigen, die gegen Hitlerdeutschland Widerstand leisten wollten. Aber er geht auch um die *Erfahrung*, das Jahr 1940 in England miterlebt zu haben, die Männer im selben Alter wie John Charmley nicht gemacht haben können. Nur ganz wenige von denen, die das Glück hatten, diesen außerordentlichen Augenblick in unserer Geschichte mitzuerleben, haben damals daran gezweifelt oder zweifeln heute daran, daß Churchill etwas in Worte faßte, was die meisten Briten – nein, was das britische *Volk* – damals empfunden haben. Damals habe ich ganz sicher nicht daran gezweifelt, als Pionier in einer Einheit, die fast nur aus Arbeitern bestand und sich bemühte, an den Küsten von East Anglia einige offensichtlich unzulängliche Abwehrstellungen gegen eine Invasion der Deutschen zu errichten. Was mir damals auffiel, war die spontane, instinktive, absolute Annahme meiner Kameraden in der 560er Feldkompanie der Königlichen Pioniere, daß wir weiterkämpfen würden. Nicht die Tatsache, daß wir es tun *mußten* oder uns dafür *entschieden* oder daß wir unseren Führern gefolgt wären, sondern daß die Möglichkeit, *nicht* weiterzumachen, überhaupt nicht in Betracht gezogen wurde. Das war zweifellos der Reflex von Männern, die zu unwissend und gedankenlos waren, um die verzweifelte Zwangslage zu erkennen, in der England sich nach der Niederlage Frankreichs befand, und die selbst für einen landesfremden jungen Intellektuellen offensichtlich war, der seine Informationen allein von den Zeitungshändlern in Norfolk bezog. Und trotzdem war mir schon damals klar, daß dieser Augenblick eine unprätentiöse Größe an sich hatte, ob wir ihn nun »Britain's Fines Hour« nannten oder nicht. *C'était magnifique – et c'était la guerre –* und Churchill faßte es in Worte. Aber wie auch immer, ich war dabei.

Das bedeutet nicht, daß Charmley, der Biograph Neville Chamberlains, im Unrecht ist, wenn er noch einmal die Gründe für die Position der Beschwichtigungspolitiker aufzählt – etwas, das für einen Histori-

ker in den Dreißigern ziemlich einfach ist, was Historiker der Kriegs-
generation dagegen kaum in Erwägung ziehen, geschweige denn tun
können. Die Beschwichtigungspolitiker *hatten* gute Gründe, deren
Gewicht die jungen Antifaschisten der dreißiger Jahre nicht anerkannten, weil unsere Ziele nicht die von Chamberlain oder Halifax waren.
Von ihrem Standpunkt aus, den auch Churchill einnahm – die Erhaltung des Britischen Empires als oberstes Gebot –, hatten sie bessere
Gründe als Churchill, nur in einer Hinsicht nicht. Ebenso wie sein
größerer Zeitgenosse Charles de Gaulle wußte er, daß der Verlust
der Würde, des Stolzes und der Selbstachtung eines Volkes für dieses
schlimmer sein kann als die Niederlage in einem Krieg und der Verlust
eines großen Kolonialreichs. Wir können das erkennen, wenn wir uns
heute in England umsehen.

Und dennoch, wie unsere Generation weiß, ohne die Archive aufsu-
chen zu müssen, hatten die Beschwichtigungspolitiker unrecht, und
diesmal hatte Churchill recht mit seiner Erkenntnis, daß ein Abkommen mit Hitler nicht möglich war. Im Rahmen einer rationalen Politik
wäre es vernünftig gewesen, unter der Annahme, daß Hitlerdeutschland eine »Großmacht« wie jede andere war, die das Spiel nach den be-
währten und zynischen Regeln der Machtpolitik spielte, wie selbst ein
Mussolini es tat. Doch das traf nicht zu. Fast jeder glaubte irgendwann
in den dreißiger Jahren, daß solche Abkommen möglich seien, auch
Stalin. Die große Allianz, die schließlich gegen die Achsenmächte
kämpfte und sie besiegte, kam nicht deshalb zustande, weil die zum
Widerstand Entschlossenen sich gegen die Beschwichtigungspolitiker
durchsetzten, sondern weil die deutsche Aggression die zukünftigen
Bündnispartner zwischen 1938 und 1941 in ein Bündnis *hineinzwang.*
England stand 1940/41 nicht vor der Wahl zwischen einer blinden Ent-
schlossenheit, auszuhalten ohne die geringste Aussicht auf einen Sieg,
und dem Bemühen um einen Kompromißfrieden »zu vernünftigen
Bedingungen«, denn zu dieser Zeit stand bereits fest, daß ein solcher
Frieden mit Hitlerdeutschland nicht möglich war. Was realistischer-
weise erwartet werden konnte, zumindest aus damaliger Sicht, war
eine Version von Vichy-Frankreich, bei der England etwas besser das
Gesicht wahren konnte. Und die Tatsache, daß Churchill trotz aller in
den Archiven aufzufindenden entgegengesetzten Auffassungen die Regierung mit sich riß, spricht für sich. Nur wenige glaubten daran, daß
ein Frieden mehr sein würde als ein Euphemismus für eine Herrschaft
der Nationalsozialisten.

Ich will nicht behaupten, daß nur diejenigen, die eine Erinnerung
an 1940 haben, tendenziell zu diesem Schluß gelangen können. Doch

bei einem jungen Historiker erfordert er eine Anstrengung der Vorstellungskraft, eine Bereitschaft, alle Überzeugungen hintanzustellen, die auf der eigenen Lebenserfahrung beruhen, sowie eine harte Forschungsarbeit. Bei uns Älteren ist das nicht der Fall. Ebensowenig möchte ich natürlich behaupten, daß Charmleys Einschätzung der Konsequenzen, den Krieg 1940 fortzusetzen, ebenso irrig sei wie seine Einschätzung der Lage 1940. Debatten über rein hypothetische Alternativen können nicht durch Quellenmaterial entschieden werden, da Quellenmaterial sich auf Ereignisse bezieht, die tatsächlich eingetreten sind, und hypothetische Situationen irreal sind. Sie gehören in den Bereich der Politik oder der Ideen, aber nicht in die Geschichte. Ich glaube nicht, daß Charmley recht hat, doch das gehört nicht hierher.

Man verstehe mich nicht falsch. Ich trete hier nicht für die alten Historiker des 20. Jahrhunderts gegen die jungen ein. Ich habe meine Laufbahn als junger Historiker damit begonnen, noch lebende Mitglieder der Fabian Society aus den Jahrzehnten vor 1914 über ihre Zeit zu befragen, und die erste Lektion, die ich gelernt habe, war die, daß es keinen Zweck hatte, solche Befragungen durchzuführen, solange ich über den Gegenstand, zu dem ich sie interviewen wollte, nicht selbst mehr herausfand als das, woran sie sich erinnern konnten. Die zweite Lektion war die, daß ihre Erinnerung sie bei den meisten unabhängig überprüfbaren Fakten trog. Und die dritte war die Sinnlosigkeit des Versuches, sie zu einer Änderung ihrer Ideen zu bewegen, die sich schon vor langer Zeit bei ihnen herausgebildet und festgesetzt hatten. Historiker in ihren Zwanzigern und Dreißigern machen zweifellos auch heute noch diese Erfahrung mit ihren älteren Informanten, zu denen prinzipiell auch Historiker gehören, die ebenfalls ziemlich betagte Mitbürger sind. Dessenungeachtet haben wir in mancher Hinsicht den Vorteil auf unserer Seite. Nicht der unbedeutendste für einen Historiker des 20. Jahrhunderts ist allein schon das ohne besondere Anstrengung erlangte Wissen, *wie sehr sich die Dinge verändert haben.* Die vergangenen dreißig oder vierzig Jahre waren die revolutionärste Periode in der überlieferten Geschichte. Nie zuvor hat sich die Welt, das heißt das Leben der Männer und Frauen, die auf der Erde leben, innerhalb einer so kurzen Zeitspanne so tiefgreifend, einschneidend und außerordentlich verändert. Das ist für Generationen, die nicht gesehen haben, wie die Welt vorher war, nur sehr schwer intuitiv zu erfassen. Ein ehemaliges Mitglied der Bande des sizilianischen Banditen Giuliano, ein Mann, der nach zwanzigjähriger Gefängnishaft in seine Heimatstadt in der Nähe von Palermo heimgekehrt war, sagte mir einmal hilflos und verwirrt: »Wo früher einmal Weinberge waren, stehen heute *palazzi.*« (Er meinte die Mietshäuser der Wohnungsbaugesellschaften.) Er hatte völlig recht. Das Land seiner Kindheit war nicht mehr wiederzuerkennen.

Diejenigen, die sich aufgrund ihres höheren Alters noch an eine frühere Zeit erinnern können, nehmen diese Veränderungen nicht als selbstverständlich hin. Sie *wissen*, was jüngere Historiker so nicht wissen können, daß »die Vergangenheit ein anderes Land (ist). Dort geht es anders zu.« Das hat sich möglicherweise unmittelbar auf unser Urteil über die Vergangenheit wie über die Gegenwart ausgewirkt. Zum Beispiel weiß ich, da ich den Aufstieg Hitlers in Deutschland miterlebt habe, daß die alten Nazis an den Straßenecken sich ganz anders verhalten haben als die Neonazis von heute. Zunächst einmal glaube ich nicht, daß es aus den frühen dreißiger Jahren einen aktenkundigen Fall gibt, in dem ein jüdisches Haus von jungen Nazis überfallen und mitsamt seinen Bewohnern niedergebrannt wurde, ohne daß sie dazu einen Befehl hatten, wie dies heute immer wieder mit Häusern von Türken und anderen Einwanderern geschieht. Die jungen Männer, die solche Taten verüben, mögen die Symbole der Hitlerzeit verwenden, doch sie stellen ein anderes politisches Phänomen dar. Soweit der Anfang eines historischen Verstehens die Einsicht in die *Andersartigkeit* der Vergangenheit und die schlimmste Sünde des Historikers der Anachronismus ist, haben wir von vornherein einen Vorteil auf unserer Seite, der unsere zahlreichen Nachteile ausgleicht.

Ob wir jedoch dem Alter den Vorzug vor der Jugend geben oder nicht, in einer Hinsicht ist der Wechsel der Generationen offensichtlich für das Schreiben und die Praxis einer Geschichte des 20. Jahrhunderts von zentraler Bedeutung. Es gibt kein Land, in dem das Verschwinden der politischen Generation, die den Zweiten Weltkrieg unmittelbar miterlebt hat, nicht eine bedeutende, wenngleich häufig stillschweigende Veränderung in der Politik dieses Landes sowie in seinem historischen Blick auf den Krieg und – wie sich in Frankreich und Italien zeigt – den Widerstand bezeichnet hätte. Das gilt allgemeiner für die Erinnerung an jeden tiefgreifenden Umbruch und jedes Trauma im nationalen Leben. Für mich ist es kein Zufall, daß eine Geschichte Israels, die nicht von nationalistischer Mythologie und Polemik durchtränkt ist, in diesem Land erst Mitte der achtziger Jahre aufkam – sagen wir vierzig Jahre nach der Staatsgründung –, oder daß die von Iren geschriebene Geschichte Irlands sich vom Erbe des Feniermythos ebenso wie dem unionistischen Gegenmythos erst in den sechziger Jahren wirklich befreien konnte.

Nunmehr komme ich zur zweiten meiner Beobachtungen, die das

Gegenteil der ersten darstellt. In ihr geht es nicht darum, wie sich das Alter des Historikers, sondern wie sich die vergehenden Jahre des Jahrhunderts auf die Perspektive eines jeden Historikers gleich welchen Alters auf das Jahrhundert auswirkt.

Ich werde ein Gespräch zwischen Harold Macmillan und Präsident John F. Kennedy im Jahr 1961 an den Anfang stellen. Macmillan vertrat darin die Ansicht, die Sowjets »haben eine blühende Wirtschaft und werden in dem Wettlauf um materiellen Wohlstand die kapitalistische Gesellschaft bald überrundet haben«. Wie absurd auch immer eine solche Aussage uns heute erscheint, gegen Ende der fünfziger Jahre gab es zahlreiche gutinformierte Leute, die einer solchen Ansicht zugestimmt oder ihr zumindest nicht widersprochen hätten, vor allem nach der Demonstration der sowjetischen Überlegenheit gegenüber den Vereinigten Staaten in der Raumfahrttechnik. Für einen Zeithistoriker, der in den sechziger Jahren geschrieben hätte, wäre die Übernahme dieser Meinung keineswegs absurd gewesen. Unsere Weisheit liegt nicht darin, daß wir die Mechanismen der sowjetischen Wirtschaft heute zwangsläufig besser verstehen als die Ökonomen im Jahr 1961, sondern darin, daß das Vergehen der Zeit uns die eigentliche Waffe des Historikers an die Hand gegeben hat, die nachträgliche Erkenntnis. In diesem Fall ist die nachträgliche Erkenntnis die richtige, aber sie kann auch in die Irre führen. So hat sich beispielsweise seit 1989 bei vielen Beobachtern, vor allem unter Ökonomen, die mehr von Markttheorie als von historischer Realität verstehen, die Vorstellung eingenistet, die sowjetische und andere Wirtschaften des ehemaligen Ostblocks seien ein einziges Trümmerfeld gewesen, denn das wurden sie tatsächlich nach dem Zusammenbruch des Ostblocks und der Sowjetunion. Tatsächlich jedoch waren sie zwar in den achtziger Jahren offensichtlich stark angeschlagen und den kapitalistischen Wirtschaften im Hinblick auf den Stand der Technik und die Versorgung der eigenen Bevölkerung mit Gütern und Dienstleistungen unterlegen, und es ging mit ihnen langsam weiter bergab, aber dennoch waren sie in ihrer Gesamtheit auf ihre Weise ein funktionierendes Wirtschaftssystem. Sie standen nicht kurz vor einem Zusammenbruch. Mein Freund Ernest Gellner, zeitlebens ein Kritiker des Kommunismus, der Ende der achtziger Jahre ein Jahr in Moskau verbrachte, hat vor kurzem sogar behauptet, wenn es der Sowjetunion gelungen wäre, sich vollkommen von der übrigen Welt abzukapseln und gewissermaßen das Dasein eines kleinen Planeten für sich zu führen, dann wären sich ihre Bewohner höchstwahrscheinlich darin einig gewesen, daß sie unter Breschnew ein besseres und angenehmeres Leben hatten als jede frühere Generation von Russen.

Worum es hier geht, ist nicht einfach die Fähigkeit der Historiker oder anderer Leute, Prognosen zu treffen. Es wäre wohl eine Erörterung wert, warum so wenige der einschneidenden Ereignisse in der Weltgeschichte der letzten vierzig Jahre vorhergesagt oder auch nur erwartet wurden. Ich möchte sogar vermuten, daß die Vorhersagbarkeit der Geschichte des 20. Jahrhunderts seit dem Zweiten Weltkrieg deutlich abgenommen hat. Nach 1918 wurden ein weiterer Weltkrieg und selbst die Weltwirtschaftskrise von vielen vorhergesagt. Doch nach dem Zweiten Weltkrieg, haben da die Ökonomen »die dreißig glorreichen Jahre« des großen Weltwirtschaftsbooms prophezeit? Nein. Sie rechneten mit einer Nachkriegsflaute. Haben sie das Ende des Goldenen Zeitalters Anfang der siebziger Jahre vorhergesehen? Die OECD erwartete ein weiter anhaltendes, sogar beschleunigtes Wachstum von jährlich fünf Prozent. Haben sie die gegenwärtigen wirtschaftlichen Schwierigkeiten vorhergesagt, die so gravierend sind, daß sie das seit einem halben Jahrhundert über das Wort »Depression« verhängte Tabu gebrochen haben? Nur zu einem geringen Teil. Prognosen wurden und werden auf der Grundlage von weit fortschrittlicheren Modellen getroffen, als sie zwischen den Kriegen verfügbar waren, auf der Basis einer ungeheuren und beispiellosen Fülle von Daten, die von den kompliziertesten und modernsten Rechnern mit Lichtgeschwindigkeit verarbeitet werden. Auch die Leistungen der politischen Propheten, die im Vergleich dazu die reinsten Amateure sind, waren nicht besser. Hier ist jedoch nicht der Ort, um auf das Wesen und die methodologischen Aspekte dieser Versäumnisse einzugehen. Mir geht es darum, daß selbst *die in Quellen festgehaltene Vergangenheit* sich im Licht der späteren Geschichte ändert.

Ich möchte das etwas näher erläutern. Nur die wenigsten Menschen würden bestreiten, daß mit dem Zusammenbruch des Ostblocks und der Sowjetunion eine Epoche der Weltgeschichte beendet wurde, was immer wir in die Ereignisse von 1989 bis 1991 hineinlesen. Ein Blatt in der Geschichte wurde umgeschlagen. Die bloße Tatsache, daß dies so ist, reicht aus, um das Bild eines jeden Historikers vom 20. Jahrhundert zu verändern, denn es macht aus einer Zeitspanne eine historische Periode mit ihrer eigenen Struktur und Kohärenz oder Inkohärenz – »das kurze 20. Jahrhundert«, wie mein Freund Ivan Berend es nennt. Wer immer wir sind, wir können nicht umhin, das Jahrhundert als Ganzes mit anderen Augen anzusehen, als wir es getan haben, bevor die Ereignisse von 1989 bis 1991 seinen Fluß durch ein Satzzeichen unterbrochen haben. Es wäre absurd zu behaupten, daß wir jetzt einen Abstand von ihm gewinnen können, so wie dies gegenüber dem 19. Jahrhundert möglich ist, aber zumindest können wir es als ein Ganzes sehen. Mit einem Wort, die Geschichte des 20. Jahrhunderts, die in den neunziger Jahren geschrieben wurde, muß qualitativ anders ausfallen als jede andere davor geschriebene Geschichte. Ich will sogar noch konkreter werden. Als ich zum erstenmal gebeten wurde, ein Buch über das 20. Jahrhundert zu schreiben, um die drei Bände, die ich bereits über das 19. Jahrhundert geschrieben habe, abzurunden oder zu vervollständigen, das war vor etwa fünf Jahren, dachte ich, ich könne das kurze Jahrhundert als eine Art Diptychon auffassen. Seine erste Hälfte – von 1914 bis zu den Nachwehen des Zweiten Weltkriegs – war offenbar ein Zeitalter der Katastrophen, in dem die liberal-kapitalistische Gesellschaft des 19. Jahrhunderts in jeder Hinsicht zusammengebrochen war. Es war eine Ära der Weltkriege, gefolgt von sozialen Revolutionen und dem Untergang der alten Reiche, der bereits schwer angeschlagenen Weltwirtschaft, des Zusammenbruchs oder der Niederlage liberal-demokratischer Institutionen fast überall. Die zweite Hälfte, seit dem Ende der vierziger Jahre, war das genaue Gegenteil: ein Zeitalter, in dem sich auf unterschiedliche Weise die liberal-kapitalistische Gesellschaft reformierte und restaurierte, um dann eine Blütezeit zu erleben wie nie zuvor. Und der außerordentliche und ebenfalls beispiellose Große Sprung nach vorn dieser Weltwirtschaft im dritten Viertel des (langen) 20. Jahrhunderts erschien mir – und erscheint mir immer noch – als der charakteristische Zug der Landschaft des 20. Jahrhunderts, den auch Beobachter im 3. Jahrtausend als zentral erkennen würden. Es war schon damals möglich, den sozialistischen Sektor der Welt nicht mehr als globale wirtschaftliche Alternative zum Kapitalismus zu sehen, wie ihn viele in den dreißiger Jahren gesehen haben – in den achtziger Jahren war seine Unterlegenheit für alle offenkundig –, sondern als ein Produkt des kapitalistischen Zeitalters der Katastrophen. Seine Zukunft erschien zweifelhaft, aber jedenfalls nicht mehr von zentraler Bedeutung. Außerdem war jedermann klar, daß das Goldene Zeitalter des Großen Sprungs der Weltwirtschaft nach vorn zu Beginn der siebziger Jahre an seinem Ende angelangt war. Wirtschaftshistoriker sind durchaus vertraut mit diesen langgedehnten Zyklen eines zwanzig bis dreißig Jahre währenden Wirtschaftsaufschwungs, gefolgt von einer etwa ebensolangen Phase des Abschwungs. Sie lassen sich mindestens bis ins 18. Jahrhundert zurückverfolgen, sind auch unter der Bezeichnung Kondratjew-Wellen bekannt und entziehen sich bislang jedem Versuch einer Erklärung. Obwohl diese Perioden von quasi globaler Länge bislang ziemlich gravierende politische und ideologische Folgen hatten, waren diese anscheinend nicht tiefgreifend genug, um das allgemeine Bild zu beeinträchtigen. Es sei daran erinnert, daß die zweite Hälfte der achtziger Jahre in der kapitalistischen Welt die Zeit eines beträchtlichen Wirtschaftsaufschwungs war.

Innerhalb von einem oder zwei Jahren wurde es einfach notwendig, dieses Bild von einem zweiteiligen Jahrhundert zu revidieren. Auf der einen Seite brach die Welt der Sowjetunion zusammen mit von keinem vorhergesagten katastrophalen wirtschaftlichen Konsequenzen. Auf der anderen Seite zeichnete sich immer deutlicher ab, daß die westliche Weltwirtschaft sich in der schwersten Krise seit den dreißiger Jahren befand. Anfang der neunziger Jahre war auch die japanische Wirtschaft ins Schleudern geraten, und abermals befürchteten die Nationalökonomen eine Massenarbeitslosigkeit anstelle einer Inflation, so wie sie das in den längst vergangengeglaubten vierziger Jahren getan hatten. Die Regierungen aller Formen und Größen, inzwischen beraten von größeren Armeen von Wirtschaftswissenschaftlern als je zuvor, fanden sich wieder einmal ratlos oder hilflos. Der Geist Kondratjews hatte schließlich erneut zugeschlagen. Außerdem sah es jetzt so aus, als könne nach dem Verschwinden der östlichen politischen Systeme die Stabilität der nichtkommunistischen Systeme in der entwickelten wie in der dritten Welt ebenfalls nicht länger als selbstverständlich angesehen werden. Mit anderen Worten, die Geschichte des kurzen 20. Jahrhunderts hatte jetzt weitaus mehr Ähnlichkeit mit einem Triptychon oder einem Sandwich: Ein vergleichsweise kurzes Goldenes Zeitalter wurde von zwei Perioden einer dramatischen Krise eingerahmt. Den Ausgang der zweiten Krise kennen wir noch nicht. Das bleibt den Historikern des nächsten Jahrhunderts überlassen.

Als ich meinen Verlegern meinen ersten Entwurf vorlegte, habe ich die Dinge noch nicht so gesehen. Ich konnte sie gar nicht so sehen, auch wenn ein besserer Historiker dazu vielleicht in der Lage gewesen wäre. Da ich glücklicherweise ein sehr zögerlicher Autor bin, habe ich zu dem Zeitpunkt, an dem ich schließlich zu schreiben begann, die Dinge dann in dem neuen Licht gesehen. Was sich geändert hatte, waren nicht die Fakten der Weltgeschichte seit 1973, wie ich sie kannte, sondern das plötzliche Zusammentreffen von Ereignissen in Ost und West seit 1989, was mich fast dazu genötigt hat, die letzten zwanzig Jahre unter einer neuen Perspektive zu sehen. Ich führe meine Erfahrung nicht deshalb an, weil ich Sie dazu bringen will, das Jahrhundert ebenfalls unter dieser Perspektive zu sehen, sondern nur um zu zeigen, was für einen Unterschied das Miterleben von zwei oder drei dramatischen Jahren im Hinblick darauf ausmachen kann, mit welchen Augen ein Historiker die Vergangenheit sieht. Wird ein Historiker in fünfzig Jahren unser Jahrhundert ebenfalls in diesem Lichte sehen? Wer weiß? Es spielt keine Rolle, ob mich das interessiert. Aber er wird sehr wahrscheinlich weniger den Launen relativ kurzfristiger Änderungen des historischen Wetters ausgesetzt sein als diese von denen erfahren werden, die sie durchleben. Das ist das Dilemma des Historikers seiner eigenen Zeit.

Jetzt komme ich zum dritten Problem beim Schreiben einer Geschichte des 20. Jahrhunderts. Es betrifft Historiker aller Generationen und ist leider schnellen Revisionen im Lichte neuerer historischer Ereignisse weniger unterworfen, auch wenn es glücklicherweise gegen eine Erosion durch historische Veränderungen nicht immun ist. Es führt mich zurück zur Frage des historischen Konsensus, die ich bereits erwähnt habe. Ich meine das allgemeine Muster der Vorstellungen, die wir uns von unserer Zeit machen, das sich über unsere Beobachtung legt. Wir haben ein Jahrhundert der Religionskriege erlebt, und das hat uns alle beeinflußt, auch die Historiker. Es ist nicht nur die Rhetorik von Politikern, welche die Ereignisse des Jahrhunderts als einen Kampf zwischen Gut und Böse, oder Christ und Antichrist behandelt. Der deutsche »Historikerstreit« der achtziger Jahre ging nicht darum, ob die NS-Zeit als Bestandteil der deutschen Geschichte oder als eine merkwürdige alptraumhafte Episode in ihr gesehen werden sollte. Darüber gab es keine echte Meinungsverschiedenheit. Er ging vielmehr darum, ob eine historische Einstellung zu Deutschland unter dem Nationalsozialismus, die nicht einer totalen Verurteilung gleichkam, möglicherweise Gefahr lief, ein extrem niederträchtiges System zu rehabilitieren oder zumindest seine Verbrechen abzuschwächen. Auf einer niedrigeren Ebene finden viele von uns immer noch das Verhalten von jungen Fußballrowdys empörender und furchteinflößender, wenn es von Hakenkreuzemblemen und SS-Tätowierungen begleitet ist – und umgekehrt verstehen die Subkulturen, die solche Moden bewußt übernehmen, dies als eine Erklärung der totalen Ablehnung der überkommenen Maßstäbe einer Gesellschaft, die in diesen Symbolen buchstäblich die Zeichen der Hölle sieht. Diese Empfindungen sind so stark, daß ich beim Sprechen dieser Sätze die unbehagliche Wahrnehmung mache, daß sie selbst heute noch als ein Zeichen dafür gedeutet werden können, daß ich dem Nationalsozialismus mit Verständnis begegne, und deshalb eine distanzierende Nachbemerkung erfordern.

Die Gefahr von Religionskriegen liegt darin, daß wir die Welt weiterhin so betrachten, als sei sie ein Komplex von Nullsummenspielen, unvereinbarer polarer Begriffe, selbst wenn die Kriege vorbei sind.

Über siebzig Jahre eines weltweiten ideologischen Konflikts haben es fast zur zweiten Natur gemacht, die Wirtschaften der Welt in kapitalistische und sozialistische zu teilen, in staatliche Plan- und freie Marktwirtschaften, und nur die Wahl zwischen einer von beiden zuzulassen. Wenn wir eine Unvereinbarkeit zwischen beidem als den Normalfall ansehen, dann sind die dreißiger und vierziger Jahre, als der liberale Kapitalismus und der stalinistische Kommunismus gegen die Angriffe Hitlerdeutschlands gemeinsame Sache gemacht haben, eine Anomalie. Für mich sind sie das immer noch, auch wenn sie in mancher Hinsicht eindeutig der zentrale Angelpunkt der Geschichte des 20. Jahrhunderts sind. Denn es waren sowohl das Opfer der Sowjetunion als auch die dort erstmals erprobten Ideen einer makroökonomischen Planung und Wirtschaftslenkung, was den liberalen Kapitalismus gerettet und zu seiner Wiederherstellung beigetragen hat. Es war die heilsame Angst vor einer Revolution, die einen Großteil des Anreizes hierzu ausgemacht hat.

Aber werden diese zentralen Jahrzehnte des Jahrhunderts auch dem Historiker im Jahr 2093 als anomal erscheinen? Einem Historiker, der im Rückblick feststellen wird, daß in Wirklichkeit die gegenseitigen Feindschaftserklärungen zwischen Kapitalismus und Sozialismus niemals zu einem echten Krieg zwischen beiden geführt haben, auch wenn sozialistische Länder gegeneinander Militäroperationen eröffnet und nichtsozialistische Länder gegeneinander dasselbe getan haben?

Wenn der berühmte hypothetische Marsbewohner unsere Welt betrachtete, würde er dann ebenfalls eine solche Zweiteilung vornehmen? Würde er die sozialen und politischen Ökonomien der Vereinigten Staaten, Südkoreas, Österreichs, Brasiliens, Singapurs und Irlands alle derselben Kategorie zuordnen? Würde er die Wirtschaft der Sowjetunion, die unter der Belastung der Reform zusammenbrach, in dieselbe Schublade stecken wie die Chinas, die offensichtlich dem Reformdruck standhielt? Wenn wir uns in die Lage eines solchen Beobachters versetzen sollten, hätten wir keine Schwierigkeiten, ein Dutzend weiterer Raster aufzufinden, in die wir die wirtschaftlichen Strukturen der Länder der Welt leichter einpassen könnten als in ein zweiteiliges Prokrustesbett. Aber auch hier sind wir der Gnade oder Ungnade der Zeit ausgeliefert. Wenn es heute zumindest möglich ist, das Muster sich gegenseitig ausschließender Gegensätze aufzugeben, ist es bislang noch keineswegs klar, welche der denkbaren Alternativen am zweckmäßigsten an seine Stelle treten könnte. Auch hier müssen wir es dem 21. Jahrhundert überlassen, seine eigenen Entscheidungen zu treffen.

Ich habe nur wenig zu sagen über die offensichtlichste Beschränkung des Zeithistorikers, nämlich die Unzugänglichkeit bestimmter Quellen, weil dies meiner Meinung nach zu seinen unbedeutendsten Problemen gehört. Natürlich können wir uns alle Fälle vorstellen, in denen solchen Quellen eine wesentliche Bedeutung zukommt. Zweifellos mußte ein Großteil der Geschichte des Zweiten Weltkriegs so lange unvollständig oder sogar falsch bleiben, bis es in den siebziger Jahren erlaubt war, über die berühmte Gruppe der Codeknacker in Bletchley zu schreiben. Doch in dieser Hinsicht ist der Historiker seiner eigenen Zeit nicht etwa schlechter gestellt als der Historiker des 16. Jahrhunderts, sondern besser. Wir wissen wenigstens, was zugänglich werden könnte und in den meisten Fällen über kurz oder lang auch tatsächlich zugänglich wird, während die Lücken in den schriftlichen Quellen der Vergangenheit so gut wie sicher niemals geschlossen werden. Jedenfalls ist das fundamentale Problem für den Zeithistoriker in unseren endlos bürokratisierten, dokumentierten und unablässig forschenden Zeiten ein nicht mehr überschaubares Übermaß an Primärquellen und und nicht etwa ein Mangel an ihnen. Heute ist selbst der letzte große archivalische Kontinent, die staatlichen Akten des Sowjetblocks, für die Forschung zugänglich. Eine unzureichende Quellenlage ist das letzte, worüber wir uns beklagen können.

Sie werden möglicherweise erleichtert sein, daß am Ende eines Vortrags über die Schwierigkeiten, die Geschichte der eigenen Lebenszeit zu schreiben, eine bescheidene Ermutigung steht. Vielleicht sind Sie der Meinung, daß damit die Skepsis in meinen vorangegangenen Ausführungen kaum aufgewogen wird. Aber ich möchte nicht falsch verstanden werden. Ich spreche als jemand, der tatsächlich versucht, über die Geschichte seiner eigenen Zeit zu schreiben, und nicht als jemand, der sich um den Nachweis bemüht, wie unmöglich ein solches Unternehmen ist. Doch die grundlegende Erfahrung eines jeden Zeitgenossen, der einen Großteil dieses Jahrhunderts miterlebt hat, besteht aus Irrtümern und Überraschungen. Was sich ereignet hat, kam in den meisten Fällen gänzlich unerwartet. Wir alle haben uns in unseren Urteilen und Erwartungen mehr als einmal geirrt. Manche von uns fühlten sich vom Gang der Ereignisse angenehm überrascht, die meisten dürften jedoch enttäuscht gewesen sein, und diese Enttäuschungen waren bei denen besonders bitter, die zuvor Hoffnungen gehegt oder – wie 1989 – in Euphorie geraten waren. Wie immer unsere Reaktionen ausgefallen sind, die Entdeckung, daß wir uns geirrt haben, daß wir etwas offensichtlich nicht richtig verstanden haben, muß der Ausgangspunkt unserer Reflexionen über die Geschichte unserer Zeit sein.

Es gibt Fälle – vielleicht gehört der meinige dazu –, in denen diese Entdeckung besonders hilfreich sein kann. Ein großer Teil meines Lebens, wahrscheinlich fast mein gesamtes bewußtes Leben, war einer Hoffnung gewidmet, die schlichtweg enttäuscht wurde, und einer Sache, die schlechterdings gescheitert ist: dem Kommunismus, der von der Oktoberrevolution eingeleitet wurde. Aber nichts schärft den Verstand des Historikers besser als Niederlagen. Lassen Sie mich mit einer Passage aus dem Werk eines alten Freundes von ganz anderen Überzeugungen schließen, der diese Beobachtung dazu benutzt hat, die Leistung einer ganzen Reihe historischer Neuerer von Herodot und Thukydides bis Marx und Weber zu erklären. Die Bemerkungen von Reinhart Koselleck lauten:

»Der Historiker auf seiten der Sieger ist leicht geneigt, kurzfristig erzielte Erfolge durch eine langfristige ex-post-Teleologie auf Dauer auszulegen.

Anders die Besiegten. Deren Primärerfahrung ist zunächst, daß alles anders gekommen ist als geplant oder erhofft. Sie geraten ... in eine größere Beweisnot, um zu erklären, warum etwas anders und nicht so gekommen ist wie gedacht. Dadurch mag eine Suche nach mittel- oder längerfristigen Gründen in Gang gesetzt werden, die den Zufall der ... Überraschung ... vielleicht erklärt. Die Hypothese hat manches für sich, daß gerade aus ihren einmaligen, ihnen aufgenötigten Erfahrungsgewinnen Einsichten entspringen, die von längerwährender Dauer und damit größerer Erklärungskraft zeugen. Mag die Geschichte – kurzfristig – von Siegern gemacht werden, die historischen Erkenntnisgewinne stammen – langfristig – von den Besiegten.«

Koselleck hat hier auf etwas Richtiges hingewiesen, auch wenn er sein Argument überstrapaziert. Um ihm Gerechtigkeit widerfahren zu lassen, sollte ich hinzufügen, daß er als Kenner der deutschen Geschichtsschreibung beider Nachkriegsperioden nicht behauptet, *allein* die Erfahrung der Niederlage gewährleiste eine gute Historiographie. Dennoch, wenn er auch nur zum Teil recht hat, sollte das Ende dieses Jahrtausends zu einer Fülle von guten und innovatorischen historischen Arbeiten anregen. Denn mit dem Ende dieses Jahrhunderts ist die Welt reicher an geschlagenen Denkern der unterschiedlichsten ideologischen Richtungen als an siegreichen – vor allem unter denen, die alt genug sind, um ein langes Gedächtnis zu haben.

Warten wir ab, ob er recht behalten wird.

19. Kapitel

Können wir die Geschichte der Russischen Revolution schreiben?

Ich habe mein Thema als eine Huldigung an Isaac Deutscher gewählt, dessen beständigstes Werk ein Klassiker in der Geschichte der Russischen Revolution ist, nämlich seine Biographie über Trotzki. Demnach lautet die unmittelbare Antwort auf die im Titel gestellte Frage offensichtlich »ja«.

Aber das beantwortet noch nicht die umfassendere Frage: Können wir *jemals* die abschließende Geschichte von etwas schreiben, nicht einfach Geschichte, wie sie heute gesehen wird oder 1945 gesehen wurde – eingeschlossen natürlich die der Russischen Revolution? Hier fällt die Antwort in einem offensichtlichen Sinne negativ aus, trotz der Tatsache, daß es eine objektive geschichtliche Wirklichkeit gibt, die von Historikern erforscht wird, um unter anderem den Unterschied zwischen Fakten und Fiktion zu bekräftigen. Es steht zwar jedermann frei zu glauben, daß Hitler vor den Russen geflohen ist und in Paraguay Zuflucht gefunden hat, aber es war nicht so. Dennoch stellt jede Generation ihre besonderen neuen Fragen an die Vergangenheit. Daran wird sich auch in Zukunft nichts ändern. Und wir sollten daran denken, daß wir es in der Geschichte der modernen Welt mit einer Unmenge öffentlicher und privater Akten und Aufzeichnungen zu tun haben. Es gibt keine Möglichkeit, auch nur Vermutungen darüber anzustellen, was künftige Historiker in ihnen suchen und finden werden, woran wir selbst nicht gedacht haben. Die Archive der Französischen Revolution haben Historiker 200 Jahre lang beschäftigt, und noch immer spricht nichts dafür, daß ihre Forschungserträge abnehmen. Wir haben gerade erst angefangen, uns den Aktengebirgen in den sowjetischen Archiven zuzuwenden. Allein schon aus diesem Grund ist eine

Dieser Text, der hier erstmals veröffentlicht wird, wurde am 3. Dezember 1996 in London als Isaac Deutscher Lecture vorgetragen. In ihm wird unter anderem das Problem einer hypothetischen Geschichte erörtert, die Fragen von der Art nachgeht wie: »Wäre die Geschichte anders verlaufen, wenn dieses oder jenes Ereignis nicht oder anders eingetreten wäre?«

abschließende Geschichte nicht möglich. Andererseits läßt sich Geschichte als eine ernsthafte Beschäftigung treiben, weil die Historiker sich darauf einigen können, über was sie reden, auf die Fragen, die sie erörtern, und selbst auf eine genügend große Zahl von Antworten, um ihre Meinungsverschiedenheiten so weit zu verringern, daß eine sinnvolle Debatte geführt werden kann.

Auf dem Gebiet der russischen Geschichte des 20. Jahrhunderts war dies lange Zeit hindurch fast ein Ding der Unmöglichkeit. Nun hat das Ende der Sowjetunion zwangsläufig bei allen Historikern den Blick auf die Russische Revolution verändert, weil sie jetzt in der Lage – oder geradezu genötigt – sind, sie in einem anderen Licht zu sehen, wie der Biograph einer toten im Unterschied zu einer lebenden Person. Es ist natürlich offensichtlich, daß es noch eine lange Zeit dauern wird, bis die Leidenschaften derer, die die Geschichte der Sowjetunion schreiben, sich so weit abgekühlt haben wie etwa bei den heutigen Historikern der protestantischen Reformation, einem Thema, das früher zwischen katholischen und protestantischen Historikern erbitterte Kontroversen ausgelöst hat. In der früheren Sowjetunion und den Nachfolgestaaten der alten Ostblockländer wird die Geschichte der Russischen Revolution noch immer in diesem Geist geschrieben, was der Grund dafür ist, warum wir von dort vorläufig höchstens neues Quellenmaterial, aber keine gute Geschichte erwarten können. Selbst außerhalb sind die meisten von uns noch zu nahe an ihren Emotionen und ihrer Parteinahme, um den Kalten Krieg zwischen Kapitalismus und Kommunismus ähnlich distanziert zu sehen wie wir heute den Dreißigjährigen Krieg.

Es gibt noch etwas. Wir können ein Urteil über die Revolution abgeben, mit der die Sowjetunion begann, aber noch nicht über ihr Ende, und das wird sich auf jeden Fall auf das historische Urteil auswirken. Die Katastrophe, in die die einfachen Leute der alten Sowjetunion mit dem Ende des alten Systems gestürzt wurden, ist noch nicht vorbei. Ich behaupte, daß der plötzliche, revolutionäre Sprung aus dem alten System in den Kapitalismus, der ihnen aufgezwungen wurde, der Wirtschaft vielleicht mehr geschadet hat als der Zweite Weltkrieg, mehr als die Oktoberrevolution, und die Wirtschaft der Region hat jetzt schon länger gebraucht, um sich zu erholen, als in den zwanziger oder vierziger Jahren. Unsere Einschätzung des gesamten Sowjetkomplexes bleibt vorläufig. Dessenungeachtet ist es uns jetzt möglich, die Frage zu stellen: In welchen Aspekten können die Historiker der Russischen Revolution sich heute berechtigterweise auf eine gemeinsame Meinung einigen? Können wir einen Konsens in einigen Fragen zur

Geschichte der Russischen Revolution erreichen, die gestellt werden müssen, und über einige ihrer Elemente, die nach den Regeln der Forschung und der Quellenbewertung als feststehend gelten können und damit jeder ernsthaften Debatte entzogen sind?

Ein Problem besteht darin, daß die schwierigsten dieser Fragen außerhalb des üblichen Bereichs historischer Beweise und Widerlegungen liegen, weil es sich bei ihnen um Fragen zu möglichen, aber nicht eingetretenen Ereignissen handelt. Ein Großteil von dem, was sich tatsächlich ereignet hat, kann heute in Erfahrung gebracht werden, weil die entsprechenden Informationen verfügbar sind, auch wenn praktisch während des gesamten Bestehens der Sowjetunion ein Großteil davon unzugänglich und hinter verschlossenen Archivtüren und Barrikaden aus offiziellen Lügen und Halbwahrheiten verschlossen lag. Das ist der Grund, warum ein großer Teil der während dieser Zeit erschienenen Literatur jetzt eingestampft werden muß, auch wenn in ihr bruchstückhafte Quellen mit noch soviel Einfallsreichtum interpretiert und noch so plausible Vermutungen angestellt wurden. Wir sind darauf einfach nicht mehr angewiesen. Robert Conquests 1990 erschienenes Werk *The Great Terror* (deutsche Übersetzung der Erstfassung: *Am Anfang starb Genosse Kirow*, 1970) beispielsweise wird als das umfassendste Werk zu seinem Thema einfach deshalb aus dem Blickfeld verschwinden, weil die archivalischen Quellen heute verfügbar sind, auch wenn diese Quellen nicht alle Debatten beenden werden. Dieses Werk von Conquest wird noch als ein bemerkenswerter bahnbrechender Versuch gelesen werden, das Ausmaß des Stalinschen Terrors abzuschätzen, das jedoch als eine Darstellung der furchtbaren Fakten, die es untersuchen wollte, zwangsläufig inzwischen überholt ist. Kurzum, der Autor wird am Ende eher aus Interesse an der Historiographie der Sowjetära als an dem, was sein Buch uns über deren Geschichte erzählt, gelesen werden. Wenn bessere oder vollständigere Daten verfügbar sind, müssen sie an die Stelle schlechter und unvollständiger Daten treten. Das allein wird die Historiographie der Sowjetära verändern, auch wenn es nicht alle unsere Fragen beantworten kann, am wenigsten jene, die sich auf die frühen Jahre der Sowjetherrschaft vor der entfalteten Bürokratisierung des Regimes beziehen, als die Sowjetregierung und die Partei tatsächlich nicht sehr viel darüber wußten, was in ihrem Land vorging.

Andererseits wurden die heftigsten Debatten zur russischen Geschichte im 20. Jahrhundert nicht darüber geführt, was geschehen war, sondern was hätte geschehen können. Hier sind einige dieser Fragen zu einem hypothetischen Verlauf der Russischen Revolution. War eine

Revolution in Rußland unvermeidlich? Hätte der Zarismus sich retten können? Befand sich Rußland 1913 auf dem Weg zu einer liberal-kapitalistischen Gesellschaft? Für die Zeit, nachdem die Revolution tatsächlich eingetreten war, sind diese Fragen noch brisanter. Was wäre geschehen, wenn Lenin nicht nach Rußland gelangt wäre? Wäre die Oktoberrevolution vermeidbar gewesen? Wie wäre es in Rußland weitergegangen, wenn man sie vermieden hätte? Mehr marxistisch gesprochen: Was bewog die Bolschewiki zu der Entscheidung, die Macht zu übernehmen, obwohl ihr Programm einer sozialistischen Revolution völlig unrealistisch war? Hätten sie die Macht überhaupt übernehmen sollen? Was wäre gewesen, wenn die europäische Revolution – das heißt eine deutsche Revolution, in die sie ihr Geld investiert hatten – stattgefunden hätte? Hätten die Bolschewiki den Bürgerkrieg auch verlieren können? Wie wäre die Entwicklung der Bolschewistischen Partei und der Sowjetpolitik verlaufen, wenn es den Bürgerkrieg nicht gegeben hätte? Gab es nach der siegreichen Beendigung des Bürgerkriegs auch noch andere Möglichkeiten als die Rückkehr zur Marktwirtschaft unter der NEP (Neuen Ökonomischen Politik)? Was wäre geschehen, wenn Lenin länger und ohne gesundheitliche Beeinträchtigung gelebt hätte? Die Liste solcher Fragen ist ohne Ende, und ich habe lediglich einige der naheliegendsten hypothetischen Fragen der Zeit bis zum Tod Lenins erwähnt. In meinem Vortrag geht es nicht darum, Ihnen meine Antworten auf diese Fragen zu geben, sondern solche Fragen in den Blickwinkel eines wissenschaftlichen Historikers zu rücken.

Es ist unmöglich, sie auf der Grundlage von Quellen zu eingetretenen Ereignissen zu beantworten, weil sie sich auf Ereignisse beziehen, die *nicht* eingetreten sind. So können wir beispielsweise ohne jeden ernsthaften Zweifel sagen, daß es im Herbst 1917 innerhalb der russischen Bevölkerung zu einer gewaltigen Radikalisierungswelle kam, deren Hauptnutznießer die Bolschewiki waren und von der die Provisorische Regierung hinweggefegt wurde, so daß zum Zeitpunkt der Oktoberrevolution die Macht nicht mehr eigentlich ergriffen, sondern eher dort aufgelesen werden mußte, wohin sie gefallen war. Für diese Behauptung gibt es gute Belege. Die Vorstellung, der Oktober sei nicht mehr gewesen als eine Art konspirativer Staatsstreich, läßt sich einfach nicht aufrechterhalten. Um das einzusehen, braucht man nur den Bericht des damaligen Korrespondenten des *Manchester Guardian*, Philips Price, zu lesen, den dieser nach einer mehrwöchigen Reise durch die Wolgaprovinzen und *vor* der Oktoberrevolution geschrieben hatte. Mir ist übrigens kein anderer Augenzeuge aus dem Ausland bekannt, der ein ebenso guter Kenner Rußlands und der russischen Sprache war, der damals eine solche Reise durch das russische Herzland unternommen hätte. »Die maximalistischen Fanatiker«, heißt es dort, »die noch immer von einer sozialen Revolution in ganz Europa träumen, haben nach meinen Beobachtungen in den Provinzen in letzter Zeit eine ungeheure, wenngleich amorphe Anhängerschaft gefunden.« Als dieser in Jaroslawl aufgegebene Bericht in Manchester eintraf, hatten die Bolschewiki die Macht bereits übernommen, und deshalb brachte die Zeitung ihn erst im Dezember unter der Schlagzeile »Wie die Maximalisten die Herrschaft errangen«, doch tatsächlich war er schon im September abgeschickt worden.

Fragen über mögliche historische Alternativen können jedoch nicht auf diese Weise entschieden werden – zum Beispiel die, was passiert wäre, wenn die Bolschewiki nicht beschlossen hätten, die Macht zu erobern, oder bereit gewesen wären, sie an der Spitze einer breiten Koalition unter Einschluß der übrigen sozialistischen und sozialrevolutionären Parteien zu übernehmen. Wie sollen wir das wissen? Philips Price zum Beispiel hielt es in dem genannten Artikel für möglich, daß der gewaltige Abscheu vor dem Krieg, der seiner Meinung nach »die verworrene soziale Masse« der Revolution (seine Formulierung) zusammenhielt, »einen Napoleon« hervorbringen könnte, »einen Friedensdiktator, ... der selbst um den Preis territorialer Verluste für Rußland und auf Kosten der durch die Revolution errungenen politischen Freiheiten dem Krieg ein Ende machen wird.« Wir wissen, daß etwas Ähnliches geschehen ist. Im Rückblick können wir sehen, daß Price unter den 1917 herrschenden Umständen durchaus Grund zu der Annahme hatte, daß Rußland so oder so in Bälde aus dem Krieg herausgehen würde. Doch gleichzeitig dachte er, daß die Revolution in diesem Fall in sich bekämpfende Gruppen zerfallen und daß dies ihre Niederlage herbeiführen werde. Dazu kam es nicht, aber für einen guten zeitgenössischen Beobachter lag auch dies im Bereich des Möglichen. Da dieses Ereignis nicht eingetreten ist, können auch Historiker nicht mehr tun als weiterhin darüber Spekulationen anzustellen.

Doch wie sehen diese Spekulationen genau aus? Und was ist der Sinn zumindest einiger solcher Spekulationen? Das Problem ist, daß es mindestens drei Formen solcher Fragen zu hypothetischen, irrealen Geschichtsverläufen gibt. Eine Form ist zwar faszinierend, aber analytisch sinnlos. Nehmen wir Lenin oder auch Stalin als Beispiel. Ohne den persönlichen Einsatz dieser einzelnen Männer wäre die Geschichte der Russischen Revolution zweifellos ganz anders verlaufen. Trotz einer Menge von allgemeinem politischem und ideologischem Geschwafel kommt es in der Geschichte nicht immer auf einzelne Persönlichkeiten an. So haben die Vereinigten Staaten seit 1865 sieben Präsidenten vor Beendigung ihrer regulären Amtszeit durch Attentate oder aus anderen Gründen verloren, doch im Rückblick eines Jahrhunderts sieht es nicht so aus, als hätte dies den Lauf der US-Geschichte wesentlich verändert. Auf der anderen Seite kommt es manchmal vor, daß Einzelpersonen eine große Rolle spielen, wie im Fall von Lenin und Stalin – oder auch in den letzten Jahren der Sowjetunion. Ein ehemaliger Direktor der CIA erklärte gegenüber Professor Fred Halliday in einem BBC-Interview: »Ich glaube, wenn Andropow bei seiner Amtsübernahme 1982 15 Jahre jünger gewesen wäre, hätten wir es noch immer mit einer Sowjetunion zu tun, mit der es wirtschaftlich immer weiter bergab ginge, die technisch immer mehr ins Hintertreffen käme, . . . aber es gäbe sie noch.«[1] Ich bin nicht gern einer Meinung mit Chefs der CIA, doch dieses Urteil erscheint mir völlig plausibel. Allerdings bleibt einem darüber hinaus nicht mehr viel zu sagen. Man kann die historischen Situationen analysieren, in denen einzelne Personen eine übermäßig große – positive oder negative – Rolle spielen können. Möglicherweise sind wir imstande, wie Alan Bullock es mit seinen parallelen Lebensgeschichten Hitlers und Stalins getan hat, die Mittel und Wege zu untersuchen, mit denen sie anschließend ihre persönliche Machtstellung ausgebaut haben, wie beispielsweise Stalin, während Lenin offenbar keinen derartigen Versuch unternommen hat. Wir können die Grenzen dessen bestimmen, was für solche einzelnen Individuen mit absoluter Machtfülle in ihrem Land erreichbar ist, oder in welcher Weise ihre Ziele und politischen Vorstellungen nicht für sie als Einzelpersönlichkeiten, sondern für ihre Zeit, ihren Ort und ihre Lage charakteristisch waren.

Man kann beispielsweise mit guten Gründen behaupten, daß das Projekt einer äußerst schnell vorangetriebenen Industrialisierung durch eine staatliche Planung in der Sowjetunion einen gewissen Spielraum für den ausgeübten Zwang von oben gehabt habe, doch wenn die Sowjetunion damals ein solches Projekt durchführen wollte, unabhängig davon, wieviel Millionen Sowjetbürger wirklich dahinterstanden[2], dann wäre es ohne gewisse Zwangsmaßnahmen nicht abgegangen, selbst wenn der Mann an der Spitze der Sowjetunion weniger erbarmungslos und grausam als Stalin gewesen wäre. Oder man kann mit Moshe Lewin behaupten, daß nicht einmal mit totalen Machtbefugnissen ausgestatteter Stalin den ständig anschwellenden bürokratischen Apparat unter seine Kontrolle bringen konnte, zu dem sich das Regierungssystem der Sowjetunion zunehmend auswuchs. Allein der Terror, die Todesfurcht bei den für eine gewisse Zeit allmächtigen

Funktionären konnte gewährleisten, daß sie dem Autokraten gehorchten und ihn nicht in das bürokratische Spinnennetz verstrickten. Oder man kann zeigen, daß bei einer vorgegebenen historischen Vergangenheit selbst die Handlungen von Autokraten bestimmten Mustern folgen. Sowohl Stalin wie Mao waren sich bewußt, daß sie die Nachfolger absoluter Herrscher waren, und orientierten sich zumindest bis zu einem gewissen Grad an ihren kaiserlichen Vorgängern – auf jeden Fall hatten sie sehr wohl erkannt, daß sie von ihren Untertanen in diesem Licht gesehen wurden. Aber selbst wenn man all dies und noch mehr gesagt hätte, wäre damit noch nicht die Frage nach historischen Alternativen beantwortet. Man kann höchstens sagen: »Die Dinge hätten sich möglicherweise anders entwickelt, wenn Lenin 1918 die Schweiz nicht hätte verlassen können«, oder bestenfalls auch: »Die Dinge hätten sich völlig anders« oder »nicht wesentlich anders entwickelt«. Und weiter kommt man nicht, jedenfalls nicht im Reich der Tatsachen.

Eine zweite Gruppe solcher hypothetischer Aussagen ist etwas interessanter, und sei es auch nur, weil sie dazu beitragen, der Geschichte der Revolution die Scheuklappen einer ideologischen Polemik abzunehmen. Betrachten wir den Untergang der Zarenherrschaft. Bereits gegen Ende des 19. Jahrhunderts rechnete kein ernsthafter Beobachter damit, daß sich der Zarismus noch lange würde halten können. Eine Revolution in Rußland wurde allgemein vorhergesagt. Marx selbst erwartete 1879 in nicht allzuferner Zukunft einen Zusammenbruch des zaristischen Systems in Rußland, ausgelöst durch Reformen von oben, und der britische Politiker, der diese Einschätzung an die Tochter Königin Viktorias weitergab, fand diese Meinung »nicht unbegründet«.[3] Im Rückblick erscheint es unbestreitbar, daß die Chancen des Zarismus, nachdem er seine erste Revolution von 1905 überstanden hatte, noch vor dem Weltkrieg auf ein Nichts zusammengeschrumpft waren, und es gab damals nicht viele, die auch nur einen Augenblick lang mit seinem Fortbestand rechneten. Wir brauchen uns nicht ernsthaft mit der Theorie zu beschäftigen, das zaristische Rußland sei auf dem besten Wege zu einer blühenden liberal-kapitalistischen Gesellschaft gewesen, als wie aus heiterem Himmel der Erste Weltkrieg und die Bolschewiki kamen und alles verdarben. Hätte man nicht nach Argumenten gegen die Marxisten suchen müssen, wäre diese Behauptung niemals ernsthaft erörtert worden.

Übrigens haben nicht einmal die Liberalen selber mit einigem Nachdruck behauptet, ein liberal-demokratisches parlamentarisches Rußland sei eine wahrscheinliche Alternative *nach* dem Sturz des Zarismus. Viele von ihnen wollten sich einreden, es sei nur ein Putsch Lenins gewesen, der einer verheißungsvollen russischen liberalen Demokratie den Garaus gemacht habe, aber sie taten es ohne wirkliche Überzeugung. Ich erinnere in diesem Zusammenhang lediglich daran, daß bei den einzigen halbwegs freien Wahlen bald nach der Oktoberrevolution zur Konstituierenden Versammlung die bürgerlichen Liberalen fünf und die Menschewiki drei Prozent der Stimmen erhielten.

Andererseits haben auch die Kommunisten ihre Mythen einer hypothetischen Geschichte. Meine Generation beispielsweise wuchs mit der Mär vom Verrat der deutschen Revolution von 1918 durch die gemäßigten sozialdemokratischen Führer auf. Die Eberts und Scheidemanns machten der potentiellen sozialistischen und proletarischen deutschen Revolution ein vorzeitiges Ende, Sowjetrußland blieb isoliert, und die logische, von Marx und Engels erhoffte weitere Entwicklung trat nicht ein – eine russische Revolution, die eine proletarische Revolution in anderen Ländern auslöste, denen nicht so offensichtlich alle Voraussetzungen dafür fehlten, eine sozialistische Wirtschaft aufzubauen.

Nun unterscheidet sich dieser Mythos von dem eines liberalisierten Zarismus in einer wesentlichen Hinsicht. Kein realistischer Beobachter vor 1917 rechnete damit, daß der Zarismus sich halten, geschweige denn seine Probleme meistern würde. In den Jahren 1917/18 schien das Szenario von Marx und Engels dagegen durchaus reale Chancen zu haben. Den deutschen und russischen Revolutionären in den Jahren 1917 – 1919 kann man nicht vorwerfen, daß sie solche Hoffnungen hegten, auch wenn ich an anderer Stelle Gründe dafür angeführt habe, daß Lenin es spätestens 1920 hätte besser wissen müssen. Während einiger Wochen oder gar Monate in den Jahren 1918/19 konnte ein Übergreifen der Russischen Revolution auf Deutschland als konkrete Möglichkeit erscheinen.

Trotzdem bestand eine solche Möglichkeit nicht. Ich glaube, heute sind sich die Historiker in diesem Punkt einig. Der Erste Weltkrieg bedeutete eine tiefgreifende Erschütterung aller daran beteiligten Völker, und die Revolutionen von 1917/18 waren in erster Linie Aufstände gegen dieses beispiellose Völkermorden vor allem in den Ländern der unterlegenen Seite. Doch in Teilen Europas und ganz besonders in Rußland waren sie noch mehr als das: Sie waren soziale Revolutionen, eine Ablehnung des Staates, der herrschenden Klassen und des Status quo durch die Armen. Meiner Meinung nach gehörte Deutschland nicht zum Kreis der revolutionären Länder in Europa. Für mich lag 1913 eine soziale Revolution in Deutschland ganz außerhalb des Wahrscheinlichen. Ich bin davon überzeugt, daß das kaiserliche Deutschland im

Unterschied zum Zaren ohne den Krieg seine politischen Probleme in den Griff bekommen hätte. Das soll nicht heißen, daß der Krieg ein unerwarteter und nicht zu umgehender Unfall gewesen sei, doch das ist eine andere Frage. Natürlich wollten die gemäßigten deutschen Führer der SPD verhindern, daß die Revolution den revolutionären Sozialisten in die Hände fiel, weil sie selbst weder Sozialisten noch Revolutionäre waren. Tatsächlich wollten sie noch nicht einmal den Kaiser loswerden. Aber darum geht es nicht. Eine deutsche Oktoberrevolution oder etwas Ähnliches war einfach nicht im Gange und konnte deshalb auch nicht verraten werden.

Meiner Meinung nach erlag Lenin einem Irrtum, als er auf eine deutsche Revolution setzte, aber ich glaube nicht, daß er dies 1917 oder 1918 bereits hätte erkennen können. Es sah einfach nicht danach aus. An dieser Stelle weichen der historische Rückblick und die Einschätzung der vorhandenen Möglichkeiten durch Zeitgenossen voneinander ab. Wenn wir in die Politik gehen, um Entscheidungen zu fällen, wie Lenin es tat, richten wir uns nach den Möglichkeiten, wie wir sie wahrnehmen – und für ihn lag es nahe, sie so wahrzunehmen. Doch die Gegenwart ist Geschichte geworden, die Partie kann nicht noch einmal gespielt werden, und deshalb sehen wir die Dinge klarer. Die deutsche Revolution war kein Spiel, dessen ganzer Verlauf durch die Niederlage auf den Kopf gestellt worden wäre. Der Russischen Revolution war es beschieden, den Sozialismus in einem rückständigen und alsbald völlig zerrütteten Land aufzubauen, obwohl mich Orlando Figes noch immer nicht überzeugt hat, der die Meinung vertritt, Lenin habe bereits 1918 den Gedanken an eine Revolution aufgegeben, die sich in Westeuropa ausbreitete. Meiner Vermutung nach werden im Gegenteil die Archive zeigen, daß die sowjetischen Führer, auch wenn sie nicht bereit waren, ihren heimatlichen Stützpunkt in Rußland zu gefährden, einer internationalen Revolution ebenso verpflichtet blieben wie nach ihnen Fidel Castro und Che Guevara und dies, wenn ich das sagen darf, häufig mit ebenso vielen Illusionen und ebensoviel Unwissenheit über die Verhältnisse im Ausland wie die Kubaner.[4]

Ich neige eher zu der Annahme, daß Lenin das Winterpalais selbst dann hätte stürmen wollen, wenn er sicher gewesen wäre, daß die Bolschewiki zurückgeschlagen würden, nach dem – wie die Iren sagen könnten –»Osteraufstandsprinzip«: Um für die Zukunft eine Inspiration zu schaffen, so wie es die geschlagene Pariser Kommune getan hatte. Andererseits ergab die Übernahme der Macht und die Ausrufung eines sozialistischen Programms nur dann einen Sinn, wenn die

Bolschewiki eine europäische Revolution erwarteten. Niemand glaubte, Rußland könne sie allein bewerkstelligen. Damit stellt sich die Frage, ob es überhaupt sinnvoll war, die Oktoberrevolution zu machen. Und wenn ja, mit welchen Zielen? Das führt uns zur dritten Art hypothetischer Fragen in der Geschichte, bei denen es um die Alternativen geht, die zur damaligen Zeit als möglich in Betracht gezogen wurden. Letztlich ging die Frage nicht darum, *ob* eine andere Gruppe die Macht der Provisorischen Regierung unter Kerenskij übernehmen sollte. Diese lag bereits am Boden. Es ging nicht einmal darum, *wer* sie übernehmen sollte, da die Bolschewiki als einzige hierzu überhaupt in der Lage waren, entweder allein oder als Seniorpartner in einer Koalition. Die Frage lautete nur noch *wie*: ob mit oder ohne einen geplanten Aufstand, vor, während oder nach dem bevorstehenden Sowjetkongreß, im Rahmen einer breiten Koalition oder sonstwie und mit welchem Ziel, da es ja keineswegs abzusehen war, ob eine bolschewistische oder überhaupt eine zentralrussische Regierung sich würde halten können. Und über alle diese Fragen gab es damals ernsthafte Auseinandersetzungen nicht nur zwischen den Bolschewiki und anderen, sondern auch innerhalb der Bolschewistischen Partei selbst.

Aber wir dürfen eines nicht vergessen: Wenn wir heute als Historiker der Ansicht sind, daß beispielsweise Kamenjew gegen Lenin recht hatte, dann schätzen wir in Wirklichkeit nicht ein, wie groß die Chancen Kamenjews im Oktober 1917 waren, die Bolschewistische Partei zu überzeugen. Wir wollen damit vielmehr sagen: Wenn wir uns *heute* in einer solchen Lage befänden, dann müßten wir seinen Standpunkt einnehmen. Wir reden über das Spiel heute oder in der Zukunft, nicht über das Spiel im Jahr 1917, dessen Ausgang nicht mehr geändert werden kann. Und außerdem, was meinen wir genau, wenn wir rückblickend etwa zu dem Schluß gelangen sollten, es wäre besser gewesen, wenn die Bolschewiki sich nicht auf eine faktische Einparteienregierung festgelegt hätten? Wollen wir damit sagen, eine Koalitionsregierung wäre geeigneter gewesen, um mit der verzweifelten Lage in Rußland damals oder langfristig – wenn man ihr diese lange Frist gegeben hätte – fertig zu werden? Das letztere erscheint mir übrigens mehr als unwahrscheinlich. Oder sagen wir einfach mit Gorbatschow, wir hätten es lieber gesehen, wenn die Februarrevolution sich anders weiterentwickelt hätte. Daß es besser gewesen wäre, wenn ein demokratisches Rußland aus der Revolution hervorgegangen wäre, ist etwas, worin die meisten Menschen übereinstimmen würden. Aber es ist eine Aussage über unsere politischen Ideen und nicht über die Geschichte. Im Jahr 1917 folgte auf den Februar der Oktober.

Die Geschichte muß von dem ausgehen, was sich tatsächlich ereignet hat. Alles andere ist Spekulation. Doch an dieser Stelle müssen wir die Spekulation aufgeben und zur wirklichen Situation Rußlands in einer Revolution zurückkehren. Große Massenrevolutionen, die von unten ausbrechen – und Rußland 1917 war vermutlich das eindrucksvollste Beispiel für solch eine Revolution in der Geschichte – sind in gewisser Hinsicht »Naturerscheinungen«. Sie sind wie Erdbeben und gewaltige Überschwemmungen, vor allem wenn wie in Rußland der Überbau staatlicher und nationaler Institutionen praktisch zerfallen ist. Sie sind in hohem Maße unkontrollierbar. Wir müssen aufhören, uns die Russische Revolution in Kategorien der Ziele und Absichten der Bolschewiki oder sonstwelcher Gruppen, ihrer langfristigen Strategie und der Kritiken anderer Marxisten an ihrer Praxis vorzustellen. Wie kam es überhaupt, daß sie nicht Schiffbruch erlitten und vollständig scheiterten, was ohne weiteres hätte passieren können? Anfangs verfügte das neue Regime über keinerlei Macht – zumindest nicht über eine beträchtliche bewaffnete Macht. Das einzige wirkliche Kapital, das die neue Sowjetregierung außerhalb Petrograds und Moskaus für sich verbuchen konnte, war ihre Fähigkeit auszusprechen, was das russische Volk hören wollte. Was Lenin für Pläne hatte – und letzten Endes hörte die Partei auf Lenins Kommando – war belanglos. Er konnte »einfach keine Strategien oder Perspektiven entwickeln, die über die täglich neu zu treffende Wahl zwischen Entscheidungen, die für das unmittelbare Überleben notwendig waren, und solchen, die ein unmittelbares Desaster nach sich zu ziehen drohten, hinausgingen. Wer konnte es sich schon leisten, all die Entscheidungen, die *jetzt* getroffen werden mußten, im Hinblick auf die möglichen langfristigen Auswirkungen auf die Revolution zu bedenken?«[5] Nichts war vorherbestimmt. Die Dinge hätten jederzeit in die falsche Richtung laufen können. Erst 1921 konnte das Regime auf seine Dauerhaftigkeit zählen, konnte sich Klarheit über den entsetzlichen Zustand verschaffen, in den Rußland herabgesunken war, oder damit beginnen, bei seiner Planung in Jahren statt in Monaten oder gar Wochen zu rechnen. Zu diesem Zeitpunkt war der zukünftige Kurs mehr oder weniger vorgeschrieben, und er lag weitab von allem, was irgendein Marxist, auch Lenin selbst, vor der Revolution für Rußland ins Auge gefaßt hätte. Sowohl die orthodoxe Sowjetdoktrin als auch die antikommunistische Verschwörungstheorie stellten die Revolution als eine kontrollierte und von oben gelenkte Veranstaltung dar; Lenin wußte es besser.

Wie kam es dann, daß die Oktoberrevolution überlebte? Erstens –

und hier befinde ich mich in voller Übereinstimmung mit dem ausgezeichneten Buch *A People's Tragedy* von Orlando Figes[6] – siegten die Bolschewiki, weil sie unter der roten Fahne und, wie immer irreführend, im Namen der Sowjets kämpften. Letzten Endes zogen die russischen Bauern und Arbeiter die Roten gegenüber den Weißen vor, die ihnen ihrer Meinung nach das Land wegnehmen und den Zaren zurückbringen wollten, die adligen Grundbesitzer und die sogenannten »burschuj« (Bourgeois). Sie standen für die Revolution, die von den meisten Russen gewollt wurde. Und die Russische Revolution wurde wohlgemerkt von den Massen gemacht, und während der ersten zehn Jahre wurde ihr Schicksal von den russischen Massen bestimmt – durch das, wofür sie stehen oder nicht stehen wollten. Erst der Stalinismus machte dem ein Ende.

Zum zweiten überlebten die Bolschewiki, weil sie die einzige mögliche Kraft einer nationalen Regierung nach dem Zaren waren. Die Alternative im Oktober 1917 war nicht die zwischen einem demokratischen und einem diktatorischen Rußland und konnte es auch nicht sein, sondern die zwischen einem Rußland und seiner Auflösung. Hier spielte die zentralistische, auf Lenin zurückgehende Struktur der Bolschewistischen Partei, einer Institution, die auf diszipliniertes Handeln und damit faktisch auf den Aufbau eines Staates ausgerichtet war, eine wesentliche Rolle, auch wenn dadurch die persönliche Freiheit des einzelnen stärker eingeschränkt wurde als unter dem Zarismus. Doch entweder übernahmen die Bolschewiki die Macht oder niemand. Tatsächlich bestand eine der wenigen, nicht einmal von ihren Gegnern bestrittenen Errungenschaften der Russischen Revolution darin, daß Rußland im Unterschied zu den übrigen besiegten Vielvölkerreichen des Ersten Weltkriegs, das Habsburger- und das Osmanische Reich, nicht auseinanderfiel. Es wurde von der Oktoberrevolution als multinationaler, bikontinentaler Staat gerettet. Wir unterschätzen immer wieder die Anziehungskraft, die Sowjetrußland aus diesem Grund sowohl während als auch nach dem Bürgerkrieg auf unpolitische oder sogar rechte patriotische Russen ausgeübt hat: Wie sonst ließe sich die merkwürdige Rückkehr einer kleinen, aber einflußreichen Anzahl russischer – ziviler und militärischer – Emigranten während des ersten Fünfjahrplans erklären? (Einige werden diesen Schritt später bedauert haben.)

Zum dritten überlebten sie, weil sie für eine Sache kämpften, die nicht allein Rußland betraf. Die westlichen Mächte mochten die verschiedenen und untereinander verfeindeten Weißen Armeen im Bürgerkrieg aus unterschiedlichen Gründen ohnedies nur halbherzig unterstützt haben – doch spätestens nach dem Ende des Weltkriegs wußten sie, daß sie keine eigenen bedeutenden Militärkontingente zur Fortsetzung des Krieges mehr entsenden konnten, schon gar nicht gegen ein Regime, das von den westlichen Soldaten als eines der Arbeiterrevolution angesehen wurde. Es kam hinzu, daß die Bolschewiki nach dem Krieg die Kontrolle über Transkaukasien zurückerlangten, und zwar hauptsächlich deshalb, weil die Türkei in ihnen eine Kraft gegen den Imperialismus der Briten und Franzosen sahen. Selbst das besiegte Deutschland, das auf seine Immunität gegen den bolschewistischen Bazillus vertraute, war bereit, sich mit ihnen zu einigen. Als jedenfalls die Rote Armee 1920 die polnischen Aggressoren zurückschlug und auf Warschau marschierte, schickte General Seeckt von der deutschen Reichswehr Enver Pascha nach Rußland, um etwas vorzuschlagen, das eine überraschende Ähnlichkeit mit der 1939 in den geheimen Zusatzklauseln des Molotow-Ribbentrop-Pakts verabredeten Teilung Polens hatte. Die Niederlage der Roten Armee vor den Toren Warschaus entzog solchen Vorschlägen die Grundlage.

Doch die internationale Auswirkung des Roten Oktobers führt mich zu meinem letzten Punkt und zugleich meiner Schlußbetrachtung. Die Russische Revolution hat tatsächlich zwei ineinander verwobene Geschichten: ihren Einfluß auf Rußland und ihren Einfluß auf die übrige Welt. Wir dürfen die beiden nicht miteinander verwechseln. Ohne die zweite hätte sich höchstens eine Handvoll spezialisierter Historiker mit ihr beschäftigt. Außerhalb der Vereinigten Staaten wissen viele Menschen über den Amerikanischen Bürgerkrieg nicht mehr, als daß er den Hintergrund zu *Vom Winde verweht* abgibt. Und doch war er sowohl der größte Krieg zwischen 1815 und 1914 als auch der größte in der amerikanischen Geschichte und kann zudem für sich in Anspruch nehmen, so etwas wie eine zweite amerikanische Revolution zu sein. Er hat bis auf den heutigen Tag in den USA eine große Bedeutung, im Ausland jedoch nur eine geringe, weil er offensichtlich die Geschehnisse in anderen Ländern mit Ausnahme der lateinamerikanischen kaum beeinflußt hat.

Andererseits ist die Russische Revolution sowohl in der russischen Geschichte als auch in der Weltgeschichte des 20. Jahrhunderts ein gewaltiges Ereignis – allerdings jeweils von eigener Art. Was hat sie für die russischen Völker bedeutet? Die Revolution beförderte Rußland auf den Gipfel seiner internationalen Macht und seines Ansehens – weit jenseits von allem, was jemals unter den Zaren erreicht wurde. Stalin ist ein bedeutender dauerhafter Platz in der russischen Geschichte ebenso sicher wie Zar Peter dem Großen. Die Revolution modernisierte einen Großteil eines rückständigen Landes, doch obwohl dessen Errungenschaften gigantisch waren – nicht zuletzt die Fähigkeit, Deutschland im Zweiten Weltkrieg zu besiegen –, war der Blutzoll an Menschenleben exorbitant, mit seiner maroden Wirtschaft konnte es nur noch bergab gehen, und sein politisches System verfiel. Für die meisten seiner Einwohner, die sich erinnern können, hatte die alte Sowjetära sicherlich weitaus mehr zu bieten als das, womit sich die ehemaligen Sowjetvölker heute und auf absehbare Zeit hinaus begnügen müssen. Aber noch ist es zu früh, um eine historische Bilanz zu ziehen.

Wir müssen die verschiedenen sozialistischen und ehemals sozialistischen Völker zu ihrem eigenen Urteil über die Auswirkungen der Oktoberrevolution auf ihre Geschichte kommen lassen. Was die übrige Welt angeht, so haben wir die Auswirkung nur aus zweiter Hand kennengelernt. Als eine Kraft der Befreiung in den ehemaligen Kolonialländern und in ganz Europa vor und während des Zweiten Weltkriegs; als der Feind schlechthin für die USA und überhaupt alle konservativen und kapitalistischen Regime während des größten Teils des Jahrhunderts mit Ausnahme der Jahre 1933 bis 1945; als ein System, das zutiefst (und verständlicherweise) von Liberalen und parlamentarischen Demokraten verabscheut wird, gleichzeitig jedoch seit den dreißiger Jahren auf der Linken in der industrialisierten Welt als etwas anerkannt wird, was den Reichen einen solchen Schrecken eingejagt hat, daß sie seitdem politisch etwas mehr für die Armen tun. Das furchtbare Paradox der Sowjetära ist, daß der Stalin, den die Sowjetvölker erlebt haben, und der Stalin, der im Ausland als Befreier gesehen wurde, ein und dieselbe Person waren. Und er war zumindest zum Teil für die einen der Befreier, weil er für die anderen der Tyrann war.

Können Historiker jemals zu einem verbindlichen Konsens über eine solche Persönlichkeit und solch ein historisches Ereignis kommen? Ich sehe nicht, wie ihnen das in der absehbaren Zukunft möglich sein sollte. Ebenso wie an der Französischen werden sich auch an der Russischen Revolution weiterhin die Geister scheiden.

20. Kapitel

Barbarei: eine Gebrauchsanleitung

Ich habe meinen Vortrag nicht etwa deshalb mit der Überschrift »Barbarei: eine Gebrauchsanleitung« versehen, weil ich Ihnen Anweisungen geben möchte, wie Sie zu Barbaren werden können. Leider hat das niemand von uns nötig. Barbarei ist nicht so etwas wie Eistanz, eine Kunst, die man erlernen muß – es sei denn, Sie wollten Folterer oder irgendwelche anderen Spezialisten auf dem Gebiet unmenschlicher Handlungen werden. Sie ist vielmehr ein Abfallprodukt des Lebens in einem bestimmten sozialen und historischen Kontext, etwas, das mit dem Territorium kommt, wie Arthur Miller in seinem Stück *Der Tod des Handlungsreisenden* sagt. Der Begriff »ghettoerprobt« *(street-wise)* bringt das, was ich sagen möchte, viel besser zum Ausdruck, um die konkrete Anpassung von Menschen an das Leben in einer Gesellschaft ohne die Regeln der Zivilisation zu bezeichnen. Im Verlauf unserer langen Bekanntwerdung mit dieser Welt haben wir uns alle an ein Leben in einer Gesellschaft angepaßt, die nach den Maßstäben unserer Großeltern oder Eltern und selbst – wenn wir so alt sind, wie ich es bin – unserer Jugendlichen unzivilisiert ist. Wir haben uns an sie gewöhnt. Ich meine damit nicht, daß wir nicht mehr durch dieses oder jenes Beispiel für diese Tatsache erschüttert werden könnten. Im Gegenteil, gerade daß wir von Zeit zu Zeit durch etwas ungewöhnlich Entsetzliches erschüttert werden, gehört mit zu dieser Erfahrung. Es trägt dazu bei, zu verbergen, wie sehr wir uns an die Normalität von etwas gewöhnt haben, das unsere – auf jeden Fall meine – Eltern als ein Leben unter unmenschlichen Bedingungen angesehen hätten. Meine Gebrauchsanleitung ist als eine Anleitung gedacht, zu verstehen, wie es dazu gekommen ist.

Die zentrale Aussage dieses Vortrags lautet, daß sich nach etwa 150 Jahren eines säkularen Niedergangs die Barbarei während des größten Teils des 20. Jahrhunderts auf dem Vormarsch befindet, und es spricht nichts dafür, daß dieser Vormarsch zum Stehen gekommen wäre. Hier

Dies ist der Text einer Amnesty Lecture im Sheldonian Theatre, Oxford, im Jahr 1994. Veröffentlicht wurde er in der *New Left Review* 206 (1994), S. 44–54.

bedeutet »Barbarei« für mich zweierlei. Erstens die Zerrüttung und den Zusammenbruch der Systeme von Regeln und moralischen Verhaltensweisen, durch die *alle* Gesellschaften die Beziehungen zwischen ihren Mitgliedern und, in geringerem Ausmaß, zwischen ihren eigenen und den Mitgliedern anderer Gesellschaften regeln. Zum zweiten meine ich etwas spezieller die Aufkündigung dessen, was man als das Projekt der Aufklärung im 18. Jahrhundert bezeichnen könnte, die Errichtung eines *universellen* Systems solcher Regeln und Normen des Moralverhaltens, verkörpert in den Institutionen der Staaten, die dem vernunftgeleiteten Fortschritt der Menschheit dienen sollen: »Leben, Freiheit und das Streben nach Glück«, »Freiheit, Gleichheit, Brüderlichkeit« oder was immer. Beide Entwicklungen finden gegenwärtig statt und verstärken gegenseitig ihre negativen Auswirkungen auf unser Leben. Der Bezug meines Themas zur Frage der Menschenrechte müßte demnach auf der Hand liegen.

Ich möchte zunächst näher auf die erste Form der Barbarisierung eingehen, auf das, was geschieht, wenn traditionelle Kontrollmechanismen verschwinden. Michael Ignatieff führt in seinem jüngsten Buch *Blood and Belonging* den Unterschied an zwischen den bewaffneten Kämpfern der kurdischen Guerillas 1993 und den bewaffneten Männern an den bosnischen Kontrollpunkten. Hellsichtig beobachtet er, daß in der staatenlosen Gesellschaft Kurdistans jeder Junge, der das Jugendalter erreicht, ein Gewehr bekommt. Das Tragen einer solchen Waffe bedeutet einfach, daß ein Knabe aufgehört hat, ein Kind zu sein, und sich verhalten muß wie ein Mann. »Der Bedeutungsakzent in der Kultur des Gewehrs liegt demnach auf Verantwortung, Ernsthaftigkeit, trauriger Pflicht.« Mit Gewehren wird geschossen, wenn es nötig ist. Demgegenüber haben die meisten Europäer seit 1945, auch die Bewohner der Balkanländer, in Gesellschaften gelebt, in denen der Staat das Monopol legitimer Gewalt innehatte. Mit dem Zerfall der Staaten zerfiel auch dieses Monopol. »Für einige junge Europäer bot das Chaos, das daraus resultierte, ... die Chance, ein erotisches Paradies zu betreten, in dem alles erlaubt ist. Von daher erklärt sich die semisexuelle, semipornographische Waffenkultur der Kontrollpunkte. Für junge Männer lag eine unwiderstehliche erotische Dynamik darin, eine tödliche Macht in Händen zu halten« und sie zur Terrorisierung der Hilflosen einzusetzen.[1]

Ich vermute, daß ein Gutteil der heute in den Bürgerkriegen dreier Kontinente verübten Grausamkeiten diese Form der Zerrüttung zum Ausdruck bringt, die für die Welt des ausgehenden 20. Jahrhunderts charakteristisch ist. Aber darauf werde ich noch zurückkommen.

Was die zweite Form der Barbarisierung angeht, so möchte ich meine Position zu erkennen geben. Ich bin davon überzeugt, daß eines der wenigen Dinge, die zwischen uns und dem beschleunigten Abstieg in die Finsternis stehen, der Komplex von Werten ist, die von der Aufklärung des 18. Jahrhunderts auf uns überkommen sind. Mit dieser Ansicht liegt man nicht gerade im Trend zu einer Zeit, da die Aufklärung als alles abqualifiziert werden kann, von oberflächlich und intellektuell naiv bis hin zu einer Verschwörung von Männern in Perücken, um dem westlichen Imperialismus sein geistiges Fundament zu liefern. Sie mag all dies sein oder auch nicht, aber sie ist auch das einzige Fundament all jener Bestrebungen, Gesellschaften zu errichten, in denen *alle* Menschenwesen überall auf dieser Erde leben können, und für die Durchsetzung und Verteidigung ihrer Menschenrechte als Personen. In jedem Fall wurde der Fortschritt des zivilen Verhaltens, der vom 18. bis zu Beginn des 20. Jahrhunderts zu beobachten war, überwiegend oder ausschließlich unter dem Einfluß der Aufklärung erreicht, von Regierungen aus »aufgeklärten Absolutisten«, wie sie zum Nutzen von Geschichtsstudenten bis heute heißen, von Revolutionären und Reformern, Liberalen, Sozialisten und Kommunisten, die allesamt derselben geistigen Familie angehörten. Dieser Fortschritt wurde nicht von den Kritikern der Aufklärung erreicht. Diese Ära, in der ein materieller und moralischer Fortschritt nicht nur behauptet wurde, sondern tatsächlich nachweisbar war, ist an ihrem Ende angelangt. Doch das einzige Kriterium, das es uns erlaubt, über den anschließenden Abstieg in die Barbarei ein Urteil zu fällen, statt ihn lediglich zu konstatieren, ist der alte Rationalismus der Aufklärung.

Lassen Sie mich die Breite der Kluft, welche die beiden Perioden vor 1914 und danach voneinander trennt, etwas verdeutlichen. Ich rede gar nicht von der Tatsache, daß wir, die wir mehr an Unmenschlichkeit erlebt haben, heute wahrscheinlich durch die kleineren Ungerechtigkeiten, über die sich das 19. Jahrhundert noch empören konnte, nicht mehr so leicht aus der Fassung zu bringen sind. Zum Beispiel ein einzelner Justizirrtum in Frankreich (die Affäre Dreyfus) oder zwanzig Demonstranten, die eine Nacht lang im Auftrag des deutschen Regimentskommandeurs im Elsaß eingekerkert wurden (die Zabern-Affäre von 1913). Worum es mir geht, sind bestimmte Verhaltensnormen. Für Clausewitz, der nach den Napoleonischen Kriegen schrieb, war es eine Selbstverständlichkeit, daß die bewaffneten Streitkräfte eines zivilisierten Staates weder Kriegsgefangene töteten noch Länder verwüsteten. Die jüngsten Kriege, in die Großbritannien verwickelt war, der Falkland- und der Golfkrieg, lassen vermuten, daß dies heute nicht mehr selbstverständlich ist. Andererseits lesen wir in der 11. Auflage der *Encyclopaedia Britannica*: »Ein zivilisierter Krieg, so steht es in den Schulbüchern, beschränkt sich soweit wie möglich darauf, die bewaffneten Kräfte des Feindes kampfunfähig zu machen; anderfalls würde der Krieg so lange fortdauern, bis eine der Parteien ausgerottet wäre. ›Es hat seinen guten Grund‹« – und hier zitiert die *Encyclopaedia* Emer de Vattel, einen Juristen für Völkerrecht aus der noblen Aufklärung des 18. Jahrhunderts –, »daß diese Praxis unter den Nationen Europas zu einer Gewohnheit geworden ist.‹« Sie ist unter den Nationen Europas oder anderer Weltregionen keine Gewohnheit mehr. Vor 1914 wurde die Auffassung, Kriege würden gegen Kombattanten und nicht gegen Nichtkombattanten geführt, von Rebellen und Revolutionären geteilt. Im Programm der russischen Terrororganisation Narodnaja Volja, die Zar Alexander II. tötete, »wurde ausdrücklich erklärt, Individuen und Gruppen, die außerhalb ihres Kampfes mit der Regierung stünden, würden als Neutrale behandelt: ihre Person und ihr Eigentum seien unverletzlich«.[2] Etwa um dieselbe Zeit verurteilte Friedrich Engels die irischen Fenier (denen er seine ganze Sympathie entgegenbrachte), weil diese eine Bombe in der Westminster Hall deponiert und auf diese Weise das Leben unschuldiger Umstehender gefährdet hatten. Als alter Revolutionär mit Erfahrung in bewaffneten Konflikten vertrat er die Ansicht, der Krieg müsse gegen Kombattanten und nicht gegen Zivilpersonen geführt werden. Heute wird diese Beschränkung von Revolutionären und Terroristen ebensowenig anerkannt wie von Regierungen, die Krieg führen.

Ich möchte jetzt eine kurze Chronologie dieser Rutschpartie auf dem Abhang zur Barbarei versuchen. Man kann sie in vier Phasen unterteilen: Erster Weltkrieg, die Zeit der Weltkrise zwischen 1917–1920 und 1944–1947, die vier Jahrzehnte des Kalten Krieges und schließlich der allgemeine Zusammenbruch der Zivilisation in großen Teilen der Welt seit den achtziger Jahren. Zwischen den drei ersten Phasen besteht eine offensichtliche Kontinuität. In jeder von ihnen wurden die vorhergehenden Lektionen der menschlichen Unmenschlichkeit gelernt und wurden zur Grundlage weiterer Fortschritte auf dem Weg zur Barbarei. Zwischen der dritten und der vierten Phase gibt es diesen linearen Zusammenhang nicht. Der Zusammenbruch der achtziger und neunziger Jahre geht nicht auf die Handlungen menschlicher Entscheidungsträger zurück, die man als barbarisch hätte einstufen können wie die Projekte Hitlers und den Terror Stalins oder als wahnhaft wie die Argumente, mit denen das atomare Wettrüsten gerechtfertigt wurde, oder beides wie die Kulturrevolution Maos. Er geht zurück auf die Tatsache, daß die Entscheidungsträger nicht mehr wissen, was sie mit einer Welt tun sollen, die ihrer oder unserer Kontrolle entgleitet, und daß die explosive Umgestaltung von Wirtschaft und Gesellschaft seit 1950 einen beispiellosen Kollaps und eine Zerrüttung der Regeln zur Steuerung des Verhaltens in menschlichen Gesellschaften zur Folge hatten. Deshalb kommt es zwischen der dritten und der vierten Phase zu Überschneidungen und Wechselwirkungen. Heute zerfallen menschliche Gesellschaften, aber unter Bedingungen, unter denen die Normen des staatlichen Verhaltens auf der Ebene verharren, auf die sie in den früheren Phasen der Barbarisierung hinuntergedrückt wurden. Bislang spricht nichts dafür, daß diese Normen wieder höher gesteckt würden.

Es gibt mehrere Gründe, warum der Abstieg in die Barbarei mit dem Ersten Weltkrieg begonnen hat. Erstens eröffnete dieses die mörderischste Ära in der überlieferten Geschichte. Zbigniew Brzezinski hat vor kurzem die »Megatoten« zwischen 1914 und 1990 auf 187 Millionen geschätzt, was – wie spekulativ auch immer – innerhalb einer plausiblen Größenordnung liegen dürfte. Ich schätze, daß dies rund neun Prozent der Weltbevölkerung von 1914 entspricht. Wir haben uns an das Töten gewöhnt. Zum zweiten haben die grenzenlosen Opfer, die die Regierungen ihren eigenen Soldaten auferlegten, als sie sie in die Vernichtungsschlachten von Verdun und Ypern geschickt haben, einen düsteren Präzedenzfall geschaffen, und sei es auch nur dafür, dem Feind immer grenzenlosere Verluste an Menschenleben beizubringen. Zum dritten brachte allein schon die Vorstellung von einem Krieg, bei dem die gesamte Nation mobilisiert wurde, den Eckpfeiler einer zivilisierten Kriegsführung zum Einsturz, die Unterscheidung zwischen Kombattanten und Nichtkombattanten. Zum vierten war der Erste Weltkrieg der erste große Krieg, jedenfalls in Europa, der unter den Bedingungen einer demokratischen Politik oder mit aktiver Unterstützung der gesamten Bevölkerung geführt wurde. Leider können Demokratien nur selten durch Kriege mobilisiert werden, wenn diese lediglich als Zwischenfälle im internationalen Machtpoker angesehen werden, wie es altmodische Außenministerien getan haben. Auch führen sie ihre Kriege nicht im Stil von Einheiten aus Berufssoldaten oder von Berufsboxern, für die es nicht erforderlich ist, den Feind zu hassen, solange dieser sich an die Spielregeln hält. Wie die Erfahrung gezeigt hat, erfordern Demokratien eine Verteufelung des Gegners. Das leistet einer Barbarisierung Vorschub, wie wir aus der Zeit des Kalten Krieges wissen. Und schließlich endete der Erste Weltkrieg in einem sozialen und politischen Zusammenbruch, einer sozialen Revolution und Konterrevolution in beispiellosem Maßstab.

Diese Ära der Zusammenbrüche und Revolutionen währte von 1917 bis 1947. Das 20. Jahrhundert wurde unter anderem eine Zeit der Religionskriege zwischen einem kapitalistischen Liberalismus, der sich bis 1947 in der Defensive und auf dem Rückzug befand, auf der einen Seite und dem Sowjetkommunismus und Bewegungen vom faschistischen Typus, die sich zudem gegenseitig vernichten wollten, auf der anderen Seite. Tatsächlich kam die einzige wirkliche Bedrohung für den liberalen Kapitalismus in seinen Kernländern, abgesehen von seinem eigenen Zusammenbruch nach 1914, von der Rechten. Zwischen 1920 und dem Sturz Hitlers 1945 wurde *nirgendwo* ein Regime durch eine sozialistische oder kommunistische Revolution gestürzt. Doch die kommunistische Bedrohung, die sich gegen das Eigentum und soziale Privilegien richtete, war größer. In einer solchen Lage war die Rückkehr zu zivilisierten Werten wenig wahrscheinlich, um so weniger, als der Krieg einen schlimmen Bodensatz der Grausamkeit und Gewalt und ein starkes Kontingent an Männern hinterlassen hatte, die mit beidem Erfahrung hatten und beidem ergeben waren. Viele von ihnen standen für eine Neuerung zur Verfügung, für die ich vor 1914 keinen echten Präzedenzfall finden kann, nämlich halboffizielle oder staatlich geduldete Schläger- und Mördertrupps, die dem Staat die Dreckarbeit abnahmen: die Freikorps in Deutschland, die Black-and-Tans in Irland oder die *squadristi* in Italien. Jedenfalls nahm die Gewalttätigkeit konstant zu. Der enorme Anstieg in der Zahl der politischen Attentate nach dem Weltkrieg ist seit langem festgestellt worden, zum Beispiel von dem Harvard-Historiker Franklin Ford. Außerdem gibt es auch keinen Präzedenzfall vor 1914 für die blutigen Straßenkämpfe zwischen organisierten politischen Gegnern, die Ende der zwanziger Jahre in Deutschland und Österreich so verbreitet waren. Und wo es dennoch so etwas wie einen Vorläufer gab, so war er fast trivial. Bei den Unruhen und Straßenkämpfen in Belfast 1921 wurden mehr Menschen getötet (428) als während des gesamten 19. Jahrhunderts in dieser unruhigen Stadt. Und dennoch waren die Straßenkämpfer nicht unbedingt alte Frontsoldaten mit einer Vorliebe für den Krieg, auch wenn deren Anteil an den frühen Mitgliedern der Faschistischen Partei in Italien 57 Prozent betrug. Drei Viertel der SA-Leute von 1933 konnten aufgrund ihres niedrigen Alters nicht am Ersten Weltkrieg teilgenommen haben. Der Krieg, paramilitärische Uniformen (die berüchtigten Braun-, Schwarz- oder Grünhemden) und das Tragen von Waffen stellten jetzt ein Vorbild für die entwurzelte Jugend dar.

Ich habe gesagt, die drei Jahrzehnte nach 1917 seien eine Ära von Religionskriegen gewesen. »Es gibt keinen echten Krieg außer dem

Religionskrieg«, schrieb einer der französischen Offiziere, der als einer der ersten an der Barbarei der französischen Politik gegen die aufständischen Algerier in den fünfziger Jahren beteiligt war.[3] Doch was die Grausamkeit, die das natürliche Ergebnis von Religionskriegen ist, noch brutaler und unmenschlicher machte, war die Tatsache, daß die Sache des Guten (das heißt der westlichen Großmächte) der Sache des Bösen gegenüberstand, die in aller Regel von Menschen vertreten wurde, denen man allein schon den Anspruch auf ihr volles Menschsein bestritt. Die soziale Revolution und vor allem die koloniale Rebellion stellten die innerste Überzeugung von einer *natürlichen*, gleichsam göttlichen oder kosmisch sanktionierten Überlegenheit der Menschen an der Spitze über die Menschen an der Basis in Gesellschaften in Frage, die zweifellos ungleich waren, ob durch Geburt oder Leistung. Wie Mrs. Thatcher uns noch einmal gezeigt hat, werden Klassenkriege in der Regel von oben mit größerer Erbitterung geführt als von unten. Die bloße Vorstellung, daß Menschen, deren ewige Unterlegenheit eine Naturgegebenheit sei, vor allem wenn sie sich in einer anderen Hautfarbe manifestierte, eine Gleichheit mit ihren natürlichen Oberen für sich beanspruchen oder sogar gegen diese aufbegehren sollten, war an sich schon eine Freveltat. Das galt für das Verhältnis zwischen Ober- und Unterklassen und mehr noch für das zwischen den menschlichen Rassen. Hätte General Dyer 1919 seinen Männern den Befehl gegeben, in eine demonstrierende Menge schießen zu lassen, wobei 379 Menschen den Tod fanden, wenn die Menge aus Engländern oder auch »nur« Iren statt aus Indern bestanden und die Demonstration in Glasgow und nicht in Amritsar stattgefunden hätte? Wohl kaum. Die Barbarei Deutschlands unter dem Nationalsozialismus wütete weitaus schlimmer gegen Russen, Polen, Juden und andere Völker, die man als Untermenschen betrachtete, als gegen Westeuropäer.

Und doch wirkte die Grausamkeit, die den Beziehungen innewohnte zwischen denen, die sich für die »natürlichen« Überlegenen hielten, und denen, die ihnen angeblich »von Natur aus« unterlegen waren, lediglich als zusätzlicher Antrieb für die Barbarei, die in jeder Konfrontation zwischen Gott und Teufel latent vorhanden ist. Denn derart apokalyptische Machtproben können nur einen Ausgang haben: den totalen Sieg oder die totale Niederlage. Nichts in der Vorstellung könnte schlimmer sein als ein Triumph des Teufels. So ging während des Kalten Krieges das Wort: »Lieber tot als rot«, was in jeder wörtlichen Hinsicht eine unsinnige Aussage ist. In einem solchen Kampf heiligte der Zweck *jedes* Mittel. Wenn die einzige Möglichkeit, den Teufel zu besiegen, im Einsatz teuflischer Mittel bestand, dann mußten wir sie einsetzen. Warum hätten sonst die friedlichsten und zivilisiertesten westlichen Wissenschaftler ihre Regierungen drängen sollen, die Atombombe zu bauen? Wenn die Gegenseite teuflisch ist, dann müssen wir annehmen, daß sie teuflische Mittel einsetzen wird, auch wenn sie dies im Augenblick noch nicht tut. Ich behaupte nicht, Einstein habe unrecht gehabt, einen Sieg Hitlers für ein extremes Unglück anzusehen, sondern versuche nur, die Logik solcher Konfrontationen zu klären, die uns zwangsläufig zu einer gegenseitigen Eskalation der Barbarei geführt haben. Das wird noch viel deutlicher im Fall des Kalten Krieges. Das Argument von Kennans berühmtem »Langen Telegramm« von 1946, das zur ideologischen Rechtfertigung des Kalten Krieges wurde, unterschied sich nicht von dem, was britische Diplomaten schon im 19. Jahrhundert immer wieder von Rußland gesagt hatten: Wir müssen sie in Schach halten, notfalls durch Androhung von Gewalt, sonst werden sie auf Konstantinopel und bis zur indischen Grenze vorrücken. Doch während des 19. Jahrhunderts verlor die britische Regierung in dieser Frage nie die Nerven. Die Diplomatie, das »große Spiel« zwischen Geheimagenten, selbst der gelegentliche Krieg wurde nicht mit der Apokalypse verwechselt. Nach der Oktoberrevolution änderte sich das. Palmerston hätte den Kopf geschüttelt; letzten Endes, glaube ich, hat sich auch Kennan selbst gewundert.

Es ist leichter zu sehen, warum die Zivilisation zwischen dem Versailler Vertrag und dem Abwurf der Atombombe auf Hiroshima auf dem Rückzug war. Die Tatsache, daß der Zweite Weltkrieg im Unterschied zum Ersten auf der einen Seite von Politikern und Militärs geführt wurde, die insbesondere die Werte der Zivilisation des 19. Jahrhunderts und der Aufklärung ablehnten, spricht für sich. Vielleicht müssen wir erklären, warum sich die Zivilisation entgegen den Erwartungen vieler nicht vom Ersten Weltkrieg erholt hat. Aber wir wissen, daß sie es nicht getan hat. Sie trat in ein Zeitalter der Katastrophen ein: eine Ära von Kriegen mit sozialen Revolutionen im Gefolge, des Zusammenbruchs der Kolonialreiche wie der liberalen Weltwirtschaft, eine Zeit des anhaltenden Rückzugs konstitutioneller und demokratischer Regierungen und des Aufstiegs von Faschismus und Nationalsozialismus. Daß sich die Zivilisation auf dem Rückzug befand, ist nicht besonders überraschend, zumal wenn wir bedenken, daß diese Periode in der größten Schule der Barbarei von allen, dem Zweiten Weltkrieg, endete. Deshalb möchte ich das Zeitalter der Katastrophen übergehen und mich dem zuwenden, was eine ebenso deprimierende wie eigenartige Erscheinung ist: dem Vormarsch der Barbarei im Westen nach dem Zweiten Weltkrieg. Weit entfernt von einem Zeitalter der Katastrophen, war das dritte Viertel des 20. Jahrhunderts eine Zeit des Triumphs für einen reformierten und restaurierten liberalen Kapitalismus, zumindest in den Kernländern der »entwickelten Marktwirtschaften«. Es brachte sowohl eine solide politische Stabilität als auch eine beispiellose wirtschaftliche Blüte mit sich. Und dennoch hielt die Barbarei an. Ich möchte als Beispiel hierfür das entsetzliche Thema der Folter nehmen.

Ich brauche nicht daran zu erinnern, daß die Folter zu verschiedenen Zeiten seit 1782 in zivilisierten Ländern formell aus jedem prozessualen Verfahren ausgeschlossen wurde. Der Theorie nach wurde sie im Zwangsapparat des Staates nicht mehr geduldet. Die Voreingenommenheit dagegen war so stark, daß die Folter nach der Niederlage der Französischen Revolution, von der sie natürlich abgeschafft worden war, nicht mehr zurückkehrte. Der berühmte oder berüchtigte Vidocq, ein ehemaliger Sträfling, den man unter der Restauration zum Polizeichef gemacht hatte und der für Balzacs Figur des Vautrin Modell gestanden hat, war ein völlig gewissenloser Mann, aber der Folter hat er sich nicht bedient. Man kann vermuten, daß sie in den Winkeln der traditionellen Barbarei, die sich dem moralischen Fortschritt verweigerten – zum Beispiel in Militärgefängnissen oder ähnlichen Institutionen – nicht gänzlich ausstarb oder zumindest nicht die Erinnerung daran. Bemerkenswert finde ich, daß die Grundform der Folter, die in den Jahren 1967-1974 von den griechischen Obristen angewandt wurde, letzten Endes die alte türkische Bastonade war – bei der die in einen Block eingespannten Fußsohlen des Opfers mit Stöcken oder Riemen geschlagen wurden –, obwohl seit fast fünfzig Jahren kein Teil Griechenlands mehr unter türkischer Herrschaft gestanden hatte. Wir können außerdem davon ausgehen, daß zivilisierte Methoden dort hinterherhinkten, wo Regierungsorgane Umstürzler bekämpften, wie bei der zaristischen Ochrana.

Die hauptsächliche zunehmende Wiedereinführung der Folter zwischen den Kriegen erfolgte unter kommunistischen und faschistischen Regimen. Der Faschismus, kein Anhänger der Aufklärung, praktizierte sie uneingeschränkt. Die Bolschewiki schafften ebenso wie die Jakobiner formal die von der Ochrana verwendeten Methoden ab, gründeten jedoch sogleich danach die Tscheka, die sich in ihrem Kampf zur Verteidigung der Revolution keine Zurückhaltung auferlegte. Aus einem Zirkulartelegramm Stalins aus dem Jahr 1939 geht allerdings hervor, daß nach dem Ersten Weltkrieg »die Anwendung von Methoden physischen Drucks in der Praxis des NKWD [das Nachfolgeorgan der Tscheka]« bis 1937 nicht offiziell sanktioniert war, das heißt, sie wurde als Teil des »Großen Terrors« [R. Conquest] unter Stalin legitimiert. Tatsächlich war sie unter bestimmten Umständen sogar vorgeschrieben. Diese Methoden sollten nach 1945 in die nachmaligen Ostblockstaaten exportiert werden, doch ist zu vermuten, daß es in diesen neuen Regimen Polizisten gab, die bereits über einschlägige Erfahrungen aus ihrer Zeit in den von den Nazis eingesetzten Besatzungsregimen verfügten.

Nichtsdestoweniger neige ich zu der Annahme, daß die westliche Folter von der sowjetischen nicht viel gelernt oder diese nachgeahmt hat, auch wenn Techniken der mentalen Manipulation möglicherweise eher auf chinesische Techniken der sogenannten »Gehirnwäsche« zurückgingen, eine Bezeichnung durch Journalisten, die ihr während des Koreakriegs begegnet waren. Das Vorbild waren höchstwahrscheinlich faschistische Foltermethoden, wie sie vor allem während des Zweiten Weltkriegs bei der Bekämpfung von Widerstandsgruppen verwendet wurden. Wir sollten jedoch nicht die Bereitschaft unterschätzen, selbst von den Konzentrationslagern zu lernen. Wie wir heute dank den Enthüllungen der US-Regierung unter Clinton wissen, führten die Vereinigten Staaten bald nach Beendigung des Zweiten Weltkriegs bis in die siebziger Jahre hinein systematische Strahlungsversuche an Menschen durch, die man aus Gruppen ausgewählt hatte, die man für sozial minderwertig hielt. Diese wurden ebenso wie die Menschenversuche der NS-Zeit von Ärzten geleitet oder zumindest beaufsichtigt, einem Berufsstand, dessen Angehörige, wie ich zu meinem Bedauern sagen muß, sich allzuoft bereit gefunden haben, in allen Ländern der Erde an Folterungen mitzuwirken. Mindestens einer der US-amerikanischen Mediziner, der diese Experimente abstoßend fand, protestierte bei seinen Vorgesetzten, sie hätten einen »Anflug von Buchenwald« an sich. Man darf wohl annehmen, daß diese Ähnlichkeit ihm nicht als einzigem aufgefallen war.

Nunmehr komme ich auf Amnesty International zu sprechen, jene Organisation, der diese Vorträge gewidmet sind. Sie wurde 1961 gegründet, hauptsächlich zum Schutz von politischen und anderen Gefangenen des Gewissens. Zu ihrer Überraschung entdeckten diese hervorragenden Frauen und Männer, daß sie es auch mit der systematischen Anwendung der Folter durch Regierungen – oder kaum kaschierter Regierungsorgane – in Ländern zu tun bekamen, in denen sie nicht damit gerechnet hatten. Möglicherweise läßt sich ihre Überraschung nur mit einem angelsächsischen Provinzialismus erklären. Der Einsatz der Folter durch die französische Armee während des algerischen Unabhängigkeitskrieges 1954–1962 hatte in Frankreich seit längerem politische

Erregung ausgelöst. Deshalb mußte Amnesty einen Großteil seiner Bemühungen auf das Thema der Folterung konzentrieren, und ihr 1975 erschienener Bericht hierüber ist bis heute grundlegend.[4] Zwei Aspekte dieses Phänomens waren auffällig. Zunächst einmal war die systematische Anwendung der Folter im demokratischen Westen etwas Neuartiges, selbst wenn man den eigenartigen Präzedenzfall mit einbezog, bei dem in argentinischen Gefängnissen nach 1930 elektrische Rinderknüppel eingesetzt wurden. Die zweite Besonderheit lag darin, daß das Phänomen sich inzwischen nur noch *auf westliche Länder beschränkte*, jedenfalls in Europa.»Die Folter als eine staatlich sanktionierte stalinistische Praxis besteht praktisch nicht mehr. Mit einigen wenigen Ausnahmen ... haben in den letzten zehn Jahren keine Meldungen über Folterungen in Osteuropa mehr die Außenwelt erreicht.« Das ist vielleicht weniger überraschend, als es auf den ersten Blick scheinen mag. Seit dem Kampf auf Leben und Tod im russischen Bürgerkrieg hat die Folter in der Sowjetunion – im Unterschied zur allgemeinen Brutalität des russischen Strafvollzugs – nicht dazu gedient, die Sicherheit des Staates zu schützen. Sie diente anderen Zwecken wie der Vorbereitung von Schauprozessen und ähnlichen Formen öffentlicher Zurschaustellungen.

Mit dem Stalinismus verschwand auch die Folter. Bei aller Brüchigkeit der kommunistischen Systeme, die sich nachträglich herausstellte, war von 1957 bis 1989 nur ein eingeschränkter oder gar nomineller Einsatz von bewaffnetem Zwang erforderlich, um sie aufrechtzuerhalten. Was dagegen wirklich überrascht ist die Tatsache, daß die Periode ab Mitte der fünfziger bis Ende der siebziger Jahre die klassische Zeit der westlichen Folter war, die ihren Höhepunkt um die Mitte der siebziger Jahre erreichte, als gleichzeitig in den europäischen Mittelmeerländern, in mehreren Ländern Lateinamerikas, die sich in dieser Hinsicht bislang keinen unrühmlichen Namen gemacht hatten – vor allem Chile und Uruguay –, in Südafrika und selbst, wenn auch ohne die Anwendung von Elektroden an den Genitalien, in Nordirland regelmäßig von ihr Gebrauch gemacht wurde. Ich sollte hinzufügen, daß der offizielle Einsatz der Folter in westlichen Staaten seitdem deutlich zurückgegangen ist, zum Teil, wie man hofft, dank der Bemühungen von Amnesty. Dessenungeachtet verzeichnet die 1992 erschienene Ausgabe des bewundernswerten *World Human Rights Guide* die Anwendung der Folter in 62 von 104 untersuchten Ländern und stellte lediglich 15 Ländern in dieser Hinsicht ein makelloses Führungszeugnis aus.

Wie können wir uns dieses deprimierende Phänomen erklären?

Sicherlich nicht nach dem Muster der offiziellen Begründung für diese Praxis, wie sie etwa vom britischen Compton Committee gegeben wurde, das 1972 einen ziemlich vieldeutigen Bericht über Nordirland vorgelegt hat. Darin war die Rede von »Informationen, die aus operativen Gründen so schnell wie möglich beschafft werden mußten«.[5] Doch das war keine Erklärung. Es war lediglich eine Umschreibung dafür, daß Regierungen der Barbarei nachgegeben hatten, das heißt, daß sie nicht mehr die Übereinkunft akzeptierten, derzufolge Kriegsgefangene nicht verpflichtet sind, ihren Häschern mehr mitzuteilen als ihren Namen, Dienstgrad und Dienstnummer, und daß weitere Informationen *nicht* durch die Anwendung der Folter aus ihnen herausgeholt würden – unabhängig von der operativen Notwendigkeit.

Meiner Meinung nach spielen hier drei Faktoren eine Rolle. Die Barbarisierung im Westen seit 1945 fand vor dem Hintergrund des Wahnsinns des Kalten Krieges statt, einer Periode, die eines Tages von Historikern ebenso schwer nachzuvollziehen sein wird wie der Hexenwahn des 15. und 16. Jahrhunderts. Ich werde darauf nicht näher eingehen und nur soviel sagen, daß die ungewöhnliche Annahme, allein die Bereitschaft, jederzeit den atomaren Holocaust auszulösen, bewahre die westliche Welt vor einer unmittelbar bevorstehenden Eroberung durch eine totalitäre Diktatur, an sich bereits ausreichte, alle verbindlichen Standards der Zivilisation zu untergraben. Andererseits kam die Folter im Westen in größerem Umfang eindeutig zuerst im Rahmen des zum Scheitern verurteilten Versuchs einer Kolonialmacht oder jedenfalls der französischen Streitkräfte auf, ihr Kolonialreich in Indochina und Nordafrika zu erhalten. Nichts war geeigneter, einer Barbarei Vorschub zu leisten, als die Unterdrückung minderwertiger Rassen durch die Kräfte eines Staates, der seinerseits vor kurzem Opfer der Unterdrückung durch Nazideutschland und dessen Kollaborateure geworden war. Es ist vielleicht bezeichnend, daß im Gefolge des französischen Beispiels systematische Folterungen in anderen Ländern anscheinend in erster Linie vom Militär und nicht von der Polizei betrieben wurden.

In den sechziger Jahren kam nach der Kubanischen Revolution und der Radikalisierung der Studenten ein dritter Faktor hinzu. Es war das Aufkommen neuer aufständischer und terroristischer Bewegungen, die im wesentlichen Versuche von freiwilligen Minderheitengruppen darstellten, auf voluntaristischem Wege revolutionäre Situationen herzustellen. Die Strategie dieser Gruppen lief letztlich auf eine Polarisierung der Gesellschaft hinaus, indem sie entweder vorführten, daß das feindliche Regime nicht mehr die Herrschaft in Händen hatte, oder –

unter weniger günstigen Umständen – sie hofften, indem sie es zu einer allgemeinen Unterdrückung provozierten, die bislang passiven Massen zu einer Unterstützung der Rebellen zu bewegen. Beide Varianten waren gefährlich. Die zweite war eine offene Einladung zu einer Art gegenseitiger Eskalation von Terror und Gegenterror. Es bedurfte einer äußerst verständigen Regierung, um dieser Versuchung zu widerstehen; selbst die Briten in Nordirland behielten in den frühen Jahren keinen kühlen Kopf. Mehrere Regime, vor allem Militärdiktaturen, griffen den Fehdehandschuh auf. Ich brauche kaum hinzuzufügen, daß in einem Wettbewerb der Barbarei die Kräfte des Staates die besseren Chancen hatten, und sie gewannen ihn denn auch.

Doch diese Untergrundkriege waren von einer düsteren Aura der Unwirklichkeit umgeben. Abgesehen von den letzten Kämpfen für eine koloniale Befreiung und vielleicht Zentralamerika stand bei den Gefechten weniger auf dem Spiel als beide Seiten behaupteten. Die sozialistische Revolution der unterschiedlichen linken Brigaden stand nicht auf dem Programm. Ihre realen Chancen, die bestehenden Regimes durch Aufstände zu stürzen, waren minimal, und alle wußten das. Was die Reaktionäre wirklich fürchteten, waren nicht bewaffnete Studenten, sondern Massenbewegungen, die wie die Allendes in Chile und der Peronisten in Argentinien Wahlen gewinnen konnten, was den bewaffneten Gruppen unmöglich war. Das Beispiel Italiens zeigt, daß die alltägliche Politik fast ungestört weitergehen konnte, trotz der Existenz der stärksten Kraft solcher Aufständischen in Europa, der Roten Brigaden. Das Hauptverdienst dieser Neo-Aufständischen bestand darin, daß das allgemeine Niveau von Zwang und Gewalt um einige Gänge höher geschraubt wurde. Die siebziger Jahre hinterließen Folter, Mord und Terror im ehemals demokratischen Chile, wo damit nicht etwa der Zweck verfolgt wurde, ein Militärregime zu schützen, das ohnedies nicht gefährdet war, sondern die Armen Bescheidenheit zu lehren und ein System der freien Marktwirtschaft zu errichten, das keine politische Opposition oder Gewerkschaften zu fürchten brauchte. Im vergleichsweise friedlichen Brasilien, keine von Natur aus blutdürstige Gesellschaft wie Kolumbien oder Mexiko, hinterließen sie ein Erbe der Todesschwadronen aus Polizisten, die die Straßen durchstreiften, um »asoziale Elemente« und die heimatlosen Straßenkinder zu liquidieren. Sie hinterließen fast überall im Westen Doktrinen der »counterinsurgency« (Bekämpfung von Guerillatruppen), die ich in den Worten eines der Autoren zusammenfassen kann, die sich mit diesen Texten kritisch beschäftigt haben: »Unzufriedenheit gibt es immer, doch ein Widerstand hat nur eine Erfolgschance gegen ein liberal-demokratisches Regime oder ein altmodisches, ineffektives autoritäres System.«[6] In dürren Worten, die Moral der siebziger Jahre bestand darin, daß die Barbarei effektiver ist als die Zivilisation. Sie hat die selbstauferlegten Beschränkungen der Zivilisation dauerhaft gelockert. Nun komme ich zur gegenwärtigen Periode. Die Religionskriege in ihrer charakteristischen Form des 20. Jahrhunderts sind zwar mehr oder weniger vorbei, haben jeoch ein Substrat staatlicher Barbarei hinterlassen. Es kann sein, daß wir unversehens zu den Religionskriegen im früheren Sinn zurückkehren, aber auf diese weitere Illustration eines Rückzugs der Zivilisation will ich nicht eingehen. Der gegenwärtige Aufruhr nationalistischer Konflikte und Bürgerkriege darf keinesfalls als ein ideologisches Phänomen aufgefaßt werden und noch weniger als das Wiedererstehen archaischer Kräfte, die zu lange vom Kommunismus oder vom westlichen Universalismus unterdrückt wurden oder wie immer es der selbstbeschönigende Jargon der militanten Vertreter der Identitätspolitik nennen mag. Es ist in meinen Augen eine Antwort auf einen doppelten Zusammenbruch: den der politischen Ordnung, wie sie von funktionierenden Staaten repräsentiert wird – von *jedem* effektiven Staat, der gegen die Hobbessche Anarchie auf der Wacht steht – und dem Zerfall des alten Rahmens sozialer Beziehungen in weiten Teilen der Welt – eines *jeden* Rahmens, der vor einer Durkheimschen Anomie auf der Wacht steht.

Meiner Überzeugung nach sind die Schrecken der gegenwärtigen Bürgerkriege eine Folge dieses zweifachen Zusammenbruchs. Sie sind kein Rückfall in uralte Grausamkeiten, wieweit auch die Erinnerungen an die Vorfahren in den Bergen der Herzegowina und der Krajina zurückreichen mögen. Die bosnischen Gemeinschaften wurden nicht durch die höhere Gewalt einer kommunistischen Diktatur daran gehindert, sich gegenseitig an die Kehle zu springen. Sie lebten friedlich miteinander und gingen zumindest innerhalb der städtischen Bevölkerung Jugoslawiens, die etwa 50 Prozent der Gesamtbevölkerung ausmachte, in einem Umfang Mischehen ein, der in wirklich voneinander abgetrennten Gesellschaften wie Ulster oder den Rassengemeinschaften der USA unvorstellbar wäre. Hätte der britische Staat in Ulster ebenso abgedankt wie es der jugoslawische Staat getan hat, dann hätten wir weitaus mehr als rund dreitausend Tote innerhalb eines Vierteljahrhunderts gehabt. Außerdem, wie Michael Ignatieff überzeugend gezeigt hat, werden die Grausamkeiten dieses Krieges weitgehend von einer typischen zeitgenössischen Form der »gefährlichen Klassen« begangen, nämlich von entwurzelten jungen Männern zwischen Pubertät und Eheschließungsalter, für die keine verbindlichen oder wirksamen Regeln und Schranken des Verhaltens mehr bestehen: nicht einmal die verbindlichen Regeln der Gewalt in einer traditionellen Gesellschaft von Machokämpfern.

Und das ist natürlich das, was den explosiven Zusammenbruch der politischen und sozialen Ordnung an der Peripherie unseres Weltsystems mit dem langsameren Verfall in den Kernländern der entwickelten Welt verbindet. In beiden Regionen geschehen unsägliche Dinge durch Menschen, deren Handeln nicht mehr von sozialen Normen gesteuert wird. Das alte traditionelle England, von Mrs. Thatcher mit aller Kraft zu Grabe getragen, stützte sich auf die enorme Stärke von Sitte und Herkommen. Man tat nicht das, was getan »werden sollte«, sondern was getan *wurde*, so wie »es sich gehörte«. Aber wir wissen nicht mehr, was »sich gehört«, man tut nur noch, »was man will«.

Unter diesen Bedingungen einer gesellschaftlichen und politischen Desintegration müssen wir jedenfalls mit einem Rückgang der Zivilisation und einem Anwachsen der Barbarei rechnen. Doch was die Dinge noch schlimmer gemacht hat und sie zweifellos in Zukunft noch weiter verschlimmern wird, ist der ständige Abbau von Verteidigungsstellungen, die von der Zivilisation der Aufklärung gegen die Barbarei errichtet wurden und die ich in diesem Vortrag zu skizzieren versucht habe. Denn das Schlimmste von allem ist, daß wir uns an das Unmenschliche gewöhnt haben. Wir haben gelernt, das Unerträgliche zu ertragen.

Der totale Krieg und der Kalte Krieg haben uns so lange zugesetzt, bis wir die Barbarei hingenommen haben. Schlimmer noch: Sie haben den Anschein erweckt, als sei die Barbarei unwichtig, verglichen mit wichtigeren Dingen wie beispielsweise das Scheffeln von Geld. Ich möchte mit der Geschichte eines der letzten Fortschritte der Zivilisation des 19. Jahrhunderts schließen, der Ächtung der chemischen und biologischen Kriegsführung – Waffen, die hauptsächlich zum Terror entwickelt wurden, denn ihr operativer Wert ist gering. Durch eine praktisch universelle Vereinbarung wurden sie nach dem Ersten Weltkrieg unter dem Genfer Protokoll von 1925, das 1928 in Kraft treten sollte, verboten. Das Verbot hatte bis zum Ende des Zweiten Weltkriegs Bestand, ausgenommen in Äthiopien. 1987 wurde die Vereinbarung verächtlich und provozierend von Saddam Hussein unterlaufen, der mehrere Tausend seiner eigenen Bürger mit Giftgasbomben umbringen ließ. Erhob jemand Protest dagegen? Nur die alte »Schauspieltruppe der Guten«, und nicht einmal diese vollständig – wie diejenigen von uns wissen, die damals versucht haben, Unterschriften zu sammeln. Warum so wenig Entrüstung? Zum Teil, weil man die absolute Ablehnung derartiger unmenschlicher Waffen seit langem in aller Stille aufgegeben hatte. Das Abkommen war zu einer Verpflichtung verwässert worden, solche Waffen nicht als erster einzusetzen, doch wenn die andere Seite von ihnen Gebrauch machte, dann … Über vierzig Staaten, angeführt von den USA, nahmen 1969 in einer UN-Resolution gegen eine chemische Kriegsführung diese Position ein. Die Opposition gegen eine Kriegsführung mit biologischen Waffen blieb stärker. Diese wurden aufgrund eines 1972 geschlossenen Abkommens vernichtet – aber nicht die chemischen Waffen. Wir könnten sagen, Giftgas sei in aller Stille eingebürgert worden. Arme Länder sahen darin einfach ein mögliches Gegenmittel gegen Kernwaffen. Das machte es nicht harmloser. Und dennoch blieben die britische und andere Regierungen der demokratischen und liberalen Welt, weit von einem Protest entfernt, in ihrer Deckung und bemühten sich nach Kräften, ihre Bürger im unklaren zu lassen, während sie ihre Rüstungsproduzenten ermutigten, an Saddam weitere Waffen zu verkaufen, einschließlich der erforderlichen Ausrüstung, um weitere irakische Bürger mit Gas zu töten. Sie gerieten erst dann in Empörung, als er etwas tat, was man nun wirklich nicht dulden konnte: Er überfiel die Ölfelder, die für das nationale Interesse der Vereinigten Staaten als lebenswichtig galten.

21. Kapitel

Identitätsgeschichte ist nicht genug

I

Es ist vielleicht am besten, diese Erörterung des Dilemmas des Historikers mit einer konkreten Erfahrung zu beginnen. Im Frühsommer 1944, als die deutsche Wehrmacht sich in Italien nach Norden zurückzog, um eine besser zu verteidigende Front gegen den Vormarsch der alliierten Streitkräfte entlang der sogenannten Goten-Linie im Apennin zu errichten, verübten ihre Einheiten eine Reihe von Massakern, die für gewöhnlich als Vergeltungsmaßnahmen gegen die Aktivität einheimischer »Banditen« (i. e. Partisanen) gerechtfertigt wurden. Fünfzig Jahre später lieferten einige dieser Massaker an den Einwohnern von Dörfern in der Provinz Arezzo, die bislang einzig in der Erinnerung der Überlebenden der Dörfer und der einheimischen Historiker des Widerstands fortgelebt hatten, den Anlaß für eine internationale Konferenz über die Erinnerung an deutsche Massaker im Zweiten Weltkrieg.

Die Konferenz brachte nicht nur Historiker und Sozialwissenschaftler aus verschiedenen Ländern in Ost- und Westeuropa und den USA zusammen, sondern auch einheimische Überlebende, alte Widerstandskämpfer und andere interessierte Parteien. Kein Thema hätte weniger »rein akademisch« sein können, auch nicht fünfzig Jahre, nachdem deutsche Soldaten 175 Männer von ihren Frauen und Kindern in Civitella della Chiana getrennt, erschossen und in die brennenden Häuser ihrer Dörfer geworfen hatten. Somit fand die Konferenz, was niemanden überraschen konnte, in einer außergewöhnlichen Atmosphäre der Spannung und Beklommenheit statt. Jeder Anwesende war sich bewußt, daß es hier um quälend bedrängende Fragen politischer, selbst

Dieser Beitrag, der sich mit dem Relativismus einiger gegenwärtiger (»postmoderner«) intellektueller Modeerscheinungen beschäftigt, wurde für ein Sonderheft über Geschichte der Zeitschrift *Diogenes* geschrieben, herausgegeben von meinem Freund Professor François Bédarida, dem langjährigen Direktor des Pariser Institut pour l'Histoire du Temps Présent. Es erschien in Heft 42/4 (1992) der genannten Zeitschrift unter dem Titel: »The Historian between the Quest for the Universal and the Quest for Identity«.

existentieller Natur ging. Jedem anwesenden Historiker drängte sich die Frage nach der Beziehung zwischen Geschichte und Gegenwart auf. Schließlich hatte Italien erst wenige Wochen zuvor seit 1943 die erste Regierung gewählt, in der Faschisten vertreten waren und die sich sowohl auf einen antikommunistischen Kurs als auch auf den Standpunkt festgelegt hatte, der Widerstand in den Jahren 1943 bis 1945 sei keine Bewegung der nationalen Befreiung gewesen und gehöre ohnedies einer weit zurückliegenden Vergangenheit an, die für die Gegenwart ohne Bedeutung sei und die man besser vergessen solle. Jeder fühlte sich unbehaglich. Die Überlebenden aus der Zeit des Widerstands und des Massakers fühlten sich unbehaglich, weil hier Dinge zur Sprache kamen, die, wie jeder Landsmann wußte, besser ungesagt blieben. Wie anders als durch ein stillschweigendes Übereinkommen, die Konflikte der Vergangenheit zu begraben, hätte das Leben auf dem Land nach 1945 zu irgendeiner »Normalität« zurückkehren können? (Ein amerikanischer Historiker trug ein scharfsichtiges Referat vor über diesen Mechanismus eines selektiven Schweigens in dem istrischen Dorf, aus dem seine kroatische Frau stammte.) Die alten Partisanen und überhaupt die öffentliche Meinung in der durch und durch linken Region der Toskana fühlten sich unbehaglich, weil sie einen Augenblick durchlebten, da die Italienische Republik offiziell die Tradition des Widerstands gegen Mussolini und Hitler ablehnte, den sie (mit Recht) als deren Fundament betrachteten. Die jungen und vermutlich überwiegend der Linken zugehörigen Vertreter einer Oral history, die als Vorbereitung auf die Konferenz die Dorfbewohner interviewt oder erneut interviewt hatten, stellten empört fest, daß zumindest in einem stark katholisch geprägten Dorf dessen Einwohner nicht so sehr den Deutschen die Schuld an den Massakern gaben als den einheimischen Jugendlichen, die zu den Partisanen gegangen waren und ihrer Meinung nach in verantwortungsloser Weise ihre Familien ins Verderben gestürzt hatten.

Andere Historiker hatten ihre eigenen Gründe, sich beklommen zu fühlen. Die anwesenden deutschen Historiker litten spürbar darunter, was ihre Väter oder Großväter 1944 getan oder unterlassen hatten. Praktisch alle nichtitalienischen und einige italienischen Historiker hatten noch nie von den Massakern gehört, zu deren Gedächtnis die Konferenz organisiert wurde: eine beunruhigende Erinnerung an die schiere Willkür des historischen Überlebens und Erinnerns. Warum waren manche Erfahrungen zu einem Teil einer umfassenderen historischen Erinnerung geworden und so viele andere nicht? Die russischen Konferenzteilnehmer machten kein Hehl aus ihrer Überzeugung, daß eine Konzentration der Geschichtswissenschaft auf die Greuel der Nazis nur dazu diente, die Aufmerksamkeit von der Schrecken der Stalinzeit abzulenken. Die Spezialisten für die Geschichte des Zweiten Weltkriegs konnten ungeachtet ihrer nationalen Herkunft fünfzig Jahre nach Kriegsende der Frage nicht aus dem Wege gehen, ob die Ermordung Unschuldiger in jenem Frühjahr – deren Zahl sich angeblich auf über ein Prozent der Gesamtbevölkerung der Provinz Arezzo belaufen hatte – als Preis nicht zu hoch war für die relativ unbedeutende militärische Beeinträchtigung einer deutschen Streitmacht, die ohnedies plante, sich innerhalb weniger Tage oder schlimmstenfalls Wochen aus der Region zurückzuziehen.

Das eigentliche Thema der Konferenz, Grausamkeit, ließ sich unmöglich sachlich abhandeln. Zu Recht beschränkte sich die Aufmerksamkeit nicht auf die lokale Mikrohistorie, sondern weitete sich aus, um auch die weitaus größeren Greuel des Genozids zu erörtern, dessen führende Historiker zum Teil ebenfalls anwesend waren, sowie das umfassendere Problem, wie solche Dinge erinnert werden (können). Doch als wir auf der wiederangelegten Piazza eines einstmals zerstörten Dorfs standen und der kunstvollen Gedächtniserzählung lauschten, die von den Überlebenden und den Kindern der Toten über jenen furchtbaren Tag 1944 zusammengestellt worden war, wie hätte uns da entgehen können, daß unsere Art von Geschichte nicht nur mit ihrer Art nicht vereinbar, sondern für sie geradezu zerstörerisch war? Was war die Natur der Kommunikation zwischen dem Historiker, der dem Dorfbürgermeister das Transkript der Untersuchung über das Massaker überreichte, die wenige Tage nach dem Ereignis von der britischen Armee vorgenommen wurde, und dem Bürgermeister, der sie entgegennahm? Für den einen war dies eine Primärquelle aus dem Archiv, für den anderen die Bekräftigung des dörflichen Erinnerungsdiskurses, dessen zum Teil mythischen Charakter wir Historiker unschwer erkennen konnten. Dennoch war dieser Gedächtnisbericht eine Möglichkeit, ein Trauma zu bewältigen, das für Civitella della Chiana ebenso tief reichte wie der Holocaust für die Gesamtheit des jüdischen Volkes. War unsere Geschichte, gedacht für die universelle Mitteilung dessen, was sich durch Quellenmaterial und Logik überprüfen ließ, für ihre konkrete Erinnerung von Bedeutung, die von ihrem Wesen her keinem anderen gehörte als ihnen selbst? Es war eine Erinnerung, die, wie wir erfuhren, von den Dorfbewohnern aus diesem Grund seit Jahrzehnten nicht angesprochen worden war, da sie sich aus einem Taktgefühl, das wir nicht teilten, weigerten, nähere Erkundigungen über die Einzelheiten eines Massakers im Nachbardorf einzuziehen, weil es nicht ihre eigene Vergangenheit war, sondern die ihrer Nachbarn. War unsere Geschichte mit der ihrigen überhaupt vergleichbar?

Kurzum, kein Anlaß hätte die Konfrontation zwischen Universalität und Identität in der Geschichte und die Konfrontation der Historiker mit der Vergangenheit und zugleich Gegenwart spannungsvoller machen können.

Nichtsdestoweniger zeigte allein schon diese Konfrontation, daß für die Historiker die Universalität zwangsläufig den Vorrang vor einer Identität hatte. Zufälligerweise repräsentierte mindestens einer der anwesenden Historiker beide Aspekte in seiner Person. Der Organisator der Konferenz war selbst als kleines Kind mit seiner Mutter auf der Piazza von Civitella gestanden, als die Deutschen seinen Vater wegschleppten und ermordeten. Er gehörte noch immer zu dem Dorf, wo er den Sommer im alten Haus seiner Familie verbrachte. Niemand konnte ernsthaft bestreiten, daß für ihn wie für alle seine Anhänger das Massaker mit Erinnerungen und Bedeutungen verbunden war, die sich für die übrigen Konferenzteilnehmer nicht damit verbinden konnten, oder daß er die Quellen in den Archiven anders las als jeder Forscher, der diese Erfahrung nicht teilte. Doch auf der anderen Seite konfrontierte er als Historiker den Bericht der Erinnerung, den das Dorf für sich konstruiert hatte, genau so wie die Historiker, denen diese persönliche Beteiligung fehlte, nämlich unter Anwendung der Regeln und Kriterien unserer Zunft. Nach seinen und unseren Maßstäben – nach den allgemein verbindlichen Kriterien des Fachs – mußte der Bericht des Dorfs anhand der Quellen überprüft werden, und nach diesen Maßstäben war er keine Geschichte, auch wenn die Herausbildung dieser dörflichen Erinnerung, ihre Institutionalisierung und ihre Veränderungen in den letzten fünfzig Jahren Teil der Geschichte waren. Er war selbst ein Gegenstand der historischen Forschung nach denselben Methoden wie die Ereignisse im Juni 1944, die er darzustellen versucht hatte. Allein in dieser Hinsicht war die »Kultur der Identität [von Civitella]« für die wissenschaftliche Historiographie des Massakers von Belang. In jeder anderen Hinsicht war sie irrelevant.

Kurzum, über die Fragen, mit denen sich historische Forschung und theoretische Reflexion befassen können, konnte es keine substantielle Meinungsverschiedenheit geben zwischen Wissenschaftlern, für die die Identitätsprobleme von Civitella unbedeutend oder uninteressant waren, und einem Historiker, für den sie eine existentielle Bedeutung hatten. Alle anwesenden Historiker hofften, zumindest über die Formulierung der Fragen über die NS-Greuel, wenn auch nicht unbedingt über die Antworten Einigkeit zu erzielen. Alle waren sich einig über die Verfahren zur Beantwortung dieser Fragen, die Art der möglichen Quellenbelege, die eine Beantwortung erlaubten – soweit die Antworten auf Quellen beruhten –, und über die Vergleichbarkeit von Ereignissen, die von den Teilnehmern als einzigartig und nicht kommunizierbar erlebt wurden. Dagegen standen diejenigen, die nicht bereit waren, ihre persönliche Erfahrung oder die ihrer Gemeinde diesen Verfahren zu unterwerfen oder die Ergebnisse solcher Prüfungen zu akzeptieren, außerhalb der historischen Disziplin, wie sehr die Historiker ihre Motive und Empfindungen auch achten mochten. Tatsächlich herrschte unter den anwesenden Historikern ein eindrucksvoller Konsens in substantiellen Fragen. Dieser bildete einen auffallenden Kontrast zu dem Chaos aus den verschiedensten und gegensätzlichen Emotionen, denen die Teilnehmer ausgesetzt waren.

II

Das Problem für wissenschaftlich arbeitende Historiker besteht darin, daß ihr Gegenstand wichtige soziale und politische Aufgaben erfüllt. Diese hängen von ihrer Arbeit ab – wer außer Historikern entdeckt die Vergangenheit und zeichnet sie auf? –, doch gleichzeitig sind sie mit ihren Berufsnormen nicht einverstanden. Dieser Dualismus steht im Zentrum unserer Disziplin. Die Gründer der *Revue Historique* waren sich dessen bewußt, als sie im *avant-propos* zu ihrer ersten Nummer schrieben: »Das Studium der Vergangenheit Frankreichs, dem wir uns hauptsächlich widmen werden, ist heute eine Angelegenheit von nationaler Bedeutung. Es wird uns befähigen, unserem Land die Einheit und moralische Kraft wiederzugeben, die es braucht.«[1]

Natürlich lag ihrem selbstbewußten, positivistischen Denken nichts ferner, als ihrer Nation anders als mit der Suche nach der Wahrheit zu dienen. Und dennoch lassen sich die Nichtakademiker, die das Produkt der Historiker brauchen und gebrauchen und den größten und politisch entscheidenden Markt dafür darstellen, nicht durch die scharfe Unterscheidung zwischen den »streng wissenschaftlichen Verfahren« und den »rhetorischen Konstruktionen«, die den Gründern der *Revue Historique* besonders am Herzen lag, irritieren. Ihr Kriterium für das, was »gute Geschichte« ausmacht, ist »Geschichte, die gut für uns« ist, – »unser Land«, »unsere Sache« oder einfach »unser emotionales Wohlbefinden«. Ob es ihnen gefällt oder nicht, akademische

Historiker produzieren den Rohstoff für den Gebrauch oder Mißbrauch der Nichthistoriker.

Daß die Geschichte unentwirrbar an die gegenwärtige Politik gebunden ist – wie die Historiographie der Französischen Revolution immer wieder zeigt –, ist heute wahrscheinlich keine größere Schwierigkeit, denn die Debatten von Historikern werden zumindest in den intellektuell freien Ländern innerhalb der Regeln der Disziplin geführt. Außerdem betreffen viele der besonders ideologisch befrachteten Debatten zwischen akademischen Historikern Fragen, von denen Nichthistoriker wenig wissen und um die sie sich noch weniger kümmern. Indessen benötigen alle menschlichen Wesen, Kollektive und Institutionen eine Vergangenheit, doch es ist nur in gelegentlichen Fällen die Vergangenheit, die durch historische Forschung zutage gefördert wird. Das klassische Beispiel für eine Identitätskultur, die sich mit Hilfe von Mythen im Gewand der Geschichte in der Vergangenheit zu verankern sucht, ist der Nationalismus. Hierüber hat Ernest Renan schon vor über hundert Jahren gesagt: »Das Vergessen, fast möchte ich sagen: der historische Irrtum, spielt bei der Erschaffung einer Nation eine wesentliche Rolle, und daher ist der Fortschritt der historischen Forschung oft eine Gefahr für die Nation.« Denn Nationen sind historisch neuartige Gebild, die vorgeben, sie existierten schon seit sehr langer Zeit. Die nationalistische Version ihrer Geschichte strotzt demnach zwangsläufig von Anachronismen, Auslassungen, Herauslösungen von Ereignissen aus ihrem ursprünglichen Kontext und im Extremfall von Lügen. Das gilt in einem geringeren Umfang von allen Formen der Identitätsgeschichte, alt oder neu.

In der vorakademischen Vergangenheit gab es wenig, was eine reine historische Erfindung hätte verhindern können wie die Fälschung historischer Handschriften (wie in Böhmen), das Verfassen eines uralten und passend ruhmreichen schottischen Nationalepos (wie Macphersons »Ossian«) oder die Aufführung eines völlig frei erfundenen öffentlichen Schauspiels, mit dem angeblich die alten Bardenrituale dargestellt wurden, wie es in Wales geschah. (Es bildet noch immer den Höhepunkt des alljährlichen National Eisteddfod oder Kulturfestivals dieses kleinen Landes.) Wo solche Erfindungen sich den Nachprüfungen einer ausgedehnten und anerkannten wissenschaftlichen Gemeinschaft stellen müssen, ist das nicht mehr möglich. Ein Großteil der frühen historischen Gelehrsamkeit bestand in der Widerlegung solcher Erfindungen und der Dekonstruktion der auf ihnen errichteten Mythen. Der große englische Mediävist J. Horace Round erwarb seinen Ruhm durch eine Reihe von gnadenlos sezierenden Untersuchungen der Stammbäume britischer Adelsfamilien, deren Anspruch, von normannischen Eroberern abzustammen, er als unberechtigt entlarvte. Diese Prüfungen sind nicht immer nur historischer Art. Das »Turiner Grabtuch«, um ein jüngeres Beispiel einer sakralen Reliquie von der Art zu nennen, die mittelalterlichen Pilgerstädten großen Reichtum bescherte, bestand den Test einer Altersbestimmung unter Anwendung der Radiokarbonmethode nicht, dem es unterzogen wurde.

Geschichte als Fiktion hat jedoch akademische Unterstützung aus einer unerwarteten Richtung gefunden; konstatiert wurde an den Universitäten ein »wachsender Skeptizismus gegenüber dem aus der Aufklärung stammenden Projekt der Vernunft«.[2] Das modische Interesse an etwas, das (zumindest im angelsächsischen wissenschaftlichen Diskurs) mit dem verschwommenen Begriff der »Postmoderne« beschrieben wird, hat glücklicherweise unter Historikern noch nicht so weit Fuß gefaßt wie unter Literatur- und Kulturtheoretikern sowie Ethnosoziologen selbst in den USA, doch es ist für das vorliegende Thema von Bedeutung, denn diese neue Richtung zieht die Unterscheidung zwischen Faktum und Fiktion, zwischen objektiver Wirklichkeit und begrifflichem Diskurs in Zweifel. Sie ist zutiefst relativistisch. Wenn es keine klare Unterscheidung gibt zwischen dem, was wahr ist, und dem, was ich für wahr halte, dann ist meine eigene Konstruktion der Wirklichkeit ebenso gut wie die eines jeden anderen, denn »der Diskurs ist der Schöpfer dieser Welt und nicht ihr Spiegel«.[3] Um denselben Autor zu zitieren, das Ziel der Ethnographie wie vermutlich das jeder anderen sozialen und historischen Untersuchung besteht darin, einen kooperativ zustande gekommenen Text zu produzieren, in dem weder die untersuchte Person noch der Autor, der Leser oder irgend jemand sonst das ausschließliche Recht auf eine »synoptische Transzendenz« hat.[4] Wenn »im historischen wie im literarischen Diskurs selbst eine mutmaßlich deskriptive Sprache überhaupt erst *konstituiert*, was sie beschreibt«[5], dann kann kein narrativer Bericht unter vielen möglichen Berichten als privilegiert betrachtet werden. Es ist kein Zufall, daß diese Auffassungen vor allem jene angesprochen haben, die sich als die Vertreter von Kollektiven oder Milieus verstehen, die von der herrschenden Kultur einer Gruppe (zum Beispiel weiße heterosexuelle Männer aus der Mittelschicht mit westlicher Bildung) an den Rand gedrängt werden und die deren Überlegenheit in Zweifel ziehen. Aber es ist falsch.

Ohne in die theoretische Debatte über diese Fragen einzutreten, halte ich es für wichtig, daß Historiker das Fundament ihrer Disziplin verteidigen: den Primat der historischen Quellenbelege. Auch wenn ihre Texte – als literarische Kompositionen – in einem gewissen Sinn fiktiv sind, so besteht doch das Rohmaterial dieser Fiktionen aus überprüfbaren Fakten. Ob es die Gaskammern der Nazis gegeben hat oder nicht, läßt sich anhand von Belegen überprüfen. Da der Nachweis für ihre Existenz erbracht worden ist, schreiben diejenigen, die diese Existenz bestreiten, keine Geschichte, welcher Darstellungsmittel sie sich immer bedienen mögen. Wenn es in einem Roman um die Rückkehr Napoleons von St. Helena ginge, kann dies Literatur sein, aber keinesfalls Geschichte. Die Geschichte mag eine phantasievolle Wissenschaft sein, aber sie arbeitet mit *objets trouvés*, sie erfindet sie nicht. Die Unterscheidung mag dem Nichthistoriker pedantisch und banal erscheinen, vor allem, wenn er historisches Material für seine eigenen Zwecke benutzt. Was spielt es für ein Theaterpublikum für eine Rolle, daß es keine historische Aufzeichnung über eine Lady Macbeth gibt, die ihren Gatten dazu drängt, König Duncan zu töten, oder von Hexen, die Macbeth weissagen, er werde König von Schottland sein, was er tatsächlich von 1040 bis 1057 wurde? Was verschlug es für die (panafrikanischen) Gründungsväter der westafrikanischen postkolonialen Staaten, daß sie ihren Ländern die Namen mittelalterlicher afrikanischer Reiche gaben, die keine erkennbare Verbindung mit den Territorien des modernen Ghana oder Mali hatten? Wäre es nicht wichtiger gewesen, die Afrikaner südlich der Sahara nach Generationen kolonialer Herrschaft daran zu erinnern, daß sie eine Tradition unabhängiger und mächtiger Staaten irgendwo auf ihrem Kontinent, wenn nicht sogar genau im Hinterland von Accra hatten?

Das Beharren des Historikers, noch einmal in den Worten der ersten Nummer der *Revue Historique*, auf »streng wissenschaftlichen Verfahren, wo jede Aussage begleitet wird von Beweisen, Quellenverweisen und Zitaten«[6], ist manchmal pedantisch und trivial, erst recht jetzt, da es nicht länger Teil eines Glaubens an die Möglichkeit einer endgültigen positivistischen, wissenschaftlichen Wahrheit ist, der ihm eine gewisse schlichte Größe verlieh. Doch die Verfahren des Gerichts, die auf dem Primat der Beweise ebenso bestehen wie historische Forscher und häufig in weitgehend derselben Weise, zeigen, daß der Unterschied zwischen historischem Faktum und historischer Falschheit kein ideologischer ist. Er ist für viele praktische Zwecke des Alltagslebens entscheidend, und sei es auch nur, weil Leben und Tod oder – was quantitativ wichtiger ist – Geld davon abhängen. Wenn ein Unschuldiger wegen Mordes vor Gericht steht und seine Unschuld beweisen möchte, dann braucht er die Techniken nicht des »postmodernen« Theoretikers, sondern des Historikers alter Schule.

Außerdem kann die historische Überprüfbarkeit von politischen oder ideologischen Behauptungen von großer Bedeutung sein, wenn die Historizität die Hauptgrundlage solcher Behauptungen ist. Das gilt nicht nur für territoriale Ansprüche von Staaten oder Gemeinden, die im allgemeinen historisch begründet werden. Die Kampagne gegen die Muslime (im Jahr 1992) durch die Hindupartei BJP, die zu Massenmetzeleien in Indien führte, wurde mit historischen Argumenten gerechtfertigt. Die Stadt Ayodhya sollte angeblich der Geburtsort des göttlichen Rama sein. Deshalb war der Bau einer Moschee auf einer heiligen Hindustätte, angeblich durch den Moguleroberer Babur, eine Beleidigung der Hindureligion durch die Muslime und eine historische Freveltat. Die Moschee müsse niedergerissen und durch einen Hindutempel ersetzt werden. (Die Moschee wurde tatsächlich von einer großen Menge hinduistischer Eiferer niedergerissen, die 1992 von der BJP zu diesem Zweck mobilisiert worden war.) Anschließend erklärten die Führer dieser Partei, »solche Streitfragen lassen sich nicht per Gerichtsurteil entscheiden«, was eigentlich nicht verwunderlich war, denn ihre Behauptung entbehrte jeder historischen Grundlage. Indische Historiker konnten nachweisen, daß bis ins 19. Jahrhundert niemand Ayodhya als den Geburtsort Ramas bezeichnet hatte und daß zwischen den Mogulherrschern und der Moschee keine besondere Verbindung bestand, während eine juristische Untersuchung ergab, daß der Anspruch der Hindus auf die Stätte umstritten war. Die Ursprünge der besonderen Spannung zwischen den beiden Religionsgemeinschaften lagen in Wirklichkeit gar nicht weit zurück. Es war eine Zeitbombe, deren Lunte 1949 gelegt wurde, als in den Nachwehen der Teilung Indiens und der Gründung Pakistans in der Moschee ein »Bilderwunder« inszeniert worden war.[7]

Das Festhalten am Primat von Indizien und Beweisen und an der wesentlichen Unterscheidung zwischen überprüfbaren historischen Fakten und Fiktion ist nur eine der Formen, in denen der Historiker seine Verantwortung wahrnimmt, und da heutige historische Fälschungen nicht mehr das sind, was sie einmal waren, möglicherweise nicht die wichtigste. Das Hineinlesen der Wünsche der Gegenwart in die Vergangenheit oder ein Anachronismus, wie der Fachausdruck lautet, ist die verbreitetste und bequemste Methode zur Schöpfung einer Geschichte zur Befriedigung der Bedürfnisse von »vorgestellten Gemeinschaften« (Benedict Anderson), die keineswegs nur nationale Kollektive sind.[8]

Die Entzauberung politischer oder sozialer Mythen, die sich als Geschichte kostümiert haben, gehört seit langem zu den Berufspflichten des Historikers, unabhängig von seinen persönlichen Sympathien. Britische Historiker sind, wie wir hoffen wollen, der britischen Freiheit ebenso ergeben wie jeder andere, doch das hindert sie nicht daran, deren Mythologie zu kritisieren. Jedes englische Kind lernte früher schon auf der Schule, daß die Magna Carta der Grundstein der britischen Freiheiten war, doch seit McKechnies 1914 erschienener Monographie muß jeder Student der britischen Geschichte lernen, daß diese Urkunde, die 1215 König Johann von den Baronen abgetrotzt wurde, nicht als Erklärung der parlamentarischen Oberhoheit und gleicher Rechte für alle frei geborenen Engländer gedacht war, auch wenn sie wesentlich später in der britischen politischen Rhetorik so aufgefaßt wurde. Skeptische Kritik an historischen Anachronismen ist wahrscheinlich heute die wichtigste Methode, wie Historiker ihre öffentliche Aufgabe erfüllen können. Ihre bedeutsamste öffentliche Rolle heute, vor allem in den zahlreichen Staaten, die nach dem Zweiten Weltkrieg gegründet oder wiederhergestellt wurden, besteht darin, ihr Handwerk so zu betreiben, daß es »pour la nationalité« (ebenso wie für alle anderen Ideologien einer kollektiven Identität) »un danger« darstellt.

Das zeigt sich besonders deutlich in Situationen, in denen internationale Konflikte auf historische Zwistigkeiten zurückgehen, wie zum Beispiel in der gegenwärtigen Phase der seit jeher brisanten Makedonienfrage. Alles an diesem Konflikt, in den vier Länder und die Europäische Gemeinschaft verwickelt sind und an dem sich abermals ein Balkankrieg entzünden könnte, ist historisch. Die angebliche Geschichte, die von den beiden hauptsächlichen Streithähnen beschworen wird, reicht zurück bis ins klassische Altertum, denn sowohl Makedonien als auch Griechenland (das jedem anderen unabhängigen Staat sogar das Recht auf diesen Namen bestreitet) nehmen für sich das Erbe Alexanders des Großen in Anspruch. Die wirkliche Geschichte ist dagegen wesentlich jüngeren Datums, denn der eigentliche Zwist zwischen Griechenland und seinen Nachbarstaaten rührt aus der Teilung Makedoniens nach den Balkankriegen von 1912 zwischen Griechenland, Serbien und Bulgarien. Das gesamte Makedonien hatte zuvor zum Osmanischen Reich gehört. Am Ende erhielten die Griechen das größere Stück. Welcher der Nachfolgestaaten einen Anspruch auf welchen Teil des undefinierten, aber ausgedehnten Territoriums des vor 1913 bestehenden Makedoniens hat (das Osmanische Reich gebrauchte diese Bezeichnung gar nicht), war seitdem Gegenstand wissenschaftlicher Auseinandersetzungen, hauptsächlich unter Enthnographen und Sprachforschern. Die Ansprüche der Griechen, die gegenwärtig am lautesten vorgetragen werden, stützen sich weitgehend auf eine anachronistische Geschichte, da die ethnischen und sprachlichen Argumente eher die Slawen und potentielle albanische Anspruchsteller begünstigen. Sie sind kaum überzeugender als das Argument, Frankreich habe einen Anspruch auf Italien, weil Julius Cäsar einst Gallien erobert hatte. Ein Historiker, der auf diese Tatsache aufmerksam macht, wird dabei nicht unbedingt von einem Vorurteil gegen die Griechen oder für die Slawen geleitet, auch wenn er damit zur Zeit in Skopje auf mehr Gegenliebe stoßen würde als in Athen. Wenn derselbe Historiker feststellte, daß sich die Mehrheit der größten Stadt (des ungeteilten) Makedonien, Thessaloniki, bei näherer Prüfung nicht etwa als griechisch und auch nicht als slawisch, sondern höchstwahrscheinlich als muslimisch und jüdisch erweisen werde, dann würde er sich bei den nationalistischen Eiferern aller drei Länder gleichermaßen unbeliebt machen.

Doch Fälle wie dieser zeigen auch die Grenzen der Aufgabe von Historikern als Mythenzerstörer. Zunächst einmal ist die Stärke ihrer Kritik negativ. Karl Popper hat uns gelehrt, daß die Anwendung des Falsifizierbarkeitskriteriums zwar eine Theorie unhaltbar machen kann, aber deshalb noch keine bessere an deren Stelle setzt. Zum zweiten können wir einen Mythos nur insofern zerstören, als dieser auf Voraussetzungen aufbaut, deren Fehlerhaftigkeit sich nachweisen läßt. Es liegt in der Natur historischer und vor allem nationalistischer Mythen, daß in der Regel nur einige ihrer Voraussetzungen auf diese Weise diskreditiert werden können. Das israelische nationale Ritual, das sich um die Belagerung von Masada rankt, ist nicht abhängig von der historisch nachprüfbaren Wahrheit der patriotischen Legende, die von israelischen Schulkindern und Ausländern auf Besuch gelernt wird, und wird deshalb nicht ernsthaft durch die berechtigte Skepsis von Historikern beeinträchtigt, die in der Geschichte Palästinas zur Römerzeit bewandert sind. Außerdem kann selbst dort, wo ein Falsifizierbarkeitstest möglich ist, solange Beweise vollständig fehlen, mangelhaft oder widersprüchlich sind oder aus Indizien bestehen, mit ihm nicht einmal eine extrem unplausible Behauptung widerlegt werden. Entgegen allen Versuchen, es zu leugnen, läßt sich schlüssig beweisen, daß der Völkermord der Nazis an den Juden stattgefunden hat, doch obwohl kein seriöser Historiker bezweifelt, daß Hitler die »Endlösung« wollte, gibt es keine Beweise, daß er einen entsprechenden Befehl erteilt hätte. Angesichts der von Hitler bevorzugten Vorgehensweise ist ein solcher schriftlicher Befehl Hitlers äußerst unwahrscheinlich, und man hat auch nichts dergleichen gefunden. Während es also nicht schwierig ist, die Thesen des Auschwitz-Leugners Faurisson zu übergehen, können wir die Behauptungen von David Irving nicht, wie die meisten Fachgelehrten auf diesem Gebiet es tun, einfach von der Hand weisen. Die dritte Grenze für den Historiker als Entzauberer von Mythen ist noch offensichtlicher. Auf kurze Sicht sind sie ohnmächtig gegenüber allen, die einem historischen Mythos bereitwillig Glauben schenken, vor allem wenn sie eine politische Machtposition bekleiden, was in vielen Ländern und vor allem in den zahlreichen neuen Staaten mit einer Kontrolle über das verbunden ist, was nach wie vor der wichtigste Kanal zur Übermittlung historischer Informationen ist, die Schulen. Und man sollte nie vergessen, die Geschichte − vor allem die Nationalgeschichte − nimmt in allen bekannten Systemen der öffentlichen Bildung einen wichtigen Platz ein. Die Kritik der indischen Historiker an den historischen Mythen des Hindufanatismus mag ihre akademischen Kollegen überzeugen, nicht jedoch die Eiferer der BJP. Die kroatischen und serbischen Historiker, die sich der Überlagerung der Geschichte ihrer Staaten durch eine nationale Legende widersetzten, hatten weniger Einfluß als die weit entfernt wohnenden Nationalisten der kroatischen und serbischen Diaspora, die von einer nationalistischen Mythologie bewegt wurden, an der jede Kritik von Historikern abprallt.

III

Diese Beschränkungen schmälern nicht die öffentliche Verantwortung des Historikers. Diese beruht zuerst und vor allem auf der bereits erwähnten Tatsache, daß Historiker von Berufs wegen die hauptsächlichen Produzenten des Rohmaterials sind, das zu Propaganda und Mythen umgewandelt wird. Wir müssen uns darüber im klaren sein, daß dies so ist, vor allem zu einer Zeit, da alternative Möglichkeiten, die Vergangenheit zu bewahren − mündliche Überlieferung, Familienerinnerungen, alles, was auf der Wirksamkeit der Kommunikationswege zwischen den Generationen beruht, die in modernen Gesellschaften zerfallen −, im Verschwinden begriffen sind. Jedenfalls beruhte die Geschichte von großen − nationalen oder sonstigen − Kollektiven nicht auf der Erinnerung der einfachen Leute, sondern auf dem, was Historiker, Chronisten oder Altertumsforscher über die Vergangenheit geschrieben haben, als Monographien oder in Schulbüchern, auf dem, was Lehrer ihren Schülern aus diesen Schulbüchern beigebracht haben, und darauf, wie Romanautoren, Filmregisseure oder die Hersteller von Fernseh- und Videoprogrammen das Material von Historikern verarbeitet haben.

Selbst Shakespeares *Hamlet* wurde in mehreren Schritten aus dem Werk eines Historikers abgeleitet, des dänischen Chronisten Saxo Grammaticus. Es ist sehr wichtig für Historiker, sich daran immer wieder zu erinnern. Die Pflanzen, die wir auf unseren Feldern anbauen, können sich am Ende als das Opium des Volkes erweisen.

Es trifft natürlich zu, daß die Untrennbarkeit der Historiographie von der gegenwärtigen Ideologie und Politik − alle Geschichte ist Zeitgeschichte, hat Benedetto Croce gesagt − dem Mißbrauch der Geschichte die Tür öffnet. Historiker können nicht als objektive Beobachter und Forscher sub specie aeternitatis außerhalb ihres Fachs stehen, selbst wenn sie es wollten. Wir alle sind in den Annahmen und Vorstellungen unserer Zeit und unserer Umgebung befangen, selbst wenn wir uns mit etwas so Abseitigem wie der Herausgabe alter Texte beschäftigen. Viele von uns sind wie der Gründer der *Revue Historique* glücklich, etwas zu produzieren, das für unser Volk oder unsere Sache von Nutzen sein kann. Freilich werden wir in Versuchung geführt, unsere Ergebnisse in einer für unsere Sache möglichst vorteilhaften Weise zu interpretieren. Wir können versucht sein, auf die Erforschung von Themen zu verzichten, die möglicherweise ein schlechtes Licht darauf werfen. Es ist kein Zufall, daß Historiker, die dem Kommunismus feindselig gegenüberstehen, sich weitaus intensiver mit der Zwangsarbeit in der Sowjetunion beschäftigt haben als Historiker, die ihm positiv gegenüberstehen. Wir können sogar in Versuchung kommen, nachteilige Beweise unerwähnt zu lassen, wenn wir zufällig darauf stoßen sollten, allerdings nicht mit einem guten Gewissen als Wissenschaftler. Schließlich gibt es keine scharfe Trennlinie zwischen einer *suppressio veri* und einer *suggestio falsi*. Eines jedoch können wir nicht tun, ohne aufzuhören, Historiker zu sein: die Maßstäbe unseres Berufs aufgeben. Wir können nicht etwas behaupten, dessen Unwahrheit wir beweisen können. Darin unterscheiden wir uns zwangsläufig von denen, deren Diskurs weniger eingeschränkt ist.

Die größte Gefahr liegt allerdings nicht in der Versuchung zur Lüge, die sich schließlich der kritischen Prüfung unserer Kollegen in einer freien wissenschaftlichen Gemeinde stellen muß, auch wenn politischer Druck und politische Macht selbst in einigen konstitutionellen Staaten die Unwahrheit stützen können. Sie liegt in der Verlockung, die Geschichte eines Teils der Menschheit − die des Historikers selbst, bedingt durch seine Geburt oder seine Entscheidung − von ihrem umfassenderen Kontext abzutrennen.

Die inneren und äußeren Zwänge, dies zu tun, können sehr stark sein. Unsere Passionen und Interessen können uns in diese Richtung treiben. Jeder Jude zum Beispiel, welchem Beruf er auch nachgeht, akzeptiert unwillkürlich die Kraft der Frage, mit der im Laufe vieler bedrohlicher Jahrhunderte Angehörige unserer Minderheitsgemeinschaft auf jedes erdenkliche Ereignis in der größeren Welt reagiert haben: »Ist das gut für die Juden? Ist das schlecht für die Juden?« In Zeiten der Diskriminierung oder der Verfolgung bot sie eine – wenn auch nicht unbedingt die beste – Anleitung für das private und öffentliche Verhalten, eine Strategie auf allen Ebenen für ein zerstreutes Volk. Sie kann und darf jedoch einen jüdischen Historiker nicht anleiten, nicht einmal dann, wenn er die Geschichte seines eigenen Volkes schreibt. Historiker, auch wenn sie nur auf einer mikrokosmischen Ebene forschen, müssen auf der Seite eines Universalismus stehen, nicht aus Loyalität zu einem Ideal, an das viele von uns sich gebunden fühlen, sondern weil dieser die notwendige Bedingung für das Verstehen der Geschichte der Menschheit ist, auch der Geschichte jedes besonderen Teils der Menschheit. Denn alle menschlichen Kollektivitäten sind und waren zwangsläufig Teil einer größeren und komplexeren Welt. Eine Geschichte, die *nur* auf Juden zugeschnitten ist (oder Afroamerikaner oder Griechen oder Frauen oder Proletarier oder Homosexuelle), kann keine gute Geschichte sein, auch wenn sie für diejenigen, die sie treiben, eine tröstliche Geschichte sein kann.

Leider ist schlechte Geschichte, wie die Lage in großen Teilen der Welt am Ende unseres Jahrtausends zeigt, keine unschädliche Geschichte. Sie ist gefährlich. Die Urteile, die auf einer scheinbar harmlosen Tastatur getippt werden, können Todesurteile sein.

Anmerkungen

Vorwort

1 Joyce Appleby, Lynn Hunt und Margaret Jacob, *Telling the Truth about History*, New York 1994.

2 Ibn Chaldun, *Ausgewählte Abschnitte aus der muqaddima*, übers. von Annemarie Schimmel, Tübingen 1951, S. 9.

2
Das Bewußtsein von der Vergangenheit

1 Zu den Einzelheiten der Morelos-Bewegung s. die glänzende Biographie von John Womack, *Zapata*, New York 1969.

2 Derartige pseudohistorische Bestrebungen dürfen nicht mit den Versuchen verwechselt werden, historisch weit zurückliegende Regime in traditionellen Gesellschaften zu restaurieren, die höchstwahrscheinlich wörtlich gemeint sind: beispielsweise die peruanischen Bauernaufstände bis in die zwanziger Jahre unseres Jahrhunderts, die manchmal darauf gerichtet waren, das Inkareich wiederherzustellen, die chinesischen Bewegungen zur Restauration der Mingdynastie, die zuletzt um die Mitte unseres Jahrhunderts registriert wurden. Für peruanische Bauern waren die Inka in Wirklichkeit *nicht* historisch weit zurückliegend. Sie waren »gestern«, von der Gegenwart lediglich durch eine mühelos verkürzte Abfolge von sich wiederholenden Bauerngenerationen getrennt, die das taten, was ihre Vorfahren getan hatten, soweit die Götter und die Spanier sie gewähren ließen. Auf sie eine Chronologie anzuwenden würde einen Anachronismus bedeuten.

3 Es würde sich lohnen, die Form der Rechtfertigungen von Revolutionsregimen nach dem Sieg ihrer Revolutionen auf diese Weise zu analysieren. Das würde ein Licht auf die offenbare Unzerstörbarkeit von »bürgerlichen Überresten« oder solcher Thesen werfen wie die einer Verschärfung des Klassenkampfs lange nach dem Sieg der Revolution.

4 Wenn wir natürlich annehmen, daß alles, was geschieht, deswegen richtig ist oder zumindest zwangsläufig so geschehen mußte, dann können wir die Ergebnisse einer Extrapolation billigend oder auch nicht zur Kenntnis nehmen, doch damit ist das Problem nicht gelöst.

5 Vgl. beispielsweise Alan B. Cobban, »Medieval Student Power«, *Past and Present* 53 (November 1971), S. 22–66.

6 Die Betonung der angeblichen Priorität russischer Erfinder in popularisierten Darstellungen der russischen Geschichte während der Stalinära, die so
exzessiv betrieben wurde, daß sie den Spott des Auslands herausforderte, ver-
deckte in Wirklichkeit die durchaus beachtlichen Leistungen russischer Wissenschaftler und Ingenieure im 19. Jahrhundert.

7 Die Zahlenmystik, die anscheinend selbst in Hochkulturen ein natürliches
Abfallprodukt zumindest schriftlich aufgezeichneter Chronologien ist, hätte
eine Untersuchung verdient; noch heute fällt es Historikern schwer, sich vom
»Jahrhundert« oder anderen willkürlichen Datierungseinheiten freizumachen.

3
Was kann uns die Geschichte über die gegenwärtige Gesellschaft sagen?

1 Eine leicht gekürzte deutsche Übersetzung des Texts von Renan erschien –
leider ohne Nennung der Übersetzerin/des Übersetzers – in der Feuilletonbei-
lage der *FAZ* vom 27. 3. 1993. (A.d.Ü.)

2 *Times Literary Supplement*, 16. März 1984.

6
Von der Sozialgeschichte zur Gesellschaftsgeschichte

1 S. die Ausführungen von A. C. Rueter im *IX congrès international des sciences historiques*, Paris 1950, Bd. 1, S. 298.

2 George Unwin, *Studies in Economic History*, London 1927, S. xxiii und
33–39.

3 J. H. Clapham, *A Concise Economic History of Britain*, Cambridge 1949, Ein-
leitung.

4 Zwei Zitate aus demselben Dokument (Economic and Social Studies
Conference Board, *Social Aspects of Economic Development*, Istanbul 1964) mögen
die unterschiedlichen Motivationen verdeutlichen, die dieser neuen Vorliebe
zugrunde liegen. Der türkische Vorsitzende des Ausschusses: »Wirtschaftliche
Entwicklung oder Wachstum in den wirtschaftlich zurückgebliebenen Regionen ist eine der wichtigsten Fragen, denen die Welt heute gegenübersteht ...
Arme Länder haben aus dieser Entwicklungsfrage ein hohes Ideal gemacht.
Wirtschaftliche Entwicklung verbindet sich für sie mit politischer Unabhängigkeit und einem Gefühl der Souveränität.« Dagegen Daniel Lerner: »Hinter
uns liegt ein Jahrzehnt weltweiter Erfahrung mit sozialem Wandel und wirtschaftlicher Entwicklung. Das Jahrzehnt war befrachtet mit Bemühungen in
allen Teilen der Welt, eine wirtschaftliche Entwicklung anzuregen, ohne ein
kulturelles Chaos anzurichten, ein wirtschaftliches Wachstum zu beschleunigen, ohne das gesellschaftliche Gleichgewicht zu beeinträchtigen, die wirt-

schaftliche Mobilität zu fördern, ohne die politische Stabilität zu untergraben.« Ebd., S. xxiii und 1.

5 Die Klage von Sir John Hicks ist hierfür charakteristisch:»Meine ›Geschichtstheorie‹... wird beträchtlich näher bei dem liegen, was Marx versucht hat... Die meisten von [denen, die überzeugt sind, Ideen könnten von Historikern dazu benutzt werden, ihr Material so zu ordnen, daß der allgemeine Gang der Geschichte damit in Übereinstimmung gebracht werden kann],... würden die Marxschen Kategorien oder eine modifizierte Version davon verwenden; da es kaum eine verfügbare alternative Version gibt, ist es nicht verwunderlich, wenn sie das tun. Dennoch bleibt es höchst seltsam, daß hundert Jahre nach dem *Kapital*, nach einem Jahrhundert, in dem es enorme Entwicklungen in der Sozialwissenschaft gegeben hat, so wenig anderes hervorgebracht worden ist.« *A Theory of Economic History*, London/Oxford/New York 1969, S. 2 f.

6 So ist Marc Ferros Untersuchung der Telegramme und Resolutionen, die in den ersten Wochen der Februarrevolution von 1917 nach Petrograd geschickt wurden, nichts anderes als das Äquivalent einer retrospektiven Meinungsumfrage. Es ist zweifelhaft, ob sie denkbar gewesen wäre ohne die zeitlich vorangegangene Entwicklung der Meinungsforschung zu nichthistorischen Zwecken. M. Ferro, *La Révolution de 1917*, Paris 1967.

7 Auf der Konferenz »New Trends in History«, Princeton, New Jersey, Mai 1968.

8 Ich halte die Verwendung von Kategorien wie »zunehmende Komplexität« als Indikatoren für eine gerichtete Entwicklung von Gesellschaften nicht für historisch, auch wenn sie natürlich zutreffend sein können.

9 Paul A. Baran, *Die politische Ökonomie des wirtschaftlichen Wachstums*, Neuwied/Berlin 1966, S. 81 – 108.

10 F. Braudel,»Geschichte und Sozialwissenschaften – Die ›longue durée‹« in *Geschichte und Soziologie*, Hrsg. Hans-Ulrich Wehler, Köln 1972, S. 189–215.

11 Vgl.: »Bei einem breiteren Verständnis von Stadtgeschichte geht es um die Möglichkeit, dem gesellschaftlichen Prozeß der Verstädterung bei der Erforschung des sozialen Wandels einen zentralen Platz zuzuweisen. Wünschenswert wären Bemühungen, den Urbanisierungsprozeß in Begriffe zu fassen, die tatsächlich einen sozialen Wandel verkörpern.« Eric Lampard in *The Historians and the City*, Hrsg. Oscar Handlin und John Burchard, Cambridge, Mass. 1963, S. 233.

12 Zu möglichen Divergenzen zwischen Wirklichkeit und Klassifizierung s. die Diskussionen über die komplexen gesellschaftlich-rassischen Hierarchien im kolonialen Lateinamerika: Magnus Mörner, »The History of Race Relations in Latin America«, in *Slavery in the New World*, Hrsg. L. Foner und E.D. Genovese, Englewood Cliffs 1969, S. 221.

13 Vgl. A. Prost, »Vocabulaire et typologie des familles politiques«, *Cahiers de lexicologie*, 14 (1969).

14 T. Shanin, »The Peasantry as a Political Factor«, *Sociological Review* 14 (1966), S. 17.

15 A. Dupront, »Problèmes et méthodes d'une histoire de la psychologie collective«, *Annales: Economies, Sociétés, Civilisations* 16 (Jan./Feb. 1961), S. 3–11.

16 Mit »zusammenpassen« meine ich die Herstellung eines systematischen Zusammenhangs zwischen verschiedenen und manchmal scheinbar unzusammenhängenden Bestandteilen desselben Syndroms – zum Beispiel zwischen dem Glauben des klassischen liberalen Bürgertums des 19. Jahrhunderts an den Wert der individuellen Freiheit und zugleich an den einer patriarchalen Familienstruktur.

17 Wir warten noch auf die Zeit, da die Russische Revolution den Historikern vergleichbare Möglichkeiten für das 20. Jahrhundert erschließen wird.

18 R. Braun, *Industrialisierung und Volksleben*, Erlenbach und Zürich 1960; ders., *Sozialer und kultureller Wandel in einem ländlichen Industriegebiet*, Erlenbach und Zürich 1965; J. O. Foster, *Class Struggle and the Industrial Revolution*, London 1974.

19 So zum Beispiel Eric Stokes, der bewußt die Ergebnisse der historischen Afrikaforschung auf Asien anwendet: »Traditional Resistance Movements and Afro-Asian Nationalism: The Context of the 1857 Mutiny-Rebellion in India«, *Past and Present* 48 (August 1970), S. 100–117.

20 »Centre Formation, Nation-Building and Cultural Diversity: Report on a Symposium Organized by UNESCO«, hektograph. Entwurf o.J. Das Symposium fand statt vom 28. August–1. September 1968.

21 Auch wenn sich der Kapitalismus als ein weltweites System wirtschaftlicher Interaktionen entwickelt hat, waren die wirklichen Einheiten seiner Entwicklung tatsächlich bestimmte politisch-territoriale Einheiten – die Wirtschaften Großbritanniens, Frankreichs, Deutschlands, der Vereinigten Staaten –, was ein historischer Zufall sein könnte, aber möglicherweise (die Frage bleibt offen) auch mit der notwendigen Rolle des Staates für die wirtschaftliche Entwicklung zusammenhängt, die dieser selbst in der Ära des reinsten Wirtschaftsliberalismus gespielt hat.

7
Historiker und Ökonomen I

1 Joseph A. Schumpeter, *Geschichte der ökonomischen Analyse*, Bd. 2, Göttingen 1965, S. 1020.

2 R. W. Fogel, »Scientific History and Traditional History«, in R.W. Fogel und G.R. Elton, *Which Road to the Past?*, New Haven/London 1983, S. 68.

3 A. G. Hopkins in einer Rezension von T. B. Birnberg und A. Resnick, *Colonial Development: An Econometric Study*, London 1976, *Economic Journal* 87 (Juni 1977), S. 351.

4 Hans Medick, *Naturzustand und Naturgeschichte der bürgerlichen Gesellschaft*, Göttingen 1973, S. 264.

5 J.R. Hicks in einer Rezension von *The Early Economic Writings of Alfred Marshall (1867–1890)*, Hrsg. J. K. Whitaker, *Economic Journal* 86 (Juni 1976), S. 368 f.

6 E. von Böhm-Bawerk, »The Historical vs the Deductive Method in Political Economy«, *Annals of the American Academy of Political and Social Science*, 1 (1980), S. 267.

7 Joseph A. Schumpeter, *Das Wesen und der Hauptinhalt der theoretischen Nationalökonomie*, Leipzig 1908, S. 578. S. a. ders., *Economic Doctrine and Method: An Historical Sketch*, London 1954, S. 189.

8 H. W. Macrosty, *The Trust Movement in British Industry*, London 1907.

9 Joseph A. Schumpeter, *Geschichte der ökonomischen Analyse*, Bd. 1, S. 40.

10 Fogel und Elton, *Which Road to the Past?*, S. 38.

8
Historiker und Ökonomen II

1 J. R. Hicks, *A Theory of Economic History*, London/Oxford/ New York 1969, S. 167.

2 Näheres hierzu bei R. Fogel und S. Engermann, *Time on the Cross*, London 1974.

3 M. Lévy-Leboyer, »La ›New Economic History‹«, *Annales: Economies, Sociétés, Civilisations* 24 (1969), S. 1062.

4 Joel Mokyr, »The Industrial Revolution and the New Economic History«, in *The Economics of the Industrial Revolution*, Hrsg. J. Mokyr, London 1985, S. 2.

5 Ebd., S. 39 f. Ausführlicher hierzu: »Editor's Introduction: The New Economic History and the Industrial Revolution«, in *The British Industrial Revolution: An Economic Perspective*, Hrsg. J. Mokyr, Boulder/San Francisco/Oxford 1993, S. 118–130, vor allem S. 126 ff.

6 Jon Elster, *Logic and Society: Contradictions and Possible Worlds*, Chichester/New York 1978, S. 175–221.

7 Ebd., S. 204.

8 R. Fogel, *Railroads and American Economic Growth*, Baltimore 1964.

9 J. R. Hicks, *Theory of Economic History*, S. 1.

10 J. Mokyr, *The Economics of the Industrial Revolution*, S. 7.

11 J. Mokyr, *The British Industrial Revolution*, S. 11.

12 J. Mokyr, *The Economics of the Industrial Revolution*, S. 6.

13 P. Bairoch, *The Economic Development of the Third World since 1900*, London 1975, S. 196.

14 Alan Milward, »Strategies for Development in Agriculture: The Nineteenth Century European Experience«, in *The Search for Wealth and Stability: Essays in Economic and Social History Presented to M.W. Flinn*, Hrsg. T. C. Smout, London 1979.

15 S. hierzu E. Hobsbawm, »Capitalisme et agriculture: les réformateurs Ecossais au XVIIIe siècle«, *Annales: Economies, Sociétés, Civilisations* 33 (Mai/ Juni 1978), S. 580–601.

16 M. Dobb, *Entwicklung des Kapitalismus vom Spätfeudalismus zur Gegenwart*, Köln 1970, S. 42.

17 J. R. Hicks, *Theory of Economic History*, S. 2.

18 Hla Myint, »Vent for Surplus« in *The New Palgrave: A Dictionary of Economics*, Hrsg. John Eatwell, Murray Milgate und Peter Newman, London 1987, Bd. 4, S. 802–804.

19 W. Kula, *Théorie économique du système féodal: pour un modèle de l'économie polonaise 16e-18e siècles*, Paris/Den Haag 1970.

20 A. Rotstein, »Karl Polanyi's Concept of Non-Market Trade«, *Journal of Economic History* 30 (1970), S. 123.

9
Über Parteilichkeit

1 Zum Beispiel in dem Artikel »Parteilichkeit« in G. Klaus und M. Buhr (Hrsg.), *Philosophisches Wörterbuch*, Leipzig 1964.

2 Ohne mich hier auf eine philosophische Erörterung einzulassen: Jeder Historiker ist vertraut mit Aussagen über die Vergangenheit, bei denen sich entscheiden läßt, ob sie »wahr« oder »falsch« sind, zum Beispiel: »Napoleon wurde 1769 geboren« oder: »Die Schlacht bei Waterloo wurde von den Franzosen gewonnen«.

3 »Würde sich ... jener Satz des Euklid: *Die Summe der Winkel in einem Dreieck ist gleich der zweier rechter Winkel*, gegen irgend jemandes Herrschaftsansprüche richten oder die Interessen eines Herrschers in irgendeiner Weise durchkreuzen, so wäre er – daran wage ich nicht zu zweifeln – schon längst entweder bestritten oder unterdrückt worden, und man hätte zumindest alle Geometriebücher verbrannt.« *Leviathan*, Hrsg. P. C. Mayer-Tasch, Reinbek 1965, S. 81 (Kap. XI).

4 J. A. Moore, »Creationism in California«, *Daedalus* (Sommer 1974), S. 173–190.

5 Vgl. die Zurückweisung des Arguments, technische und Fachfragen sollten in Fachzeitschriften und nicht in *bolschewistischen* Zeitschriften erörtert werden, durch den verstorbenen Andrej Schdanow: *Sur la littérature, la philosophie et la musique*, Paris 1950, S. 57 f.

6 Das ist besonders mühsam, wo Orthodoxien einer »wissenschaftlichen Politik« durch Schismen und Häresien gespalten werden wie vor allem innerhalb der trotzkistischen Bewegung.

7 Das ist zutreffend definiert worden als »eine unmittelbare Reduktion nicht nur von Wissenschaft auf Ideologie, sondern der Ideologie selbst auf ein Instrument der Propaganda und der beschränkten Rechtfertigung zufälliger politischer Positionen, wodurch die abruptesten Änderungen in der Politik in jedem Einzelfall mit pseudotheoretischen Argumenten legitimiert und als mit dem orthodoxesten Marxismus übereinstimmend ausgegeben wurden.« S. Timparano, »Considerations on Materialism«, *New Left Review* 85 (Mai-Juni 1974), S. 6.

8 Die allerdings besonders spektakulären Beispiele einer solchen Pseudogelehrsamkeit wie die gefälschten Königshof-Manuskripte bei den Tschechen,

der Ossian oder die Erfindung des Pseudo-Druidentums unter den Walisern ereigneten sich, bevor die moderne historische Wissenschaft solch patriotischen Erfindungen ihre Überzeugungskraft nehmen konnte. Die tschechischen Nationalisten wußten jedoch Thomas Masaryk in der Mehrzahl keinen Dank für seinen Nachweis, daß es sich um Fälschungen handelte.

9 Vgl. N. Pastore, *The Nature-Nurture Controversy*, New York 1949. Karl Pearson hatte übrigens schon früher ein gewisses Interesse am Marxismus gezeigt und damit sein Interesse an politischen Ideologien bekräftigt.

10 Vgl. *The IQ Controversy*, Hrsg. N. J. Block und Gerald Dworkin, New York 1976, und die Rezension dieses Buchs von P. B. Medawar in der *New York Review of Books*.

11 Die Bedeutung einer solchen »interdisziplinären« Aktivität soll hier nicht bestritten werden, auch wenn sie manchmal kaum mehr darstellt als einen bequemen Weg, ein neues akademisches »Fachgebiet« zu erschließen, in dem man Karriere machen, sich einen Ruf erwerben und Forschungsmittel beschaffen kann. Die Art und Weise, wie eine solche interdisziplinäre Befruchtung wirksam wird, ist noch nicht ganz geklärt. Man darf jedoch behaupten, daß sie in den Sozialwissenschaften nicht ohne weiteres von außerwissenschaftlichen ideologischen oder politischen Überzeugungen zu trennen ist, wie man etwa am Beispiel der sich rasch entwickelnden »Soziobiologie« ablesen kann.

12 Zu Crick s. R. Olby, »Francis Crick, D.N.A. and the Central Dogma«, *Daedalus* (Herbst 1970), S. 940 und 943. Die Tatsache, daß Hoyles Theorie der »beständigen Schöpfung«, deren Motive weitgehend antireligiös sind, gegenwärtig keine Akzeptanz findet, mindert nicht die Bedeutung seines Eingreifens in die modernen Debatten über Kosmogonie. In dem vorliegenden Text soll nicht behauptet werden, daß eine wissenschaftliche Parteilichkeit stets die richtigen Antworten hervorbringt, sondern lediglich, daß sie in jedem Fall die wissenschaftliche Debatte ein Stück weiterbringen kann.

13 Zu früheren Zweifeln an den Untersuchungen Burts – die geäußerst wurden, noch bevor Professor J. Tizard den Beweis führte, daß die Ergebnisse höchstwahrscheinlich frisiert waren – s. L. J. Kamin, »Heredity, Intelligence, Politics and Psychology«, in *The IQ Controversy*, S. 242–250. Neuere Versuche, ihn zu rehabilitieren, müssen hier außer Betracht bleiben.

14 Vgl. G. T. Marx und J. L. Wood, »Strands of Theory and Research in Collective Behaviour«, *Annual Review of Sociology* 1 (1975), S. 363–428.

15 L. Thurow, »Economics 1977«, *Daedalus* (Herbst 1977), S. 83–85.

16 T. C. Barker, »The Beginnings of the Economic History Society«, *Economic History Review* 30/1 (1977), S. 2; N. B. Harte, »Trends in Publications on the Economic and Social History of Great Britain and Ireland 1925–1974«, *Daedalus* (Herbst 1977), S. 24.

17 K. O. May, »Growth and Quality of the Mathematical Literature«, *Isis* 59 (1969), S. 363; Anthony, East, Slater, »The Growth of the Literature of Physics«, *Reports on Progress in Physics* 32 (1969), S. 764 f.

Was haben die Historiker Karl Marx zu verdanken?

1 Arnaldo Momigliano, »One Hundred Years after Ranke«, in *Studies in Historiography*, London 1966.

2 *Encyclopaedia Britannica*, 11. Aufl., London 1910, Artikel »History«.

3 *Enciclopedia Italiana*, Rom 1936, Artikel »Storiografia«.

4 In den Jahren nach 1950 starteten sie sogar eine ziemlich erfolgreiche Gegenoffensive, ermutigt durch das günstige Klima des Kalten Krieges, vielleicht aber auch durch das Unvermögen der Neuerer, ihren unerwartet schnellen Vorstoß abzusichern.

5 Vgl. George Lichtheim, *Marxism in Modern France*, London 1966.

6 *Times Literary Supplement*, 15. Februar 1968.

7 J. Bonar, *Philosophy and Political Economy*, London 1893, S. 367.

8 Diese Bemerkungen gaben den Anlaß zu einem der frühesten unzweifelhaft marxistischen Einflüsse auf die orthodoxe Geschichtsschreibung, nämlich das berühmte Thema, zu dem Sombart, Weber, Troeltsch und andere ihre Variationen lieferten. Die Debatte darüber hat sich noch lange nicht erschöpft.

9 L. Althusser ist zuzustimmen, daß seine Diskussion der Ebene des »Überbaus« viel skizzenhafter und unausgearbeiteter geblieben ist als die der »Basis«.

10 Es muß wohl kaum eigens betont werden, daß die »Basis« nicht nur Technik und Wirtschaft umfaßt, sondern »die Totalität der Produktionsverhältnisse« bildet, das heißt die Organisation der Gesellschaft im weitesten Sinne, wie sie einem gegebenen Stand der materiellen Produktivkräfte entspricht.

11 Es versteht sich von selbst, daß der Gebrauch dieses Begriffs *(evolution)* keine Ähnlichkeit mit dem Prozeß der biologischen Evolution unterstellt.

12 Es gibt historische Gründe für dieses Aufbegehren gegen den »evolutionären« Aspekt des Marxismus, zum Beispiel für die – aus politischen Gründen erfolgte – Ablehnung der kautskyschen Orthodoxien, aber diese Dinge beschäftigen uns hier nicht.

13 Marx an Engels, 7. August 1866, *MEW* 31, S. 248.

14 In dem Sinne, in dem Lévi-Strauss vom Verwandtschaftssystem (und anderen sozialen Organisationen) als einem »koordinierten Ganzen, dessen Funktion es ist, das dauerhafte Bestehen der Gruppe zu sichern«, spricht: *Anthropology Today*, Hrsg. Sol Tax, o.O. 1962, S. 343.

15 »Es bleibt wahr… und das gilt auch für eine angemessen revitalisierte Version der funktionalen Analyse, daß ihre Erklärungskraft ziemlich begrenzt ist; sie kann vor allem nicht erklären, warum in einem System s ein bestimmtes Phänomen i und nicht ein funktionales Äquivalent von ihm erscheint.« Carl Hempel, in: *Symposium on Social Theory*, Hrsg. L. Gross, o.O. 1959.

16 Wie Lévi-Strauss im Zusammenhang mit Verwandtschaftsmodellen schreibt: »Wenn dieser Mechanismus nicht durch externe Faktoren beeinflußt würde, dann würde er endlos weiterlaufen, und die soziale Struktur bliebe sta-

tisch. Das ist jedoch nicht der Fall; deshalb müssen wir neue Elemente in das theoretische Modell einführen, um die diachronen Veränderungen der Struktur zu erklären.« *Social Anthropology*, S. 343.

17 »Es ist allerdings klar, daß die theoretische Natur dieses Begriffs« der ›Verbindung‹ *(combinaison)* die »Behauptung begründen könnte, wonach der Marxismus kein Historizismus sei: denn der marxistische Geschichtsbegriff beruht auf dem Prinzip der Variation von Formen dieser ›Verbindung‹.« Louis Althusser, *Das Kapital lesen*, Bd.2, Reinbek 1972, S. 237.

18 R. Bastide, *Sens et usage du terme structure dans les sciences sociales et humaines*, Paris 1962, S. 143.

19 »Man ersieht hieraus, daß bestimmte Produktionsverhältnisse als Existenzbedingung eine juristisch-politische und ideologische Suprastruktur voraussetzen und warum diese Suprastruktur notwendigerweise eine spezifische Suprastruktur ist... Man sieht auch, daß bestimmte andere Produktionsverhältnisse keine politische, sondern nur eine ideologische Suprastruktur hervorbringen (klassenlose Gesellschaften). Schließlich sieht man, daß die Natur der jeweiligen Produktionsverhältnisse nicht nur diese oder jene Form der Suprastruktur hervorruft oder nicht hervorruft, sondern daß sie auch den an diese oder jene Ebene der gesellschaftlichen Totalität delegierten Wirkungsgrad festlegt.« Louis Althusser, *Das Kapital lesen*, S. 238.

20 Wenn es zweckmäßig erscheint, können diese natürlich als verschiedene Kombinationen einer gegebenen Anzahl von Elementen beschrieben werden.

21 Man kann hinzufügen, daß es zweifelhaft ist, ob sie einfach als »Konflikte« klassifiziert werden können, obwohl sie, wenn wir Gesellschaftssysteme als Systeme von Beziehungen zwischen Menschen auffassen, normalerweise die Form von Konflikten zwischen Individuen und Gruppen oder, bildlicher ausgedrückt, zwischen Wertsystemen, Rollen usw. annehmen.

22 Ob der Staat die einzige Institution ist, die diese Funktion hat, ist eine Frage, die Marxisten wie Gramsci sehr beschäftigt hat; sie braucht uns hier aber nicht weiter zu interessieren.

23 G. Lichtheim weist mit Recht darauf hin, daß der Klassengegensatz in Marx' Modell des Zusammenbruchs der antiken römischen Gesellschaft nur eine untergeordnete Rolle spielt. Die Auffassung, daß dafür »Sklavenaufstände« verantwortlich gewesen seien, läßt sich mit Marx nicht belegen. *Marxism*, London 1961, S. 152.

24 Wie Worsley bei seinem zusammenfassenden Überblick über die relevante Literatur sagt: »Veränderungen in einem System müssen entweder gemeinsam in Richtung auf einen strukturellen Wandel des Systems hinwirken oder durch irgendwelche kathartischen Mechanismen aufgefangen werden.« »The Analysis of Rebellion and Revolution in Modern British Social Anthropology«, *Science and Society* 25/1 (1961), S. 37. Die Ritualisierung von sozialen Beziehungen kann ein solches symbolisches Darstellen von Spannungen sein, die andernfalls unerträglich wären.

25 Vgl. die vielen Forschungsarbeiten und Diskussionen über orientalische Gesellschaften, die nur auf ganz wenige Stellen bei Marx zu diesem Thema

zurückgehen, von denen die wichtigsten – nämlich die aus den *Grundrissen* – erst vor fünzehn Jahren zugänglich wurden.

26 Zum Beispiel auf dem Gebiet der Vorgeschichte die Arbeiten des späten V. Gordon Childe, vielleicht der originellste historische Denker in den englischsprachigen Ländern, der den Marxismus auf die Vergangenheit angewandt hat.

27 Vergleiche zum Beispiel die Ansätze von Dr. Eric Williams, *Capitalism and Slavery*, London 1964, eine sehr nützliche und erhellende Pionierarbeit, und von Professor Eugene Genovese über das Problem der amerikanischen Sklavenhaltergesellschaften und die Abschaffung der Sklaverei: *Slavery in the New World*, Hrsg. L. Foner und E. D. Genovese, Englewood Cliffs 1969.

28 Dies ist besonders deutlich auf Gebieten wie der Anwendung der Theorie des Wirtschaftswachstums auf bestimmte Gesellschaften und der Theorien der »Modernisierung« in der politischen Wissenschaft und der Soziologie.

29 Ein gutes Beispiel ist die Diskussion über die politischen Auswirkungen der kapitalistischen Entwicklung auf vorindustrielle Gesellschaften und ganz allgemein die »Vorgeschichte« moderner sozialer Bewegungen und Revolutionen.

11
Marx und Geschichte

1 J. R. Hicks, *A Theory of Economic History*, London/Oxford/ New York 1969, S. 3.

2 Karl Marx, *Das Kapital*, Bd. 1, *MEW* 23, S. 412 (Fn. 111).

3 Marx und Engels, »Die Deutsche Ideologie«, MEW 3, S. 14 (Anm.).

4 Ibid., S. 27.

5 Ibid., S. 37f.

6 Eric R. Wolf, *Die Völker ohne Geschichte. Europa und die andere Welt seit 1400,* Frankfurt/New York 1986, S. 113.

7 Ibid., S. 75.

8 Marx und Engels, »Die Deutsche Ideologie«, S. 27.

9 Wolf, *Die Völker ohne Geschichte*, S. 137 f.

10 Ibid., S. 536 f.

11 Maurice Bloch, *Marxism and Athropology*, Oxford 1983, S. 172.

14
Über die Wiederbelebung der narrativen Geschichte

1 L. Stone, »The Revival of Narrative: Reflections on a New Old History«, *Past and Present* 85 (November 1979), S. 3–24.

2 A. Momigliano, »A Hundred Years after Ranke« in *Studies in Historiography*, London 1966, S. 108 f.

3 F. Braudel, *Das Mittelmeer und die mediterrane Welt in der Epoche Philipps II.,*

3 Bde., Frankfurt 1990; E. Le Roy Ladurie, *Le Carnaval de Romans*, Paris 1979; ders., *Les paysans du Languedoc*, 2 Bde., Paris 1966, Bd. 1, S. 394–399 und 505 f.

4 Ch. Hill, »The Norman Yoke«, in *Democracy and the Labour Movement: Essays in Honor of Dona Tor*, Hrsg. J. Saville, London 1954. Wiederabdr. in Ch. Hill, *Puritanism and Revolution: Studies in Interpretation of the English Revolution of the Seventienth Century*, London 1958, S. 50–122.

5 L. Stone, *Revival*, S. 3 f.

6 F. Braudel, »Une parfaite réussite«; Rezension von C. Manceron, *La Révolution qui lève, 1785–1787*, Paris 1979, in *L'Histoire* 21 (1980), S. 108 f.

7 L. Stone, *Revival*, S. 19.

8 Ebd., S. 13.

9 Ebd., S. 20.

10 Th. Zeldin, *France, 1848-1945*, 2 Bde., Oxford 1973/77; R. Cobb, *Death in Paris*, Oxford 1978.

11 F. Braudel, »Une parfaite réussite«, S. 109.

12 L. Stone, *Revival*, S. 7 f.

13 J. Le Goff, »Is Politics Still the Backbone of History?«, in *Historical Studies Today*, Hrsg. F. Gilbert und S. R. Graubard, New York 1972, S. 340.

14 C. Geertz, »Deep Play: Notes on the Balinese Cock-Fight«, in *Interpretations of Culture*, New York 1973.

15 C. Ginzburg, *Der Käse und die Würmer*, Frankfurt 1983; ders., *Die Benandanti: Feldkulte und Hexenwesen im 16. und 17. Jahrhundert*, Frankfurt 1980.

16 M. Agulhon, *La république au village*, Paris 1970.

17 E. Le Roy Ladurie, *Les paysans du Languedoc*; ders., *Montaillou. Ein Dorf vor dem Inquisitor 1294 bis 1324*, Frankfurt 1980; G. Duby, *Le dimanche de Bouvines, 27 juillet 1214*, Paris 1973; E. P. Thompson, *Die Entstehung der englischen Arbeiterklasse*, 2 Bde., Frankfurt 1987; ders., *Whigs and Hunters*, London 1975.

18 L. Stone, *Revival*, S. 23.

19 Ebd., S. 4.

15
Postmodernismus in den Wäldern

1 Miguel Barnet, Hrsg., *Der Cimarrón. Die Lebensgeschichte eines entflohenen Negersklaven aus Kuba, von ihm selbst erzählt*, Frankfurt/M. 1969.

2 *Maroon Societies: Rebel Slave Communities in the Americas*, Hrsg. Richard Price, Baltimore 1979; Eugene D. Genovese, *From Rebellion to Revolution: Afro-American Slave Revolts in the Making of the Modern World*, Baton Rouge 1979.

3 Richard Price, *First Time: The Historical Vision of an Afro-American People*, Baltimore 1983.

4 R. Price, *Maroon Societies*, S. 12 f.

5 Die Zitate stammen aus einer selbstkritischen Tagung von Postmodernisten, »Critique and Reflexivity in Anthropology«, *Critique of Anthropology* 9/3 (Winter 1989), S. 82 und 86.

6 Ebd., S. 83.

7 George E. Marcus, »Imagining the Whole: Ethnography's Contemporary Efforts to Situate Itself«, *Critique of Anthropology* 9/3 (Winter 1989), S. 7.

8 Dem Autor ist jedoch hoch anzurechnen, daß er es bewußt vermieden hat, sich auf Autoren wie Barthes, Bakhtin, Derrida, Foucault et al. zu beziehen.

17
Die merkwürdige Geschichte Europas

1 Edward Said, *Orientalism*, London 1978.

2 Bronislaw Geremek in *Europa – aber wo liegen seine Grenzen?*, 104. Bergedorfer Gesprächskreis, 10./11. Juli 1995, Hamburg 1996, S. 9.

3 John R. Gillis, »The Future of European History«, *Perspectives: American Historical Association Newsletter* 34/4 (April 1996), S. 4.

4 Neil Ascherson, *Black Sea*, London 1995.

5 Zit. in *Das Millenium: Essays zu tausend Jahren Österreich*, Hrsg. Gernot Heiss und Konrad Paul Liessmann, Wien 1996, S. 14.

6 J. R. Gillis »Future of European History«, S. 5.

7 B. Geremek, *Europa*, S. 9.

8 M. E. Yapp, »Europe in the Turkish Mirror«, *Past and Present* 137 (November 1992), S. 139.

9 Jack Goody, *The Culture of Flowers*, Cambridge 1993, S. 73 f.

10 J. R. Gillis, »Future of European History«, S. 5.

19
Können wir die Geschichte der Russischen Revolution schreiben?

1 Fred Halliday, *From Potsdam to Perestroika: Conversations with Cold Warriors*, London 1995.

2 Vgl. hierzu *Tagebuch aus Moskau 1931–39*, Hrsg. Jochen Hellbeck, München 1996, ein nützliches Beispiel für die inoffiziellen Aufzeichnungen einfacher Russen – private Tagebücher usw. –, die seit Gorbatschow zugänglich sind.

3 Karl Marx und Friedrich Engels, *Collected Works*, London 1976, Bd. 24, S. 581.

4 Vgl. Richard Gotts Schilderung »Guevara in the Congo«, *New Left Review* 220 (Dezember 1996), S. 3–35.

5 Eric Hobsbawm, *Das Zeitalter der Extreme. Weltgeschichte des 20. Jahrhunderts*, München 1994, S. 89.

6 Orlando Figes, *A People's Tragedy: The Russian Revolution 1891–1924*, London 1996.

20
Barbarei: Eine Gebrauchsanleitung

1 Michael Ignatieff, *Blood and Belongings: Journey into the New Nationalism*, London 1993, S. 140f.

2 Astrid von Borcke, »Gewalt und Terror im revolutionären Narodnicestvo: Die Partei ›Narodnaja Volja‹ (1879–1883)«, in *Sozialprotest, Gewalt, Terror. Gewaltanwendung durch politische und gesellschaftliche Randgruppen im 19. und 20. Jahrhundert*, Hrsg. W. J. Mommsen und G. Hirschfeld, Stuttgart 1982, S. 74.

3 Walter Laqueur, *Guerrilla: A Historical and Critical Study*, London 1977, S. 374.

4 Amnesty International, *Report on Torture*, London 1975.

5 Ebd., S. 108.

6 W. Laqueur, *Guerrilla*, S. 377.

21
Identitätsgeschichte ist nicht genug

1 G. Monod und G. Fagniez, »Avant-propos« in *Revue Historique* 1/1 (1876), S. 4.

2 Michael Smith, »Postmodernism, Urban Ethnography, and the New Social Space of Ethic Identity«, *Theory and Society* 21 (August 1992), S. 493.

3 Stephen A. Tyler, *The Unspeakable*, Madison 1987, S. 171.

4 Stephen A. Tyler, »Post-Modern Ethnography: From Document of the Occult to Occult Document«, in *Writing Culture: The Poetics and Politics of Ethnography*, Hrsg. James Clifford und George Marcus, New York 1986, S. 126 und 129.

5 M. Smith, »Postmodernism«, S. 499.

6 Monod und Fagniez, »Avant-propos«, S. 2.

7 Romila Thapar, »The Politics of Religious Communities«, *Seminar 365*, (Januar 1990), S. 27–32.

8 Benedict Anderson, *Die Erfindung der Nation. Zur Karriere eines erfolgreichen Konzepts*, Frankfurt/M. 1988.

Namenregister

McKechnie, W.S. 342
McKinley, William 53
Melbourne, Lord 257
Mendel, Gregor 82
Menger, Carl 133–135
Metternich, Klemens Fürst von 281
Meuvret, Jean 233
Michelet, Jules 258
Miller, Arthur 317
Milward, Allan 159
Mises, Ludwig von 136, 143
Mitterrand, François 289
Mokyr, Joel 152, 157
Molière (Jean Baptiste Poquelin) 237
Momigliano, Arnaldo 188, 239
Mommsen, Theodor 288
Montesquieu (Charles-Louis de
  Secondat) 97
Morishima, Michio 143
Morus, Thomas 37, 192, 201
Mussolini, Benito 292, 334
Myint, Hla 161
Myrdal, Gunnar 128

Napoleon I. 31, 72, 97, 128, 278, 340
Napoleon III. (Charles Louis
  Napoleon Bonaparte) 240
Newton, Isaac 82
North, Dudley 207
Northcote, Sir Stafford 67

O'Casey, Sean 259

Palmerston, Henry Temple Viscount
  324
Panikkar, Sardar 286
Pascal, Blaise 153
Pearson, Karl 179
Peter der Große 315
Philipp II. 239
Philipp von Makedonien 20
Picasso, Pablo 114
Pirenne, Henri 101
Platon 83
Plechanow, Georgi W. 209

Polanyi, Karl 163
Pomian, Krzysztof 231
Popper, Karl 343
Postan, Michael 218, 230
Presley, Elvis 19
Priamos, König von Troja 18
Price, Philips 306f.
Price, Richard 245–254

Quesnay, François 180

Radcliffe-Brown, A.R. 104
Ranke, Leopold von 85, 88, 91, 102,
  186, 188
Rathenau, Walther 16
Reagan, Ronald 17, 45
Renan, Ernest 31, 44, 338
Renner, Karl 278
Revel, Jacques 233
Rezzori, Gregor von 281
Ricardo, David 162, 180
Robbins, Lionel 142, 149
Roberts, John 90
Rokkan, Stein 125
Rostovtzeff, Michail 101, 277
Rostow, Walt Whitman 107, 164, 195
Round, J. Horace 338
Rousseau, Jean-Jacques 84, 90
Rudé, George 256, 274

Sahlins, Marshall 52, 149
Said, Edward 276
Salisbury, Robert 257
Samuelson, Paul A. 142, 159, 162
Scaevola, Mucius 39
Schdanow, Andrej Alexandrowitsch
  173
Scheidemann, Philipp 310
Schliemann, Heinrich 18
Schlözer, August Ludwig von 152
Schmidt, Conrad 209
Schmoller, Gustav von 134, 139f.
Schulze-Gaevernitz, Gerhard von
  139f.
Schumann, Böhmischer Bruder 255

364